房地产项目开发全程实操系列⑤

商住综合项目开发全程策划

SHANGZHU ZONGHE XIANGMU KAIFA QUANCHENG CEHUA

余源鹏　主编

中国建筑工业出版社

图书在版编目（CIP）数据

商住综合项目开发全程策划/余源鹏主编. —北京：中国建筑工业出版社，2010
（房地产项目开发全程实操系列⑤）
ISBN 978-7-112-12064-2

Ⅰ. 商… Ⅱ. 余… Ⅲ. 房地产-开发 Ⅳ. F293.3

中国版本图书馆 CIP 数据核字（2010）第 076929 号

本书讲述了商住综合项目开发全程实操策划的指导理论和全程操作，重点介绍商住综合项目开发市场分析、项目定位分析、产品规划建议、投资分析、整合推广策划、租售执行策划等关键步骤的策划。本书是全国商住综合项目开发与经营各企业相关从业人士的必备工具型实战参考图书，是广大房地产从业人士和策划师职业提升的实用读本。

本书十分适合房地产开发公司、房地产顾问策划公司、房地产租售代理公司、房地产市场调研公司、商业经营管理公司、房地产广告公司的从业人士阅读。

同时，本书也是工商管理和房地产专业师生的优秀参考教材。

责任编辑：封 毅
责任设计：姜小莲
责任校对：赵 颖

房地产项目开发全程实操系列⑤
商住综合项目开发全程策划
余源鹏 主编
*
中国建筑工业出版社出版、发行（北京西郊百万庄）
各地新华书店、建筑书店经销
北京千辰公司制版
世界知识印刷厂印刷
*
开本：850×1168 毫米 1/16 印张：$20^1/_2$ 字数：592 千字
2010 年 6 月第一版 2011 年 6 月第二次印刷
定价：48.00 元

ISBN 978-7-112-12064-2
（19314）

作者简介

余源鹏，国内知名实战型房地产研究策划人，广州鹏起房地产代理有限公司总经理。20世纪70年代出生于广东省潮州市黄冈镇，本科毕业于哈尔滨工业大学土木工程学院建筑工程专业，结业于中山大学企业管理（营销管理方向）研究生进修班。主要从事房地产实操研究、房地产营销策划、房地产实用基础知识培训和房地产营销系统培训等业务。主编出版了“房地产实战营销丛书”、“房地产开发企业规范化管理丛书”和“物业管理服务实操一本通丛书”等三大系列近70本实操型专业书籍。

其中近几年陆续出版的“房地产实战营销丛书”，包括《房地产广告策划与创作》、《房地产包装推广策划》、《房地产实战促销300例》、《房地产实战定价与销售策略》、《房地产实战市场调研与优秀案例》、《中国楼盘实战命名三万例》、《售楼尖锋》、《房地产公关活动促销方案56例》、《三天造就售楼冠军》、《房地产实用营销图表大全》、《房地产一线销售管理》、《问鼎房地产》、《中小户型开发与设计》、《促动楼盘》、《房地产项目可行性研究实操一本通》、《房地产优秀广告文案创作与鉴赏大全》、《房地产广告策划与媒介传播实操指南》、《中小户型开发与设计》、《房地产公司营销管理实操范本》、《房地产项目整合营销实操一本通》、《房地产中介经纪人实用业务知识两日通》、《三天造就二手房租售冠军》、《房地产中介经纪机构人事行政与业务经营管理》、《二手房买卖三日通》、《房地产策划师职业培训实战教程》、《房地产项目现场销售管理实操范本》、《商业房地产项目招商实操一本通》、《房地产项目销售执行实操一本通》和《开盘一房地产项目登记派筹与解筹认购实操一本通》等。

此次推出的“房地产项目开发全程实操系列”丛书有：《专业市场项目开发全程策划》、《旅游房地产项目开发全程策划》、《社区商业街项目开发全程策划》、《酒店式公寓项目开发全程策划》、《商住综合项目开发全程策划》、《写字楼项目开发全程策划》。

网站：www. eaky. com

邮箱：eakykh@ 126. com

本书编委会

主　　编： 余源鹏

策划顾问： 广州鹏起房地产代理有限公司

参编人员： 崔美珍　林达愿　夏　庆　李惠东

林旭生　李巧莉　张雄辉　叶志兴

林敏玲　黄　然　李苑茹　罗宇玉

肖文敏　宋明志　罗慧敏　蒋祥初

董庆园　张良洪　胡银辉　邓祝庆

陈友芬　王旭丹　林　涛　余鑫泉

罗　艳　钟世权　曾　琳　张　洁

莫润冰　杨健涛　陈淑燕　唐璟怡

杜志杰　黄林峰　余晓生　张吉柱

信息咨询： 盈地网 www. eaky. com

前言

近几年，随着房地产发展的加快和热度的升温，房地产项目正朝着多元化发展。全国各地出现的商住综合项目越来越多。本书中的商住综合项目并非指一般意义上的商住楼，而是指可能同时具有住宅、别墅、公寓、写字楼、商场、商业街、酒店等多种开发类型的综合项目。在现实生活中，纯粹的单一开发类型的项目所占的比例很少。例如土地性质为居住用地的项目，它虽然以开发住宅为主，但在很多情况下都会开发一些低层商铺作为住宅的配套，以方便人们的生活。以这个概念统计，大家会发现商住综合项目占所有房地产开发项目的80%以上。因此，商住综合项目是非常普遍的。

如何成功开发商住综合项目是商住综合项目开发运营企业最关心的问题。要解决好这个问题，做好市场分析、项目定位、产品规划、投资分析、整合推广、租售执行等步骤的策划和操作是最关键的。由于商住综合项目涉及多种开发类型，同时对策划人员的技术要求更高（例如要确定项目开发哪几种的物业类型、各种物业类型的开发比例是多少等），而且市面上没有一本专门介绍商住综合项目开发全程操作的书。因此，为了让广大从业人员对商住综合项目全程实操策划有更深入的认识，为了促使各商住综合项目开发运营能够顺利进行，经过近两年的研究探索，我们特别策划编写了这本书——《商住综合项目开发及全程策划》。

本书用六章的内容全面讲述了商住综合项目开发全程实操策划的指导理论和全程操作，这六章内容包括：

第一章，商住综合项目开发市场分析，主要讲述了商住综合项目的投资环境分析、房地产行业分析、自身情况分析、客户群分析、竞争对手分析和SWOT分析等内容。

第二章，商住综合项目定位分析，主要讲述了商住综合项目的开发类型定位、档次定位、客户群定位、开发主题定位、案名定位、形象定位、功能定位、产品定位、业态定位和价格定位等内容。

第三章，商住综合项目产品规划建议，主要讲述了商住综合项目的总体规划建议、规划指标建议、总平面规划建议、建筑风格设计建议、业态规划建议、商铺间隔建议、户型规划建议、交通规划建议、绿化景观设计建议、装修建议、配套建议和物业经营管理建议等内容。

第四章，商住综合项目投资分析，主要讲述了商住综合项目的开发周期估算、投资估算、资金筹措计划、收入估算、效益分析、敏感性分析、风险分析和投资分析总结等内容。

第五章，商住综合项目整合推广策划，主要讲述了商住综合项目的营销总策略、品牌策划、广告策划、媒体策划、包装策划、活动策划和推广策划等内容。

第六章，商住综合项目租售执行策划，主要讲述了商住综合项目的租售模式确定、人员培训策划、价格制定、销售执行策划和招商执行策划等内容。

本书是一本理论和案例相结合的内容全面的商住综合项目开发全程的指导书和案例参考书，具有以下七个特点：

第一，专业性。本书有别于一般的房地产策划理论图书。它是针对商住综合项目这一特殊的房地产项目而“量身定做”的一本针对性极强的书。同时，本书对于商住综合项目的概念、观点都是经过严谨推敲而得出来的。与市面上其他的房地产图书相比，本书更具有专业性与针对性。

第二，实操性。本书的编写人员全部来自多年从事商住项目开发的一线专家，实操经验丰富，力求通过全面实用的理论和众多成功的案例，使读者可以在最短的时间内吸收前人的实操经验。同时，本书一如既往地保持了我们编写房地产图书的实操性风格，力求体现现实工作的内容、要求和深度，并尽量使每一位读者在仔细阅读本书后能独立操作商住综合项目。

第三，最新性。本书以我们的工作经验为基础，总结了近几年全国商住综合项目全程操作的成功案例和成功经验，走在时代发展的前列，能反映商住综合项目的发展动态。

第四，全面性。本书的全面性体现在以下两个方面：其一是本书包括了项目开发全程实操策划所需要的全部内容；其二是本书中的案例来自全国各地，覆盖面广，具有很好的代表性。

第五，工具性。本书按照全程实操的顺序分章编写，具有流程化和模块化的特征，每章就是一个模块，并引用了国内许多商住综合项目全程策划的成功案例。读者在工作上遇到问题时，可以直接找到本书中相应的章节进行参考借鉴。

第六，案例性。为了说明实际商住综合项目开发全程实操规划的内容和形式，本书对任何一个细致的要点都以国内相关的优秀案例进行说明。这些案例涉及内容全面，分析到位，能代表国内最高水平。

第七，易读性。本书中的理论和案例点评在语言表达上尽量做到通俗易懂，使得即使是刚进入这个行业的人员也能充分理解编者想表达的意思，从而更好地掌握商住综合项目开发的要诀。

本书是全国商住综合项目开发与经营各企业相关从业人士的必备工具型实战参考图书，是广大房地产从业人士和策划师职业提升的实用读本，十分适合房地产开发公司、房地产顾问策划公司、房地产租售代理公司、房地产市场调研公司、商业经营管理公司、房地产广告公司的从业人士阅读。同时本书也是工商管理和房地产专业师生的优秀参考教材。

本书编写过程中，得到了广州鹏起房地产代理有限公司相关同仁以及业内部分专业人士的支持和帮助，才使得本书能及时与读者见面。本书是我们编写的“房地产项目开发全程实操策划系列”中的一本，有关房地产营销和全程策划的其他相关实操性知识，请读者参阅我们陆续编写出版的书籍，也请广大读者对我们所编写的书籍提出宝贵建议和指正意见。对此，编者们将十分感激。另外，为感谢广大读者的长期支持，请购买过余源鹏主编的房地产和物业管理图书的读者登录盈地网 www.eaky.com，在网页右上角的“客户留言”处留下您的邮箱和联系方式，之后我们将每月为您免费发送《盈地网中国房地产情报》一份。

目 录

第一章　商住综合项目开发市场分析

市场分析是市场调查与研究分析的简称。市场分析有广义和狭义之分。狭义的市场分析是以科学方法收集消费者购买和使用商品的动机、事实、意见等有关资料，并予以研究。广义的市场分析则是针对商品或劳务，即对商品或劳务从生产商到消费者这一过程中全部商业活动的资料、情报和数据做系统的收集、记录、整理和分析，以了解商品的现实市场和潜在市场。因此，广义的市场分析不仅是单纯研究购买者的心理或行为，而且是对营销活动中所有阶段加以研究。

房地产市场分析，就是以房地产为特定的商品对象，对相关的市场信息进行统一的收集、整理、记录和分析，进而对房地产市场进行研究与预测。房地产市场分析具有以下作用：一是有助于房地产项目的正确定位；二是有助于房地产企业发现新的市场机会；三是有助于房地产企业适时开发新产品；四是有助于房地产企业制定正确的营销策略；五是有助于房地产企业规避风险。从市场分析的作用可以看出，市场分析在商住综合项目的投资开发中起着举足轻重的作用。本章分别从投资环境分析、行业分析、项目自身情况分析、客户群分析、竞争者分析、SWOT分析等角度来讲述商住综合项目的市场分析。

第一节　商住综合项目投资环境分析

投资环境是指大的经营环境，本节从经济环境、政策环境、人口环境、城市条件这四个方面对商住综合项目的投资环境进行分析。这些投资环境都对商住综合项目的投资开发起着关键性的作用。

一、经济环境分析

房地产投资与国民经济发展间存在互动关系。经济发展水平是房地产开发投资及发展的基础，房地产的健康发展又会促进国民经济的发展。下面分别从生产总值、三大产业、固定资产投资、外资外贸、物价水平、生活水平这几个角度去分析经济环境。

1. 生产总值分析

生产总值包括国内生产总值和国民生产总值，国内生产总值（GDP，Gross Domestic Product）是指一个国家或地区的所有常住单位在一定时期内（通常为1年）生产活动的最终成果，即所有常住机构单位或生产部门一定时期内生产的可供最终使用的产品和劳务的价值。

国民生产总值（GNP，Gross National Product）是指一个国家或地区的所有常住单位在这一时期内在国内或国外所生产的最终成果和提供的劳务价值。它等于国内生产总值加上来自国外的净要素收入。可见，国民生产总值与国内生产总值之间的区别就在于国外的净要素收入。生产要素的提供者不一定是本国居民，有时也有外国居民，本国居民也有向外国的经济活动提供要素的。策划人员在对生产总值进行分析时，可以先对GDP进行分析，再对GNP进行分析。由于对GNP的分析其分析方法、思路和技巧与对GDP的分析一样，因此，在这里仅以对GDP的分析作为例子。

在分析GDP时，主要是分析近几年GDP达到多少元，今年与上一年相比增长了百分之多少。与本省的其他城市相比，本市的GDP排名多少等。如对泰州市的GDP分析：

近年来，泰州市经济发展迅速，GDP连续多年保持两位数增长。2004年，泰州市GDP达到705.2亿元，开始步入全国百强市行列，列第75位。人均地区生产总值14014元，增长14.8%。但从经济总量来看，泰州在江苏省13个地级市中相对较少，2003年度地区生产总值排在第十位，仅高于宿迁、连云港和淮安三市，从城市规模以及整体经济实力上看仍与其苏中重要地区的地位难以匹配。

若项目的开发规模不是很大，其影响力、辐射范围没有达到整个市，这时可以对项目所在的县或区GDP进行分析。在分析GDP时，除了用GDP的增长率这个指标外，还可以用人均GDP来反映经济状况。如对烟台市的GDP分析：

2003年底为止，烟台全市国内生产总值为1316亿元，按可比价格计算，比2002年增长18.03%；人均国内生产总值20222元，比上年增长18.05%，保持了较高的增长率。

烟台历年国内生产总值（单位：亿元）

	1998年	1999年	2000年	2001年	2002年	2003年
国内生产总值（亿元）	699.63	793.91	879.59	996.68	1115	1316

在分析 GDP 时，表述形式要尽量多采用图表，做到图文并茂。常用的图有折线图和柱状图。柱状图又有水平和垂直、立体与平面之分。若项目所在的城市是一个对外开放的城市，其经济状况受国际经济状况的影响较大，或者城市的经济状况受全国的经济状况影响比较大时，除了分析该市的 GDP 外，还要适当分析全球和国家的经济状况。如上海某商住综合项目对 GDP 的分析：

（1）世界经济环境低迷

1）美国经济

自 2000 年下半年以来，在经过近十年的经济繁荣之后，美国经济的增长速度开始大幅度下跌。在 2000 年 12 月，美国 GDP 的增长速度已接近于零。在 2001 年第一季度，美国经济尽管比美联储原先所担忧的好一些，但形势仍然十分严峻，经济增长速度仅达到 1.3%。9.11 事件和一系列经济丑闻的发生终于使美国经济在 2001 年末转为负增长。美国经济占全球经济总量的近 30%，其低迷的状态，对全世界的经济都会带来负面影响。

2）日本经济

在过去的十年中，日本的经济一直处于泡沫经济破灭后的不景气状态，日本政府大力推行的积极财政政策和宽松货币政策也没有使得其经济出现实质性的转变。内需不足，股市暴跌，通货紧缩，使得日本财政目前正面临崩溃的边缘。

3）世界其他地区

自 2001 年以来，世界其他地区的经济形势也十分严峻。东亚地区经济普遍放缓，不少国家和地区已经陷入了衰退。例如，新加坡由于美国 IT 产品市场的不景气而陷入衰退。我国台湾也由于类似原因陷入了自 20 世纪 50 年代以来的第一次衰退。马来西亚、泰国和韩国等国家已经或正在进入经济衰退期。拉丁美洲国家的经济状况也十分令人担忧。阿根廷出现金融危机，巴西出现经济困难。可以说 2001 年以来，除中国和印度外，几乎所有国家都同时陷入严重困难。

（2）上海经济强势运行

在我国经济近年来 7% ~8% 的增长速度中，上海的发展显得尤为突出，一直领先于全国 2 个百分点以上。2001 年，上海完成国内生产总值 4951 亿元，GDP 增长 10.2%，2002 年 1 ~6 月，全市 GDP 同比增长 10%，上海经济进入了一个比较平稳的快速发展时期。

又如南宁某商住综合项目对 GDP 的分析：

（1）全国经济分析

总的世界经济形势有所复苏，亚洲国家经济步入比较稳定的增长期，去年我国虽受非典的严重打击，但据财政部公布的数据来看，去年我国各省市经济增长仍普遍保持在 6% ~8% 左右的速度。而且房地产业并非非典直接影响的行业。相反，因旅游业、第三产业等投资渠道的相对减少，而房地产业仍保持较高的利润率，因此去年全国房地产业的投资开发力度反而得到进一步的加强，今年，国无大难，整体情况预计比去年更好。

（2）南宁市 GDP 分析

南宁市宏观经济保持了稳定的良好态势，2000 年以来，南宁市国内生产总值每年增长在 9% 左右，增长速度均高于全省、全国平均水平。南宁市城市居民人均可支配收入不断提高，另外，住房货币化的大力推进，一方面增强了居民购买力和支付能力，另一方面也为住房消费提供了基础。

（3）南宁市发展前景分析

按近几年南宁市国内生产总值平均增长率 9% 计算，那么南宁市国内生产总值在未来两年时间的预测曲线走势如下图所示。

小结：南宁市经济的持续稳定发展，为未来南宁房地产的健康良性发展奠定了坚实基础，内需将进一步扩大，这对本案来说，是开发条件成熟的良性因素。

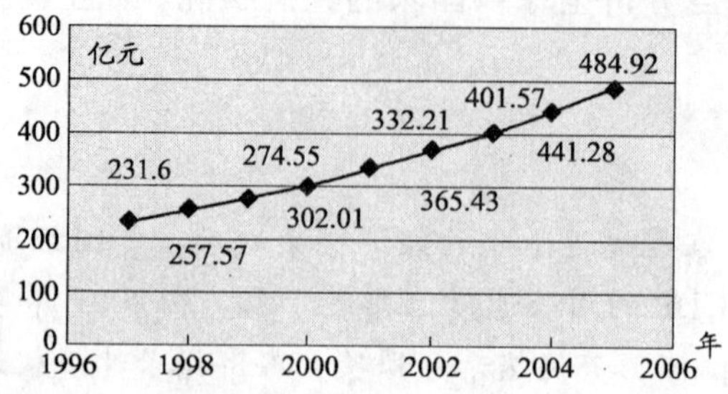

在国际上有一个通行的有关房地产发展阶段与人均 GDP 数值的关系图，策划人员也可以利用这个关系图对本市的 GDP 和房地产发展状况进行分析。如深圳某商住综合项目的 GDP 分析：

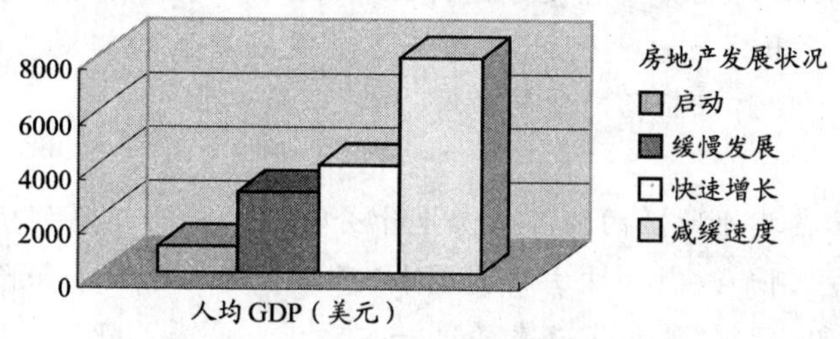

国际通行的房地产发展阶段与人均 GDP 数值的关系图

目前深圳的人均 GDP 已达 5237 美元，依上图所示，深圳的房地产市场现处于快速增长期。

深圳市户均年收入与当年楼房价格的比例：

1）国际上将户均收入与房价的比例在 1∶4～1∶6 之间的状况视为正常。

2）深圳户均年收入与房价之比为 1∶6，即显现出目前深圳的楼价相对市民的收入是合理的。

2. 三大产业分析

三大产业的发展是反映经济发展水平的重要指标之一。在分析三大产业时，除了分析三大产业各自的增长率外，还要分析它们之间的比重是否合理。如柳州某商住综合项目的三大产业分析：

从柳州国内生产三大产业比重走势来看，柳州作为中、西南地区的工业重镇，第二产业尤其工业成为拉动经济增长的主要动力。2002 年，柳州市第一产业增加值 22 亿元，比去年同期增长 7.1%；第二产业增加值 112 亿元，比去年同期增长 16.1%；第三产业增加值 96 亿元，比去年同期增长 12%。农业趋向减缓，第二产业尤其工业迅猛发展，而第三产业（服务业）也加快了发展步伐，三大产业比重更趋合理。

此外，策划人员也可以根据项目的开发类型有侧重点地对三大产业进行分析。如开发农产品专业市场时，可以侧重于对第一产业进行分析；开发汽配专业市场时，可以侧重于对第二产业进行分析；开发商场时，可以侧重于对第三产业进行分析等。下面举一个侧重于对第一、第二产业进行分析的案例供读者参考借鉴。

平果县三大产业中第二产业占较大比重：2003 年一、二、三产业结构为 16.58∶67.15∶

16.27，生产总值分别为5.94亿元、24.05亿元、5.83亿元，工业占有较大的比重，而第三产业占的比重最小，见下图。

平果县全境处于南亚热带季风气候区，具有发展亚热带作物生产所需的丰富光温及降水资源优势。平果县的工业发展思路是：充分发挥平果县沿江、沿线、近海、近城的区位优势和资源优势，充分利用平果铝的辐射带动作用，全面实施"借铝兴平"和"非公兴平"战略，围绕平果铝生产生活需要，大力发展配套工业。平果县工业主导产业有：铝加工业、制糖业、建材工业、化工工业和冶金工业，已形成五大产业群。

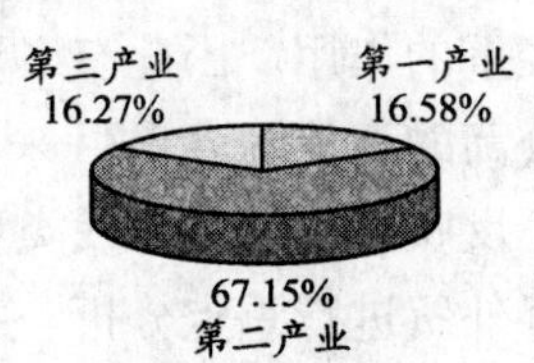

2003年平果县三大产业比重图

在农业产业化方面，加快基地建设步伐，抓好龙头企业的培育工作。今年将种植名特优水果1.36万亩、剑麻3万亩、霸王花2万亩、甘蔗15万亩、木薯6万亩，在全县范围内建立起万亩葡萄基地，5万亩的剑麻、霸王花基地，万亩桑蚕基地等系列基地。

3. 固定资产投资分析

固定资产投资主要由两部分组成，一部分是政府对公共基础设施的投资，另一部分是房地产开发的投资。前者投入越多，越有利于社会的长久发展，同时也为房地产业的发展创造条件。后者投入越多，增长速度越快，说明房地产业正在快速发展。但增长速度过快也未必是好事，因为可能由于房地产投资过多而出现供过于求的状况。因此，在分析固定资产投资时，可以将政府对公共基础设施的投资与房地产的开发投资分开来分析。如柳州某商住综合项目的固定资产投资分析：

2002年柳州投资情况表

	数　额（亿元）	同　比　增　长
固定资产总投资	63.63	55.7（%）
基本建设投资	18.9	82.73（%）
房地产开发投资	15.99	81.3（%）

2002年柳州固定资产投资高速增长。随着双冲桥、内环道路、截污工程等建设项目的陆续开工，全市掀起了新一轮城市建设的热潮，全力打造"创业在柳州、发展在柳州、安居在柳州"的城市品牌，使得柳州固定资产投资保持双位数增长的强劲势头。

在分析固定资产投资时，也可以对某些重大的、有利于房地产发展的工程项目展开来进行分析。如上海某商住综合项目的固定资产投资分析：

2003年，本市重大工程建设全面丰收，完成投资621.52亿元，占全社会固定资产投资的比重超过四分之一。功能性、枢纽型、网络化的城市基础设施建设大规模开展。上半年"一桥两隧"开通将中心城区过黄浦江的车道由26条迅速增加到44条；年内新开工的A30郊区环线和A5嘉金、A7亭枫高速公路等项目将继续优化本市骨干道路网、高速公路网的布局，增强对外交通的整体功能。

继续全面推进城市绿化建设，城市生态环境继续改善。"一号重大工程"硕果累累，徐家汇公园三期、外环线400米绿带一期工程、上海广场公园项目、虹桥河滨公园等绿化项目相继完工，新增绿地超过2100公顷，为进一步改善城市形象和环境奠定了基础。

4. 外资外贸分析

对于一些进出口贸易较为频繁的城市来说，吸引外资和出口贸易在当地的经济中起着举足轻重的作用。因此有必要对当地的外资外贸进行分析。对于开发写字楼、产权式酒店、酒店式公寓的商住综合项目来说，吸引外资多，商品出口贸易大除了意味着当地的发展势头良好外，还反映着对这些开发类型的需求量大。因此，当商住综合项目涉及这些开发类型时，更应对外资外贸进行重点分析。如上海某商住综合项目的外资外贸分析：

外商投资企业在推动经济增长中正起着越来越大的作用。按汇率折算，当前上海每年实际吸收外资的数量已相当于全社会固定资产投资的四分之一，外商投资工业企业年创产值已占全部工业总产值的近40%。

大量外资涌入绝对量的增加以及占全国引进外资总额比重的提高，使得上海经济以不同于全国增长与波动轨迹运行。上海经济连续10年筑起了两位数高位增长平台，外资的注入是重要支撑。据统计，各大财团经济巨头纷纷进驻上海，全球500强企业已有256家在上海投资。APEC会议的成功举办，更使上海这座历史名城成为全世界经济瞩目的重点。随着中国加入世贸，一个国际化大都市的聚集效应和辐射功能正在进一步凸显，从而使得上海经济以不同于全国增长与波动轨迹强行高位运行。

结论：基于上海巨大的市场吸引力，全世界的企业、资金向上海靠拢，大量的潜在客源，使得未来上海办公楼市场将会有更大的发展空间。

又如上海某商住综合项目的外资外贸分析：

2003年上海市积极实施促进外贸出口的政策措施，推进出口加工区建设，外贸出口实现了高速增长。全年外贸进出口总额1123.97亿美元，比上年增长54.7%。其中外商投资企业出口308.13亿美元，比上年增长60.8%，占全市出口总额的63.6%。随着上海城市投资环境的优化，对外商的吸引力不断上升。2003全年批准外商直接投资合同项目4321项，比上年增长43.5%；吸收外资合同金额110.64亿美元，增长23.5%；实际到位金额58.5亿美元，增长30.1%。

5. 物价水平分析

物价水平高，说明当地经济比较发达，但物价增长过快，也不是一件好事，说明当地存在着通货膨胀的可能。分析物价水平常用的指标有商品零售物价指数和居民消费价格指数。如烟台某商住综合项目的物价水平分析：

(1) 市场消费总体呈价升量增的趋势。

(2) 2003年全市社会消费品零售总额372.52亿元，比上年增长16.2%。

(3) 2003年商品零售物价指数为101.1，比上年增长3.7%；居民消费价格指数为104.2，比上年增长3.52%。

6. 生活水平分析

人们生活水平提高了，购买力才会加强，才会改善自己的居住环境，才会有多余的资金对房地产进行投资。对于要开发商场、购物中心等类型的商住综合项目来说，由于其日后的经营与人们的收入、生活水平密切相关，因此更要对人们的生活水平进行分析。在分析人们的生活水平时，常用的指标有：工资水平、人均可支配收入、人均消费性支出、储蓄存款金额等。如上海某商住综合项目的生活水平分析：

全市居民收入继续增加，房产等高档消费品支出明显增加。2003年，全市职工年平均工资

为22160元，比上年增长13.8%。年末，全市城乡居民储蓄存款余额6054.6亿元，当年新增1139.02亿元。吃、穿、用等商品消费分别比上年增长7.5%、7%和11.1%，汽车、房产等高档消费品支出明显增加，消费升级趋势日益明显。

人均住房面积也是反映人们生活水平的指标之一，通过分析该指标，既可以了解人们的生活水平，也可以预测住宅这种开发类型是否存在着市场空间。如烟台某商住综合项目的生活水平分析：

（1）城市居民收入和储蓄存款继续增加。2003年全市在岗职工平均工资为13981元，比去年增长16.2%。

（2）城镇居民人均可支配收入9785元，比上年增长10.3%；同期城镇居民人均生活消费支出7479元，比上年增长4.3%。

（3）居住条件继续改善，2003年末城镇居民人均住房使用面积为15.22平方米，比上年增加0.7平方米，市区居民住宅成套率达到100%。

在分析人们生活水平时，要尽量多地采用图表的形式，这样既能做到图文并茂，也能很好地反映各种指标的变化趋势。如百色市某商住综合项目的生活水平分析：

2004年城镇居民人均可支配收入约7572元，增长13.2%；2003年农民人均纯收入1528元，增长9.8%，预计2004年达1754元；2003年在岗职工年平均工资16829元，增长14.2%，预计2004年达17800元。2003年全县社会消费品零售总额41.6亿元，2004年预计达46亿元。

2000~2004年人均可支配收入总表见下表。

单位：元/(人·年)

	2000	2001	2002	2003
城镇居民人均可支配收入	—	—	—	—
农民人均纯收入	1168	1290	1392	1528
在岗职工年平均工资	2077	12553	14732	16829

对经济环境进行分析时，策划人员也可以将反映生产总值、三大产业、固定资产投资、外资外贸、物价水平和生活水平的各种经济指标的数据写出来，之后根据本项目初步确定的开发类型对当地的经济进行总体分析。如淮安市某商住综合项目的经济环境分析：

（1）2001年全市主要经济指标

经济指标	2000年	2001年	增长幅（%）
完成国内生产总值（亿元）	291	329	13.05
第一产业增加值（亿元）	88	94	6.8
第二产业增加值（亿元）	116	135	16.38
第三产业增加值（亿元）	87	100	15.00

其中商业贸易：

2000年通过加大市场开拓力度、发展新型流通方式、增加信贷消费等措施，促进消费品市场稳中趋活。全年实现消费品零售总额103.01亿元，比去年增长12.2%。批发零售贸易业零售额71.48亿元，增长16.7%；餐饮业8.53亿元，增长20.6%；其他行业23.0%亿元，下降2.0%。

居民生活：

全市城镇居民人均可支配收入：6117元，比上年增加7.2%；

人均消费支出：4352元，比上年增加11.0%；

在岗职工平均工资：7978元，比去年增长12.8%；

农民人均纯收入：3302元，比上年增加5.7%；

人均生活消费支出：2104元，比上年增长3.7%。

(2) 2001年7月份各项社会经济指标运行情况

全社会固定资产投资完成额102639万元，累计完成682847万元，增长15.7%，其中：

基本建设投资：24521万元，累计138553万元，增长-12.7%；

更新改造投资：15162万元，累计105360万元，增长31.6%；

工业增加值：51352万元，累计388156万元，增长15.8%；

社会消费品零售总额：85409万元，累计624470万元，累计增长10.6%；

其中个体：29103万元，累计197142万元；

总计中批发零售贸易业：61556万元，累计447369万元，增长13.5%；

房地产投资：5570万元，累计45698万元，增长31.3%；

房屋建设施工面积：6.82万平方米，累计109.13万平方米，累计增长30.6%；

其中住宅：6.31万平方米，累计89.42万平方米，累计增长27.0%；

商品房销售面积：3.29万平方米，累计21.95万平方米，增长58.6%；

其中住宅：3.25万平方米，累计20.23万平方米，增长58.4%；

商品房销售额：2668万元，累计23416万元，增长67.4%；

其中住宅：2630万元，累计19952万元，增长58.2%。

经济的稳定持续发展是批发零售商业发展的基础，居民收入的稳步提高是批发零售商业发展的动力，由上面的数据和资料我们可以看出：淮安市目前的商业市场不仅在总量上还会有较大的发展，而且还会随着人民生活的提高，物质与文化生活要求的提高，在市场商品供应品种与质量上和购物环境的软、硬件条件都有较大的提高，这必将对商品零售业的经营理念、经营业态提出更高的要求，同时也带来更大的机遇。

二、政策环境分析

房地产行业是一个对政策很敏感的行业。各种各样的政策将影响到房地产业的发展。同时，由于近几年房价上涨过快，政府为了稳定房价，挤掉房地产泡沫，先后出台了许多影响房地产行业的政策。这些政策对房地产行业的影响有的是直接的，有的是间接的。策划人员在分析政策环境时，可以先列举出国家、本省、本市出台的相关政策，再对这些政策进行分析，最后还要对这些政策的走势进行分析。如杭州某商住综合项目的政策环境分析：

(1) 政策介绍

1) 央行提高房贷利率

央行宣布从2005年3月17日起调整商业银行自营性个人住房贷款政策。将现行的住房贷款

优惠利率回归到同期贷款利率水平，实行下限管理，下限利率水平为相应期限档次贷款基准利率的0.9倍。与此同时，各商业银行总行可自行决定将房地产价格上涨过快的城市和地区的个人住房贷款最低首付比例由目前的20%提高至30%。

与此同时，央行的另一项新政策是对房地产价格上涨过快的城市或地区，个人住房贷款最低首付款比例可由现行的20%提高到30%。具体调整的城市或地区，可由商业银行法人根据国家有关部门公布的各地房地产价格涨幅自行确定，不搞一刀切。

2）国务院高层发布关于切实稳定住房价格的通知

2005年3月26日，国务院下发了《关于切实稳定住房价格的通知》。①高度重视稳定住房价格；②切实负起稳定住房价格的责任：把控制房价提高到政治高度，建立政府负责制，省政府负总责，对住房价格上涨过快，控制不力，要追究有关责任人责任；③大力调整住房供应结构，调整用地供应结构，增加普通商品房和经济住房土地供应，并督促建设；④严格控制被动性住房需求，主要是控制拆迁数量；⑤正确引导居民合理消费需求；⑥全面监测房地产市场运行；⑦积极贯彻调控住房供求的各项政策措施；⑧认真组织对稳定住房价格工作的督促检查。

3）金融政策继续从严

在中国人民银行工作会议上，行长周小川部署的2005年十项主要任务之一就是继续加强和改善金融宏观调控，其中重点提出要密切关注房地产市场变化，并推动房地产金融健康发展。2005年的金融政策趋势可能进一步趋紧。

4）国务院会议安排8项首要工作，控制房价包括在内

2005年4月27日，国务院总理温家宝主持召开国务院常务会议，分析当前房地产市场形势，提出8项措施引导和调控房地产市场（简称“新8条”）。一是强化规划调控，改善商品房结构。二是加大土地供应调控力度，严格土地管理。三是加强对普通商品住房和经济适用住房价格的调控，保证中低价位、中小户型住房的有效供应。四是完善城镇廉租住房制度，保障最低收入家庭基本住房需求。五是运用税收等经济手段调控房地产市场，特别要加大对房地产交易行为的调节力度。六是加强金融监管。七是切实整顿和规范市场秩序。八是加强市场监测，完善市场信息披露制度。

5）七部委下发联合意见，开征营业税

2005年4月30日，国务院七部委联合下发《关于稳定房价工作的意见》，其中规定自2005年6月1日起，国家将调整住房转让环节营业税政策，对个人购买住房不足2年转手交易的，销售时按其取得的售房收入全额征收营业税，个人购买普通住房超过2年（含2年）转手交易的，销售时免征营业税；对个人购买非普通住宅住房超过2年（含2年）转手交易的，销售时按其售房收入减去购买房屋的价款后的差额征收营业税。

6）浙江省政府出手调控楼市

2005年4月15日，省政府召开了“全省稳定住房价格推进住房保障体系建设”电视电话会议。省长吕祖善强调八字方针：稳定价格，加强保障。即抑制住房价格过快上涨，防止房地产市场大起大落，促进房地产业和房地产市场的健康发展，确保经济运行和社会稳定，保障中低收入家庭的基本居住情况。

7）杭州出台的一些地方性政策

① 2005年3月22日，杭州市政府宣布4月1日起取消房改房超额收益金；

② 自2005年5月1日起，房产交易契税调整为3%；

③ 杭州开展专项检查，严查16种房价违法行为。

(2) 政策特点分析

从出台政策看，呈现出以下几个方面的特点：

1) 从单一调控转向“多拳出击”

政府重点从一级市场调控房地产，控制土地投机和地价，迫使囤积土地的开发商尽快开发，增加市场供给，以期通过这来控制房价，调控需求。但实际上却适得其反，它加速了开发商企业两极分化，大企业的市场控制力增强，进一步增强市场信心。土地供给则限制了房地产供给，导致房价预期进一步上涨。

单一的政策调价在市场极度繁荣的形势下，力度有限，往往能够被市场通过各种手段抵消。因此，政府开始转入综合调节，多拳出击。从今年推出的政策看，政府开始从一级、二级、三级市场同时出击，供给、需求综合调控，财政、金融双向结合。

2) 政策力度不断加大

除了调节的综合性外，政策的力度不断加大。2005年3月16日的加息，以及后来的首付提高，导致购买者贷款门槛提高，贷款成本增大。而4月30日七部委联合意见，引发市场剧烈地震，抛盘激增，成交急剧萎缩，资金实力较弱的投机者纷纷动摇。由此看来，政府打压投机的决心越来越强。

3) 调节目标越来越明确

早期的政策是总体调控，并没有严格区分对不同角色的不同调控。其结果就是正常需求者和投机者、关系国计民生的中低价房和奢侈消费的高价房遭受同等打击。为了保障社会和经济稳定，政府不敢采取过大力度的政策，因此，收效甚微。从最近出台的政策看，政府的调节目标开始明晰，针对性大大增强。增加经济适用房和中低价房及其用地的供给，严格限制高价房及其用地，营业税征收就是针对投机者而设计的。后续政策的推出肯定会沿着这个方向继续下去，因此，可以称为结构性紧缩政策。随着调节目标的明确，政策的调节力度大大增强，效果突出。

据我们对部分楼盘的最新调研，与以往有所不同的是，大多数楼盘呈现如下特点：房价还没有出现下跌现象，但增幅趋缓，销售速度放缓，客户观望心态较重。这从微观市场的反应来看，也基本上可以嗅到政策层面上的影响力。

(3) 未来政策走势预测

可以预料，如果本次的宏观调控政策还不能挤压掉房地产中的过度投机成分，和挤空其中的泡沫因素，并使房地产的发展回归到理性、健康、可持续性的轨道上来，使之和国民经济的发展、与人民的收入增长、同一个行业正常的发展规律保持一致的话，后期可能会有更为严厉的措施在酝酿当中。政治的大棒指引着各行业的健康、有序前进，一旦举起，在这样特定国情下，恐怕没有谁能置身于外。

不过，宏观调控的主要目的，首先不希望房价上涨过快，但也不是简单的要房价下跌，影响到整个行业的健康发展、影响到整个经济格局的大势。前两年的房价上涨似乎有点“竭泽而渔”的味道，而政府的调控行为则是促使房地产业“细水长流”，避免一下子透支完未来的发展空间，从而保持行业的一个可持续发展。

虽然出台的政策很多，但并不是每个政策都会对本项目产生影响，同时也不是每个政策对本项目的影响程度都一样。因此，在分析各个政策后，要对政策环境进行总结，指明哪些政策对本项目影响较大，应予以重视。如上海某商住综合项目的政策环境分析：

(1)《上海市商品房销售合同网上备案和登记办法》

近几年上海商品房价格的上涨总体来讲是需求拉动型的，但市场卖方依靠信息优势进行市

场炒作也在一定程度上推动了市场价格的上涨。《办法》正是希望通过网上公开的形式使房地产销售行为在房地产交易中心的监督下进行，公示各套商品房状态、定金、预（销）售价格，来抑制炒订单、内部销售等投机行为，从而规范房地产市场交易行为。

（2）期房限转

自2004年4月26日起，预购人购买的预售商品住房应当在竣工并取得房地产权证后进行转让，并按规定办理房地产转移登记；在取得房地产权证前，房地产登记机构不办理预售商品住房转让的预告登记。

根据官方解释，采取这一手段主要目的是为了限制投资性购买行为，降低投资性购房比重，调整供需比例，抑制供不应求引起的价格上涨，确保房地产市场持续、稳定、健康的发展。

（3）规范土地市场

自2003年8月上海市国有土地使用权出让第三号公告起，上海市所有新增经营性项目用地均通过公开招投标方式进行。一级土地市场交易进入一个相对公开、透明、公正的市场化运作阶段。

（4）121号文件

2003年6月13日，央行下发《关于进一步加强房地产信贷业务管理的通知》（即121号文件）：对高档商品房、别墅等项目适当限制贷款，个人购买第二套以上（含第二套）住房的应提高首付款比例等。该文件的出台试图挤压房地产市场的泡沫，促进房地产投资和消费的理性行为。但文件没有出台实施细则，在某种程度上说明了该项政策操作的实际操作难度。

（5）提高存款准备金率和资本金率，信贷规模收缩

从2004年4月25日开始，金融机构存款准备金率将普遍提高0.5个百分点，金融机构将一次性减少可用资金高达1100亿元左右，直接影响到市场资金的供给情况。另外近期房地产开发固定资产投资项目（不包括经济适用房）资本金比例也从20%提高到35%以上，信贷规模明显收缩，这对资本密集性的房地产行业形成较大的冲击。目前房地产开发资金的80%是来自银行信贷，融资方式单一，因此在货币投放量减少、贷款难度加大的情况下，房地产行业所需资金将进一步吃紧。

（6）小结

在良好的宏观环境支撑下，2003年是上海房地产快速发展的一年，房地产业作为经济支柱产业的地位获得市场和决策层的认可。国家和上海市政府出台多项房产、金融、土地政策调控楼市，本意是为了控制市场价格的理性增长，防范市场风险，维持行业的长期稳定发展。本报告认为在政府稳健的宏观调控下，上海房地产市场可望获得长期、稳定的发展。

结合本项目的开发条件和实际情况看，不是所有的宏观调控政策对本项目的日后销售都会造成较大影响，本报告认为，我们应予以重点关注的政策是个人房贷政策。

除了一些关于房地产和金融方面的政策会对房地产的发展产生影响外，还有其他的政策也会对房地产项目的投资开发产生影响，如城市对历史建筑和风貌街区的保护政策。若项目所在地块刚好处于这些保护区中，策划人员应对这些政策进行重点分析。如上海某商住综合项目的政策环境分析：

上海历史建筑和风貌街区点多面广。1986年12月，国务院批准上海为第二批国家历史文化名城。1989年，上海市政府批准了第一批共59处优秀近代建筑，并列入上海市文物保护单位。1993年，市政府又批准了第二批共175处优秀近代建筑为上海市建筑保护单位。1999年，市政

府再次发文批准162处优秀近代建筑。三批累计批准优秀近代建筑共396处。

相关政策：1986年，上海市城市规划部门在编制《上海市城市总体规划（纲要）》时，已提出将市历史风貌特色区加以成片保护，并列出了外滩、豫园、人民广场、南京东路、兴业路、思南路等11个不同类型的历史文化风貌保护区。1999年，根据市府要求，市规划局组织编制了《上海市中心区历史风貌保护规划（历史建筑与街区）》。根据规划，列入规划的风貌街区共234个（其中集中连片的风貌街区22个）和历史建筑群440处，总建筑面积为1019.4万平方米，其中花园住宅144万平方米。

采取的相应保护措施：1986年上海被定为中国历史文化名城后，市委、市府的领导高度重视对历史建筑和风貌街区的保护利用。其主要措施为：

（1）维修加固——主要是针对直管公房的维修，利用有限的房屋维修资金进行是最简单的办法，却不能解决对其特色风貌的恢复和建筑功能的提高。

（2）拆除重修——即对原有风貌街区进行整体拆除后，按原建筑形式重新建造，如静安区武定坊、升平街的改造。但其缺点在于过分强调功能上的成套化和居民的原地回搬，所以除了改善居民居住条件外，并没有真正延续历史建筑的韵味，有的反而丧失了原有的风貌特色。

（3）保护性改造——即在充分保护历史建筑和风貌街区特色的前提下，适当进行建筑结构的改造和功能的重组，提升历史建筑和风貌街区的艺术品位和文化、商业价值。在这方面比较成功的是已完成的卢湾区兴业卢老式石库门住宅（即新天地）改造工程等。

对于一些房地产项目，由于其开发建设对当地经济、环境、居住条件贡献较大，当地政策会对其提供一些支持性的优惠政策。这些政策对项目的影响是最直接的，有必要对其进行分析。如百色市某商住综合项目的政策环境分析：

为了进一步扩大对外开放，促进对外经济合作与技术交流，鼓励国内外客商来平果投资置业，促进平果经济建设发展，根据国家和自治区的有关法律、法规和政策，特制定平果关于鼓励外商投资的规定，其中对本项目有优惠和影响的包括：

（1）土地使用：土地使用权出让价标准，在城市基准地价基础上根据出让土地的位置、环境、用途和配套市政设施条件核定收取。县政府出让土地或划拨土地时，根据项目性质和固定资产投资额，按征地基准地价补贴30%~40%。经营性房地产开发项目，原则上按公开拍卖方式供地。

（2）税费：对外商投资企业，免收用水、用电增容费和工程贴费；免收新型墙体材料专项基金、小城镇建设配套费、建筑安装工程劳动保险费等。

（3）其他相关优惠措施：县政府对外商投资项目实行“一条龙”服务，简化办事程序。县政府成立项目联合审批办公室，对重大项目实行集体办公、联合审批、分头承办。金融部门要及时办理外商企业的资金往来，保证汇路通畅，并积极为外商投资企业优先解决其生产经营所需的流动资金贷款。

（4）本项目是平果县向外招商引资的重点项目，将得到当地政府的大力扶持。除提供以上优惠外，政府为促进本项目建设的顺利实施，斥资几百万元迁移项目地块中的三条高压线；本项目招商经营时利用政策引入商家等。

三、人口环境分析

从某种意义上讲，人口越多，需求量就越大，对房地产市场的支撑力就越强。因此，人口环境也是影响房地产发展的一个大环境。在分析人口环境时，主要是分析项目的所在城市或区域的人口数量、人口增长速度和未来规划人口可以达到的数量等。如百色市2003年某商住综合项目的人口环境分析：

2003年，全县共有人口45.82万人，增长0.38%，县城人口达到13万人左右（数据来源于平果县统计局）。从目前来看，平果人口总量不大，人口增长率低，对房地产市场的支撑偏弱。但从平果的发展规划看，平果是南宁到百色之间的重要枢纽，拥有铁路、公路、水路的立体交通优势，并利用得天独厚的铝工业优势，致力于打造百色副城市中心、“南宁的后花园”，随着平果铝投资建设力度的加大，大型客、货运站，高速路等交通设施的完善，将带来大量的人流，常住人口与流动人口都将大大增加。根据新的城市规划，平果2010年县城规划人口达到20万人，这将为当地房地产市场包括住宅、商业物业提供有力的支撑。

对发展房地产业而言，我们不能单就平果现有人口进行衡量，而应该从平果及百色周边县市的人口进行衡量。2000～2004年平果县人口统计见下表。

2000～2004年平果县人口统计表　　单位：人

年份	2000	2001	2002	2003	2004（预计）
总人口	454918	455020	456513	458275	460000

若项目所在城市居住了不仅一个民族，这时有必要分别对人数较多的少数民族进行分析。这是因为民族不同，其生活习惯、爱好等等也不同。如烟台某商住综合项目的人口环境分析：

烟台市有可识别民族48个，除汉族外有47个少数民族，少数民族暂住人口约3万余人，主要是朝鲜族、维吾尔族和回族。烟台市少数民族人口主要分布在芝罘区、开发区等经济较为发达的县市区。烟台市的少数民族人口素质较高，少数民族群众大多从事文教科技工作，平均生活水平超过烟台市的平均生活水平。

四、城市条件分析

房地产的一个重要特征就是不可移动性，这个特征决定了城市条件对于开发商来说是一个宏观的重要条件。若城市条件有利于项目，必定对其投资开发起到事半功倍的效果。

1. 城市总体情况分析

对城市条件进行分析，首先就要分析城市的总体情况，这包括城市的地理位置、占地面积、行政区划等等。如上海某商住综合项目的城市总体情况分析：

卢湾区位于上海市中心，全区面积8.02平方公里，其中陆地面积7.52平方公里，水域面积0.50平方公里。区界北至延安中路、金陵西路，与黄浦区、静安区交界；东至西藏南路、肇周路、制造局路、高雄路、江边路，与黄浦区接壤；西至陕西南路、瑞金南路，与静安区、徐汇区为邻；南至黄浦江河道中心线，与浦东新区相望。区境内辖淮海中路、瑞金二路、打浦桥和五里桥4个街道，共74个居民委员会。

此外，还可以对项目所在城市的人文历史进行简单的说明。如烟台某商住综合项目的城市总体情况分析：

烟台市地处山东半岛中部，东连威海，西接潍坊，西南与青岛毗邻，北濒渤海、黄海，与辽东半岛对峙，并与大海隔海相望，共同形成拱卫首都北京的海上门户。全市土地面积13739.9平方公里，其中市区面积2643.60平方公里，全市海岸线曲长909公里。

烟台名称源于烟台山。烟台，古为东夷族地。夏朝，东夷族建过国（治所在今莱州市过西）。商、西周、春秋时为莱国地。战国属齐。秦代属齐郡。汉代为东莱郡。晋为东莱国。南北朝为东莱、长广郡。隋为莱州。唐置登州、莱州。宋、元因之。明、清为登州府、莱州府。1983年11月成立地级烟台市。1987年10月，组建威海地级市，辖环翠区和荣成、文登、乳山3县，从烟台析出。烟台辖2区、6县，代管3个县级市。1998年，烟台市辖4区、1县，代管7个县级市。即芝罘区、福山区、莱山区、牟平区、龙口市、莱阳市、莱州市、蓬莱市、招远市、栖霞市、海阳市、长岛县。全市总面积13746平方公里，人口638万。其中市区面积2644平方公里。

在分析城市总体情况时，也可以概括性地分析项目所在区域的发展目标，这有利于预见城市未来的发展方向，对商住综合项目的开发类型定位有指导性的作用。如深圳某商住综合项目的城市总体情况分析：

（1）地理区位

中心区位于深圳市的地理中心，北倚莲花山，南望深圳湾、香港，形成了背山面海的用地格局。由滨河大道、莲花路、彩田路、新洲路四条城市主干道围合而成的中心区，占地413万平方米。其中南片区233万平方米，规划为中心商务区（CBD）；北区180万平方米，规划为行政、文化中心。中心区规划建筑面积750万平方米，容积率约1.8，规划居住人口7.7万人，提供就业岗位26万个。

（2）功能定位

根据深圳市中心区法定图则，中心区的功能定位是：体现国际性城市功能的中心商务区。

（3）发展目标

1）中心区的发展目标是为国际性跨国公司的商务活动提供便捷、高效的最佳工作环境；为深圳各阶层提供良好的空间环境；为中心区的居民提供舒适、优美的生活环境。

2）深圳中心区是未来深圳的城市商务中心和行政文化中心，集金融、商贸、信息、文化、会展、行政功能为一体，是深圳未来建设成为现代化国际性城市、区域性经济城市和花园城市的最重要功能区。

3）中心区是深圳市面向21世纪建设一流的现代化国际性城市的形象标志，其中市民广场更是未来深圳的标志性建筑。深圳中心区的建设，不仅对深圳自身的发展，对于实现深圳香港间经济衔接，形成香港—深圳—广州国际性城市带，都将产生深远的影响。凭借地理优势和规模效应，深圳市中心区将成为珠江三角洲城市群最重要的功能区，以及华南地区乃至全国对香港及海外联系的核心之一。

2. 城市自然资源分析

不同的开发类型，其所需要的自然资源也不相同。例如拥有优美的自然环境有利于开发别墅；拥有矿产资源和特产资源有利于开发相对应的专业市场等等。因此，对城市的自然资源进行分析是非常必要的。如烟台某商住综合项目的城市自然资源分析：

烟台市依山傍海，自然条件得天独厚，物产资源十分丰富。沿海有广阔的渔场，全市海岸、海岛曲线长达900多公里，15米等深线内的浅海水域有60多万公顷。盛产对虾、海参、鲍鱼、扇贝等海珍品。地下矿藏丰富，已探明可供开采的有金、铜、锌、铅、钼、菱镁、煤、滑石、大理石、银、铁、石墨等30多种矿产资源，其中黄金产量和滑石储量分别占全国的1/5，大理石储量居全国第二位。这里还是著名的烟台苹果和山东大花生的集中产区，柞蚕丝绸、龙口粉丝、莱阳梨、大樱桃等土特产品也都遐迩闻名。

3. 城市主要交通网络分析

俗话说："路通，财通"，只有道路交通完善，才会形成人流，而只有形成人流，才会带动物流、资金流和信息流，这些对于房地产，尤其是商业地特别重要。在分析交通网络时，可以先分析城市的交通网络，再分析项目所在区域的交通网络。如淮安某商住综合项目的城市交通网络分析：

改革开放以来，淮安市外围对外交通条件逐步改善。如今淮安公路、铁路、水路四通八达，同三（京沪）高速、宁徐高速、宁连高速以及新沂到长兴的铁路均已在此相会，京杭运河、苏北灌溉总渠、淮河及其入海水道等纵横交错，形成了一个以高等级公路为主骨架、水路并举的交通网络，又成为江苏南北交通交汇中心。

又如深圳某商住综合项目的城市交通网络分析：

盐田区地处深港经济合作的前沿地带，背依珠江三角洲新兴工业城市群，内外交通异常便利。水路方面，依托盐田港海港口岸，拥有便捷的出海通道；陆路方面，南有沙头角口岸直通香港，北有疏港铁路和惠盐高速公路通往东莞和惠州，西有梧桐山双向隧道和罗沙一级公路连接市中心，东有盐坝高速公路通往大鹏半岛和惠阳。

4. 城市发展规划分析

对城市的发展规划进行分析，可以预见城市未来的发展方向。同时，在城市规划中，一般会把城市划分为几个区域，各个区域都有其特定的功能。某商住综合项目的开发类型与城市规划相适应，必定可以促进项目的成功开发。因此，在分析城市发展规划时，要注重对城市功能分区的分析。如深圳某商住综合项目的城市发展规划分析：

深圳市城市总体规划（1996～2010）中，深圳东部被定位为高尚海滨居住区。全区划分为三个组团：沙头角组团、盐田组团、大小梅沙组团，建成后将成为山、海、城一体的现代化区域城市，即通过海滨区的整体综合开发，把梧桐山山体主题景观公园、城区和大鹏湾紧密地联系在一起，形成整个城市的空间特色。城市建设遵循三结合的原则：与旅游相结合——旅游带靓环境，环境带旺地产，层层递进，逐浪推高；与高新技术相结合——建设生态型高新技术走廊，吸引大批世界级高科技机构前来设立研究开发基地；与教育相结合——建成深圳第二高级中学，国际集装箱管理学院，港人子弟校等。

在分析完城市发展规划中的功能布局后，可以分析项目所在区域的功能定位对项目有利的方法。如淮安某商住综合项目的城市发展规划分析：

根据"三淮一体"的规划目标，到2020年，"三淮"城镇人口将达到115万人，建成区面积120平方公里。"三淮"将建设成为"江苏新兴的交通枢纽和工业城市、淮河下游的商贸中心"。

（1）三淮主中心区

实施"城区东扩，中心东移"战略，形成由水渡口广场——健康东路——淮海北路——淮海广场——河北东路——和平路组成及其周围4平方公里的金三角中心区，成为"三淮"新的具有现代气息的行政、金融、信息、商贸、休闲娱乐中心。

本项目在位置上靠近以淮海路为主线、淮海广场为中心的核心商业圈，位于主要商业街之一的东大街上，因此本项目从商品零售角度来说具有先天地段的位置优势。

（2）六大功能分区

淮安分区：总面积30平方公里，是以淮安市区为依托的历史文化名城、旅游度假区，主要发展旅游业以及配套的餐饮、旅馆、休闲娱乐等服务业。

城南分区：总面积271.8平方公里，规划建成区15平方公里，是淮阴外向型农业开发区，主要发展高新技术和绿色农业产业。

青浦分区：总面积15平方公里，是老城游购区和冶金、化工、烟草、纺织等工业区。本案在此区域内。

城东分区：总面积15平方公里，是淮阴经济开发区，以高新技术产业为主，生活居住、公共设施相配套的综合性新区。

清河分区：总面积20平方公里，是以清河区为依托的政治、金融、信息、科教、商贸中心。

王营分区：总面积20平方公里，是以淮阴县城为依托的市域居住、仓储、货运中心。

清浦老城区改造规划，2002年将在慈云寺、文庙附近兴办庙市合一的文庙文化市场，培育美食、娱乐、文化经营特色，使之成为名副其实的淮安"夫子庙"，同时迅速完成东大街的街景规划，按照苏州观前街、南京湖南路的标准，把东大街建设成为集购物、休闲为一体的商业步行街头，与建好的文庙文化市场连成一片。

从城市的未来规划我们可以看出本项目的地位与位置优势在将来城市的功能布局中会得到一定的巩固与发展，但是我们必须看到这种巩固与发展的相对性。

若条件允许，能够找到更多更详细的城市发展规划资料，策划人员除了对城市功能分区进行分析外，还应对项目所在区域的发展规划进行详尽的分析。分析内容应当包括：规划定位、交通规划、配套规划等等。如上海某商住综合项目的城市发展规划分析：

20世纪初，外滩的崛起成为上海的标志，20世纪末，陆家嘴的崛起成为上海的亮点。21世纪初，北外滩一旦建成，将和外滩、陆家嘴呈三足鼎立之势，北外滩，同时也将成为一个以知识性和国际航运为亮点的特色服务贸易区。

（1）规划范围：区域面积是外滩源的10倍多

北外滩的规划范围包括大连路以西、周家嘴路海宁路以南、河南北路以东、苏州河黄浦江以北，占地面积3.66平方公里的区域，其中，沿江河岸长度达到3.53公里。

（2）区位优势：位于核心环和中心环以内

北外滩地区位于苏州河和黄浦江交汇处，与外滩、陆家嘴呈现出"黄金三角"之势，是黄浦江两岸综合开发条件最为成熟的重点地区之一。整个区域坐北朝南，既可观赏浦江美景，又能充分沐浴阳光，区域优势十分显著。根据上海市的城区规划，全市将形成五环相拥的交通格局，即第一环外环线、第二环中环线、第三环内环线、第四环中心环（大连路、东方路、张杨路、复兴路）、第五环核心环（新建路、银城路、世纪大道、延安路）。北外滩地区就位于核心环和中心环以内，这一优越的区位优势赋予北外滩以巨大的开发价值。

（3）规划定位：特色服务贸易区

适应上海建设国际大都市和中国加入世贸组织的新形势，北外滩地区将建成以知识服务和国际航运服务为特色的服务贸易区，大力发展楼宇经济，成为上海经济和社会发展新的增长点。

（4）交通设置：2条市区地铁线由此经过

根据北外滩交通规划，这里将形成二横六纵干道为骨架辅以若干支路的方格网状道路网。经规划调整，地区道路系统由主干路、次干路、支路构成，规划道路长约31.3公里，规划道路网密度为8.55公里/平方公里，规划道路面积为1.2平方公里，规划道路面积率约33.6%。届时共有2条市区地铁线通过北外滩地区。

规划保留黄浦江上现存的泰公路、其秦线等两条过江轮渡及轮渡站，今后根据客流要求逐

步改进，向舒适化的水上巴士发展。

（5）绿地配套：形成都市绿化系统

北外滩将形成适合居住与城市发展的都市绿化系统。规划在国际客运中心北侧和海员医院西侧基地，设置总面积在21000平方米左右的大型集中绿地和广场；在吴淞路与东长治路的交汇处，规划建设25000平方米的大面积绿地；规划在下海庙和摩西教堂之间建设一块面积约为26000平方米的大型公共绿地；在吴淞路西侧的商业居住综合区内，规划结合原有昆山花园设置了一处面积约4000平方米左右的城市公共绿地以及11000平方米左右的沿苏州河的滨河绿地。

（6）建筑风格：现代、简洁、高科技

北外滩在建筑总体上要求以现代、简洁、高科技为特色，在保护建筑集中的地区和提篮桥历史风貌及现代商业街区应体现传统建筑的特色和风格。

（7）规划内容：四大功能区域

根据北外滩首期规划，北外滩将分为四大功能区域进行开发建设。

1）滨江休闲区

东大名路以南，东起秦皇岛路，西至虹口港东侧，沿江东西长约2公里，规划面积约16.6公顷，将形成阶梯的植物绿化、休闲广场和亲水平台，交通接口、轮渡码头、滨江大道实行无障碍设施；还将兴建国际客运站，发展国际客运、邮船、游艇、旅游服务、航运交易、货代、船代、物流服务和航运中介、金融、保险、海事服务。

2）现代商务区

虹口港以西、吴淞路以东地区。该地区定位为知识服务产业区，将大量吸引国内外中介类和设计类等现代服务业，建成各类国际性机构相对集中的办公区和滨江旅游区域。坐落在这个功能区的世茂集团投资的双子楼北外滩世茂酒店目前已经开工建设。

3）航运商贸区

虹口港以东、公平路以西、黄浦江以北、长治路以南地区。依托国际客运中心建设和上海航运交易所，提升北外滩地区的航运服务功能，使其成为上海国际航运中心建设的重要组成部分。在这一定位为航运服务产业区的范围内重点发展国际客运、邮船、游艇的旅游服务；航运交易、货代、船代的物流服务；航运中介、金融、保险、海事服务，成为国内外知名航运企业总部和办事机构集聚地。该区域的白玉兰大厦将是一幢综合性的商住酒店，白玉兰大厦从中部开始逐渐缩小，直至形成一个很高、类似哥特式的尖顶，与隔江的东方明珠相映成趣。

4）高尚住宅区

周家嘴路以南、汉阳路以北、大连路以西、吴淞路以东的地区。

目前重点建设区域是现代商务区、航运商贸区和滨江休闲区。

（8）规划现状：六大重点项目启动

近期北外滩地区已启动和即将启动的六大重点项目是：

1）已开工建设高120米的商务姐妹楼北外滩世茂酒店。该酒店由两幢姐妹楼组成，集酒店、会议、娱乐、餐饮、休闲购物于一体，建成后将成为北外滩地区最具景观效果的豪华酒店服务设施。

2）今年年初开工建设的、占地16万平方米、总建筑面积31万平方米的国际客运中心。至2007年，高阳港区原址上将建成集国际客运码头、办公、商场、酒店、滨江开放绿地于一体的21世纪黄浦江标志性建筑群，建成后的客运中心将包括国际客运综合大楼在内的各类宾馆、商业、办公等建筑设施和超大绿地空间。

3）东长治路拓宽工程项目，全长3.46公里，首期从大连路到虹口港区域。

4）滨江绿地建设项目，虹口港东侧到秦皇岛路岸线2.1公里，结合景观、休闲、防汛一并考虑，样板段高阳－公平段滨江绿化已开工。

对于要开发商业街，大型购物中心的商住综合项目来说，最好能分析一下项目所在商圈的发展规划。在分析时，重点分析周围道路规划和交通规划。如重庆某商住综合项目的城市发展规划分析：

（1）较场口规划方案概述

按照较场口规划，其功能定位绝不仅仅是解放碑的一个三级商圈，而是渝中区商业、商务次中心，具体规划方案如下：

1）以中华路和民权路为架构，形成十字金街，民权路规划为商业步行街，在和平路和民权路交界处将修建一个大型休闲景观广场；

2）民生路与和平路之间的百巷子片区是较场口改造的重点区域，在该区域内将建成合景国际和城市之冠，其中城市之冠由7栋超高层构成，和本项目仅有一路之隔；

3）较场口转盘面向18梯方向将挑出一个城市阳台，实际上是一个小型的观景广场；

4）十八梯片区将由和记黄埔改造为十八梯民俗风貌区。

（2）较场口城市空间格局

较场口城市空间结构由景观区、商业区商务区三大部分形成。

1）景观区：由较场口转盘（雾都广场）和十八梯区域（城市阳台）组成。

2）商业区：由得意地块和好吃街二期组成。

3）商务区：由合景大厦、万豪地块以及城市之冠组成。

（3）重点规划区域

1）民权路－中央步行街

民权路规划商业步行街中心地段，道路总长308米，南北两端由雾都广场和中华小广场形成，街中有万豪广场，形成山城特色的商业景观步行街。民权路北向解放碑商业步行街，南通“城市阳台”，西接石灰市、民生路、万豪路、中华路入口，东领中华路、磁器街入口。

2）雾都广场

位于民权路南端，十八梯山城传统街区上坎，特有的山地落差造就良好的通江视野，与规划中的绿色通廊相连，提高观光价值。渝中区CBD整体景观的集中地，渝中半岛南向城市的亮点，具有CBD地标的作用。

3）好吃街二期

好吃街广场：八一路与磁器街交接处，较场口商业步道中的重要节点。

（4）各街道规划布局

1）潘家沟——新民街——石灰市：设计人行步道，作为城市休闲穿越空间。

2）八一路：好吃街二期地块，形成山城特色的街景和街道空间。

3）万豪地块：以万豪酒店前的“城市绿色广场”为重点，建设其风格高雅、清新的绿色广场（万豪广场）。

4）中华路：连接解放碑商业区和较场口地区，横贯十字金街，作为城市阳台步行系统与整个较场口地区车行交通交接点，将开辟净高4.5米的底下行车通道。

5）和平路：加大绿化整治，形成层次清晰的街边绿化带和林荫景观步道。

（5）交通系统规划

1）车辆交通系统

a. 人车分流，形成CBD氛围。

b. 较场口转盘：设架空步行天桥，利用转盘作地下空间转换（轻轨与汽车交通转换），并在此设公交车站。

c. 中华路与民权路交叉口：在此叉口处设地下通道，并在此叉口处形成广场（小中华广场）。

d. 万豪路口、民生路、磁器街与民权路交叉路口为尽端路，设回车处，磁器街与较场口转盘设公交站点。

e. 该区域设置8个公交车站，10个出租车站点，5个地铁和轻轨入口。

2）步行道路系统

a. 民权路为步行街，形成三条步行道路。

b. 山城步行道：十八梯—较场口（沿十八梯贯穿较场口）。

c. 商业步行道：民权路——得意广场——八一好吃街二期（环得意或进入得意广场穿八一路好吃街二期）城市休闲步行道：民权路——万豪地块（沿民权路经万豪地块）。

（6）轻轨（较新线）概况

较场口至大堰村长13.98公里，14座车站，2座变电站，6座牵引变电站，一座车场，一座控制中心。采用高架跨座式单轨交通方式，初期配车84辆21列，一列由2~4节车厢组成，每节车厢长11米，宽3.5米。运行速度每小时30公里左右。全线建成后可达到高峰运送3万人次/小时的客运能力，初期年客运量1.5亿人次，远期年客运量3亿人次。

（7）较场口改造成果预测

1）较场口片区改造完成后，将彻底改变目前拥挤杂乱的现状，街区环境会得到根本的改善，加上新建的众多高层建筑，区域的整体形象将得到极大程度的提升。

2）从功能上看，较场口区域改造完成后将复合商业、商务、观景、旅游观光、休闲娱乐等高附加值功能于一体。

3）轻轨通车后将为较场口区域带来30万左右的日人流量，将大大提升较场口商圈的人气和流动消费力。

4）按照较场口片区的建设规模，估计大卖场和临街商铺的总供应量将不少于30万平方米，如果全部招商成功，其规模和繁荣程度将大致等同于重庆市一个普通主城区的核心商圈，相对于目前的商业氛围来说，上升的空间非常大。

5）较场口众多高层住宅建成后，将新增不少于10万平方米的商务空间，新增商务人士将不少于1万人，这也将在很大程度上提高较场口商圈的固定消费力。

第二节　商住综合项目房地产行业分析

分析完投资环境后，策划人员接下来就应该对房地产行业进行分析。单个房地产项目的开发商离不开整个房地产行业的发展趋势。若房地产行业正朝着有利的方向发展，必定有利于项目的投资开发。由于商住综合项目涉及两种或以上的开发类型，而不同的开发类型在当地又有可能处于不同的发展阶段，因此，策划人员应分别对每种可能开发的类型进行分析。

一、房地产行业市场分析

在进行行业分析时，应先对整个房地产行业的市场情况进行分析，然后再分别针对各种开发类型进行分析。对房地产行业进行分析时，应先对房地产市场进行总体概述，再分析房地产市场的特征、供求、价格，最后还要对房地产市场进行预测。若项目所在城市各个区其房地产发展又各有其特点，这时也要对各区的房地产市场进行分析。

1. 房地产行业市场总体情况分析

对房地产市场进行总体情况分析，最常用的手段是用数字说明问题，即可以用房地产投资额、增长速度、施工面积、竣工面积等数据来反映房地产市场的总体情况。如百色市某商住综合项目的房地产行业市场总体情况分析：

平果县的房地产起步较晚，真正意义上的商品房开发从2003年开始，目前呈现各类产品销售火爆的良好发展态势。随着县域经济的发展，特别是平果铝的建设发展，平果县城面积不断扩大，外地房地产公司不断进军平果县，房地产业不断升温，商品房销售价格不断走高，市场供不应求。

2004年上半年平果县房地产开发投资继续保持强劲增长势头，投资规模再创新高，全县完成房地产投资4149万元，同比增长21.3倍。其中商品房施工面积136020平方米，同比增长2.1倍。人们的购房欲望也日渐高涨，据近期一次房地产需求调查表明，在全县14661人的调查对象中，近期考虑购买商品房的有13406人，占调查对象的91.43%。房地产开发持续繁荣，有力推动了地方投资的强劲增长。上半年，地方项目完成投资30614万元，同比增长98.34%，投资比重由上年的34.33%上升至81.10%。

在分析房地产市场的总体情况后，可以简单说明促使房地产市场发展到这个情况的原因。如柳州某商住综合项目的房地产行业市场总体情况分析：

柳州市的房地产业自1992年正式起步以来，发展到今天已经形成群雄逐鹿的局面。据不完全统计，2002年底在柳州市注册的房地产公司约达217家，全年完成施工的商品房面积（不含经济适用房和单位集资房）达266.81万平方米。

2001年柳州房地产投资完成88226万元，比上年同期增长82.36%；而2002年房地产投资完成159900万元，比去年同期增长81.3%，近年柳州房地产投资保持较快的增长势头。

柳州市面上的房地产经济经过整整10年的发展，已经初步形成了一个稳定的市场格局，并成为城市基础设施建设投资方面越来越旺的投资热点。正是在这种环境和背景之下，2002年柳州房地产业各项指标均奇迹般地创造了前所未有的历史新高，并且连续三年达到了产出比投入大的经营业绩。

而2002年作为柳州"城市建设与管理"年，新区开发和旧城改造在全城全面开花，成片开发也大有起色，城市构架的拉开、行政中心东移，给房地产开发带来了巨大的商机，其中仅河东区开发建设的投入就需16亿元以上。

柳州市房地产业的升温，有其历史必然性，归其原因有：一是得益于国家宏观经济调整，市民的消费信心得以增强和巩固；二是机关企事业单位取消了实物分房政策，催生了商品房新的市场需求；三是在"城市建设与管理年"中对拆迁安置需求大增，是房地产走旺的主因。另外，金融机构对购房者发放贷款、市民观念的转变、收入的提高、楼盘配套的日益完善等因素，也大大推动了房地产业的发展。

2. 房地产行业市场特征分析

在对房地产市场整体情况分析结束后，接下来就要对房地产行业的市场特征进行分析。房地产行业的市场特征分析实际上是对房地产行业市场总体情况分析的具体化。下面是深圳某商住综合项目的房地产行业市场特征分析：

2003年上半年，整个房地产市场一度处于SARS阴影笼罩之下，春交会延期而至取消、购房入户政策叫停、"二线关"改而不撤、关内土地严格控制，特别是央行121号房贷新政出台，加大收紧和调控的力度，这些宏观方面的因素都或多或少地影响了深圳房地产发展的状态、速度和格局。但是，随着深圳国际化城市的高端定位，CEPA的正式签署，珠三角大一统经济圈的蓬勃势头，给予了深圳房地产发展重大利好的讯号，其中包括实现24小时通关，地铁即将投入使用，深港西部通道已经开工等一系列举措，为深圳房地产带来现实的机会与冲动。尤其是国务院最近颁布了关于房地产产业发展的18号文件，对业界更是巨大的鼓舞和推动。综观2003深圳房地产市场动态，大体有以下几个特点：

（1）市场需求理性化

SARS袭来之初，诸多大型营销活动随之停止。SRAS解禁后，开发商纷纷开展大规模的营销活动，市场反映一般，置业者仍然选择自己认为适宜的方式选房购房。这充分表明消费的理性特征。

（2）消费产品高端化

一方面由于土地资源愈加稀缺，开发商土地和财务成本的刚性化，一方面由于消费观念和消费指数向上出现新的变化，导致凡是具备一定实力的开发商，在项目开发上竞相走向高端路线。2003年尽管发展普通商品房的呼声颇高，但深圳房地产基本运行在中高端市场。中高端住宅成为市场供应的主流。深圳现阶段的房地产市场，按市场消费档次来分，可以分为三类：

1）高端市场：价格在7000元/平方米以上；

2）中端市场：价格在5000~7000元/平方米；

3）其他类：价格在5000元/平方米以下，价格参差不齐，地域分布较分散。

（3）客户群体年轻化

据近年的消费调查显示，深圳市场的置业群体呈明显年轻化的趋势，20世纪70年代及其以后出生的消费者正从租赁市场的主力成为购买市场的主力，而且不仅是中低端市场主力，也是高端市场的主力。世纪村·王府、碧海红树园以及其他一些新推出的大户型极品豪宅的客户资料显示，70年代出生的客户占一半以上，出乎业界人士的预料。由此证明深圳房地产市场的消费结构正在进一步年轻化。这将不仅改变传统的消费文化，同时也对房地产的产品定位提出了新的要求。

（4）产品功能多元化

走在深圳房地产业界前沿的开发商，近年在产品的规划、设计和开发上，十分注重满足不同层面、不同消费群体的置业需求，这已经成为一个相当显著的特点。特别随着深圳国际化城市建设步伐的加快，高端品质、设计现代、兼有星级酒店服务的、具备商务公寓与时尚住宅功能的建筑已经成为引领市场的新秀，正在脱颖而出。

（5）产品品质同质化

由于房地产传媒、地产策划代理、设计等专业服务的竞争产生的相对垄断，使得深圳房地产在市场开发理念、产品规划、建筑和景观设计等方面出现明显的同质化趋势。包括建筑风格的"克隆化"、景观概念的"洋化"、户型设计的两极化（大、小）、教育和会所概念的强化、营销概念的小资化等。项目的非个性化和非原创化将极大影响市场的良性发展，已形成价格战和广告战的非理性趋势。

（6）市场热点集中化

受政府城市规划调整和土地出让等因素的影响，深圳房地产的热点区域日趋集中，以福田区、南山区和关外为主。高端市场由西向东沿深圳湾海域、香蜜湖直至市中心区。目前，华侨城片区、香蜜湖片区及中心区已经上市的高端市场项目主要有世纪村、中海深圳湾畔、红树东方、波托菲诺、阳光带·海滨城、熙园、水榭花都、中旅国际公馆、雅颂居、天健世纪花园、星河国际、碧海红树、金域蓝湾等。南山主要楼盘有蔚蓝海岸三期、招商海月、海印长城、漾日湾畔。随着撤关呼声的不断增加及卫星城镇建设规划，关外地产热度快速提升。2003 年 7 月 4 日万科地产以 2160 元/平方米的楼面地价，高价竞得坂田地块，说明开发商对关外地产的极高预期。

（7）市场焦点多极化

住宅产品虽然还是深圳地产的主角，但是原先相对居于低位的商业、办公物业逐渐升稳，租售量增幅明显。根据市规划国土局公布的资料，具体年份（2003 年）仅 1～5 月，全市共销售办公楼 6.22 万平方米，销售均价达到 10116 元/平方米。出现这种转变，一方面固然是办公楼本身质素有了提高，另一方面反映了市场对办公楼市场的信心和良好预期。特别值得注意的是，CEPA 的签署、国际化城市功能的显现和珠三角大一统的逼人形势，与高科技、金融、物流、会展、商服密切相关的房产开发与经营，正在呈现多极聚焦的态势，而且在运行中显示出极大的关联度。

（8）营销竞争白热化

2003 年深圳地产市场的营销花样翻新，既精彩纷呈，也搏杀惨烈。从一个侧面说明了消费者因为理性而格外“挑剔”，同时也表明市场成熟度明显提高。成功的开发商经验和无情的市场竞争法则都在证明，地段、社区、环境、户型、品质、交通、生态、文化、服务、教育、品位等等，无一不是争取客户、占领市场的必备要素，尤其是高端定位的产品，更是需要有至精至纯的质量追求和令人信服的性价比率和诚信服务。值得高兴的是，深圳房地产市场正在经历和迈越这样的阶段。

3. 房地产行业供求状况分析

分析房地产行业的市场供求状况时，可以从供应量和需求量两个方面进行分析，也可以通过空置率这一个指标来反映。下面是深圳某商住综合项目的房地产供求状况分析：

（1）市场供应分析

1）从发展趋势看，供应总量保持平稳

受深圳市土地供应限制，以及 2002 年超过 1000 万平方米供应量的影响，2003 年上半年供应量增幅开始下滑。虽然与 2002 年同期保持水平相当，但 2002 年上半年的批售量相对下半年的 680 万平方米差量很大，从目前在建的诸多项目看，下半年仍然会有较多的楼盘面市，供应总量不会出现大的波动。此外，虽然特区内的土地日益紧缺，但是关外大量的土地供应将持续支撑深圳地产的发展。

2）2003 年供应总量有所增加

数据显示，深圳上半年批准预售面积 397.20 万平方米，同比增长 5.23%，批准预售面积创历年同期最高峰。一季度共批售 157.05 万平方米。今年上半年深圳房地产二级市场的新增批售面积接近 400 万平方米，加上 2002 年上市的市场存量约 500 万平方米，市场上在售楼盘可售面积的数量非常大，已经呈现出供大于求的局面，未来的市场消化压力可能较大。但是整体市场

存在不均衡性，针对特定客户群体的、富有特色的个性楼盘，一样可以争取走旺的趋势。

3）未来供应量仍然较大

2003年上半年新增批售面积397.20万平方米，7～9月份，共批准预售项目24项，批准预售面积约82万平方米。预测下半年的新增预售面积接近或超过上半年，这样全年新增批售面积接近800万平方米，加上2002年上市的市场存量约500万平方米，2003年全年在售楼盘可售面积将接近1300万平方米，而全年销售面积预计在800万平方米，这样将有近500万平方米的存量楼盘进入2004年的市场。按照目前的发展趋势，预计2004年的总供应量将不低于2003年，全年供应量在1300～1500万平方米。

（2）市场需求分析

1）人口增量带动需求增长

根据《深圳市近期建设规划（2003～2005）》（以下简称《规划》）为深圳所确定的目标，"到2005年，我市年度国内生产总值将达3000亿元人民币；第三产业增加值占GDP比重大于50%；总人口560万；城市建设用地规模控制为570平方公里；人均居住面积25平方米；……"。根据市政府原则通过的《深圳市人口战略与人口政策调研报告》确定的目标：在未来5年内，深圳的户籍人口可增长20万，其中高学历人才以及高级技工、技师等技能型人才将大力引进。人口增长必然带动对房地产市场的需求。同时，值得重视的是，随着深圳国际化城市形象的建立，海外投资机构的陆续进入、国际商务往来的增多，大型世界级会展更为频繁地举行，境外人士来深工作、置业的概率与总量必然增加，这些因素都将刺激深圳高品质、现代型、兼具复合功能的房地产产品的需求。

2）商品房增量分析

按照平均每年引进4万人，人均居住面积25平方米计算，每年新增住房需求面积为100万平方米。而这些人中包括相当数量的应届毕业生，他们多为单身人士，购房作为过渡型用房或投资用，因此对于一房和公寓等的需求较大。按照每年接受1万名大学生计算，每年对于住宅的需求量为25万平方米，其中如果有60%选择购买公寓，则对于公寓市场的需求增加15万平方米。同时，海外投资者和商务人士对不同功用的公寓住宅、办公物业的购置和租赁，是一个可以寄予期望的增量，这是一个变数，将伴随深圳的国际化程度的上升而上升。

一般在分析房地产市场供需状况时，都会把近几年房地产的供应量和需求量进行对比分析，若在分析时采用柱状图或折线图则更能反映出供应量和需求量的变化趋势。如上海某商住综合项目的房地产行业市场供求状况分析：

（1）浦东期房市场供需

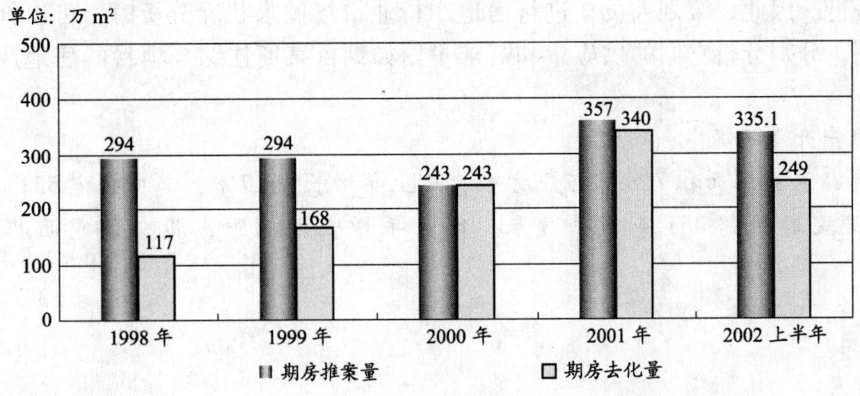

说明：

1）浦东期房市场供应方面，在经历2000年的低谷后，2001年开始迅速回升，到2002年上半年，期房推案量达到335万平方米，占上海市场总推案量的29.4%，几乎接近2001年浦东全年期房总量。

2）市场实际成交量逐年放大，由1998年不到120万平方米跃升至2001年的近340万平方米，而2002年上半年的去化量也达到了249万平方米，比2001年同期上升了90%。

3）1998~2001年，浦东期房市场成交率由40%增长为95%，由供大于求转变为供求平衡，但2002年上半年受巨大推案量的影响，供求关系又趋向供大于求。

（2）浦东各类房产开发比重

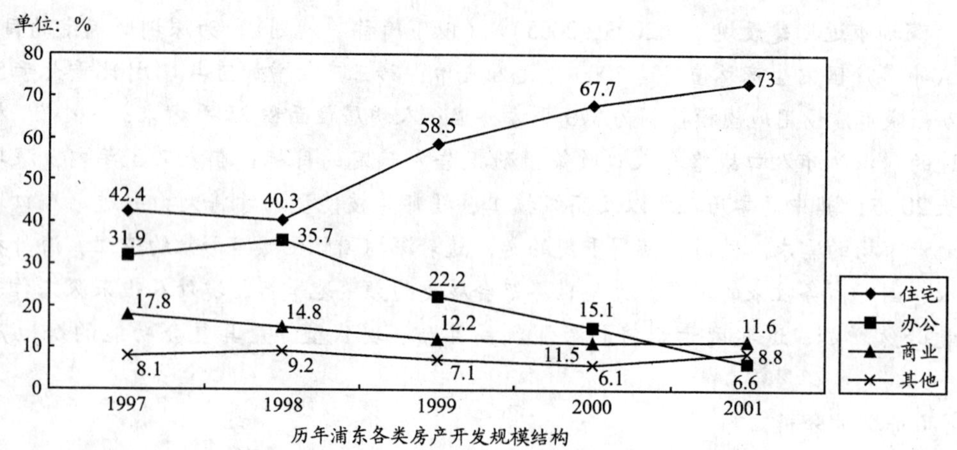

历年浦东各类房产开发规模结构

说明：

1）随着浦东房产开发由陆家嘴中心区域向纵深发展，浦东房产市场中住宅投资的份额逐年提升，由1997、1998年的40%，跃升至2001年的73%。

2）办公楼的投资比重则逐年下调，由1997、1998年的30%以上，跌至2001的8.8%。

3）浦东的商业用房开发比重则显得较为平稳，每年基本维持在房产总开发量的11%~15%。

4）从2002年上半年浦东各类房产开发比重来看，住宅推案量为297.3万平方米，而办公与商业用房的总推案量为36.8万平方米，仅占总量的11%。

一般在进行市场分析前，策划人员心中早已对项目的开发类型有一个大概的定位，只是这种开发类型定位还没有得到论证，策划人员需要通过市场分析和投资分析才可以判断该开发类型定位是否可行。因此，策划人员在进行房地产行业市场供求状况分析时，可以针对心目中的几种开发类型，分别分析它们的供应量和需求量。如烟台某商住综合项目的房地产行业市场供求状况分析：

（1）房地产开发状况

2003年商品房施工面积708.3万平方米，比上年增长35.7%，其中住宅531.3万平方米；2003年商品房竣工面积251.4万平方米，比上年增长19.1%，其中住宅面积150.3万平方米。

2003 年烟台房地产施工、竣工情况　　（单位：万平方米）

	合　计	按　用　途　分			
		住 宅	办公楼	商 业	其 他
施工面积	708.3	531.3	57.1	70.8	49.1
本年新开工	111.03	86.06	5.53	13.41	6.03
竣工面积	251.4	150.3	37.7	40.3	22

（2）房地产销售状况

2003 年烟台市商品房屋新开工面积为 330.69 万平方米；全年销售 192.73 万平方米，比上年增长 11.7%。其中住宅销售 144.36 万平方米，占商品房屋销售总量的 75%。

2003 年烟台商品房屋销售情况

	合　计	按　用　途　分			
		住 宅	办公楼	商 业	其 他
商品房销售额（亿元）	37.68	28.26	3.14	6.28	
商品房销售面积（万平方米）	192.73	144.36	18.33	30.04	
出租面积（万平方米）	8.89	1.44	3.22	4.23	

从上表可以看出，2003 烟台市住宅销售面积占商品房销售总面积的比重保持稳定，而相应的办公物业和商业物业发展有一定的上扬趋势。

4. 房地产行业市场价格分析

价格一般是受供求关系影响的，因此，在分析完供求状况后，接着应对房地产的价格进行分析。下面是深圳某商住综合项目的房地产行业市场价格分析：

（1）上半年整体市场价格表面平稳

根据官方统计数据，2003 年上半年，深圳全市住宅均价为每平方米 5558.93 元，比去年的每平方米 5533 元上涨了 15 元，涨幅为 0.27%。从市场实际销售情况来看，今年上半年由于受到 SARS 影响，第二季度商品房销售速度缓慢，迫于销售压力，开发商纷纷采用打折、送装修、送家电等各种措施进行促销，实质上是一种变相降价。

（2）高档住宅受限制，中小户型有一定价格空间

2002 年接近 200 万平方米的豪宅供应，使得市场对于豪宅消化的速度大打折扣，大量的高价位住宅进入 2003 年的销售市场，无疑在竞争方面异常激烈。加上央行房贷新政的出台，对高档住宅的开发和销售有必然的“降温”作用。虽然极少有高价位楼盘传出价格下调信息，但是变相降价已经成为事实。从上半年的销售数据看，80% 以上的销售单位属于中等面积中价位，而高价位住宅销售只占市场份额的 10% 左右。但是，辨证地看，小户型的高档住宅如果总价保持在一个合理的价位，对特定消费群体还是具有良好的吸引力。

（3）中等价位楼盘的价格将保持稳定

从户型和单位面积来看，下半年在户型和单位面积上的供应将会更加理性，中小户型会是市场供应的主流。一方面是上半年供应的小户型受到市场的青睐，都取得了良好的销售业绩；

另一方面是随着旧城改造的进一步实施，以供应中小户型为主的罗湖会有较多面积入市。另外，上半年的销售速度缓慢，成交比例下降，再加上国家又出台针对别墅、大户型住宅的打压政策，必然影响下半年大户型、豪宅的供应量。从价格结构看，高价位住宅在暗中降价，而中等价位楼盘的价格保持稳定。

策划人员可以利用房价指数这个指标来对房价进行分析，同时还可以针对不同的开发类型分析它们的价格走势。如深圳某商住综合项目的房地产行业市场价格分析：

深圳房价指数

项目		综合	住宅		办公	商业
			二级市场	三级市场		
2001	第四季	99	92	72	109	275
2002	第一季	98.74	92.27	71.56	109	274.45
	第二季	98.81	92.39	71.35	110.11	274.7
	第三季	98.93	92.58	71.38	110.19	274.11
	第四季	99	92.62	71.42	110.78	274.09
2003	第一季	98.89	92.51	71.45	110.72	273.45
季度变化（%）		-0.11	-0.11	0.04	-0.05	-0.23
年度变化（%）		0.15	0.26	-0.15	0.7	-0.36

从上表可以看出，深圳的住宅和办公物业价格有小幅上扬。二手楼和商业物业价格有所下降。住宅价格的上扬，很大程度是由于2002年起市区内豪宅推出比例增大造成的。

不管房价是上升还是下降，或者是平稳不变，策划人员都应分析造成房价出现该状况的原因。如柳州市某商住综合项目的房地产市场价格分析：

2001年柳州商品房销售均价1608元/平方米，而至2002年柳州市商品房销售均价为1650元/平方米，在比2001年平均价格上涨了10.2%的情况下，仍然出现了一个销售高潮。供需两旺的发展态势将会进一步拔高商品房的销售价格，使柳州房地产呈现“价升量涨”的市场发展态势，据有关专家预测，柳州房地产热将持续3~5年左右。柳州房价一路走高，归其直接原因主要有：

（1）随着竞争加剧，房子本身越建越好，品质越来越高；

（2）土地拍卖政策导致地价攀升；

（3）新的拆迁政策自2001年11月1日起执行后开发商成本加大，同时新盘房价比照拆迁房价；

（4）消费市场支持。

5. 房地产行业市场预测分析

上面都是对房地产现有的总体情况、特征、供求状况和价格进行了分析，在分析完这些内容后，就要根据这些内容对房地产市场进行预测。下面是深圳某商住综合项目的房地产行业市场预测分析：

（1）资料显示，2002年深圳房地产市场高档物业增长幅度极大，近两年户型面积在150~180平方米这个档次上累计推出量超过400万平方米，产品同质化现象严重，预计2004年在房

地产高端产品市场竞争激烈。

(2) 目前深圳房地产开发已由精细型的第二代产品开始转向生态、环境与科技相结合的第三代产品。预计2004年规模化发展、建筑风格及设计的多元化、高科技运用和环境景观概念越来越成为现代住宅的流行趋向。

(3) 规模竞争愈演愈烈，市场已不再一片飘红。供求关系不平衡，整体楼市趋向平稳消化阶段，销售速度减缓。深圳房地产市场正进入个盘时代，即追求塑造自身特色、把握特定消费群体、善于展示卖点的个别楼盘跳出大市混战氛围，快速兑现市场价值。预计2004年住宅发展区域已由成熟区域转向带有规划条件的区域、具有景观与环境资源优势的区域、郊区城市化区域、重大交通设施转变的区域。开发重心正随着中心区的西移而逐步西移。深圳湾滨海住宅、香蜜湖、农科中心片区及南山商业文化中心区将成为未来住宅开发的市场热点。

(4) 深圳市政府颁发《关于加强土地市场化管理　进一步搞活和规范房地产市场的决定》。该决定的实施使土地出让更公平透明，提高了房地产预售条件。未来对房地产开发企业的实力要求更高，品牌与集约化经营时代即将来临。

(5) 2003年央行6月13日又出台了《关于进一步加强房地产信贷业务管理的通知》，对开发商开发贷款、土地储备贷款、个人住房贷款、个人住房公积金贷款等房贷的各个方面都作了新的规定，囊括了房地产从开发到销售的所有环节。该《通知》主要针对购房者，对开发商影响程度相对较小，具体实施的难度较大，因对豪宅的界定不明确，商业银行之间的客户没有联网，目前不具备可操作性。

(6) 开发行业的利润开始走向全国行业的平均利润，2002年各地上市公司业绩并不比其他行业的上市公司业绩高，2003年可能会出现不论是上市公司还是非上市公司，业绩方面不会比其他行业相差太大的状况。房地产是资金密集型产业，这几年在向正规程序过渡的过程中，利润也在往下走。2003年，我们发现几乎所有赚钱的公司都开始向房地产行业进军，比如康佳、TCL、联想等，这些企业的进入会将房地产开发利润与其他产业拉平。

(7) 长期投资型物业初显端倪。前几年占有完全主导型的短期物业开始发生变化，长期投资型物业已经占据一定市场份额。比如上海新天地、北京东方广场、深圳华润新城、中信城市广场等，这类项目在2004年会增多。北京甚至有纯出租型的住宅，这类物业的回报是相当稳定的，物业增值和经营管理与物业完全出售显示出不同的成长方向。这是一个值得开发商留意的趋势，也许因为国外基金的加入，基金一般寻求的是一种长期稳定的回报，所以2004年这种趋势会强化。

(8) 深港关系从“设施依赖”转化为“软性依赖”。深港关系方面，不能始终寄托于路桥建设或是通关情况的设施上面。深圳应该关注的不是一条路、一座桥修得怎么样，也不是通关时间如何，深港关系应该由设施依赖转化为软性依赖，2003年签定内地与香港的CEPA协定，273项香港原产地产品零关税，内地向香港全面开放服务业，这一举措将极大促进深港经济融合，加速深港一体化进程。2004年应该特别关注深港自由贸易区对房地产的影响。

二、住宅物业分析

凡商住综合项目中涉及住宅、别墅、公寓等具有居住功能的开发类型时，都应对住宅市场进行分析。

1. 住宅开发热点区分析

在刚开始，人们为了生活方便，都喜欢住在市中心，但随着道路网络和市政配套的日益完善，以及汽车的普及，居住渐渐趋向于郊区化，这使得住宅开发热点区也随之转移。分析住宅开发热点区，有利于判断项目是否在住宅开发热点区内，从而为项目的开发类型定位提供参考。如上海某商住综合项目的住宅开发热点区分析：

时　间	热点区域	发　展　契　机	代表楼盘及价格
1998 年	张杨路沿线	第一八佰伴开业，张杨路逐渐成为浦东商住一条街	陆家嘴花园 售价：5600 元/m^2
1999 年	滨江地带 世纪公园	世纪公园落成，世纪大道的建成通车，带动了整个区域的人气	菊园 售价：6600 元/m^2 艺术传家堡 售价：6800 元/m^2 天安花园 售价：6000 元/m^2
2000 年	世纪公园 世纪大道区域	世纪公园生态区的形成，世纪大道景观街以及花木行政区的形成	香榭丽花园 售价：7000 元/m^2 华丽家族等 售价：6500 元/m^2
2001 年至今	滨江新一轮住宅热	两岸综合开发正式启动 申办世博会带来的浦江新一轮开发	世茂滨江花园 售价：16000 元/m^2 仁恒滨江园（三期） 售价：17000 元/m^2 东方新座 售价：8500 元/m^2

说明：从浦东楼市近年热点演变来看，最大的特点表现在个案区域的规模概念上。一些大型楼盘一经推出往往就能够提升和引导区域内的楼价水平。近期联洋新社区的水清木华、金桥的时代金领、东方知音、碧云新天地，由于开发量大，在整体规划和广告企划上投入较大，其售价往往能够创造行情，同样受到购房者的青睐。追求配套全、规划好的大型成熟社区成为欲在浦东置业者的普遍心态。

2. 住宅市场特征分析

对住宅这类房地产开发类型的特征进行分析，有利于策划人员更加了解住宅市场的情况，从而有利于住宅物业的开发与策划。下面是武汉某商住综合项目的住宅市场特征分析：

汉口区域近些年楼市发展十分迅速，是武汉楼市最旺的区域之一。其具体特征表现为：

(1) 大多数楼盘的开发商有在武汉成功开发过其他楼盘的经历或有前期开发的经验。其中新世界（中国）地产、武汉城投、泰合地产、宏宇实业分别开发了 5 期以上或 5 个以上的楼盘。

(2) 67% 的开发商选择了各种销售代理或营销策划公司作为操作项目的参谋。“专业事找专业人”在房地产市场中找到了注脚。

(3) 从住宅规划设计单位的分布情况上看，本地单位占 70% 左右，深圳的规划设计单位占 20% 左右，其他区域占 10% 左右。开发者将建筑设计定位在倡导新生活理念，使设计风格能体现时代潮流发展趋势。

(4) 建筑风格多样化。汉口地区新建住宅以欧式风格为主的占 59%，还有新地·东方花都的荷兰印象派、恋湖家园的美式小镇、江城华庭的法兰西古典主义以及黄金海岸的澳洲风情的百花齐放。

（5）近年来不少楼盘用环境提升住宅的经济价值。如亚安花园、哈拂苗苑引进了京城东方园林艺术有限公司为小区设计景观，嘉和园则将苏州园林的精华引入小区，恋湖家园更是请到广州普邦为整个小区设计美式小镇的景观，部分楼盘甚至请到境外的公司来做小区内部规划设计，如汀香水榭花巨资请全球前十位的泛亚易道担当小区景观规划设计。据统计，有19%为非本地的园林绿化公司担当景观设计，其中境外的占总体的10%。

（6）外地物业管理公司主要以顾问公司形式通过输出技术服务来对武汉某一楼盘进行物业管理。

从以上分析可以看出全能开发商将难以为继，将逐渐走向功能细分和经营细分。开发功能分化的方向将是土地开发与建筑开发、物业开发与经营分开，这更为房地产健康发展指明道路。

3. 住宅市场供求状况分析

在分析住宅市场的供求状况时，除了像常规那样分析供应量和需求量外，还可以通过抽样对几个楼盘进行分析，从而得出住宅市场的供应特点。在分析需求时，也可以分析需求特点而不仅是分析需求量。下面举一个分析供给特点和需求特点的例子，供读者参考借鉴。

（1）供给分析

中心区及辐射片区商品住宅一览表

楼盘名称	占地面积（m^2）	建筑面积（m^2）	总户数（套）	均价（元/m^2）	户　　型	开发计划	容积率
××世纪	28000	200000	2045	7200	一房一厅/二房二厅/三房二厅	9栋	7.14
城中雅苑	50000	160000	947	8200	三房二厅	10栋	2.80
加州地带3期	7017.3	43100		6400	二房二厅/三房二厅	3栋	6.20
朗晴馨洲	5700	30700	406	6000	一房一厅/二房一厅/三房二厅	单栋	5.39
合正佳园	4325	34612	376	6300	一房一厅/二房二厅/三房二厅	单栋	8.00
星河国际	34136.3	152780	1200	9000	三房二厅/四房二厅/五房二厅	单栋	4.41
风华盛世	5970.4	34099.1	248	7500	三房二厅/二房二厅	2栋	5.72
雅颂居	3.3万	11万	532	11000	125~139m^2 三房 188~225m^2 四房	8栋	3.33
东方雅苑	34780	122816	（略）	7800	120~150m^2 三房、四房	（略）	3.53
黄埔四期	（略）	7万左右	（略）	9000	96~137m^2 三房	（略）	（略）

从上表可以看出：

1）项目规模：由于中心区住宅市场日渐火热，中心区行情看涨，本片区所抽样调查的10余个住宅项目中，小高层、高层项目占绝对比例，占90%，可见中心区形成以高层、小高层为主的开发格局。

2）户型：中心区的户型设计以大、中户型为主，主要集中在90~110平方米、110~130平方米、130~150平方米和160平方米以上等几个区段。该区域单房、1房、2房比例较少，3房、4房占绝对比例，5房和5房以上作顶层复式，或设大户型，3房面积一般在110~130平方米，4房一般在130~150平方米，200多平方米的5房大单位大多处于顶层复式。

3）置业人士主要有二次置业人士、高级白领阶层和部分外销。

（2）需求分析

中心区多高层住宅，对消费者需求情况调查显示，大致存在以下五个类型消费群体：

1）境外消费群体，也是深圳高档商品住宅的消费主力军，由于外销市场的代理商的成功策划，吸引不少境外投资群体置业中心区豪宅。

2）本地一部分先富起来的人。他们的消费心理主要是实用和升值，大多属二次置业，购新房大多考虑改善居住环境和投资升值，他们相中市中心配套较完善、内涵品质较丰富的住宅，且价格不算太贵，这部分是市区内中档住宅消费的主力军。

3）外地来深经商、办企业的群体。这些人有一定的经济实力，很多人在深圳经商已找到归宿感，购买市中心区楼盘既便于工作又便于生活，如风华盛世的一部分消费者。

4）金字塔尖的成功人士。国际精英、商界赢家、外企高层、高新技术行业专业人才、管理者等人士，他们的目标直指中心区豪宅，如黄浦雅苑、雅颂居等楼盘。

5）部分炒楼和投资的消费群体。这部分大多意识到位于黄金地段的住宅楼今后会越来越少，市中心区楼价会一步步上扬，如黄埔雅苑的部分港人炒楼客，他们对和记黄埔地产情有独钟和对深圳市中心区物业的行情看涨。

4. 住宅市场价格分析

策划人员在分析住宅市场的价格时，可以对具有代表性的楼盘进行分析，从而得出当地的住宅价格水平。如泰州某商住综合项目的住宅市场价格分析：

泰州住宅市场价格变动分析（2003～2005年3月）

项目名称	开盘价格（元/m^2）	目前价格（元/m^2）	涨　　幅
新世界花园	2200	2700	23%
盛和花园	1858（多层）	2500～3000	30%～60%
天阳花园	2128	3000～3500	46%～64%
荣星公寓	2238	2800～3000	25%～34%
怡景花园	2100	3000	43%
黄金家园	2850	3500	23%
西湖翠苑	1600	2500	56%

注：开盘价格一般是一期期房价格，目前价格，大盘指2期的价格，售完楼盘取二手房价格，一般不包含税费。

从上表不难看出，随着房地产市场的持续繁荣，泰州的房价（这里主要是普通商品住宅价格）持续走高，我们没有泰州整体价格的涨幅，但从上述个案分析后，泰州这两年房价年均涨幅至少在15%以上，不亚于上海、南京等热点城市，只不过因为泰州起点低，所以绝对值并不高。由于泰州老城区成片的破旧住宅需要改造，因此泰州人改善居住条件的愿望非常迫切，去年商品房成交面积约35万平方米，但远远不能满足需要，因此住宅尤其是市中心区域的商品住宅，呈现供不应求的局面。

目前在泰州，老城区和新城区的住宅略有不同，新区住宅以大盘为主，物业类型也覆盖了多层、小高层和别墅等等，如盛和花园和西湖翠苑均是泰州目前在售的较大的楼盘代表，而老

城区更多的是以普通多层为主的中小型楼盘，如阳光花园（仅5幢多层）。

在价格上，目前老城区的住宅单价一般为2500~3500元/平方米，总价在30~70万元之间，如新世界花园、荣星公寓、怡景花园、黄金家园等，新区的多层住宅一般在2000~2500元/平方米左右，如盛和花园和西湖翠庭，其开盘均价都低于2000元/平方米，但由于楼盘品质优良，去化情况很好，在后期价格有明显的上升，目前多层基本售罄。

小高层产品在泰州还不是主流的物业类型，目前主要在一些大盘中有存在，如鹏欣丽都和新区的盛和花园等，价格基本都在3000~3500元/平方米左右，明显高于多层住宅。已经售完的小高层产品是位于老城区的黄金家园，为2幢12层的，说明泰州市民对此类住宅接受情况比较乐观。但是目前泰州尚没有高层住宅，且由于物业管理费的提高，泰州市民的接受程度未必很理想。

在分析住宅市场的价格时，除了要分析当地的住宅价格达到了多少外，还要分析价格的走势，这样就可以反映出住宅市场的发展趋势。如合肥某商住综合项目的住宅市场价格分析：

合肥市四个区域板块中，包河区高层项目价格水平最高，均价接近3900元/平方米，其三个月均价上涨了近100元/平方米；其次为庐阳区，其高层均价接近3680元/平方米，其三个月均价上涨了约30元/平方米；蜀山区高层项目均价接近3600元/平方米，其三个月均价上涨了约90元/平方米，价格水平位居四区域第三；瑶海区高层项目均价接近3470元/平方米，三个月中均价下降了约40元/平方米。

从以上的价格数据及变化可以看出，包河区高层项目的发展程度相对较高，发展速度较快；庐阳区和蜀山区高层项目的发展程度较为接近，但在发展速度上，蜀山区要远远高于庐阳区，逼近于包河区；瑶海区在四区中高层项目的发展程度最低，在发展上呈现下滑的趋势。

5. 住宅市场户型分析

由于住宅的主要功能是居住，因此客户群对户型的要求比较高，一般都会按照自己的家庭结构去选择户型，很少出现单身人士选择五房以上户型的情况。分析客户群对户型的需求和分析市场上各楼盘的户型结构比例，有利于项目的产品规划。下面是深圳某商住综合项目的住宅市场户型分析：

通过市调人员对盐田区各楼盘户型的调查，获得了盐田区房地产市场总体户型结构比例，如下表：

户　型	公寓及一房	二　房	三　房	四　房	五房及复式
面积（m^2）	25~55	55~90	80~120	120~140	140以上
比例（%）	10	20	40	20	10

由表中可以看出，三房是盐田房地产市场的主力户型，其次就是两房及四房。这与盐田置业者的家庭结构及人员构成有关。根据可靠的调查资料显示，盐田置业者主要由三口及三代之家组成，因而导致了盐田物业开发以二房、三房、四房为主。

大户型及复式户型占到了整个户型比例的10%，几乎与深圳市中心区持平，这主要是因为该区域拥有良好的生态环境及优美的山海景观，为大户型住宅的开发提供了非常有利的条件。单房及一房一厅在该市场占10%，这主要是因为该区以工业为主，公司白领较少，因而租赁市场缺乏有力的市场支撑，导致小户型市场空间过小，特别是纯粹用于投资的20多平方米的单身公寓空置情况比较严重，如：东部阳光、东埔福苑等。

在分析市场上各户型的结构比例时，除了可以用表格来表示外，还可以用饼状图、环状图来表示。如深圳某商住综合项目的住宅市场户型分析：

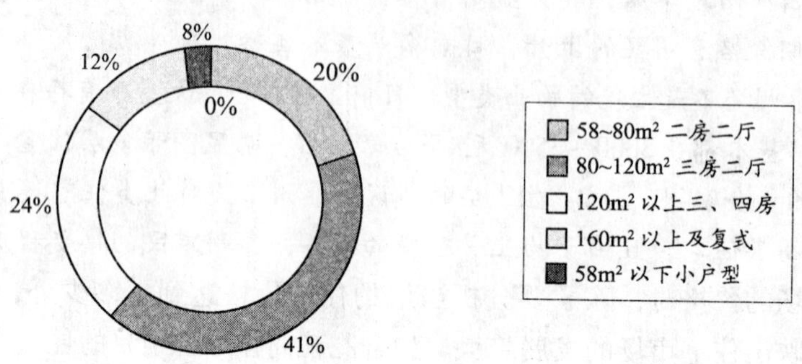

石厦片区住宅项目户型比例

从以上图表可看出，石厦片区主要以58平方米以下小户型为主，占总比例的41%，其次是二房、三房、四房。与中心区的主导户型有所出入，弥补了中心区小户型的空白点。

除了分析户型的结构比例外，还可以分析单套面积与成交套数的关系，这样就可以了解哪个面积范围的房子最受欢迎，如下图所示：

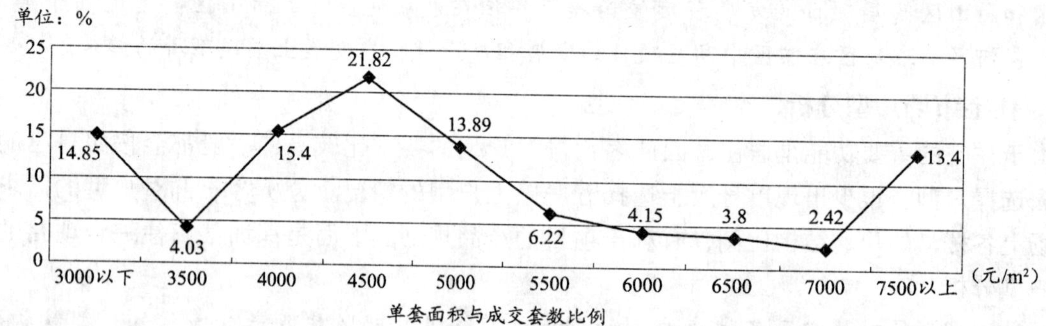

单套面积与成交套数比例

6. 住宅市场发展趋势分析

对住宅市场的发展趋势进行分析，可以从住宅产品的变化趋势这个角度出发进行分析，如合肥某商住综合项目的住宅市场发展趋势分析：

发展趋势一：高层物业发展成熟，领袖地产

合肥市高层建筑像一次高效的化学反应一样，迅速生成“城市”这一产物的同时，也延展着城市。因为高层建筑的建设，对人流形成聚集，从而带来了对交通建设、生活配套、学校教育、休闲娱乐等的有效需求。高层建设推动了城市扩张的步伐，高层规划建设密集的地方，都成为组团核心，并促进区域完善和成熟，加速各组团发展。

发展趋势二：高空住宅园林化

合肥市高层建筑正通过自身的不断进化，将花园洋房甚至别墅的某些“奢侈元素”融入建筑设计当中，进一步丰富了高层物业的价值内涵，随着高层物业建设开发水平的提升，高层住宅的创新不断深化，使得高层住宅的品质实现飞跃。

发展趋势三：高层物业完美化

合肥市高层物业的"加"、"减"法，同时成就了高层物业的完美。高层物业开发者的"加"，在高层物业中融合了花园洋房最受人青睐的元素，将退台设计、空中花园、空中院馆等元素引入高层物业，使花园洋房的亲地特点得到了立体转移；更有缩小进深、扩大开间，甚至达到7米的创新举措，高层物业甚至已具备了联排别墅的特点。高层"减"，就减在建筑容积率、建筑密度等曾经被称作高层物业"硬伤"的问题上。高层低密度物业的推出，无疑是对高层"减法"的首次尝试。通过规划控制高层密度达到开阔间距的方法在本年度形成亮点。高层"减法"，使中低楼层业主享有小区园林绿化的同时，中高层业主可以通过开阔的视野得以弥补。

此外，也可以从消费需求的角度去分析，如武汉某商住综合项目的住宅市场发展趋势分析：

(1) 住宅消费的有效需求持续增长。其一，原有数千万平方米的旧住房，已不适应业主的功能要求，居住其中的居民，将成为改善居住环境的直接动力，而且，就人均建筑面积为22.16平方米而言，离35平方米/人的康居水平仍有较大的发展余地；其二，住房的投资性需求明显，武汉流动人口总量近几年有了较大的增长，住房租赁市场前景看好。

(2) 住房消费结构加快调整。形成住房商品多层次、多品种、个性化的新格局，出现不同消费水平的新景象。

(3) 住房消费水平的提高依赖于科学技术的进步与发展。更优的小区环境、更高的建筑质量、更好的居住功能、更便利的配套服务；同时，相对降低住房消费的成本支出。

(4) 住房消费需求对住宅配套设施调整的积极影响将逐渐显露。信息网络，箱式变器，变频供水系统，分质供水系统，高质量绿化，太阳能利用，污水零排放和废水再利用，垃圾分类收集和无害化的就地处理。

随着武汉城市环境大改造、市区若干形象工程的建设，还有新洲、黄陂和江夏的撤县改区的城市化进程，以及减低房产税收、轻轨一号线动工及防止噪声污染新招出台等等的利好影响，预计今后几年，武汉的房地产仍将保持较好的发展态势。

三、商业物业分析

人们习惯上将商业物业叫商铺或商业房，商业物业具有功能多样化的特点，既有满足市民购物、饮食、娱乐、休闲等需求的社会功能，又能满足商家经营、商务活动、市民投资等需要的经济功能。由于商业物业的特殊性，在对其进行行业分析时，除了分析商业物业外，还会涉及商业、商圈等其他方面的分析。当商住综合项目有可能会开发底商、商业街、购物中心、专业市场等开发类型时，必须要对商业物业进行分析。

1. 商业物业的分类与特征

(1) 商业物业的分类

由于商业物业的多样化特点，使物业的分类也有多样化的特点。对商业物业进行分类，有助于我们根据不同的物业种类，制定有针对性的营销策略。商业物业通常有以下八种分类方法：

分类方法	种类	广州举例
按市场形式分类	大型商厦	天河城广场、广百新翼
	专业市场	天河电脑城、白马服装大厦
	小区商铺	星河湾商铺
按物业用途分类	购物中心	中华广场、中旅商业城
	小区配套商铺	盈翠华庭商铺
	专业市场	美居中心
	批发及商贸中心	南方名酒交易中心
	餐馆及美食广场	广州蔡澜美食城、百福广场
按建筑特征分类	商业大厦	中泰国际广场、时代广场
	住宅区商铺	即小区配套商业铺位
	临街商铺	即市区道路临街商铺
	步行街露天商铺	北京路步行街铺位
	地下商城	康王商业城
按物业区位分类	商业区物业	广百新翼、名汇商业大厦
	住宅区物业	即小区配套商业铺位
	近郊物业	顺德国际商业城
按经营方式分类	统一经营物业	以产权酒店和商务公寓采用较多
	分散经营物业	大部分商铺（除开发商返租外）
按经营类别分类	综合经营项目	如大型商厦、小区商铺
	单一经营项目	如专业市场、餐馆及美食广场
按销售方式分类	销售物业	有产权的商铺多以销售为主
	租售物业	广州国际玩具精品中心
	出租物业	天河城广场
按物业产权分类	产权物业	大部分的新建物业
	非产权物业	临建或改建商铺

（2）商业物业的特征

从上面的分类方法可以看到，任何一种分类方法都不能全面反映商业物业的特性，站在物业营销的角度上，按物业的市场形式分类是商业物业营销领域最常用的分类方法。

1）大型商厦物业的主要特征

a. 规模化：大型商厦经营面积过万平方米，是规模化、集约化的物业项目。

b. 多功能性：大型商厦是集购物、餐饮、娱乐、休闲、旅游、服务、商贸、办公于一体的商业物业，能满足人们多种消费需求。

c. 购物中心形式：大型商厦规模较大，地理位置占优，容易形成新的购物中心和消费中心。我国商业的发展趋势，最明显的是大型商厦组建购物中心，呈现出购物中心逐渐取代百货公司商业龙头地位的趋势，百货公司有可能转化为大型购物中心的一部分，购物中心将发展成为大型商厦标志性的旗帜。

2）专业市场物业的主要特征

a. 专业经营：就是主要经营某一类型商品或服务，以及其相关的配套产品，这是专业市场

最显著的特征。

b. 商贸结合：专业市场以批发业务为主，主要面向大宗采购，同时兼营零售业务，以满足市民购物要求，很多市民在购物量较大时，都喜欢到专业市场选购，价格更便宜。

c. 专业商业街：专业市场形成商业街有以下两种形式。

（a）城乡结合部或近郊专业市场

专业市场规模要较大才能营造成行成市的商业氛围，故专业市场多选址在城乡结合部或近郊，由于规模宏大、商家众多、品种齐全，吸引大量顾客光临，如位于广州大道南的天雄布匹市场、洛溪五金市场等。

（b）城区专业市场

城区的专业市场由于受空间制约，不可能开发规模宏大的专业市场，则由众多商家或自发组织、或由政府规划，横向联合、集中经营而形成专业商业街式的专业市场，如广州一德路海味、干果、食品专业街。

3）小区商铺物业的主要特征

a. 商住混合

小区商铺是住宅物业的配套产品，商住混合是小区商铺最明显的特点，由于我国汽车普及率费非常低，居民活动半径范围较小，在住区购物消费成了我国人们的生活习惯和消费传统，商住混合是我国国情、民情的具体表现。

b. 商铺规模受小区商铺开发状况制约

小区商铺的规模与小区规模和入住人口成正比，小区规模和开发商实力制约着小区商铺的规模，如小区开发商实力雄厚，小区规模较大，入住业主人数较多，则小区商铺规模可适当扩大；反之，小区属中小型，入住人口较少，则要控制小区商铺开发规模。

c. 小型店铺

小区商铺多以经营日常用品和日常服务零售业，以服务小区住户为主，小型店铺已足以应付住户日常生活所需，店铺无需过大。

2. 商业物业的分析思路

下面分别介绍三种常用的对商业物业进行分析的思路。

（1）按照板块和商圈分析的

这种分析思路适用于分析范围比较大的项目。该分析思路是先把要分析的区域分成几个板块，每个板块中又分成几个商圈，然后对各个商圈进行逐一分析。如杭州某商住综合项目的商业市场分析：

杭州商业市场根据其区位不同，可以划分为三大商业板块，即核心区商业、西城区商业和东城区商业，这三大商业板块均有其各自特点。

1）杭州核心区商业

主要由吴山广场商圈、湖滨商圈和武林商圈组成。

a. 吴山广场商圈

（a）吴山广场商圈概述

吴山商圈得名于其所依的吴山和吴山广场的建成。它不仅拥有一条仿古商街——清河坊历史文化特色街区，而且商圈内写字楼也很密集：耀江大厦、涌金广场、清波商厦、西湖定安名都等商务楼相邻而立。既有传统的商业文化，又有现代的商务办公，有一种古今交融的感觉。

（b）吴山广场商圈具体分析（略）

b. 湖滨商圈

（a）湖滨商圈概述

湖滨商圈有着得天独厚的旅游资源，也有着源源不断的中外游客资源。杭州湖滨旅游商贸特色街区是杭州市政府确定的重点建设项目，建设范围为东至浣纱路、西至湖滨路、南至解放路、北至庆春路，总占地约40公顷。现在的湖滨公园将恢复历史上曾有的6个公园，湖滨路将改成地下隧道，和庆春路、解放路相接。

（b）湖滨商圈具体分析（略）

c. 武林商圈

（a）武林商圈概述

武林商圈是以武林广场为核心形成的又一市中心的主要商圈，该商圈内集结了杭州主要的中、高档大型购物中心（莲卡佛、杭州大厦、杭州百货等）以及武林路特色商业街，是杭州最为繁华的商圈。

（b）武林商圈具体分析（略）

2）杭州西城区商业

伴随城西居住板块的迅速发展，大规模的居住区在城西板块形成。同时城西板块集中多所高校。根据《西湖分区规划》，西湖区功能定位于杭州重要的高教、科研、信息基地和高端产业的培育发展区，主城西部的生活居住片区，拓展杭州旅游发展空间的重要生态区，规划居住人口61.7万。因此，伴随居住人口和教育科研的快速成长，城西板块形成了特色鲜明的区域性商业中心。

总体而言，城区板块上也体现了本区域特色，形成了居住型商业和教育科技型商业两种商业模式。区内的比较典型的商业街包括文一路、文二路和文三路三个商业街。商业街集中了街铺、专业市场和大卖场三种商业形态，包括满足周边居民和学生消费的商铺，服装、电子数码、电动车和建材家居专业市场，物美等大卖场。

由于城西板块商业定位比较合理，业态搭配比较符合杭州本地的消费习惯，总体经营状况比较良好。其中文一路满足学生和周边居民购物和其他生活消费，消费人流非常大，经营状况非常好，基本满租，很难找到可供出租的商铺。随着文一路拓宽建设，城西蒋村及至余杭的人流车流将顺着文一路进入市中心，这将为文一路及其周边的商业带来新的机遇。文二路经营状况相对较差，基本以住宅底商为主，商铺面积较小，知名商家入驻比较少。文三路为电子数码专业市场区，依托周边的大学和信息科技产业，形成杭州最大的数码产品专业市场区，产业集群效应非常明显，经营状况良好，市场正在不断成长，如新入驻的百脑汇数码广场正在招商。

3）杭州东城区商业市场

杭州东城区商业市场主要分布在秋涛路沿线，以杭州火车东站、汽车东站以及四季青特色商业街为三个节点，将整个东城区划分为四大商业圈，即天城路商务商业区、艮山路汽配街、庆春——凤起商业圈以及四季青服装街。

大量的专业市场形成了东城区一道特有的商业风景线，沿秋涛北路南下依次分布有永乐家电、安琪儿小商品市场、浙江中汇纺织机市场、五星电器（省家电市场）、华东家电市场、四季青服装城等。专业市场的存在为本区域积聚了浓郁的商业气氛及市场号召力，吸引了整个杭城的专业需求，促进了经济的发展。

（2）按街道分析的

该分析思路是分别针对各条街道的商铺进行分析，这种分析思路适用于分析较小的范围。同时，这种分析思路是商业街项目开发前进行调查分析时最常用的分析思路。下面举一个这种分析思路进行分析的例子，供读者参考借鉴。

1）东街（73间）

a. 平果百货大楼：

经营面积：约4800平方米，一层为超市、药店；二层为服装、床上用品等；三层、四层为家具。

经营租金：一层约5万元/月左右，二层3万元/月左右，但经营一、二层需支付平果百货公司53名职工300元/(人·月）的工资。

经营情况：人流稀落，管理模式落后，经营较为惨淡。

b. 其他街铺（72间）

经营种类	日杂	五金建材	药店诊所	餐饮	旅店	维修	家电	空置	其他
间数	24	18	6	5	4	2	2	2	9
比例（%）	33.33	25	8.33	6.95	5.56	2.78	2.78	2.77	12.5

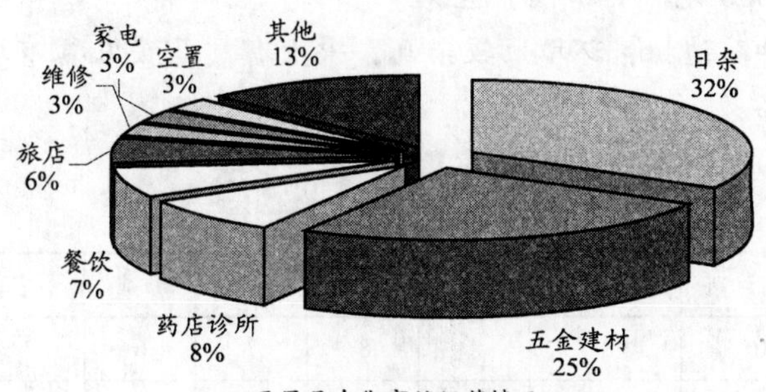

平果县东街商铺经营情况

经营范围：以日杂、五金及便民服务商店为主。

经营租金：1000元/(月·间）左右（含2层)，铺面宽4米，深10多米。多为一、二层连带出租。

路段环境：位于老商业中心地段，商业氛围浓郁，但街道过于狭窄，铺面比较陈旧。

2）北街（94间）

经营种类	五金建材	餐 饮	维 修	玩 具	日 杂	空 置	其 他
间数	38	15	3	3	3	22	10
比例（%）	41	16	3	3	3	23	11

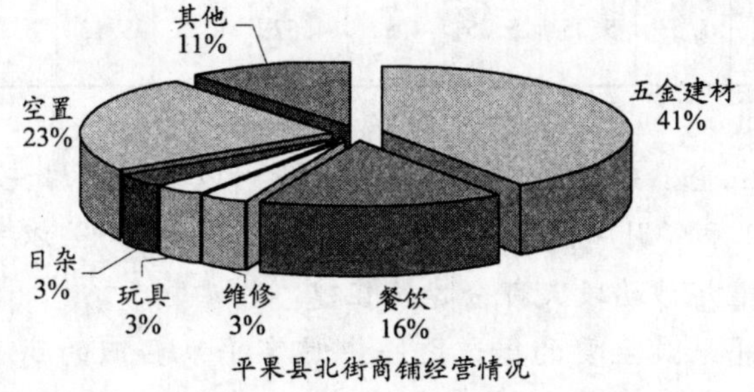

平果县北街商铺经营情况

经营范围：以五金建材为主，另有部分小面积的餐饮店。

经营租金：1000～1200元/(月·间）居多。

路段环境：街道非常狭窄，路旁还有一些临时的蔬菜、水果摊，毗邻学校，学生放学时段更显得拥挤。

3）民生路（92间）

经营种类	服装鞋帽	日杂	药店诊所	旅店	餐饮	粮油	其他
间　数	29	16	12	10	9	7	9
比例（%）	31.52	17.39	13.04	10.87	9.78	7.71	9.78

另有：马头市场（菜市），马头市场楼上经营服装、床上用品等。

经营范围：以服装、鞋子为主。

经营租金：1000～1500元/(月·间）左右。

路段环境：有众多的路边摊，环境比较杂乱，中段有“马头农贸市场”，人流量较多，适合经营中低价格的日常用品。

4）朝阳路（128间）

经营种类	服装鞋帽	药店诊所	床上用品	草席	日杂	餐饮	旅店	美容美发	家具	空置	其他
间　数	55	10	8	8	8	7	6	6	5	3	12
比例（%）	42.97	7.81	6.25	6.25	6.25	5.47	4.69	4.69	3.91	2.33	9.38

另有：朝阳百货大楼、供销超市、五交化市场。

经营范围：以服装、鞋帽及床上用品为主，兼以药店诊所、餐饮、美容美发等。

经营租金：1500元/(月·间）左右。

路段环境：路边摊较多，街道小，但人气不错。

5）新兴街主要路段（416间）

经营种类	五金建材	家具家饰床上用品	服装鞋帽	文印办公用品	维修	通信	摩托车	家电	餐饮	药店诊所	日杂	美容美发	旅店	空置	其他
间数	98	43	36	23	21	21	20	19	18	13	13	12	9	15	55
比例（%）	23.56	10.34	8.65	5.53	5.05	5.05	4.81	4.57	4.33	3.13	3.13	2.88	2.14	3.61	13.22

经营范围：主要经营五金、建材，靠铝城大道路段则以陶瓷、摩托车经营为主。

经营租金：600～4000元/(月·间）（大部分连带2层出租），以平果百货大楼附近租金最高，两边租金逐渐降低，靠炼沙路段大部分建筑在建。

路段环境：新兴街是平果最主要的街道之一，贯穿平果县旧的商业中心，街铺的出租率及经营情况良好。

6）平新路（87间）

经营种类	五金建材	美容美发	家电维修	日杂	化肥饲料	药店	餐饮	其他
间　数	31	12	11	8	6	5	4	10
比例（%）	35.63	13.79	12.64	9.20	6.90	5.75	4.60	11.49

另有：物资局的建材市场（约2000多平方米）及一个木材市场（1000多平方米）。

经营范围：五金、建材及日杂为主。

经营租金：900~1200元/（月·间）左右。

路段环境：为城市次街道，道路较为宽阔，但商业氛围略为淡薄。

7）兴平路（78间）

经营种类	餐饮	美容	服装	摩托车	药店诊所	化肥农业技术	家装	文印	日杂	五金	其他
间　数	15	13	6	6	5	5	4	4	4	3	13
比例（%）	19.23	16.67	7.69	7.69	6.41	6.41	5.13	5.13	5.13	3.84	16.67

经营范围：范围较广，以餐饮、美容美发为主。

经营租金：1000元/（月·间）左右。

路段环境：为城市次街道，两旁绿树成荫，街铺自然成市，人流比较稀落。

8）平中路（100间）

经营种类	服装	美容美发	日杂	文印	通信	烟酒	餐饮	诊所	其他
间　数	35	28	10	5	4	3	3	3	9
比例（%）	35.00	28.00	10.00	5.00	4.00	3.00	3.00	3.00	9.00

经营范围：以服装和美容美发为主，兼夹着少数日杂、餐饮店等。

经营租金：1000~1200元/（间·月）居多。

路段环境：连接着两条主街道，环境一般。

（3）按商业形态分析

不同的商业形态，都有其各自的特点。按照这种分析思路去分析，有利于策划人员更深入地了解各种商业形态的物业，从而有利于决定本项目要开发哪种形态的商业物业。下面提供一个按照这种分析思路进行分析的案例，供读者参考借鉴。

南宁商业物业经过几年的快速发展，商业物业的市场开始细分，在2003年达到了一个高潮，可销售物业供应量在100万平方米左右，目前南宁市主要的商业物业类型大致分为四大类：大型商场类、专业市场、商业街和住宅小区商铺。

1）大型商场类

a. 现状分布及未来供应区域

所在区域	占供应量的百分比
第一商圈——朝阳路、人民路、三华两场一带	46%
第二商圈——七星路、东葛路、民族大道	18%
琅东商圈——金湖广场一带	19%
城北区、江南区	17%

此类商业物业多集中在人流、物流量大及消费潜力大的区域，如琅东，周边商业氛围浓厚。定位在高档百货、数码家电、通信产品、美食城和娱乐中心上。售价较高：临街3～5万元/平方米，租金60～200元/平方米，二楼4000～20000元/平方米左右，租金50～100元/平方米左右，三楼5000～10000元/平方米左右；租金预期收益及上涨空间受较多客户认可与看好。

返租物业表

楼盘名称	返租年限	返租方式	年收益率
华星时代广场	15年	北区引入王府井百府，开业后租金按季度给付	6%
百域家饰	3年	返3年租金抵冲总价，由三越商业公司统一管理	8%
味而康·美食城	2年	一次性返还租金额为铺面总价的14%，用于抵冲总价	7%
金湖汇富	3年	①三年收益（总价24%）一次性返还冲抵首付 ②三年无息贷款（总价20%）3年后一次归还开发商	8%
金湖商业广场	9年	返租给南宁百货股份有限公司经营	8%
嘉和×自由空间	3年	由海印数码港返租经营	未定

b. 建筑形式与户型

高层建筑裙楼、多层建筑体、地下建筑为主，外围分隔成临街铺面，内部分隔成小间铺面或开放式商场铺位。卖场面积多在5000m平方米以上，数个大卖场经营面积达到几万平方米，环境优越，内部配套功能齐全，商业业态分布各有特色，能吸引不同层面的客户群体。

代表物业：

(a) 大连万达商场，以两条步行街分成四大主题区，只销售占整个项目建筑面积10%的首层，分隔成外铺与内铺，外铺面积35～70平方米，内铺面积10～20平方米，公摊37%，通道4～6米宽。

(b) 华星时代广场，裙楼北区引入北京王府井百货，目前销售北区的第1、2层和南区的第1、2、3层部分面积，每层设有百货主力店区、室内步行街区、餐饮区，铺面分隔成外铺与内铺，以开放式内铺为主，外铺为200米长的临街铺面，50平方米/间左右，内铺以10～25平方米居多，公摊50%。

(c) 金湖商业广场，地下商场，由具有丰富零售经验的南百来主持，分南、北两区销售，南区1层，北区2层。先推出南区，由电器区（7000平方米）与文体用品组成，开放式商场铺面，最小面积5平方米（占南区铺面5%），主力面积20平方米左右，公摊39%。

(d) 金湖汇富，天井式围合全封闭单体商业建筑，地下1层，地上5层。各层定位珠宝、服饰精品、餐饮娱乐等，开放式商场铺面，主力面积20平方米左右，公摊55%。

(e) 金朝阳数码家电城，首层开发商留一半自营，另一半销售，共85间铺面，分为外铺与内铺，内铺主力面积20平方米左右，公摊44%。

c. 客户群体分析

以投资客和项目周边经营户（品牌各级代理商）为主，另有小部分开发商自用。

d. 局限性

该类项目在同区域较为集中，总量供应较大，且各项目产品设计中对商业因素关注不一，对商业实现程度的影响有较大的差异，加上经营中的数个百货商场、购物中心，市场已呈饱和态势，未来一两年内商业竞争将更加激烈，商战可随时暴发。

2）商贸（专业市场）类

此类商业物业多伴一定的历史原因，以专业市场的形式存在，自发或是有组织引导形成，主要集中在三华地带，这一带原有粮油公司、百货站、纺织站、糖业公司等商业经营单位的仓库及办公场所，20世纪80年代中期的全民经商运动中，临街办公楼的一楼及这些仓库的围墙被打开改建成临街铺面，依托南宁火车站、长途汽车站等交通枢纽，渐渐形成了百货、小食品的多级传统批发地。

a. 分布区域

传统商圈内的交易场、和平商场、华西路、华强路、华东路一带；明秀路、北际路、人民路一带和城市快环周边上。

代表物业：

(a) 交易场：百货批发。

(b) 和平商场：中低档服装、鞋类批发。

(c) 新和平商场一、二期：中档服装批发、零售。

(d) 桂登商场：鞋类、针棉类批发市场。

(e) 琼林家之湾：一站式家饰建材广场。

(f) 广西建材市场：中低档品牌为主。

(g) 家饰材料市场：以中高档家装材料品牌为主。

(h) 华西、华东路：这里有副食品批发市场、旅游批发市场、百货站等，市场两边集结了多家门面，形成一条副食品、小五金、针织类等的批发街。

(i) 华强路：以小食品批发为主。

(j) 中华路：小五金批发为主。

b. 建筑形式与户型

位于市中心的主、次干道，以街道铺面为主，居城市中心，这里有较多民房和单位宿舍，建筑多数是由经营户租用一整栋民房，一楼的临街做门面，二层以上以仓储为主，总面积以25~80平方米较多。门面宽3米左右，层高多在3米以上。

商场内以简易材料分隔成摊位为主，经营户数多，面积在5平方米左右，另租有仓库在近1公里距离内。市场内铺面规格以宽4~5米、长7~15米、高3~6米的上下两层铺面为主，一层门面，二层仓储办公兼具。

c. 客户群体分析

出租物业目标客户以项目周边经营户或行业经营户为主，销售物业除同类客户群体外另有不少投资客参与。

d. 局限性

此类商业物业因地处市中心，租用的经营场所多建于20世纪70年代，建筑主体设计不合理；旧市场的规划不合理，商场内采光、通风差，经营环境较差。新和平商场虽在项目的设计上融入了商业因素，也借势旧和平商场加强了整体的竞争力和提高了知名度，但商场档次提不上去，且同时也面临货运交通管制问题。

现在这一区域原来的道路设计通行能力不能跟上城市的发展步伐，此类专业市场的存在一度带给市内极大的交通压力，与新的城市形象很不相符，随着城市“136”目标的推进，道路的扩建、交通的管理、客运站的外迁、铺面的减少、客户群体转移等诸多因素势必让经营群体另寻出路。

快速道路边新建的专业市场与市区内原来市场相比，主题明确，规划合理，档次高，品种齐，营造一站式的购物环境，商业氛围浓厚，性价比高。沿快环的土地储备和较低廉的地价，加上交通快捷的优势，将为传统批零业提供更大的发展空间及稳定的场所。

3）商业街类

此类商业物业多属自发形成或依附垄断经营单位生存扩大形态而出现。在城市改造前大多发展到一定规模，有些成为业内的核心。

a. 分布区域

主要集中在市中心的多条次干道路上。

代表物业：

（a）市中心的民主路步行街，是较早出现的形态之一。这里原是最繁华的商业地带，在2001年改建后环境有了很大的改善，但由于业态规划上未能跟进，所以其商业氛围大不如前。它只是在原有的基础上进行道路与建筑外墙重新装修，对原有的建筑体并未进行改建，这些建于20世纪60年代的砖木结构的老建筑，由于内部构件、线路的老化，已经岌岌可危，除去商业业态分布的不合理，道路管制、日益突出的停车困难问题、新的商圈的出现等各种因素，同质的产品无法满足更多客户层次的选择，因此日渐衰落，除节假日外，人流锐减。

（b）七星路品牌服装一条街，地处新城区的中心，周边有多个机关单位小区，居住人口素质和收入较高，品味较高，品牌服装店的出现使他们弥补了这一消费缺口，但是随着周边几个高档百货公司的出现，舒适的消费环境、成熟的品牌经营吸引着这一部分客户，尤其是在夏季，大型商场更成为客户的首选，同样是日渐明显的停车问题，转入大型卖场或选择其他区域经营是迟早的事情。

（c）星湖路电脑产品一条街，是广西知名度较高的电脑一条街，是广西最大的集电脑批发、零售于一体的电脑市场。初期多以街铺经营为主，随市场消费能量放大，几大电脑城的应势出现，多采用出租方式，逐渐形成一定规模。目前电脑产品经营户主要集中在几大电脑城内，只保留小部分街铺做门面，公司本部多选择在电脑城内的铺面或写字楼内。

（d）东葛路通信产品一条街，原集中在共和路、朝阳路和民生路一带，依附区、市的电信通信单位经营成行成市，随着大连万达项目的启动，搬迁至东葛路两旁，期间出现多个小型通信产品市场，随着东葛路扩建，街铺锐减，除了通信产品外，多以专卖店、零售大卖场形式留存。

（e）人民路装饰材料一条街，主营木材板材、灯饰等，原临街经营户近80户，另有多家装饰、灯饰主题的商场。扩建后因交通管理，除临街铺面外，商场内各层人流量稀少。

b. 建筑形式与户型

以街铺形式存在，多租用第一层铺面，经营面积大多在20平方米~30平方米，品牌大卖场在80平方米以上。

c. 客户群体分析

以投资客、经营户自用或出租为主。

d. 结论

此类商业物业受停车限制、拆迁扩建、消费环境、经营管理水平多方面的制约，转入大卖场和其他区域经营的可行性非常大。

4）住宅小区配套商业

此类商业物业多为小区内或片区的服务配套，位于小区的出行必经路段或片区交通便利的地段上，占小区面积5%之内。

a. 分布区域

主要集中在市中心、东葛路、琅东等。

代表物业：

(a) 嘉园小区：起售价在6000元/平方米左右，目前已涨到10000元/平方米，是升值最快的小区商铺，虽然从物业形式来说属小区配套，但其实是临街商铺，由于最初没有对小区的这些铺面进行统一管理，自主经营，经过市场调节，渐渐形成了安湖路一带的休闲餐饮区，承担了片区商业的部分功能，租金及升值空间局部不是很大。

(b) 荣和新城：商铺为小区提供了较完善的服务配套。

b. 建筑形式与户型

以小区大门两旁及小区入口区形成一条商业街，或临街商住楼的底层和二层物业，以框架结构为主，可拆可分，每间铺面面积最小25平方米左右，多数30~60平方米/间，公摊较少。目前一楼租金在80~100元/平方米左右，二楼40~60元/平方米。

c. 客户群体分析

一级客户多为投资客，二级客户以租赁为主。

3. 商业物业的分析内容

由于商业物业是商业和房地产的结合体，因此在分析商业物业时，其分析内容除了包括其他类型物业分析时所包涵的内容外，还要对商业、商圈、业态等与商业或经营有关的内容进行分析。

(1) 商业分析

在对商业进行分析时，主要是用一些指标来反映当地商业的发展程度，这些指标包括：社会消费品零售总额、销售额等等。如柳州某商住综合项目的商业分析：

柳州历史上既是广西各地的农副产品、土特产品和手工艺品的集散地，也是广东、湖南、江西、云南、贵州、四川等西南省区商品物资交流的重要通道，素有“桂中商埠”的美誉。

2001年，全年社会消费品零售总额80亿元，全市批发零售贸易业从业人数近10万人，批发零售和餐饮业完成增加值21亿元，约占全市三产增加值的25%。

2002年社会消费品零售总额87.85亿元，同比增长8.44%。其中，城市社会消费品零售总额实现74.62亿元，同比增长8.10%；各县及县以下的零售额实现13.23亿元，同比增长10.41%。

近年来，柳州市围绕“建设大市场、发展大商贸、搞活大流通”的发展目标，进一步深化商贸流通体制改革，大力发展非公经济，积极推行连锁经营、物流配送等现代流通业态和先进营销方式，有力地推进了商贸流通业的发展，市内商业中心区逐年扩大，市场经营规模和档次不断得到提升，并逐步朝规范化、专业化、集约化方向发展。而同时一批机制灵活、发展态势良好的民营流通企业，如柳州佳用实业有限责任公司（日用品连锁）、广西福生堂药品有限公司（药品连锁）等在不断发展壮大。

从各行业的消费市场看，2002年上半年餐饮业、批发零售贸易业和农业生产者的发展稳中有升，分别比去年同期增长15.11%、6.46%和2.05%；其他行业和制造业呈现活跃态势，完成22094万元和30671万元，分别比去年同期增长33.89%和31.93%。

在各主要商场营业方面，中小商场呈现萎缩趋向，2001年百货公司、中糖公司的中小商场年销售额分别比上年同期下降44.9%、66.95%。而大型综合性商场销售呈现不同的程度的增长，2001年柳州商场、五星商厦、东风商城年销售52819万元，比上年同期增长10.2%，工贸大厦2001年营业额比2000年增长17.8%，而医药总公司增长20.5%。尤其假日经济效果明显，零售市场销售活跃，2001春节前后十天柳州商场、五星商厦销售3965万元，比上年同期增长44.6%；东风商城春节、五一、国庆三大节日累计销售1434万元，比上年同期增长14.4%。

除了用指标来反映商业的发展程度外，还可以从商业市场特点的角度去分析。如泰州某商住综合项目的商业分析：

根据对泰州市商业市场以及居民消费的接触了解后发现，泰州市商业市场主要呈现以下特点：

1）整体消费水平不高，以中档消费为主；

2）影响居民消费的主要因素是价格，其次才是品牌，反映了泰州市居民对价格的敏感度较高；

3）人口结构对消费观念的影响。目前泰州市年轻的群体很多在上海、苏南，他们消费主要在外地，而在本地的消费群体以满足生活必需品为主，主要去超市购物，很少去其他商业网点；部分高收入群体选择去外地进行较高档次的购物消费；

4）地区差异对消费的影响。目前泰州主要为本地消费，其中七八成为城区居民消费，其余二三成为周边区域消费者。消费区域集中在项目周边区域；

5）交通情况对消费者的影响。泰州市交通工具以自行车和摩托车为主，但主要商业街和商场没有足够的停车场所，无法存放，对商业消费影响较大；

6）目前泰州商业经营以服装和餐饮为主，尚无经营状况特别好的经营种类，目前经营状况相对较好的为网吧等低消费娱乐场所和超市等，中高档消费群体比较有限。

（2）商圈分析

在分析商圈时，其分析思路是首先要明确各商圈的范围。如某商住综合项目的商圈分析：

1）核心商业圈：以淮海路为主线，以汇通市场、淮海广场为中心。

2）次级商业圈：围合淮海南北路的北京路、承德路、解放路组成。

3）外围商业圈：苏北市场、南方批发城、淮扬装饰城等组成。

4）主要商业街：由淮海南北路（新世纪广场—解放路），昌盛路，东、西大街，健康路，淮海东，西路组成。

在明确了各商圈的划分界限后，接下来就要对各商圈进行分析。分析内容可以包括：主要经营业态、商品档次、商业环境、目标客户等。下面是柳州某商住综合项目的商圈分析：

商圈	主要业态	主要经营场所	说明
A商圈	化妆品、精品服饰、通信、办公用品、休闲餐饮、宾馆、娱乐	五星商厦、工贸百货、兴隆大厦、东都百货、龙城路商业街、移动通信广场（工贸、聚宝、中百等）；柳州饭店、柳州宾馆、丽晶酒店、供水大厦等；好时、新艺堡、山外青山等娱乐场所	柳州市高档消费集中区，柳州市商业（零售）的制高点
B商圈	日杂、五金、药材、干杂、日用品、百货精品、小食品、酒类、文化用品	驾鹤市场、鱼峰商业城、华联超市、东风商厦（工贸收购）、白云交易市场	将与城中区有机结合成柳州市的中心商业区
C商圈	摩托车、家具等大件生活用品卖场	潭中东路、东环路集中卖场	发展中的大型批发区
D商圈	汽车配件、服装、交通运输、五金交化、水果、日用百货等生活消费品专业批发市场	飞鹅市场、飞鹅商城、南天鞋城、新风仓建筑装饰材料市场、力风建筑装饰市场	柳州市成熟的专业批发基地
E商圈	机电、五金交化产品、汽车产品及配件、建筑材料、食品及其加工器械、农产品、饲料兽药	机电五金交化产品市场、农产品批发市场、饲料兽药批发市场、南方装潢材料大市场、金龙市场、柳南区汽配市场	成熟的专业批发街
F商圈	钢材等工业用品、工业产成品交易集散地	钢材市场、木材市场	工业产品交易区

总结：从上表可看出，柳州市目前的商业布局呈现“中间高，四周专”的特点。说明柳州市是一个以城市消费核心区为中心，同时形成多个专业化的商贸区。

（3）商业物业业态分析

业态分析主要是对商圈内的经营业态进行统计分析，或者是对项目周边商铺的经营业态进行统计分析。对业态进行分析，有利于策划人员了解同类型商业物业应该具有什么业态，也有利于策划人员发现业态空白点，从而有利于本项目抢占市场先机。对业态进行分析，最常见的是对各种业态的店铺数量进行统计，如南宁某商住综合项目的商业物业业态分析：

	品种	主要分布	经营户
朝阳商圈	1. 服装服饰	南宁交易场和新（旧）和平商场	2869
	2. 日用百货	华西路、华强路、济南路、南宁副食品批发市场等路段与商场	2468
	3. 针棉纺织	南宁交易场、新（旧）和平商场和桂登商场	835
	4. 五金家电	华西路、华强路、济南路、南宁交易场二层，南宁旧和平商场一层	824
	5. 鞋类	南宁交易场、新（旧）和平商场、桂登商场	712
	6. 糖酒副食	华西路、华强路、旅游商品批发市场、副食品批发市场、交易场一层/旧和平商场	702
	7. 皮具箱包	南宁交易场、新（旧）和平商场、桂登商场	534
	8. 电器音响	民族商场、步行街、百货大楼	425
	9. 通信产品	共和路、民主路、人民路、朝阳路	300
	10. 电脑产品	民族商场、百货大楼	123

续表

品　种		主　要　分　布	经营户
合计（户）			9792
七星商圈	1. 电脑产品	文化市场、星湖路、科技广场	523
	2. 服装服饰	中山路、共和路、保爱路、康乐路、七星路、新民南路	325
	3. 餐饮业	中山路、共和路、南国街、七星路、桃源路、天桃路、星湖路	220
	4. 日用百货	中山路、共和路、南国街、保爱路、康乐路、南环路	154
	5. 医药器材	中山路、共和路、南国街、保爱路、康乐路、南环路	91
	6. 美容保健	中山路、共和路、南国街、保爱路、康乐路、南环路、桃源路、新民南路、七星路	86
	7. 车修配件	中山路、共和路、南国街、康乐路、南环路	60
	8. 装潢印刷	中山路、保爱路	42
	9. 文具文印	天桃路、古城路、桃源路、新民路南段、七星路	36
	10. 水果鲜花	天桃路、七星路	36
	11. 文化娱乐	天桃路、古城路、桃源路、新民路南段、七星路	34
	12. 五金类	中山路、共和路、南国街、保爱路、康乐路、南环路	24
	13. 生活服务	中山路、南国街、保爱路、康乐路	23
	14. 酒吧舞厅	古城路、桃源路、新民路	17
	15. 影视器材	七星路	17
	16、针织锦类	古城路	5
合计（户）			1693

小结：朝阳与七星商圈相比，朝阳规模比七星庞大，是南宁的核心商圈，但经营的品种相对七星商圈而言较为集中。另外，朝阳基本上没有什么娱乐设施及传统餐饮食，这一点对本案而言，是抢占市场先机的一个重要参考。

除了对各种业态的店铺数量进行统计外，还可以对各种业态的经营面积进行统计，如上海某商住综合项目的商业物业业态统计分析：

本项目周边商铺业态调查表

业　态	数量（家）	数量比例	营业面积（m^2）	面积比例
正餐店	6	6%	5200	18.95%
快餐店	13	13%	4330	15.78%
眼镜店	6	6%	650	2.37%
房产中介	7	7%	615	2.24%
证券银行	9	9%	880	3.21%
建材家电	8	8%	2240	8.16%
布艺家具	4	4%	475	1.73%
美容院	5	5%	580	2.11%
大卖场超市	2	2%	400	1.46%
百货商场	2	2%	7250	26.42%
汽车类	2	2%	400	1.46%
服装鞋帽	19	19%	2820	10.28%
其他	17	17%	1600	5.83%
总计	100	100%	27440	100%

在对业态进行分析时，要尽量多采用饼状图，这样既能做到图文并茂，又能更直观清楚地反映各种业态之间的比例。如杭州某商住综合项目的商业物业业态分析：

从城西板块总体业态格局看，文一、文二、文三路各具特色。根据周边不同的居住人群，形成了不同特色的三个商业街。文一路周边集中多所大学和居住社区，因此商业定位为以购物、餐饮为主的社区型商业中心；文二路为社区配套商业街；文三路为电子数码专业街，集中经营电子数码产品。

1）文一路

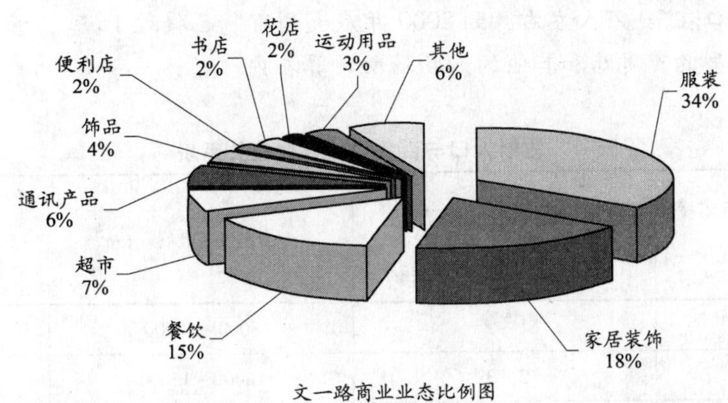

文一路商业业态比例图

文一路是商业街与专业市场相结合的一条商业街，形成以服饰、餐饮、家居、通信为主的业态组合。除了临街商铺，还集中了包括物美大卖场、城西商贸城、翠苑服装市场、中国联通城西手机广场、华东家具城西市场等在内的大市场。

在大学没有搬迁前，商业主要以学生为消费对象，因此集中了许多满足青年学生消费的商业，如书店、花店、运动品商店、饰品店等等。伴随大学的纷纷迁出，文一路商业开始转向社区服务型的商业。从档次上看，文一路属于实用性的中档以下的商业街，部分中档品牌商业进驻，两家麦当劳在街内经营。

2）文二路

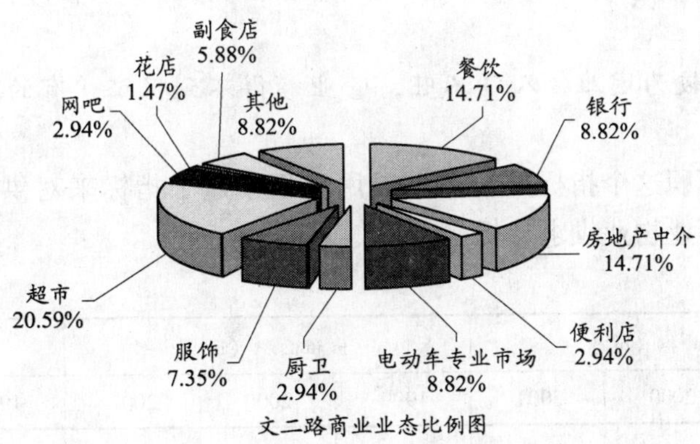

文二路商业业态比例图

文二路与文一路一样，随着大学的迁出，商业业态开始逐步由学生导向型转向居民导向型。文二路上现有商业形态主要有超市、房地产中介、餐饮、书店、便利店、银行、电动车专业市场等。向东过了保俶北路后，商业更为丰富，马路南面计有：顺味园、1991服装店、书店、五家服装店、一家体育用品商店、一家文具店、一家录像厅、一家妇女用品店、移动服务网点、123速食店、一家体育用品店、电脑游戏软件店、云南过桥米线；而过了幼儿师范学院，又是相似的一排业态。随着学校迁出，满足学生消费的商业逐步推出，而满足附近居民消费的商业正在不断迁入。

（4）商业物业供求分析

商业物业作为一种商品，其价格也会受供求关系的影响。若商业物业供大于求，必定会影响资金的回笼，甚至会导致开发亏损。因此，在投资开发商业物业之前，有必要对其供求状况进行分析。在分析供求状况时，其分析方法有很多，例如可用人均商业面积这个指标来分析商业物业的供应量是否达到饱和的状态。如重庆某商住综合项目的供求分析：

渝中区全区人口在70万人左右，到2000年底大型百货已接近15家，营业面积超过20万平方米，还没有将小型的百货店和其他的购物场所计算在内。

辐射人口与百货业规模对应关系表

指标 / 人口数	百货公司数量（个）	单个百货公司规模（m^2）	总营业面积（m^2）
20万以下	1~2	8000~10000	15000~20000
20~50万	2~3	10000~15000	25000~35000
50~100万	3~5	15000~35000	40000~100000
100万以上	不超过10个	15000~30000	不超过300000

考虑解放碑商圈对重庆其他主城区有较强的辐射能力，我们认为，按照常规的数据标准来衡量解放碑商圈的饱和程度是不合理的。但是通过一些现象我们可以看出，渝中区商圈的营业面积已经处在饱和的边缘：

1）一些口岸稍次，或平面格局不合理的新增商业物业的招商较为困难，且商业物业的租金水平没有明显的上涨。

2）大型商场半闲置的现象已经比较明显，一些商业物业陷入招商、经营不善、撤场、再招商的恶性循环。

3）部分商家运作较为困难，人气不旺，营业额得不到保证，有的甚至是在亏损的条件下经营。

除了用人均商业面积这个指标外，还可以用出租率这个指标来对供求状况进行分析。如上海某商住综合项目的商业物业供求分析：

区域	经营面积（m^2）			出租面积（m^2）			出租率（%）		
	1999	2000	2001	1999	2000	2001	1999	2000	2001
南京路	8382	8405	9008	6099	7000	6802	72.76	83.82	75.52
淮海路	4790	4791	4809	3524	3540	3677	73.57	73.89	76.45
四川路	3490	3318	3463	2399	1943	2731	68.74	58.56	78.85
豫园	5456	5648	6611	4503	3505	2387	82.53	62.06	36.10
徐家汇	12609	11833	13797	6011	8596	9399	47.67	72.64	68.12

续表

区域	经营面积（m²）			出租面积（m²）			出租率（%）		
	1999	2000	2001	1999	2000	2001	1999	2000	2001
新客站	11967	11567	11198	7336	8075	7449	61.30	69.81	66.53
张杨路	35168	24307	38939	12760	11375	9091	36.28	46.80	23.35
其他	8258	6550	6885	3684	4062	3781	44.61	62.02	54.91
平均	8584	7794	8892	4831	5193	5093	56.28	66.63	57.28

说明：

1）由上面的数据表可见，上海商业个案的总体经营规模正在扩大，出租面积维持在5000平方米/个，而出租率则有所下降。

2）从各区域商场平均经营面积来看，南京路、豫园、张杨路都有所上升，其他区域维持原状。

3）从各区域商场的平均出租面积来看，豫园、张杨路的出租规模明显减小，徐家汇出租面积则有所放大。

4）从各区出租率来看，豫园、张杨路的出租率近年下降明显。

若出租率这个指标不容易获得相关的数据，策划人员也可能通过施工面积、竣工面积、批准预售面积和成交面积这些指标来分析商业物业的供应状况。如上海某商住综合项目的商业物业供求分析：

2001年是上海国民经济持续增长的一年，随着城市产业结构的良性调整，上海经济发展呈现稳步加快的良好态势。全年国内批发零售贸易业实现增加值达550.35亿元，比2000年同期增长16%。

伴随着商业贸易额的增加，上海的商业用房经营状况也表现出良好的发展势头。2001年上海出让的各类经营性用地中，商业用地面积为60.1公顷，占总量的5.7%；相关的综合用地面积为124.9公顷，占总量的11.9%。

2001年，上海新开工商业用房面积为113.25万平方米，占商品房新开工面积总量的4.67%；而竣工商业用房面积为113.48万平方米，与新开工面积持平，占上海竣工商品房总量的6.33%。

2001年，上海批准预售的商业用房面积为28.47万平方米，综合用房面积为106.37万平方米；商业用房交易过户面积为65.49万平方米。

近年商业用房总量统计表　　单位：万平方米

年份	1996年	1997年	1998年	1999年	2000年	2001年	2002年上半年
施工面积	503.29	423.57	511.71	410.84	438.47	423.29	——
新开工面积	85.66	71.6	89.93	60.85	91.21	113.25	——
竣工面积	62.88	58.8	45.32	55.49	59.52	91.44	——
批准预售面积	3.32	8.34	9.12	4.64	8.5	28.47	14.4
成交面积	——	6.66	7.17	12.56	35	65.49	24.77

注：由于综合楼部分中的商业用房批准预售面积未统计在表中，因此表中的成交面积明显大于批准预售面积。

近年来上海商业用房成交面积日益增加，2001年达到近期的高点，65.5万平方米。以2002年上半年的成交情况来看，2002全年的商业用房成交面积也将达到50万平方米以上。

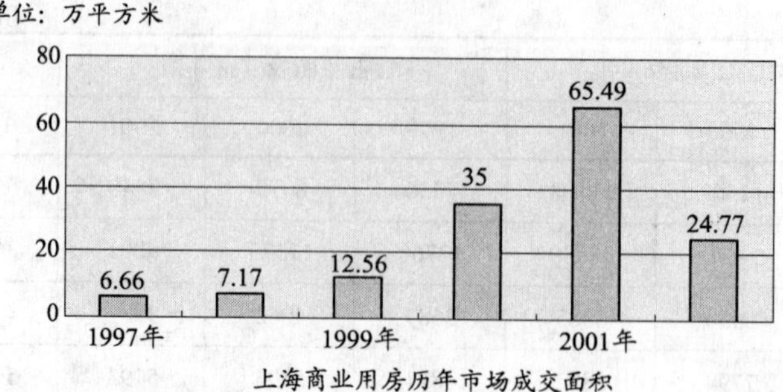

上海商业用房历年市场成交面积

（5）商业物业租金分析

供求关系决定租金水平，而租金水平又影响着开发商的收益。对项目周边商铺的租金水平进行分析，有利于判断本项目开发商业物业是否能为开发商创造更大的利润。在对租金水平进行分析时，可以分析各业态的租金水平，也可以分析不同楼层的租金水平，更可以分析同一楼层不同位置的租金水平。如杭州某商住综合项目的商业物业租金分析：

1）文一路

业　态	租金（元/m²·d）	业　态	租金（元/m²·d）
服装	5～14	便利店	6～10
家居装饰	4～10	书店	4～6
餐饮	4～12	花店	8～12
超市	4～6	运动用品	4～8
通信产品	10	其他	2.5～12
饰品	10～11		

位　置	租金（元/m²·d）	位　置	租金（元/m²·d）
路口处临街商铺	10～14	非临街底层商铺	3～5
中间路段临街商铺	4～10	非底层商铺	2.5～6

文一路两边集中了多家大学，同时多个专业市场和大卖场也汇集于此，因此，这里的人流量非常大，商业经营非常火爆。经营的成功带动了文一路租金的不断上涨。100平方米以上的大面积店铺单位租金相对较低，多在4～6元/(平方米·天)，而8～25平方米左右的小面积商铺租金则高得多，大部分在8元/(平方米·天）以上，有的甚至达到14元/(平方米·天)，如翠苑服装市场临街部分的商铺。

不同位置的商铺租金差异巨大，体现地段对商业的重要意义。十字路口处和大学校门部分临街商铺的租金明显比较高，多在10～14元/(平方米·天）之间，而中间路段的临街商铺则次之，多在4～10元/(平方米·天)，非临街底层商铺租金水平则在3～5元/(平方米·天)，非底层商铺租金（不包括大卖场中的非底层商铺）多在2.5～6元/(平方米·天)。

从不同业态看，租金也有所差别，诸如服饰、饰品、快餐等商业的租金相对较高，而书店、

超市、大型餐饮的租金则相对较低。

2）文二路

文二路主要为小型商铺市场，整体经营一般，商业氛围比较淡薄，因此，租金水平不是很高，范围基本在2.5～5元/(平方米·天)。

3）文三路

位　　置	租金（元/平方米·天）	位　　置	租金（元/平方米·天）
一楼	10～15	三楼	4～6
二楼	6～8	临街商铺	4～8

文三路以数码商场为主，辅之以临街商铺。从租金看，反映出该区域数码专业市场经营状况良好。专业市场一楼租金最高，大致在10～15元/(平方米·天)；二楼租金为6～8元/(平方米·天)；三楼则为4～8元/(平方米·天)；临街商铺租金为4～8元/(平方米·天)。

由于商铺的租金水平与其周围的人流量、车流量等密切相关。因此，在分析租金水平时，也可以从其人流量、车流量进行分析说明。如南宁某商住综合项目的商业物业租金分析：

路段街铺	铺面量（间）	经营户数	铺面	人车流量	租金（元/m²）		出租率
			m²/间		范围	平均	%
天桃路	154	127	10～20	人流量：8352人/日 摩托车：9360人/日 车流量：6480人/日	80～120	100	99
古城南段	203	148	10～30	人流量：23040人/日 摩托车：18720人/日 车流量：25200人/日	80～200	140	100
桃源路	160	125	3m×7m=21	人流量：1.1万/日 汽车流量：2.6万/日 摩托车：3.6万/日	100	100	100
新民南段	89	74	4m×12m=48 3m×7m=21	人流：2.6万/日 汽车流量：4.32万/日 摩托车：2.88万/日	85～170	120	100
七星路	378	252	3m×7m/2F、3F旧私房	人流：3.24万/日 汽车流量：1.1万/日 摩托量：1.59万/日	85～200	140	100
康乐路	39	35	10～20	人流量：7200人/日 汽车：2592人/日 摩托车：6048人/日	40～100	70	97
南国街	34	30	多数10～20有一间 10m×10m=100	人流量：9216人/日 汽车：1440人/日 摩托车：2592人/日	20～70	45	97

续表

路段街铺	铺面量（间）	经营户数	铺面	人车流量	租金（元/m^2）		出租率
			m^2/间		范围	平均	%
中山路	214	144	北段9～25 南段6～65	人流量：16880人/日 汽车：11880人/日 摩托车：24840人/日	北段70～100 南段25～70	60	97
共和南段	63	56	6～20	人流量：11520人/日 摩托车：10800人/日 汽车流量：9360人/日	60～100	80	100
保爱路	51	43	多数10～35	人：11520人/日 汽车：2016人/日 摩托车：6912人/日	20～80	50	98

小结：由上表可以看出，中心区整体商铺出租率基本上是100%，租金最高达到200元/(平方米·月)，一般平均租金水平也达到了100元/(平方米·月）水平，这些数据一方面说明了中心区商业的繁华；另一方面也说明了众多商家及投资者对中心区商业氛围的认同。同时这也意味着本案如果要充分挖掘项目的地块价值的话，商业是必须考虑的重要支撑。

（6）商业物业租售模式分析

对周边商业物业的租售模式进行分析，有利于了解哪种租售模式更能使利润最大化，从而为本项目的租售模式确定提供参考性依据。下面是杭州某商住综合项目的租售模式分析：

从租售模式看，区域内的大卖场基本上是开发商持有的形式，内部分割出租。专业市场部分是出租模式，而另一部分则是出售模式。文三路的数码广场多是开发者持有，出租收取租金收益；文一路的翠苑服装市场则是小产权形式，商铺可以自由买卖。临街商铺多为多业主持有。

从租售两种模式看，知名品牌专业市场和档次比较高的市场一般采取统一持有，对外出租的模式；而小产权式商业则明显比较混乱，档次和环境都比较差，整体形象不是很好。

（7）商业物业存在问题分析

在通过对上述的分析后，策划人员对当地的商业物业已经比较了解，接下来就要对当地的商业物业进行总结，指出商业物业总体上存在的问题。如柳州某商住综合项目的商业物业存在问题分析：

1）商业物业产品同质化

住宅同质化主要表现是建筑风格的克隆现象，商铺则多见于项目概念和对推广手法的克隆。如本市“××步行街概念”的炒作。

2）商业项目缺乏可感性强的形象定位

很多人认为只要商铺的地点好，位于商业旺地，就一定能卖得好；商业物业若不重视塑造感性的项目形象，项目缺乏具体化、可感性强的形象表现，会减弱对目标客户的吸引力。

有很多人明明知道有这个项目，却无法联想起或无法用什么词语去形容这是一个怎么样的项目，买家往往难以将它纳入购买商铺的备选视线范围，相应就会减少成交机会。如同商圈的“蓝色港湾”项目。

3）营销策略单一

目前商用物业的定位策略单一，营销策略单一，远不及住宅营销策略的多姿多彩，“排号预定”是近期用得较滥的手法。

4）建筑设计不能完全满足多功能的商贸需求

在早期，开发商都不重视商铺的间隔布局是否合理，只注重通过增加商铺的可销售面积来赚取最大的利润。随着市场的成熟，开发商就意识到要通过提高商铺的商业利用价值，合理规划商铺间隔布局和提高物业管理和商业管理等手段，来达到理想的价位和提高产品的竞争力。

建筑设计要考虑物业各种经营项目的特性，不同的经营品种，对物业的规划间隔有不同的要求，而且还要预留服务配套设施，如停车场、仓储运输、顾客休息等区域。

5）商业经营管理水平与项目开发水平不能同步发展

在房地产发达地区的物业管理水平已经发展到可与国外先进水平媲美的程度，相继涌现了一批以物业管理作为项目优势的强势地产品牌。而商业物业的经营管理则较为滞后，专业的、成熟的、商业性的、社会性的商业管理机构在市场上较少，目前负责商场经营管理的机构，多为开发商公司内的一个部门或其属下的子公司，只负责自身开发项目的经营管理，在业主或商户眼里，既欠缺专业性，又欠缺客观性。很多经营失败的项目并不是因为地段欠佳，也不是开发商财力不济，开业后经营管理不善是重要原因之一。

（8）商业物业发展趋势分析

在对商业物业分析时，分析到最后要对商业物业的发展趋势进行预测，这样有利于根据商业物业的发展趋势为本项目商业物业的定位、产品规划设计和整合营销提供依据。下面是柳州某商住综合项目的商业物业发展趋势分析：

1）市场竞争具有共赢性

商业活动已在城区形成多个区域性商圈，在一个商圈里面，如果没有几个大型项目将无法吸引足够的客流量，更不足以支撑整个商业区域的繁荣。城市的发展催生了两大商业区域的新格局，构成柳州市区两大主力商圈（五星、飞鹅），每个商圈都有几个中大型商业项目在同场竞争，但各开发商和商业项目都重视发挥各自的优势，互为补充，在竞争中谋求发展，争取达到共同做旺市场的共赢局面。

2）物业市场发展规模化

根据中国加入WTO的协议，我国已承诺在五年内逐步放开零售市场，允许外商在中国开展商业经营活动。外商的介入，促使商业物业与国际接轨，商用物业从原来无序、散乱的不规则市场，逐步走向有序的规范市场，纯商业项目与商住混合项目均向规模化、专业化方向发展。

开发规模化、经营专业化将成为未来商用物业的发展趋势，润和·时代广场、温州商贸城、五星商业步行街、新时代商业港、谷埠街国际商城等一批大型商业项目先后进入市场，将备受投资者及用家注意。

四、写字楼物业分析

随着社会和经济的发展，注册公司的增多和商务活动变得频繁，城市对办公物业的需求越来越多，同时对办公物业的要求越来越高。办公物业的演变过程如下：工业厂房——办公楼——甲级写字楼——乙级写字楼——个性化写字楼。

1. 写字楼分布情况分析

对城市内写字楼的分布情况进行分析，有利于了解本地写字楼的集中区域，从而得知本地的商务区。若本项目刚好在商务区内，必定有利于本项目写字楼的开发。下面是上海某商住综合项目的写字楼分布情况分析：

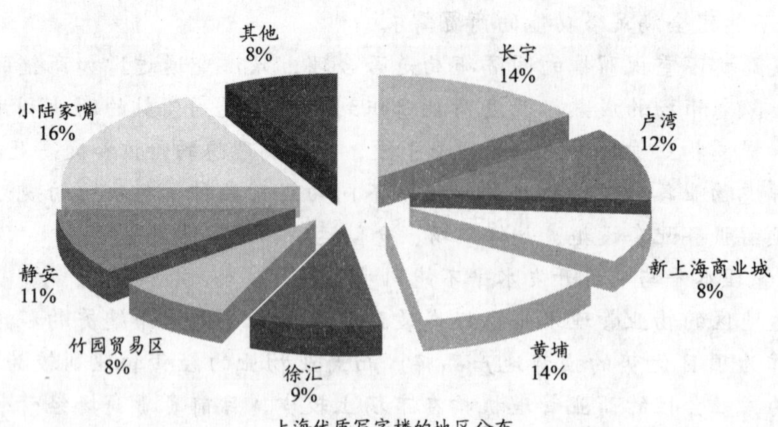

上海优质写字楼的地区分布

说明：

1）通过上图我们可以看到，上海写字楼的区域分布集中在内环线区域。

2）从占全市的份额来看，陆家嘴、静安、卢湾在量上不占优势，但是这三大区内的淮海路、南京西路、陆家嘴金融贸易区却是上海甲级写字楼最密集的地区。在品质上远远超过其他几个区。

2. 写字楼供求状况分析

通过对写字楼的供求状况和供求趋势进行分析，可以预测写字楼市场今后的发展趋势。对写字楼的供求状况进行分析，可以分别从供应情况和需求情况这两方面分别进行分析。如上海某商住综合项目的写字楼供求状况分析：

(1) 供应情况

历年办公用房施工、竣工情况表　（单位：万平方米）

年　份	1996	1997	1998	1999	2000	2001	总　计
施工面积	1018.8	929.92	903.60	660.12	515.10	381.63	—
新开工面积	151.35	94.87	68.16	28.58	18.89	20.35	382.2
竣工面积	86.01	170.70	166.94	93.01	95.93	58.23	670.82

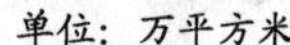

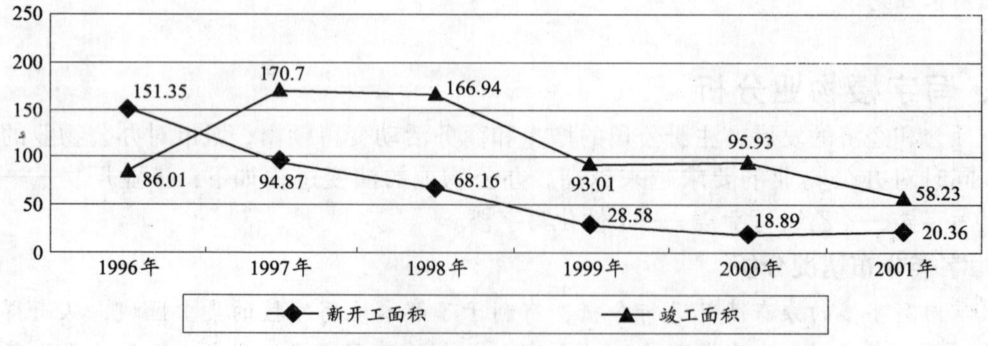

历年办公用房新开工、竣工面积情况图

说明：

1）1996年到2001年，上海办公楼总竣工量为670.82万平方米，而新开工面积仅为382.2万平方米，大量的竣工楼盘主要集中在1997年、1998年。

2）1996年以来，办公用房供应量（竣工面积）自1997年达到最高峰170.70万平方米之后逐年回落，2001年达到低点58.23万平方米，同期施工面积也达到近年来的低点381.63万平方米。

3）新开工面积率先在2000年达到最低点18.89万平方米后反弹，2001年回升到20.35万平方米，新开工面积自1996年以来首次出现正增长，市场供应量下滑的趋势得到扭转。

4）2002上半年，上海办公楼施工面积241.1万平方米，新开工面积13.14万平方米，竣工面积7.2万平方米，各项指标都较同期大幅度下落。

（2）需求情况

历年办公用房销售和出租情况表 单位：万平方米

年份	1996	1997	1998	1999	2000	2001
销售面积	22.77	37.41	51.22	39.23	47.76	49.83
出租面积	16.94	38.82	49.29	93.21	156.15	229.59

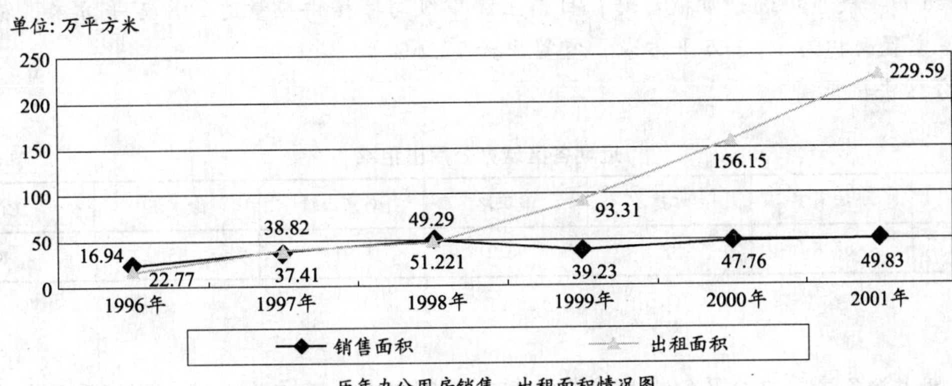

历年办公用房销售、出租面积情况图

说明：1）1996年以来，上海办公用房市场需求量总体呈增长态势。

2）办公楼销售面积自1996、1997、1998三年连续大幅增长后近期走势较为平稳，年销售面积在50万平方米左右。

3）办公楼出租面积逐年放大，2001年出租面积达到229.59万平方米，为1996年的15倍，强劲的走势充分反映出客源市场对租赁方式的认可度和接受度。

除了从供应情况和需求情况这两个方面去分析写字楼的供求状况外，也可以用空置率、入驻率等指标来分析。写字楼的供求状况，由于不同区域其写字楼的空置率、入驻率可能差别很大，因此有必要针对不同的区域进行分析。如上海某商住综合项目的写字楼供求状况分析：

（1）总体去化行情

历年办公用房空置面积表 单位：万平方米

年份	1996	1997	1998	1999	2000	2001
空置面积	45.99	117.84	188.8	174.2	190.84	163.52

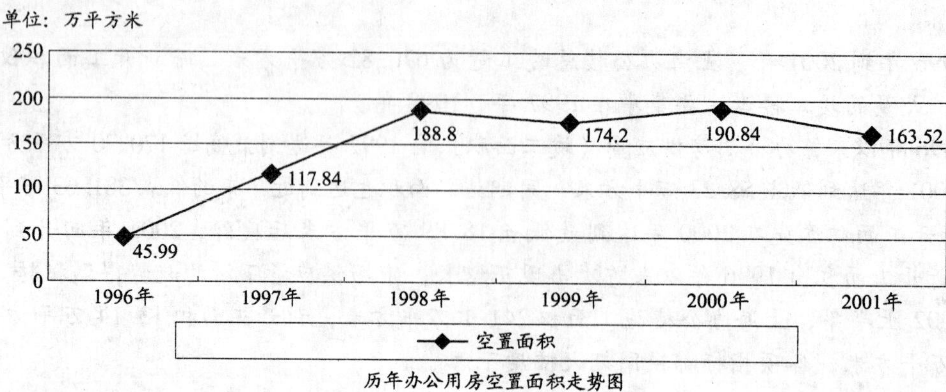

历年办公用房空置面积走势图

说明：

1）办公楼的空置面积在1996到1999年呈现持续增加趋势，但自1999年以来这种情况有所改观，1999、2001年的空置率分别呈负增长。

2）从2002年上半年的情况看，办公楼市场的吸纳力有进一步放大的趋势，供过于求的局面已发生根本性改变。

3）甲级写字楼市场进一步被看好，目前上海甲级写字楼供应量达288万平方米，截至2002年6月底，空置面积为39.3万平方米，空置率为12.6%。

（2）分区去化行情

近期各区域办公用出租率

单位：%

年 份	小陆家嘴	虹桥	淮海路	南京西路	徐家汇	黄浦区
入驻率	87.8	82	96.2	91	83	82

说明：

1）近期上海各主要办公区的出租率普遍都在80%以上，其中淮海路、南京西路和小陆家嘴地区的办公楼市场显得尤为火暴，出租率达到90%左右。

2）小陆家嘴地区，写字楼平均入驻率约88%，其中汇丰大厦、招商局大厦、证券大厦、中国保险大厦等的入驻率超过90%。根据近期陆家嘴土地批租成交记录看，未来三四年该地区甲级办公楼可供租售的新增量将较为有限，市场供应量将集中在近一两年，估计陆家嘴地区办公楼租金将继续保持平稳增长态势。

3）虹桥开发区方面，1995年前曾占据整个上海市场的半壁江山。1997年以后，随着浦东陆家嘴、淮海路以及南京路一大批新兴甲级办公楼相继建成，虹桥优势有所下降。办公楼入住率从过去的90%以上降至62%，且租金由顶峰时期的2美元降至0.4美元，而现今随着该区域合理的租金优势，使得一大批跨国公司和国内大、中型企业纷纷进驻虹桥地区，该市场租金升至0.52美元，入驻率回升至82%。

4）淮海中路和南京西路的办公楼在区域自身便利交通和良好商业环境的发展条件下，一直是近两年来客户需求的重点区域，90%以上的出租率足以表现出其火热的市场。

3. 写字楼价格水平分析

与住宅物业、商业物业的价格水平分析一样，分析写字楼的价格水平主要是从近几年的价格变

化来预测未来的价格走势。写字楼物业与住宅物业相比，其客户群当中投资者占的比例比较多。投资者在购买写字楼后将其出租，通过收取租金来获取利润。正是如此，对写字楼的价格进行分析，既要分析其租金水平，又要分析其售价。如上海某商住综合项目的写字楼价格水平分析：

（1）历年租金走势

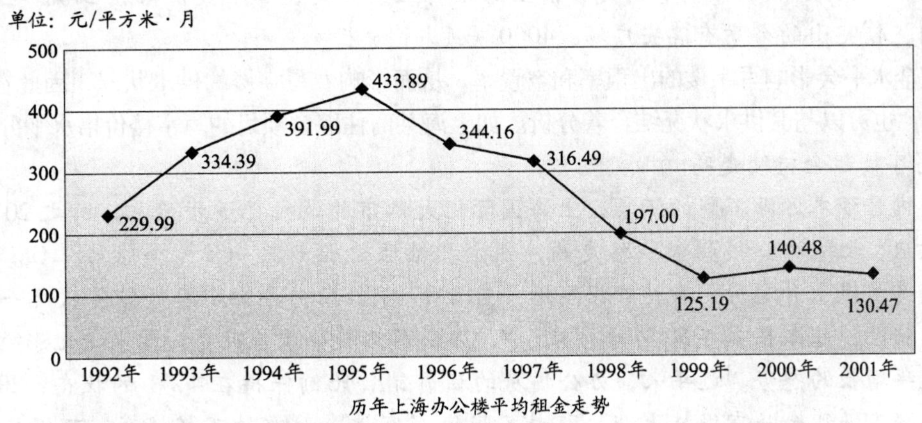

历年上海办公楼平均租金走势

注：上图数据来源于上海市房地产交易中心

说明：

1）上海的办公楼租金价格自1995年达到历史最高点434元/平方米·月后，呈现下跌趋势，持续下跌时间长达5年之久。直到2000年，办公楼租金开始止跌，进入盘整阶段。

2）1999年以来，上海的办公楼价格指数一直维持窄幅震荡。而从近期上海办公楼市场的供求来看，租金价格的上扬趋势已较明显。2002年6月上海办公楼价格指数较去年同期上升4.9%。从价格走势上看，办公楼市场已经进入新一轮的上升期。

（2）各办公区售价比较

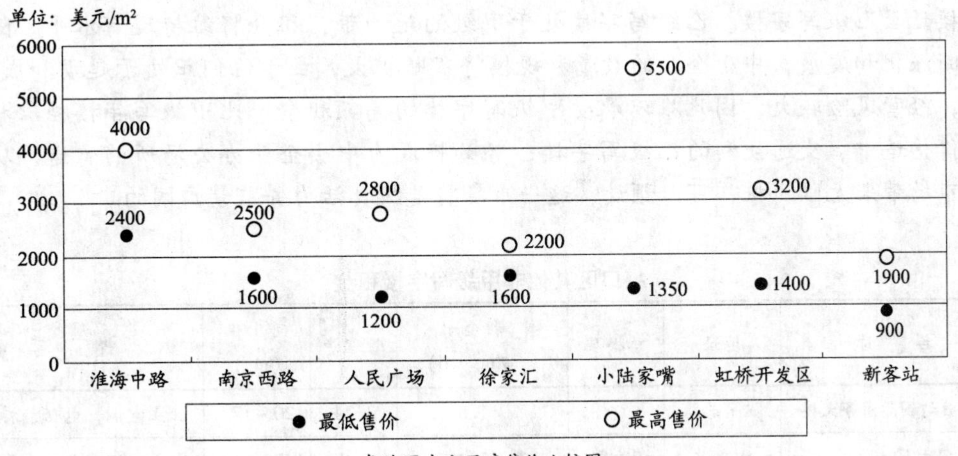

各地区办公用房售价比较图

说明：

1）从上海各个办公区的销售价格可以看出，目前售价最高的办公楼个案出现在浦东，为中银大厦：5500美元/平方米。

2）各区域中明显低于全市优质办公楼平均售价2325美元/平方米的区域有徐家汇和闸北新

客站地区，设施老旧、办公氛围不足是这两个区域售价较低的主要原因。

3）浦东陆家嘴、长宁虹桥、静安南京西路、黄浦人民广场地区的平均售价则接近于2325美元/平方米的平均值，售价大多在2000~2800美元/平方米之间。其中南京西路的办公楼个案主要以出租为主，高品质办公楼"只租不卖"导致区域总体售价一般。

4）淮海中路办公楼的平均售价是目前上海市场上最高的，其个案价格在2400~2800美元/平方米之间，较突出的个案有瑞安广场：4000美元/平方米。

由于租金水平会影响写字楼的出租率和空置率，从而影响着写字楼的供求状况，因此在分析写字楼的租金时，也可以与其供求状况结合着分析。如上海某商住综合项目的写字楼价格水平分析：

（1）写字楼租金持续走高

随着国内外资本源源不断的汇集，上海国际化大都市的地位已逐步确立。加之2010年世博会的拉动效应，上海办公楼租金一路走高，租金涨幅已达亚洲第一位、全球第三位。目前，办公楼租金更是呈现上升趋势。有关数据显示，自1997年以来，办公用房的销售状况一直保持在较为稳定的状况，基本在40~50万平方米/年，办公用房的租赁状况受到需求变化影响较大，总体来说呈逐年增长的态势。近年来，办公用房的租赁销售比例保持在4：1的状态，2002~2003年以来写字楼市场租金一直保持上涨，随着各板块写字楼入驻率的不断提高，可供应面积不断减少，办公楼出现供不应求的局面。

（2）写字楼空置率持续下降

据调查表明，本市写字楼空置率已降至六年来的最低点，写字楼租赁兴旺、销售顺畅。据办公用房空置面积情况分析，1998年上海办公用房的供应量达到高峰，由于供应量的突发性增加，空置面积也随之放大，由于近年来办公楼的吸纳量逐年增加，并在2001年达到峰值，因此，自2000年以来，空置面积逐年下降。空置率变化与空置面积的变化基本相同，自1999年起空置率一直保持在20%以下。

（3）乙级写字楼将成为市场宠儿

由于甲级写字楼出现了供不应求的局面。租金不断上涨，部分租户因承受不了高额租金从甲级写字楼迁至乙级写字楼。乙级写字楼处于甲级的延伸带，租金将维持现有水平。随着市场经济的不断深化和发展，中小企业的数量和规模将不断扩大，由于他们正处于起步和成长阶段，资金有限，经营风险较大，因此难以承受甲级写字楼的高额租金。比甲级写字楼档次稍低，实用性强、价格适中、交通便利的乙级写字楼，势必将成为中小企业办公场所的首选，从而为乙级写字楼市场带来无限商机，可以预计，这一市场将是极具活力并前景广阔的。

虹口区其他非甲级写字楼租金

区域	名　称	地址	总楼层	租金（元/m^2·d）	管理费	可出租（m^2）	设　备
虹口	上海渡边国际商务大楼	临平北路		¥1.8	3.24	20~177	独立空调，电话，标准装修
虹口	喜临门大厦	四平路	30层	¥2.4	1.3	147~1600	中央空调，电话，标准装修
虹口	晟隆大厦	东长治路	19层	¥2	2.4	37~605	中央空调，电话，标准装修
虹口	外滩老洋房188	黄浦路	4层			880	中央空调，电话
虹口	锦发商务楼	黄浦路	2层	¥1.6~2		35~900	独立空调，电话，标准装修
虹口	新世纪商务中心	虎丘路		¥2.7	含	100~900	中央空调，电话，标准装修

4. 写字楼入驻企业分析

入驻写字楼的企业，是写字楼的主要目标客户群之一。对入驻企业进行分析，可以分析其行业性质、企业性质和各行业所租用的面积占总面积的比例等等。如某商住综合项目的写字楼入驻企业分析：

（1）租户行业特征

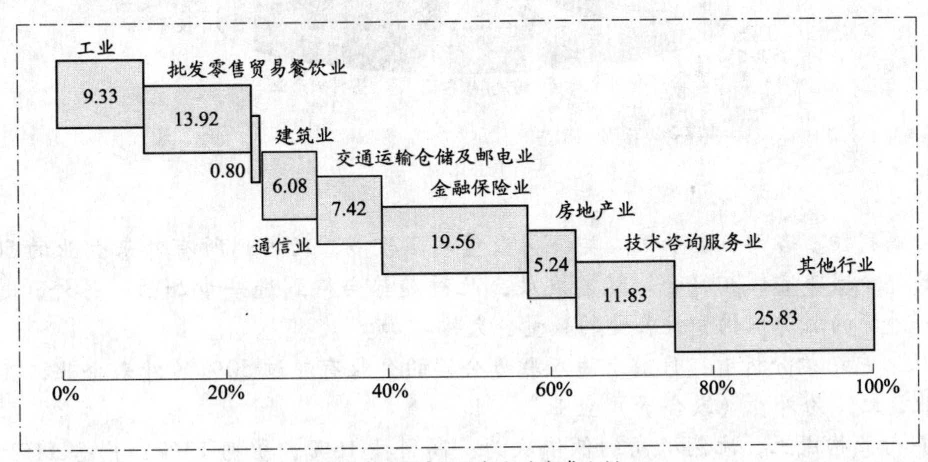

上海写字楼租户面积按行业分类比例

注：上图数据来源于上海市房地产交易中心

说明：

1）按租户的行业分类，批发零售贸易餐饮业、技术咨询服务业租户比例较2000 年大幅度下降，分别由2000 年的31.5%、22.2%下降至13.92%、11.83%，而金融保险业、房地产业租户比例明显上升，分别由2000 年的8.3%、2.1%上升至19.56%、5.24%。

2）2001 年各行业租户比重排名，由高到低依次为金融保险业（19.56%）、批发零售贸易餐饮业（13.92%）、技术咨询服务业（11.83%）、工业（9.33%）、通信业（7.42%）、交通运输仓储及邮电业（6.08%）、房地产业（5.24%）、建筑业（0.8%）。

3）按照租金承受力分类，欧美地区和商业、技术咨询服务业的承租力最高，成为上海市甲级写字楼的主力消费军。

（2）租户企业类型

说明：

按承租方登记注册类型分类，内资企业承租的办公楼面积最高，占到44.4%，比上年提高3%，其次依次是我国港澳台地区、欧洲、美国、东南亚、日本地区，个体经营的租户比例仅为0.9%。

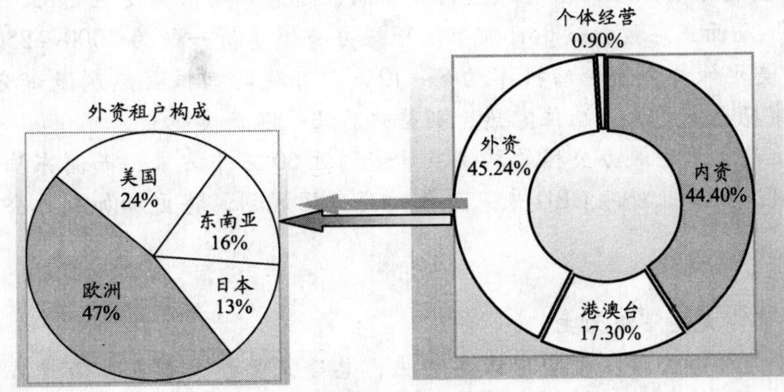

按企业类型分租户构成比例

此外，还可以分析不同行业、不同企业性质的入驻企业对面积或其他方面的要求，这有利于使得项目的产品规划更加符合市场需求。如某商住综合项目的写字楼入驻企业分析：

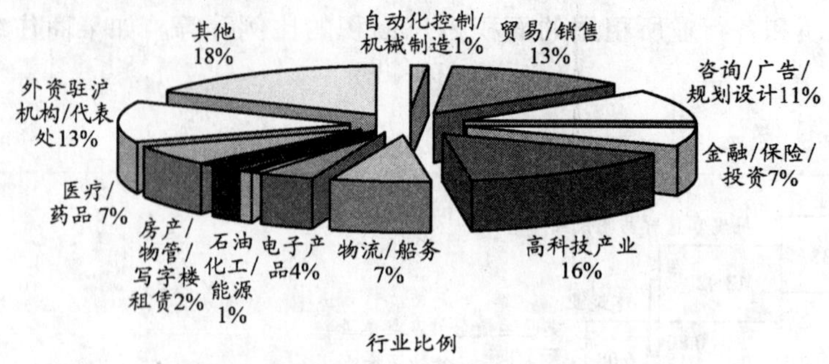

行业比例

贸易、高科技、咨询、金融保险类公司数量明显较多，约占到所有外来企业的50%。这无疑和上海的整个城市定位相符合。随着发展，此种趋势会得到进一步加强。另外，随着外资的大量进入，外资的驻沪机构和代表处的数量会大幅增加。

（1）从客户结构分析看：目前上海入驻办公楼的企业有超过50%的外来企业，其中近20%为外地企业，35%为外资（或合资）企业。

（2）在行业构成上，比例从高到低依次为：高科技16%；贸易13%；广告11%；金融/保险7%；物流7%；外资驻沪机构7%，以上各类行业占外来企业总量超过60%。

（3）从发展的趋势来看：上述各类企业的比例仍将呈上升势头，特别是金融/保险，外资机构的数量会大幅度增加。

（4）从面积选择分析看：在入驻的外来企业中，超过50%的企业选择300平方米以下的小面积写字楼；超过30%的企业选择300～900平方米的中等面积写字楼，其中的21%选择的是300～600平方米的面积。基本上600平方米以下构成了目前外来企业的主流需求。同时，对大面积的需求，外来企业亦超过了上海本土企业，有7%的外来企业选择超过1500平方米的办公楼，随着许多企业把总部搬来上海，这一趋势将得到进一步加强。

5. 写字楼存在问题分析

通过对写字楼现存的问题进行分析，有利于发现市场的空白点，从而抢占先机。如某商住综合项目的写字楼存在问题分析：

（1）市场方面

办公楼市场由冷转热市场供应量急剧上升。多年来上海办公楼市场供应量过大，整体租金价格较低，客户选择长期租赁以达到节约办公成本之目的。而且上海甲级办公楼大多数客户来自欧美公司，他们习惯租房办公。还有不少租赁客户对办公楼市场前景不太乐观，大都持“短期行为”，导致办公楼市场以租为主之风盛行。然而，随着市场形势发生变化，2001年来持续多年的“只租不售”局面正在被打破。目前市场甲级办公楼售价一般为2000～2500美元，若实际租金以0.6～0.8美元计算，租金回报率为8～12%，可观的回报显然刺激部分客户跃跃欲试。投资开发办公楼市场也成为上海继住宅热、别墅热后又一房产类热点。

近半年来，上海大型甲级办公楼的总供应量达到近60万平方米，而浦东陆家嘴近期新开工的大量办公类项目，虹口北外滩CBD未来五年的商务区规划，将更加加剧办公楼总体市场的竞争局面。

（2）产品方面

1）新建办公楼以大型甲级为主

近期内即将上市的办公楼以大型甲级类为主，总建筑面积大都在5万平方米以上，高标准

的新项目导致未来办公楼市场顶级产品的竞争将显得尤为激励。

2）中档小型办公楼推出较少

一些适合中小规模企业办公的中档办公楼，近期市场供应略显不足。办公楼市场乙级办公楼大多为早年市场建造产品，产品存在明显的时代滞后性，一些简单的宽带通信设备都落后于客户的需求。

五、别墅物业分析

别墅，在一些地方也叫做独立式花园洋房，其与住宅一样，主要功能为居住。由于别墅的建筑面积大，从而总价较高，因此其所面向的客户群相对来说比较窄。同时，由于别墅的特殊性，其一般开发在郊区的大盘中。别墅与住宅都同时具有居住的功能，它们的目标客户群中有很大一部分是重叠的，因此，想要开发别墅类物业的商住综合项目除了要对别墅进行分析外，还要对住宅物业进行分析。对别墅物业进行分析，主要是分析其总体的供应状况、市场上别墅产品的特点、价格和对个别竞争项目进行分析。如上海某商住综合项目的别墅物业分析：

（1）上海别墅市场分析

据初步调研，目前上海别墅市场在建和在售楼盘约150个。2002年上海别墅呈现出供大于求的态势，市场前景令人担忧。2003年上海别墅市场如何发展、消化，价格是否继续一路走高，这些问题都值得大家认真思考。我们认为，高端别墅市场供应不容乐观，但经济型别墅走俏上海。

资料显示，目前上海别墅市场由前几年供不应求一下子变为集中供应格局，并在近三年内将形成供应高峰期。2000年上海在建别墅156万平方米，当年销售面积约为50万平方米；2001年在建别墅约400万平方米，当年销售面积在100万平方米上下；2002年在建别墅面积约800万平方米。上市楼盘主要集中在松江、莘庄、虹桥、沪青平公路沿线等地，2003年仅佘山就有20多个别墅项目集中上市。别墅供应量正在成倍增加。

根据先进国家经验，一般来说，住宅消费分为4个阶段：第一阶段，人均GDP3000美元以下为解困期；第二阶段，人均GDP3000~8000美元为数量发展期；第三阶段，人均GDP达到8000~15000美元为质量期；第四阶段，人均GDP超过15000美元为个性舒适期，即别墅概念。上海正处于第二阶段，别墅市场也处于初步发展阶段，能够消费别墅的本地客户毕竟有限。2002年上海别墅市场价格上涨幅度普遍超过普通住宅价格平均上涨幅度，我们认为，一旦消费能力跟不上供应量，别墅就会过剩。因此，投资商、开发商需要谨慎入市，而对于一些在销个案应尽量快速去化以规避市场风险。

事实上，上海市别墅总开发用地近2万亩，平均每个项目的占地面积在10万平方米左右；以容积率0.7计算，近两三年内，上海别墅市场的供应量将达到940万平方米，这还没有计算近两年内新批土地的潜在供应量。所以，要在两三年内消化掉近千万平方米的新建别墅，那么平均每年必须卖掉300多万平方米，即1万套以上。而短期内的需求是多少呢？据中房指数办公室的一项调查数据分析，在购房者中只有5%的家庭会选择别墅物业，照此推算上海的别墅年需求量就只在7600套左右，建筑面积为200多万平方米，与1万套的供应量相差24%。显然，短期供应量的增长速度已超过了需求量的增长速度。从上海市房地产交易中心的数据也得到了证实，目前上海市还没有实现年平均成交1万套别墅的市场记录和市场消化量。

从价格分布的供求关系上反映，目前上海市场的别墅较多集中在100万~200万元的价格段，占到了供应总量的46%。其次是总价在200万~300万元的中高档别墅，占总量的17%。而总价在100万元以下的经济型别墅和总价在300万元以上的豪华别墅分别为15%和12%。但是根据数据显示，2002年上海别墅市场的消化结构分布为300万元以上的豪华别墅0.04%；100万~300万元的2.3%，100万元以下的占97.66%，高端别墅供求比显示其严重失衡，而且近来上海别墅市场已出现了成交放缓迹象，经济型别墅走俏上海。尤其是50万左右为界的中低端别墅具有市场潜力，我们认为，随着普通住宅市场总价的不断上升，更多初具实力的边缘买家将有机会进入经济型别墅的消费市场，因此总价控制在50~80万元以内的别墅需求量还将有所提高。

(2) 南汇区别墅市场分析

南汇西枕黄浦江与上海市区相望，北接浦东新区，东濒东海，南临杭州湾。南汇北翼有连接上海两大空港的外环线；东北端是浦东国际航空港；东南端是上海的重要出海门户芦潮港。根据南汇区整体规划，未来南汇将以芦潮港建设为龙头，开发重心向沪南路以东，外环线以南区域转移，在罗南路两侧建设高科技园区，成为上海工业新高地。并致力于“一区二带三园”的开发建设，“二带”中的“南六公路旅游经济带”包括：桃源民俗村、野生动物园、桃城度假村和新馨度假村等一批旅游资源，所以南六公路沿线的个案均就位于此。

南汇地区别墅主要聚集在沪南公路及南六公路沿线。

(3) 南江区别墅特点分析

1) 产品开发较早，已形成沿线特色

作为南汇地区的康桥镇与浦东新区相邻，在地价上与新区有明显的差异，所以一直以来就成了开发的热点，特别是别墅类项目，早期的经典花园、绿宝园、海通花园以及现在还处于开发阶段的康桥半岛花园都是这一地区的代表，而随着近阶段枫林雅苑、东方夏威夷沿沪南公路不断向南汇内部延伸，南六公路已出现了大盘，该地区已形成了带状分布。

2) 价格落差大，市场缺乏细分

该地区内的价格落差比较明显，如早期的海通花苑均价3350元/平方米，康桥半岛一期（南加州园）的售价只有2300~3000元/平方米，近期的枫林雅苑只有3500~3980元/平方米，而与东方夏威夷均价为7000元/平方米、罗山绿洲别墅均价11400元/平方米相比，价格落差相当明显，这表明该地区缺乏市场细分。

3) 风格以美式为主，水景别墅占据主导地位

该地区的别墅项目中，风格主要以美式的为主，如东方夏威夷，以夏威夷式的水景辅以乡村别墅；罗山绿洲别墅以美式佛罗里达风格设计为主，特别是每家每户都有私家码头，康桥半岛花园更是全部以美式风格命名，第四期的“迈阿密水岸”也力图建造水系生态。

本地区主要楼盘一览表

楼盘名称	价格（元/m^2）	类型	占地面积（万m^2）	容积率	备注
康桥半岛花园	2700~5000	混合型	200.1	0.9	
绿宝园	租14525/月	独立	（略）	（略）	租赁
经典花园	3328	联体	15	0.5	
东方夏威夷	均7000	独立	52	0.24	
罗山绿洲别墅	9800~13000	独立	16	0.3	
枫林雅苑	均3740	独立	2	0.4	
枫丹白露别墅	5180~6000	独立	28	0.2	
上海蓝堡	6000~8000	独立	23.3	0.26	未开盘
建德南郊花园	均8000	独立	（略）	（略）	未开盘

六、酒店式公寓物业分析

酒店式公寓也叫酒店式服务公寓，是指提供酒店式管理服务的公寓。始于1994年，意为“酒店式的服务，公寓式的管理”。其市场定位很高，是集住宅、酒店、会所多功能于一体的，具有“自用”和“投资”两大功能，除了提供传统酒店的各项服务外，更重要的是向住客提供家庭式的家居布局、家居式的服务，让人有宾至如归的感受。由于酒店式公寓与一般公寓所面向的客户群有很大一部分是重叠的，因此在开发酒店式公寓之前，也要对一般公寓进行分析。对酒店式公寓进行分析，其分析内容与住宅、写字楼的分析内容差不多，主要包括：总体概述、分布、特征、供求状况、租金水平、客户群分析和存在问题等等。如上海某商住综合项目的酒店式公寓物业分析：

（1）酒店式公寓概述

<table>
<tr><td>酒店式服务公寓功能</td><td colspan="2">既能提供酒店式的专业服务，同时又拥有私人公寓的私密性和生活风格的综合物业</td></tr>
<tr><td rowspan="4">酒店式服务公寓诉求</td><td colspan="2">交通成本——理想的酒店式公寓应该建造在市中心商业区、商务区、高科技园区、金融贸易区附近，有快捷的轨道交通连接</td></tr>
<tr><td colspan="2">身份感——酒店式公寓应该配有会所等娱乐设施，具有身份感的交往空间，对追求生活品质的新潮消费者更有吸引力</td></tr>
<tr><td colspan="2">稀缺性——市中心的土地资源具有土地市场最大的稀缺性，即使五六年以后出租的收益率下降，市中心的土地增值性仍是物业保值的有力保证</td></tr>
<tr><td colspan="2">收益率——目前酒店式公寓的收益率一般在10%左右</td></tr>
<tr><td rowspan="12">酒店式服务公寓市场特征</td><td rowspan="2">地段位置</td><td>良好地理位置——市/区级商业或商务中心</td></tr>
<tr><td>便捷交通条件——公共及轨道交通枢纽带附近</td></tr>
<tr><td rowspan="3">规划设计</td><td>装修风格——简单、现代、实用、功能性强</td></tr>
<tr><td>房型设计——小房型（30～50m^2/套）</td></tr>
<tr><td>总价范围——20～40万/套</td></tr>
<tr><td rowspan="2">物业服务</td><td>运动健身设施——完备、专业、新颖</td></tr>
<tr><td>社区会所配套——提供24h酒店式服务</td></tr>
<tr><td rowspan="3">投资价值</td><td>较低的首付款——首付款一般低于10万元</td></tr>
<tr><td>投资风险较低——“以租养房”降低风险</td></tr>
<tr><td>投资形式多样——可租、可售、可住</td></tr>
<tr><td rowspan="2">客源特征</td><td>年轻的单身贵族——经济独立渴望自由（其中女性白领阶层偏多——作为婚前财产）</td></tr>
<tr><td>考虑投资购房客——手头游资较多，可做小额投资</td></tr>
<tr><td rowspan="4">酒店式服务公寓市场存在问题</td><td colspan="2">市场大量的购房投资者，恶性竞争造成投资利润减少</td></tr>
<tr><td colspan="2">建成后对公寓软件、硬件等各方面管理费用较高</td></tr>
<tr><td colspan="2">难以管理的公寓租赁市场——不断变化的租户</td></tr>
<tr><td colspan="2">过小的户型面积规划不利于购房者若干年后的出售、转让</td></tr>
</table>

（2）酒店式公寓市场分布

1）纯小户型项目

序号	项目名称	总户数（户）	主力面积（m^2）	总价（万元）	装修标准
1	世纪之门	665	55～65	18～40	全装修
2	虹桥首席	170	45～52	19～27	全装修
3	蓝朝部落	560	24～56	24～55	全装修
4	青年汇	1340	43～57	32～50	全装修
5	金银汇	850	36～75	36～70	全装修
6	奔腾新干线	520	30～65	20～30	全装修
7	东渡大厦	250	35～55	20～35	全装修
8	巴黎时韵	508	25～57	40～75	全装修
9	SOHO 时代	690	47～51	30～35	全装修
10	国际金融家	187	50～80	60～80	全装修
11	海悦苑	348	56～75	65～72	全装修
12	感性达利	450	42～62	45～68	全装修
13	华狮公寓	208	45～55	50～60	全装修
14	嘉富丽苑	335	25～30	60～65	全装修
15	自由时代	205	45～60	30～35	全装修
16	宝利金	400 余户	33～58	33～58	全装修
总计	16 个	约 7690 户	—	—	—

2）部分小户型项目

序号	项目名称	总户数（户）	主力面积（m^2）	总价（万元）	装修标准
A	瑞虹新城	约 130	48～52	50～55	全装修
B	爱俪轩	48	50～60	60～67	全装修
C	大同花园	约 110	68～69	49～53	毛坯
D	达安花园	约 83	60	30～38	全装修
E	尊园	约 140	50～55	60～61	毛坯
F	中远两湾城	约 200	60～70	30～40	毛坯

注：以上两表统计数据以在媒体公布的个案为主。

3）总结：

a. 上海小户型“酒店式公寓”概念市场炒作两年来，一直处于一种热销的状态。市场上该类产品，起初大多是由一些商业用房的二次改建而成，随着市场火爆的销售场面，部分新建住宅项目也转移到酒店式公寓的开发。

b. 近年来，上海纯小户型住宅的市场供应量约为 7690 户，不包括近期即将推出的独立时代、静安青年汇、同济佳苑三个个案。市场平均单套面积在 40 平方米/套左右，且单套面积有进一步上升的趋势。黄浦、浦东、徐汇、静安是此类产品供应量最大的区域。

c. 具体来说，目前上海市场酒店式公寓主要集中在具有繁华商业和便捷交通两大特征的区

域，另外，部分办公楼集中区域近期也吸引了不少该类产品的开发。

d. 从市场分布来看，上海新建的酒店式公寓已由原来的零星分布，转变为全市的网状分布，凡是具有商业、商务和便利交通的区域大多已有或即将会有此类项目的出现。

e. 市场商业区域的酒店式公寓主要有，南京东路的“金银汇”、曹家渡的“蓝朝部落”、上海火车站的“SOHO 时代”、四川北路周边的“奔腾新干线”，徐家汇商业圈的“尊园”也开发有一幢酒店式公寓。商务区周边的项目主要有：小陆家嘴的“海悦苑”、“万源经典”，虹桥开发区周边的“嘉富丽苑”。另外，市区中具有主干道路和轨道交通优势的区域项目有：南浦大桥地区的“青年汇”、陆家浜路上的“宝利金”等。

（3）酒店式公寓的特征

1）单身公寓市场短缺是暂时性的。

短缺商品由于价格高，其利润率高于社会平均资本利润率，资本的趋利性必然导致新资本的追加投入，使其供应量增加，利润率降低，直到消灭超额利润，短缺商品不再短缺。当市场上单身公寓短缺时，由于市场上稀缺，导致单身公寓的单价高于周边普通公寓单价，而这一价差会随着单身公寓的增加而缩小，直到矫枉过正，所以单身公寓价格高是短暂的。

2）单身公寓不是家庭居住的终极产品，而是过渡产品。

假定将上海年轻人群以有无小孩分为两部分，则无小孩族群是单身公寓的使用者，而有小孩族群不是单身公寓的使用者。所以，从逻辑上说，单身公寓的市场容量是有限的。然而，上海作为全国经济发展的焦点，目前市场对该类产品的供应量仍显不足。具有关机构调查，未来五年内上海对该类产品的需求量将会在 3 ~5 万套之间。

3）单身公寓会受到二手公寓租赁市场的影响。

消费者（最终使用者而不是投资客）在追求效用最大化的前提下，终究会发现：每万元的费用所得到的居住效用小户型不是最高的，这是由于单元总体面积过小而牺牲了部分设计合理性和各使用功能的合理配比的原因。对于面积从 40 平方米增加到 100 平方米的区间内，边际住房面积效用大于 1。通俗地讲，40 平方米的单身公寓和 100 平方米普通公寓在单价相同时，100 平方米普通公寓每万元的效用更高。所以，当市场上出现单身公寓的单位租金高于普通公寓时，消费者会可能合租 100 平方米普通公寓以提高单位支出的效用。

4）单身公寓租赁市场受宏观经济面影响较大。

单身公寓的投资风险同宏观经济的景气程度相关性较为密切，一旦经济形势不好，出租率和租金都会大幅下降，投资收益将会锐减。

5）单身公寓收益率越来越小。

自有资金的收益率和回收周期是投资单身公寓必须考虑的问题。在投资房产时，投资者可能只考虑当年或今后几年的自有资金的收益率基本上就可以评判该项投资是否值得。如投资价格 30 万的新房出租，月租金 2000 元。其资产收益率是 8%（计算 2000 × 12/300000）。如果首付 20%，利用 80% 贷款，25 年，月供 1500 元，则净资产收益率为 10% ［计算（2000 ~1500） ×12/60000］。由于房产投资收益率高于贷款利率，所以投资房产利用银行贷款是有效地利用了金融杠杆。投资单身公寓时，重点考虑房租现金流和银行按揭贷款利率。随着单身公寓稀缺性的弱化和消失，单身公寓的租金现金流应该是递减的，递减直到回归到该区域平均房租水平。

6）部分小户型公寓投资收益比较表：

楼盘名称	蓝朝部落	金银汇	青年汇	国际金融家
建筑面积（m^2）	33.31	38.08	46.23	50
总价（万元）	23.31	40.17	33	60
首付（万元）	7	17	10	18
余款（万元）	16.31	23	23	42
按揭（15年）月付（元）	1339	1889	1889	3449
月参考租金（元）	2000	3000	2500	4500
月参考收益（元）	661	1111	611	1051
投资回收期（年）	9	13	14	14
15年收益率	169.97%	117.64%	109.98%	105%

注：以上数据来源由各单身公寓开发商提供。

（4）购房动机和客源特征

1）“青年汇”购房动机分析图

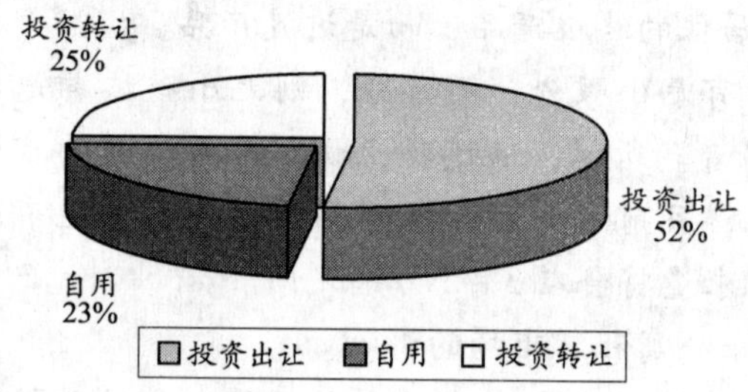

2）“青年汇”购房客户年龄统计

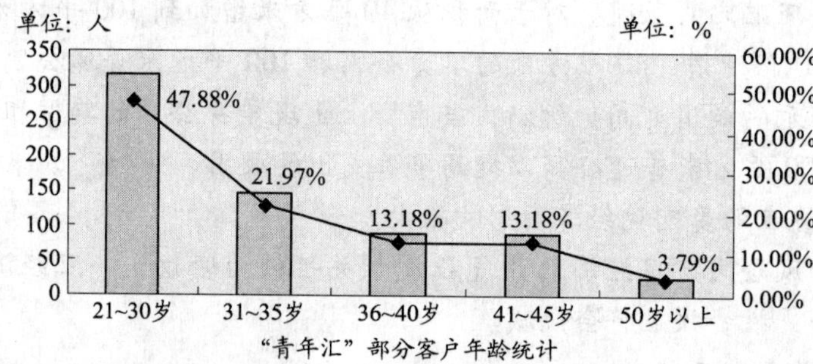

“青年汇”部分客户年龄统计

3）“金银汇”购房者学历分析

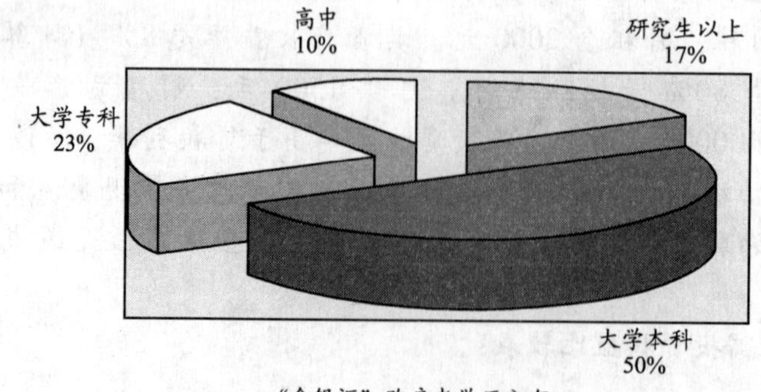

“金银汇”购房者学历分布

4）酒店式单身公寓客源客层分析表

年龄	26~30岁及31~35岁
特性	开始职业生涯的年限不长，手中均有一些存款，渴望独立自主的生活，女性购房比重有所增加
职业	IT、服务业、企事业单位、媒介、金融、个体等
购房动机	投资出租为主以及自住
购房面积	$30\sim40m^2$及$50\sim70m^2$
住户会所	运动娱乐型会所
客源区域	外省市客户购买小户型比例明显上升，如：奔腾新干线外地客源比例32%，青年汇23%，瑞虹新城30%

（5）酒店式公寓存在问题

1）建造初衷并非为“单身”

目前市场上推出的酒店式公寓，也就是小户型的“单身公寓”，建造初衷并不是为了“单身”居住，该类项目往往是一些商业用房的二次改建，或有市场重新定位后改变房型的结果，这样导致其在房型设计上对生活实用性考虑得较少，产品格局更接近于家庭旅馆。一梯十几户的楼层平面布局，在小户型公寓中较为普遍，这样一旦入住，上百户居民上下班高峰时期面对的电梯问题可想而知。

2）产品体现“过渡性住宅”

单身公寓不是简单家庭居住的终极产品，而是过渡产品。以单身公寓的年轻消费群体来看，30~50平方米小户型，总价30万左右/套是他们较为容易接受的范围，而对于朝向、房型结构上并不是考量重点。室内的装修上要求简单、实用、前卫，并且便于日常清洁、整理即可。但是住宅作为耐用消费品，必须考虑更长期的消费生命力，一拥而上的小户型，其粗放的设计，随着前期产品入住使用中所体现出的大量问题，必将使这种做法被市场淘汰。

3）物业服务费用过高

众多的小户型公寓在其广告中都提出了诸如“拎了皮箱就入住”、“全方位家庭保姆式物业服务”等诱人的口号，直接针对了青年买家的生活方式。但是调查中发现，有关宠物寄养、每周入户清洁、熨衣、快报等一些生活琐事，很难由物业管理公司出具统一的收费标准。目前，市场上酒店式公寓的物业管理费用一般在5~8元/平方米·月之间。一些已入住的买家表示，当初许多具有吸引力的家政服务原来都是收费项目，如果广告中所有的承诺物业服务都兑现的话，费用相当于聘请私人保姆了。

（6）顶级酒店式公寓概况

1）主要分布区域

据统计：目前上海共有75个酒店式服务公寓，主要集中于市中心区的高档住宅区内，范围多在内环线以内，以及长宁的虹桥、古北一带。

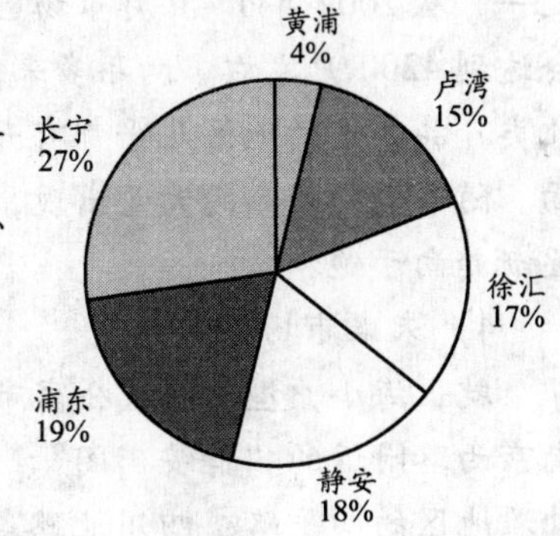

2）租金行情与报酬率

高档：40美元/(m^2·月)→报酬率17%。

中档：25美元/(m^2·月)→报酬率15%。

低档：20美元/(m^2·月)→报酬率7%。

市场方面考量：一般投资回报率在8%～10%之间。

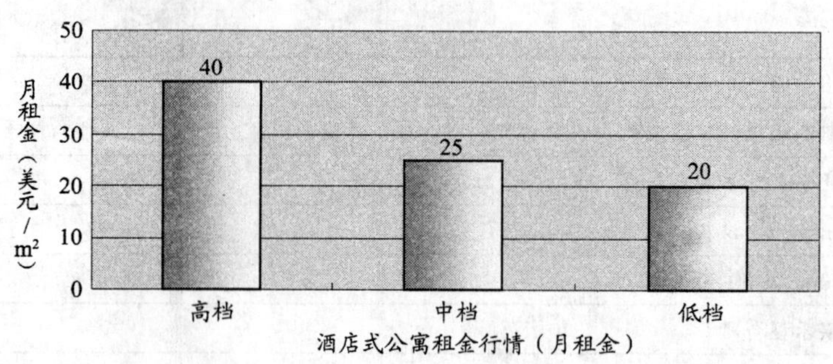

酒店式公寓租金行情（月租金）

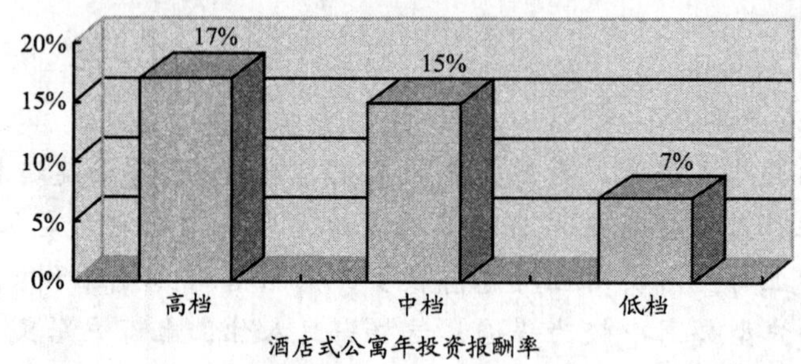

酒店式公寓年投资报酬率

3）近年市场供应

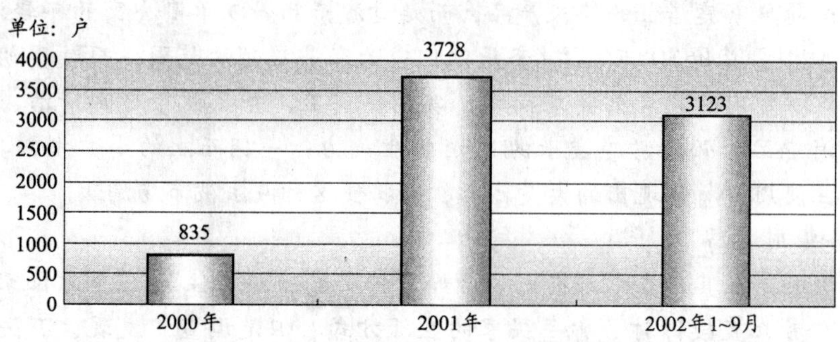

上海酒店式公寓推出户数情况

说明：

图中可以看出，2000年市场推出小单元酒店式公寓以来，此类产品成为住宅市场持续热点之一，从2002年1～9月市场已推和将推量来看，2002全年上海的小户型酒店式公寓新推量将会达到4200户左右。两年多来，上海酒店式公寓市场的总推案户数达到8000户左右，上海具备此类产品开发的地区几乎都有开发，不少区域已经开始出现同区域内两三个产品共同竞争的局面。随着同类产品的大量出现，购房者的选择余地将会增大，其稀缺价值也将会减少，市场将逐渐趋向于饱和。

4）未来市场供需预测

就上海小户型酒店式公寓市场供应来说，近期内上海即将推出此类项目的区域有：静安区南京西路附近的"静安新阁"、江宁路地块等三四个项目，南外滩地区的青年汇后期等项目，北外滩地区的四平路、四川北路等项目，而本项目区域内的铜山街地块也将规划少量此类项目。总之，近期上海小户型酒店式公寓的总推案项目将会在12～15个之间，以每个项目300～400户

来算，近期小户型酒店式公寓的总供应户数将会在4500~5500户之间。

(7) 结论

1) 上海酒店式公寓已由原来的零星分布，转变为全市的网状分布，由区域间竞争，转变为区域内竞争，凡是具有商业、商务和便利交通的区域大多已有或即将会有此类项目的出现。

2) 2001年来，上海纯小户型住宅的市场供应量增速迅猛，两年间的推案总量接近8000户，但就整个上海的市场需求来看，酒店式公寓还有较大发展潜力。

七、产权式酒店物业分析

产权式酒店兴起于上世纪70年代欧美国家的一些著名旅游城市和地区，英文全称是"TIMESHARE"即"时空共享"的意思。产权式酒店的共同特点是都建于景色优美的旅游业和经济比较活跃的地区，以保证酒店有较高的出租率和物业升值空间。产权式酒店作为一种特殊投资和消费模式，符合经济资源共享的基本原则，它使业主闲置的空房向社会开放，对公众推出一种即是消费又是存储，既可自用又可赠送的特殊商品，是房地产业和旅游业的有效结合，是经济发展到一定程度的必然产物。

产权式酒店和酒店式公寓最大的区别在于前者在经营管理方面，是以一个统一的酒店形象来面向市场，由专业的酒店管理公司管理，投资者拥有产权但使用权限受到较大限制，可获得稳定的回报；而后者只是高档公寓的一种体现形式，较之普通公寓，它能提供相对高档和周全的物业服务（酒店式服务）。

产权式酒店属于酒店的一种，其在日常经营中与一般的酒店存在着竞争的关系。若商住综合项目有开发产权式酒店的打算，其在进行行业分析中除了要对产权式酒店进行分析外，还要对一般酒店进行分析。由于产权式酒店与旅游业密切相关，因此在对产权式酒店进行市场分析时也会涉及对旅游业的分析。此外，由于产权式酒店在销售中的客户群全都是投资者，因此对他们的投资心理进行分析也很重要。下面是金华某商住综合项目的产权式酒店分析：

(1) 国内市场分析

1) 国内市场环境分析

目前国内产权式酒店业面临的市场环境是：一是市场消费潜力开始释放，这来源于近几年对外开放和国内经济发展的结果，一方面造就了一批具有消费能力的白领阶层，另一方面培育了这批白领阶层的超前消费观念；二是市场氛围已经形成，一方面旅游度假区随着国内旅游消费能力的提高而逐步形成气候，另一方面分时度假概念逐步被人们接受；三是国外分时度假酒店联盟可以为产权式酒店的客户提供极具吸引力的度假交换，产权式酒店的魅力正逐步得到体现。

2) 产权式酒店的发展前景

时下国内产权式酒店发展的条件已基本成熟：首先，原来制约产权式酒店发展的条件——旅游度假地的软、硬件环境已渐趋成熟，国内旅游度假的市场气候已经形成；其次，近年来国内经济发展迅速，白领阶层急剧扩大，成为都市消费主流群体，同时全新的休闲消费观念为分时度假消费带来了商机；再次，旅游产业近年来发展迅速，国内新兴旅游资源越来越丰富；最后，国际分时度假公司进入我国，使分时度假和产权式酒店的概念得以在国内业界、消费圈中逐渐得到认同。

我国产权式酒店潜力巨大、前景广阔，突出反映在以下几个方面：

a. 从国家政策上，中央和地方各级政府，相继出台了刺激和拉动旅游及相关产业发展的新政策，无形中为我国旅游房地产的发展提供了一个广阔发展的平台，这是我国旅游房地产可持续发展的坚实基础和动力保证。

b. 正在形成的旅游强国地位和强大的消费群体，为我国旅游房地产市场开发提供了巨大的发展空间。据国家旅游部门统计，“十五”计划一旦顺利实现，旅游业将为国家提供外汇收入900亿美元以上，增加国内生产总值3万亿元以上，创造就业机会800万人以上。到2005年，我国入境旅游人数将达到8500万人次，其中过夜海外旅游者3450万人次，旅游外汇收入220万美元；国内旅游人数将达到11亿人次，旅游收入5000亿元；出境人数将达到1636万人次。我国要从亚洲旅游大国走向世界旅游强国。这种旅游假日经济持续增长的行业必将会吸引大量投资，其中很大一部分会投入到旅游物业建设上，为旅游房地产特别是产权式酒店的开发提供契机。

c. 从城市基础设施尤其是高速路的发展来看，北京、上海、广州、深圳等大城市路网系统发展迅速；从人均汽车的拥有量来看，北京已达到8个人一辆车的水平，上海12个人一辆车，深圳、广州约10个人一辆车。专家预言，在中国的大城市5年之内就会进入5个人一辆车的时代。对于建立在车轮上的旅游房地产而言，这无疑是一个好消息。

3）小结

居民收入的快速增长，旅游分时度假观念的形成，为建立在旅游经济基础上的产权酒店创造了广阔的发展空间。

（2）金华酒店业现状分析

1）总体供应分析

金华市酒店业发展迅速，现已形成以100家旅游涉外（星级）酒店为主，一批小型饭店、旅馆、招待所补充的酒店格局。在册的各类旅游涉外（星级）酒店中，其中四星级酒店8家（市区2家），三星级酒店22家（市区4家），一、二星酒店70家（市区17家），金华酒店业发展态势良好。

从金华酒店的构成来说，金华市酒店结构不甚合理，高标准的酒店和面向普通旅游商务人群的三星级、准三星级偏少，四星级与三星级酒店的比例约为1：3，在金华市区就更加显出发展的不均衡，四星级与三星级酒店的比例仅为1：2，而金华现在的酒店投资方向大多集中在高档次的四、五级标准，未来的高档次酒店将面临激烈的竞争，适合一般商务旅游人群的三星级标准的酒店的供应将仍旧处于紧张状态。

金华旅游业蓬勃发展，2003年全市共接待海内外游客868.2万人次，比上年增长15.1%，其中接待国内游客853.2万人次，接待入境游客15万人次，实现国内旅游收入59.9亿元，较上年增长17.5%，旅游创汇7685.3万美元，较上年增长12.6%。

随着旅游产业的快速健康发展，金华迎来了新一轮的酒店投资热潮，据不完全统计，仅2004年，金华全市在建的四、五星级高档酒店已超10余家，其中仅金华市区在建的四星档次以上的酒店就有2家，包括锦绣金华、广厦汇金等，金华的酒店业正进入一个高速增长时期。

2）经营现状分析

金华市酒店产业水平较2002年得到了明显提升，各项指标全面快速增长，客房平均出租率达70%以上，达到历史较高水平。在经营管理水平上也有了明显进步，已有近30家酒店接受了专业酒店管理公司的管理，国际化程度日益提高，著名的酒店连锁品牌“最佳西方”也已落户义乌。

2004年1~11月金华部分酒店客房出租现状

星级	家数	本期（11月）客房出租率	累计客房出租率	本期实际月平均房价（元/天）	累计客房收入（万元）
四星	5	64.23%	71.14%	330.16	7040.95
三星	21	66.68%	69.8%	241.1	12201.45
准三星	1	70.48%	69.19%	198.5	316.14
二星	52	57.26%	60.4%	117.72	7889.64
一星	6	52.99%	60.28%	92.35	331.54
其他	4	75.3%	66%	216.19	1875.02
合计	90	62.14%	65.33%	196.49	29654.74

2003年金华部分酒店客房出租现状

星级	家数	本期（12月）客房出租率	累计客房出租率	本期实际月平均房价（元）	累计客房收入（万元）
四星	5	75.67%	71.99%	334.34	7512.99
三星	17	72.11%	70.83%	311.94	12900.42
二星	45	60.52%	62.03%	133.26	9541.04
一星	8	70.59%	57.04%	126.23	756.18
其他	4	73.67%	57.76%	165.09	2123.97
合计	80	67.5%	65.33%	222.54	32834.6

为进一步摸清金华酒店业的经营现状，我们对金华部分在配套档次上已具备三星级标准，但尚未纳入星级管理的酒店作了深入的调研。

金华部分未纳入星级管理的酒店经营现状

酒店名称	配套档次	客房数	入住率
今日大酒店	准四星	71	80%
紫阳豪庭	三星		95%
丽晶酒店	三星	65	85%

总的说来，金华酒店经营状况呈现以下特征：

a. 从近两年金华的酒店经营状况来看，金华的酒店都能保持一个较高的客房出租率；

b. 金华酒店业从总体经营状况来看，能保持较高客房出租率，三、四星级酒店一般都保持着70%以上的客房出租率，部分甚至超过了80%；一、二星级酒店也基本能保持着60%左右的客房出租水平，遇重大节庆日或旅游黄金周更是爆满，总体经营形势良好；

c. 部分达到相当标准但未纳入星级管理的酒店入住率更是在80%以上，比如紫阳豪庭大酒店，如把部分出租的钟点房计算上，入住率几乎接近100%，就连新开业不久的丽晶酒店的入住率也在85%左右；

d. 从入住情况来看，三、四星级酒店尽管保持着较高的出租率，但也说明其供应上的不足；

e. 酒店消费客群以商务、旅游客群为主，本地客群也占有一定比例，在个别休闲娱乐配套较好的酒店，本地客群甚至达到总消费客群数的一半。

3）酒店业发展趋势

随着旅游资源的深入开发，义乌小商品博览会、国际黄大仙文化旅游节、中国农民旅游节等重大节庆活动在国内外开始产生巨大影响。金华作为浙江中西部旅游中心的品牌带动作用和客源集散功能在不断增强。金华积极开发本地文化资源同时，近年来又加大了商务客流的拓展力度。风景、文化旅游业的深层次发展，也给城市的接待能力提出了新的要求。从金华酒店的构成来看，在面对金华商务、旅游市场的扩大，适合一般商务人士需求的三星级、准三星级宾馆的市场供应量明显不足，整个酒店市场的产品结构有待优化完善。

在未来5~10年内，来往金华市的旅游、商务人士数量将持续上升，对金华市的交通、餐饮、客房带来极大的挑战和机遇。交通位置佳、硬件条件好、服务水平高、相对价格低的三星及准三星宾馆无疑将变得炙手可热。

4）小结

结合本案，可考虑以三星级档次酒店为切入点。综合考虑经济效益，如将本案塑造为产权式酒店，由于出售产权，酒店开业之前，已收回部分投资，在运营当中避免了巨大的财务费用，运营成本比常规酒店低得多，从而在经营政策上非常灵活，在行业竞争中占据绝对主动。

（3）金华产权式酒店发展分析

1）宏观环境浅析

近几年，金华市经济进入快速发展时期，市区2003年实现生产总值143.38亿元，较上年增长18.69%，人均生产总值达15571元，较上年增长18.15%；第一、二、三产业占地区生产总值的比重为10.4：46.4：43.2，产业结构日趋合理，二、三产业在国民经济中的地位日益突出；对外经济持续快速增长，2003年金华市外贸进出口总额4.44亿美元，较上年增长45.85%，实际利用外资1.02亿美元，较上年增长100.57%；对外交流活动频繁，已与国内外8个城市建立了友好城市关系。

新的金华市城市发展规划把城市功能定位为：长三角地区重要的先进制造业基地，四省九地市的主要核心城市，浙江省中西部的中心城市。

作为长江三角洲旅游城市之一，金华市已融入以上海为中心的长三角（含黄山、温州）4小时旅游经济圈，与其他旅游城市共同打造长三角旅游整体品牌，努力把长三角建成为中国首个跨省市的“无障碍旅游区”，地处浙江旅游副中心的金华将迎来巨大的发展机遇。

小结：

a. 种种迹象表明，金华的酒店业正面临着广阔的发展机遇；

b. 旅游业的稳步发展，商务活动和对外交流的日益频繁，将是未来酒店业稳定客源的保证；

c. 酒店良好的经营状况也能增强投资者投资产权式酒店的信心。

2）金华产权酒店发展现状

近几年，随着金华国民经济持续稳定的快速发展，人们生活水平和消费能力不断提高，黄金周的成功等都促进了金华旅游经济新一轮的发展，旅游市场不断壮大，酒店业呈现出一片繁荣的景象，产权式酒店作为与旅游度假最紧密结合的房地产，因其特有的品质、服务、价格的优势在酒店产业中具有得天独厚的位置，必将再次得到市场的重视，特别是在金华三星级档

次宾馆供应相对缺乏时期，产权式酒店有望填补其供应量的不足，并为当地的房产市场创造一种新的投资模式，导入新的观念。

产权式酒店在金华总的说来还算是新鲜事物，虽然金华市区曾经有国贸宾馆在2001年时推出过出售酒店部分产权的行动，但最后都慢慢淡出人们的视野，没有形成有影响的市场行为。究其主要原因有：一是当时的酒店经营者出售酒店部分产权只是为了筹集资金，而非一种成熟的市场行为；二是酒店经营者对酒店的发展前景看好，不愿将较高收益转让他人；三是当时产权式酒店的投资理念市场认知不够。

酒店介绍：金华国贸宾馆是一家四星级旅游涉外饭店，宾馆主体高26层，建筑面积达3.6万平方米，设有完备的通信和视频系统，配置了100M宽带网，商务区域有无线上网系统服务，能提供客人多种选择的各类特色的客房，有完善的中西餐服务。同时国贸宾馆也是一家完全现代企业制度管理的股份制企业，也是全省第二家通过ISO9001和ISO14001国际标准双认证的饭店，多次被金华市旅游局评为最佳“优秀旅游饭店”。

经营状况：国贸宾馆经营状况较好，保持着较高的客房入住率，日常入住率在75%以上，遇重大节假日更是高达90%。

产权年限：小于50年。

投资回报：投资回报率10%。

分析：

a. 金华首家产权出售的四星级酒店。

b. 在当时产权酒店概念模糊的市场中进行产权出售属于资金需求的无奈之举，但在没有进行任何有深度的宣传和市场引导下，成功出售了部分客房产权。

c. 国贸经营管理商非常自信酒店的营业能力，对酒店将来的发展充满信心。

d. 作为一种新兴的旅游房地产，产权式酒店在金华的市场认知度还不深，还需要必要的市场引导。同时，从金华国贸宾馆成功出售部分产权的案例来看，产权酒店只要经营管理者能让投资者接受，投资潜力大，在不成熟的市场仍能开拓出路；如果适当加以引导，将在市场中掀起一股新的投资高潮。

小结：

a. 结合本案，在产权酒店的经营客群选择上，三星级的产品定位使得引入国际知名酒店管理品牌的操作难度增大；

b. 在金华这样的区域市场上，社会影响及口碑宣传对消费者的引导作用是非常明显的；

c. 从更快为当地消费者及投资者接受认可的角度考虑，金华本地知名度高、经营业绩好的酒店公司可列入酒店管理机构的首选范围。

3）金华产权式酒店前景

从旅游业发展来看，在浙江省14个国家级风景名胜区中金华市占2个，38个省级风景名胜区中金华市占6个，14个省级旅游度假区中金华市占3个，72个国家重点文物保护单位里金华市占10个，全国首批12个中国历史文化名村中金华市占两个。不久前出台的《浙江省旅游发展规划》中，金华市与宁波、温州一道被定位为浙江旅游副中心。酒店业作为旅游产业链中的重要组成部分，其作用、贡献日益凸现。在不到10年的时间里，旅游业已成为金华市的支柱产业之一。2003年金华市完成接待游客868.2万人次，实现旅游业总收入66.27亿元。

从对外交往上看，金华市分别与山东威海、甘肃定西、广西崇左和日本栃木市、南非金·威廉姆斯市、奥地利霍拉布隆市、澳大利亚高士富市、德国迪恩市等8个国内外城市建立了友好城市关系。

随着金华作为浙江中西部旅游中心的品牌带动作用和客源集散功能的不断增强，同时快速发展的对外经济和对外交流，使得金华的旅游和商务接待人数在相当长的一段时间内还将维持在上升通道，从而将导致城市酒店的中高档客房供应量长期处于紧张阶段，这些现象都为独立的产权式酒店提供了广阔的机遇。

小结：

金华酒店业未来发展前景看好，结合本案来看，稳定的客源为酒店的良好经营提供了有力的保障，也会进一步增强投资者的信心。

4）金华产权酒店投资心理分析

根据市场定位方向，在产品需求上我们通过对金华当地的个体工商户、机关公务员、企业高层管理人员以及外地到金华进行商务活动的外地私营企业主、企业管理人员等进行了针对型访谈，综合结论如下：

a. 金华投资热情较高，但由于对产权式酒店知之甚少，所以在选择投资方向上还是以商铺和单身公寓为主；

b. 对金华酒店业的经营状况评价较高，普遍认为各酒店入住情况较好，酒店业未来经营前景广阔；

c. 在选择入住酒店时更多考虑的是酒店的硬件设施和服务水平，商务人群还较多地考虑交通的便捷、酒店客房中商务设施的配备等因素；对酒店的管理上，多数人群表示接受品牌酒店管理公司的管理；

d. 在商铺、单身公寓、产权式酒店中，尽管大多数投资者投资仍旧选择商铺和单身公寓，但也对单身公寓收益的不稳定性和商铺投资的风险表现出担忧，特别是商铺的大量开发，江北宾虹广场等商铺的运作失败对投资热情影响较大；

e. 如加以适当引导，在酒店的经营管理水平有一定层次的基础上，多数人表示出对投资产权式酒店感兴趣，愿意选择投资产权式酒店；

f. 对于投资回报率，由于商铺投资的影响，多数投资者期望的投资回报率不低于10%；

g. 从产权酒店市场本身来看，仍旧是靠卖方推动而非市场需求拉动的，因此需求有待引导、消费观念有待激发。

小结：

a. 面对日趋成熟的投资者，金华酒店业良好的经营状况是增强其投资信心的前提；

b. 单身公寓投资收益的不可确定性以及商铺投资的高投入，在产权酒店投资上都能合理弱化；

c. 同时单身公寓低总价投资和商铺统一品牌经营的稳定回报率，是产权酒店兼具的综合优势；

d. 结合本案，如加以适当引导，在金华产权酒店必将成为广大投资者的首选。

5）产权式酒店的经营客群分析

产权式酒店的主要特征之一就是由专业酒店管理公司统一承租经营，而经营者的选择也是整个酒店未来赢利能力的关键，同时也对提升产权酒店的附加值、增强投资者信心有着重大影响。

a. 如家快捷连锁酒店

如家酒店连锁于2002年6月由中国资产最大的酒店集团——首都旅游国际酒店集团和中国最大的酒店分销商——携程旅行服务公司共同投资组建。坚持“干净、温馨”的经营宗旨，目前，“如家”已在全国拥有自己的客源网络和数10家连锁加盟店，形成了自己宏大的连锁规模，是中国发展最快的经济型酒店连锁系统。在北京、上海等地的连锁店客房出租率维持在90%以上。

b. 宜必思（ibis）经济型连锁酒店

“宜必思”是雅高集团的经济型酒店品牌，在欧、美、澳、新等地，宜必思的连锁店客房平均出租率维持在85%左右。雅高国际酒店集团宣布了其锁定2008年北京奥运会，延伸酒店网络的全面计划，从2004年底到2005年，中国九家即将开业的新酒店将加盟雅高旗下，其中包括一家经济型连锁酒店——天津宜必思酒店，以及北京的诺富特燕苑国际度假村。

c. 速八（Super8）酒店集团

“速八”隶属于美国圣达特酒店集团公司，拥有全球2082家酒店的126302间客房，2003年，“速八”酒店集团被《经济家》杂志排在年度五百强特许经营者的榜首。“速八”看重中国酒店业的广阔市场，公司总裁兼首席执行官柏力预计，中国的“速八”酒店网络将在最初的五年期间创造接近15000万美元的收入。

品牌连锁酒店各自都提炼出自身的经营特点，突出经营主题，比如如家快捷突出入住的居家温馨感受，宜必思、速八突出全球范围内的品牌经营，他们都依靠自身优势进行市场开拓，保持着较高的入住率。

小结：

a. 结合本案如引入此类连锁型的专业品牌酒店管理公司，将大大提高本案附加值；

b. 他们维持的较高入住率也是酒店收益水平的重要保证，进而大大激发投资者的投资热情。

（4）产权酒店增值分析

产权酒店作为一种投资工具，与当地住宅价格相比，有较大幅度的提升，下面列举国内几个产权酒店与当地同区位住宅价格类比，综合分析产权酒店的价值提升比例。

产权式酒店售价与当地同地段住宅价格分析表

酒店名称	售价（元/m^2）	当地同区位住宅售价（元/m^2）	投资回报率	价格提升幅度%
杭州·锦绣天地皇冠假日酒店	20000	12000	6%	66.67%
昆山·东方云顶产权式酒店	10000	4000	8%	150%
三亚·海航产权酒店	8000~9600	6000	6%	33.3~60%
三亚·华宇皇冠假日酒店	14000~24000	6000	10~13%	133~300%

分析：产权酒店的售价和当地同类地区住宅价格相比有不同比例的提升，对于投资回报率相对较低的产权酒店，相比住宅价格，提升比例在70%以内；而相对投资回报率较高的产权酒店，相比住宅价格提升幅度就较大，甚至达到300%。结合本案所处区位来看，产权式酒店的销售价格也将在住宅价格的基础上有较大比例的提升。

小结：本案产权酒店的设想不但能实现品牌价值的多元化，同时也能实现经济效益的最大化。

八、专业市场物业分析

专业市场在投资开发中，其对区位的要求比较高。若项目旁边没有其他专业市场支撑，一般不会把项目开发类型定位为专业市场；若商住综合项目地块周边有专业市场，而且经营状况不错，这时才会考虑开发专业市场。由于专业市场是属于商业地产的范畴，因此在行业分析时除了要分析专业市场外，还要对商业地产进行分析。对专业市场进行分析时，其分析内容和商业地产的分析内容差不多，主要包括：业态格局、租售模式、建筑格局和租金水平等等。如杭州某商住综合项目的专业市场分析：

四季青服装街区位于江干区杭海路，是我国十大服装专业市场之一。占地24公顷，汇集了四季青服装市场、杭派精品服装市场等16家专业服装市场，服装经营户8000多户，营业面积21万平方米，从业人员30000余人，年成交额近百亿元，实现增加值8亿元。

四季青服装市场街区以专业市场为主，形成了一个大型的服装专业市场大世界。成为浙江辐射华东的服装批发市场中心，同时也经营零售业，杭州居民服装消费也喜欢到这里来。服装街区整体经营良好，市场交易非常活跃。

虽然总体经营很好，但是也有部分市场不是很成功，如意法服饰城二层级以上空置非常严重，租金也比较低，远远低于附近的四季青服装市场。

(1) 各专业市场建筑面积分析

专业市场	总建筑面积（m^2）	店铺面积（m^2）
杭州四季青服装市场	50000	8～150
杭州常青意法服饰城	60000	8～100
杭州四季青苏杭服装市场	8000	8～50
杭派服饰城	6500	8～40
杭派精品服装市场	25000	8～150
杭州四季青精品女装市场	12000	12～120
杭州四季服装批发市场	12000	8～60
杭州电力四季服装城	23000	8～50
杭州九星服装市场	6000	8～45
杭州四季青儿童服装市场	8000	8～50
杭州四季青精品童装市场	29500	8～120
杭州四季青佳宝童装市场	22000	10～150
中洲服饰鞋区	6500	12～30
杭泵童装市场	20000	8～35
新世纪	12000	10～40
佳宝童装市场（后）	8000	8～35
中星外贸服饰城	7500	8～120
总计	316000	

(2) 业态格局：

从业态上看，四季青服装街涵盖了服装行业几乎所有的产品，包括童装、女装、男装、鞋类等等，以不同产品类别形成了多个不同的专业市场，如童装市场、女装市场等。

从品牌档次上看，低档、中档、中高档相结合。既有低档的服装市场，如四季青童装市场；也有精品服装市场如杭州常青意法服饰城、航拍精品服装市场等等。主体以国内品牌为主，也有部分外国品牌进驻。

(3) 租售模式:

四季青服装市场为大业主持有和小业主分割持有相结合的模式。某些档次较高的市场如佳宝童装市场是大业主统一持有,对外出租的模式,而大部分市场则多为小业主持有,可以自由买卖。

(4) 建筑格局:

以小店铺为主,主体商铺面积在10~25平方米之间。位置越好的商铺面积越小,而较差的位置如三层、四层因为单位租金较低导致总体租金不高,因此面积较大。

(5) 租金:

位置	平均租金(元/m²·d)	扶梯周边租金(元/m²·d)
临街街铺	20~35	~
地下一楼	10~15	~
一楼	10~30	20~30
二楼	8~15	12~15
三楼	5~8	7~8
四楼	2~5	2.5~5

服装销售是一个高利润行业,四季青服装市场经营的成功,导致区内商铺租金很高。从调查看,总体租金在8元/(平方米·天)以上,不同地段租金差别非常明显。临街街铺地段最好,且多为小面积商铺,因此单位租金非常高,多在20元/(平方米·天)以上,有的甚至达到35元/(平方米·天)天的惊人价格。其次是专业市场的一楼,租金在10~30元/(平方米·天),其中位于扶梯周边和入口周边的商铺最贵,多在20~30元/(平方米·天)。地下一层租金10~15元/(平方米·天)。二楼租金在8~15元/(平方米·天)天,地段好的扶梯周边租金则为12~15元/平方米。三楼租金为5~8元/(平方米·天),扶梯周边则为7~8元/(平方米·天)。四楼空置比较严重,租金也比较低,在2~5元/(平方米·天)之间。

从位置看,专业市场一般只能经营到三层,四层以上难以经营,空置率非常高。

第三节 商住综合项目自身情况分析

对项目自身情况进行分析,有利于策划人员更科学、客观地深入了解本项目,为后面的SWOT分析和项目定位作铺垫。本节主要从项目基本情况分析、项目周边环境分析和项目周边配套分析三个方面对商住综合项目的自身情况分析进行讲解。

一、项目基本情况分析

对商住综合项目的基本情况进行分析,其分析内容主要包括:地理位置、地块形状、用地性质、各项经济技术指标、规划布局、地块现状、工程进度、开发涉及企业等。策划人员可以根据项目的需求选择要分析的内容。

1. 项目地理位置分析

对项目的地理位置进行分析,最常用的就是用项目的“四至”来反映项目的地理位置,如深圳某商住综合项目的地理位置分析：

本项目位于滨河大道与益田路交汇处立交桥的西南侧，东北与正在兴建的深圳国际会展中心隔立交相望，北邻滨河大道，东临益田路，西面为住宅小区，南临合正佳园。

若商住综合项目打算开发为商业物业，为了彰显其商业区位，可以通过商圈来描述项目的地理位置，如柳州市某商住综合项目的地理位置分析：

本项目地处柳州市商业中心——城中区解放南路和曙光中路交汇处，位于五星商厦与规划中的曙光路步行街之间，属于五星商圈的核心范围，其商业价值具备先天的区位和地段优势。

若商住综合项目打算开发专业市场、产权式酒店等对交通便捷性要求较高的物业类型时，在分析完项目的地理位置后，可以分析本地块与一些交通枢纽的距离，以反映本项目与这些交通枢纽的相对位置。如杭州某商住综合项目的地理位置分析：

本项目位于新风路、麦庙路丁字交叉路口，杭州的东北部区域；地处杭州东站城市副商业圈，西临机场路，东面紧接新井路。距杭州火车东站500米、临近规划地铁辐射区，属市政重点规划区域，区域地理位置优势特性突出。

2. 项目地块形状分析

对项目的地块形状进行分析，有利于策划人员根据地块的形状提出产品规划设计的建议。如深圳某商住综合项目的地块形状分析：

地块为狭长形，东西长146米，南北宽86～95米。

又如南宁某商住综合项目的地块形状分析：

地块占地面积82亩，地形东低西高，南窄北宽，呈三角形状，内部以传统老城区为主要风格的旧式建筑，属中心主城区。

3. 项目用地性质分析

项目用地性质决定了其开发类型的选择范围，因此有必要对项目的用地性质进行分析。如上海某商住综合项目的用地性质分析：

本地块用地性质为酒店、办公、商业综合楼。

不同的用地性质其使用年限不一样，因此，可以在分析地块用地性质结束后，说明其使用年限。如百色某商住综合项目用地性质分析：

本地块用地性质为综合用地，土地使用年限为70年。

4. 项目各项经济技术指标分析

一般在开发商拿到地块时，政府相关部门早已规定了地块的部分经济技术指标，这些指标一般包括：项目总占地面积、项目建筑面积、项目建筑密度、项目容积率的最大值、项目绿化率的最小值等等。这些指标是不能改变的，开发商只能在这些指标规定的范围内进行产品规划设计。下面是南宁某商住综合项目的各项经济技术指标分析：

（1）项目总用地面积55200平方米（82.8亩），其中：建设用地约44467平方米（66.7亩），市政道路用地面积10733平方米（16.1亩）。

（2）建筑密度：35%。

（3）容积率：不超过5。

（4）绿化率：大于40%。

（5）商业面积占总建筑面积比重：不低于30%。

对于前期策划来说，由于项目还没有进入产品规划设计阶段，因此其经济技术指标都是只包括政府规定的那部分。但对于后期策划来说，由于项目的前期策划已对产品进行了规划设计，因此其经济技术指标除了包括政府规定的经济技术指标外还包括各种开发类型的建筑面积、车位个数等等。如泰州某商住综合项目的各项经济技术指标分析：

名　称	数　值	名　称	数　值
占地面积（m^2）	41038	屋顶楼梯间	749.35
容积率	4.33	合计	177740.87
建筑密度	59.7%	地下部分（m^2）	
绿化率	21.1%	大卖场	16000
地上部分（m^2）		车库及设备用房	24382.36
商业部分	82105.12	合计	40382.36
办公楼	23664.66	车位部分（个）	
住宅	60292.50	地上车位	70
酒店式公寓	10929.24	地下车位	424

5. 项目规划布局分析

一般来说，每个房地产项目其规划、布局、设计都会受相关部门规定的一些指标、要求所约束，商住综合项目也不例外。但一般这些指标、要求都不会规定得很细致，它只给出一个范围，让开发商在这些范围内对项目进行产品规划。对于中、后期策划来说，由于前期策划已对项目进行了规划设计，那么在中、后期策划时，就要对前期的规划设计进行简单的分析，如深圳某商住综合项目的规划布局分析：

（1）项目基本情况

本项目处于××片区，地块分别为四家开发商所拥有，本地块占地面积为5146.8平方米，形状较规则，调整核增容积率为7.31，建筑层数为26层。

其建筑规模：依规划国土局规划设计要求，该项目的总建筑面积为37585.407平方米，为一栋26层单体建筑，配套设施有商场、会所、管理用房、地下车库等；地下车库建筑面积为7482.08平方米，具体规划如下：

1）车库有146个停车位；

2）首层架空绿化面积为1579.606平方米；

3）二至四层安排商场；

4）五至十二层为公寓；

5）十三至二十五层为写字楼；

6）二十六层为会所。

（2）规划重点

1）大厦楼高99.8米，建筑呈蝶形，外墙采用条形玻璃幕墙，大气美观挺拔，现代感及科技感强烈。

2）大厦全框架结构，首层架空六米绿化，二至四层裙楼六百平方米中空大堂，周围用透明玻璃幕墙；五至十二层每层两个空中花园，十三至二十五层，每隔层四个空中花园，充分体现了生态建筑概念。电梯全采用日本原装三菱品牌。

3）本大厦配有中央空调系统，可集中、分层、分房并网联动供冷。

4）大厦具有高级智能化系统。

5）大厦之内即建有电话中继站，整个通信系统采用结构化布线。

6）电梯厅及公用走道为黑色花岗岩。

7）本大厦的设计总体思路现代，基本满足甲级写字楼需求，可供营销卖点的内容多，为策划工作搭建了一个良好的平台。

对于单体建筑的项目来说，在分析其规划布局时，除了分析其各层的用途外，还要分析其各层的层高，这是由于用途不同，其对层高或其他方面规划设计的要求不同所决定。如襄阳某商住综合项目的规划布局分析：

本项目为点式独幢高层，地下2层为车库、商场及配套用房；地上26层，1～4层为商场，5～26层为住宅。项目可销售的住宅面积26231平方米，共232套。户型方面，面积在106～127平方米三房地二厅二卫占了80%，面积129平方米的四房二厅二卫占20%。具体规划布局如下：

地下2层：车库及配套用房，104个；

半地下1层：商业，面积2101m²，层高4.8m；

地上1层：商业，面积2351m²，层高4.5m；

地上2层：商业，面积2101m²，层高4.2m；

地上3层：商业，面积2101m²，层高4.2m；

地上4层：商业，面积2101m²，层高5.7m；

地上5～26层：住宅，面积2101m²，层高2.8m。

对于开发有居住功能的商住综合项目来说，在分析其规划布局时，也要分析其户型。分析的内容主要为各户型的配比，如深圳某商住综合项目的户型分析：

项　　目	面积（m²）	数量（套）	比重（%）
1房	32～57	946	60.4
2房	64～90	591	37.7
3房	95	29	1.9
合计	90098	1566	100

除了分析户型配比外，也可以分析户型的优缺点，这有利于在营销中突出优点，弱化缺点。如贵阳某商住综合项目的户型分析：

本案的户型主要有三房二厅二卫、四房二厅二卫及复式三种。其中，三房是主力户型，面积约106～129平方米，四房面积在146平方米，整体户型面积的设置比较合理，符合市场的需求。

本案为点状高层，产品均好性较差，部分户型特别是西北朝向的户型采光通风不理想。多套户型的普遍缺点是：浪费了走道空间；一个卫生间是暗卫；只有一个阳台。因此，弱化部分户型的劣势，并强化项目其他方面的优势，是今后营销过程中的重中之重。

6. 项目地块现状分析

对项目的地块现状进行分析，主要是分析其是否已拆迁完毕，是否达到施工条件，又或者是分析其施工到达哪个阶段等等。如上海某商住综合项目的地块现状分析：

办公和住宅用地处于场地平整阶段，商业地块正在打桩。

又如武汉某商住综合项目的地块现状分析：

本地块现在大部分已拆迁完毕，少量住宅和其他设施仍在使用。地块本来已满足“五通”条件。已拆迁地块地势平缓，地面平整，而且地块上附着一些树龄较大的树木，这些条件将在小区规划中加以利用。

7. 项目工程进度分析

对项目的工程进度进行分析，这也是对于中、后期策划来说的，其主要是确定各个重要的时间节点。如深圳某商住综合项目的工程进度分析：

土方及桩基：2001 年 7 月 ~9 月完成；

地下室施工：2001 年 9 月 ~11 月完成；

主体土建工程：2001 年 11 月 ~2002 年 4 月完成；

室内公共部分及室外装修：2002 年 4 月至 2002 年 9 月完成；

绿化等附属工程配套：2002 年 11 月前完成；

验收及补正：2002 年 11 月底完成；

项目预售工作：2001 年 12 底月开始内部认购；2002 年 3 月初（春节后）开始正式销售。

8. 项目开发涉及企业分析

开发一个商住综合项目，其所涉及的企业主要有：开发商、投资商、建筑公司、规划设计公司、策划公司、销售代理公司和物业管理公司。此外，还有可能涉及商业经营管理公司、酒店经营管理公司等等。在这些所涉及的企业中，开发商是最重要的。开发商的实力决定着人们的购买信心，因此，有必要对开发商进行分析。在分析时，可以根据开发商的实力、企业形象和企业品牌来对本项目的开发类型提出建议。如金华某商住综合项目的开发商分析：

本项目的开发建设，能丰富××开发有限公司的企业品牌和市场感知效力，中外合资的××开发有限公司是有实力、知名度高、商业运作成熟的区域型开发商的社会效应已经初步形成。1 号楼的开发建设应在此基础上注重经济效益和社会效益的同步发展，既要实现经济效益的最佳，又要综合考虑企业品牌的多元化提升。开发建设写字楼、单身公寓、酒店无疑都能通过产品的多元化来实现企业品牌的多元化，其中酒店业开发从经济效益的角度出发，可以考虑产权式酒店方向，以减少后期的经营压力和风险。

二、项目周边环境分析

一般来说，对项目周边的环境进行分析，其分析的内容有：周边景观、商业环境、卫生环境、治安状况等等。策划人员也可以根据商住综合项目可能会开发的开发类型进行有针对性的分析。

1. 项目周边景观分析

对商住综合项目周边的景观进行分析，其主要是分析地块东、南、西、北四个方向的景观，并对本项目周边的景观状况进行总结。如武汉某商住综合项目的周边景观分析：

（1）东方景观：在该方向上，近景较差，远景较好。近景为××路片老城区，建筑群外观陈旧。远景为江汉路商业街和沿江租界建筑带。通过政府亮化工程的实施，该方向××公园美景尽收眼底，其独特的滨江景色相信能弥补这个方向景观近景不佳的不足。

（2）西方景观：在这个方向上，就近景来说没有优势，而远景又被一些建筑物挡住。

（3）北方景观：在该方向上，因紧邻××街，马路对面也是一些较旧的建筑群，形不成好的景观。本地块的该方向为武汉市商业中心，所以本小区的高层住户能够看到现代都市景观。

（4）南方景观：在这个方向上，因与万里长江隔路相望，美丽的江景是本项目的最大卖点。在该方向上近景和远景俱佳。

（5）景观综述：从本地块周围环临的景观及远景视野开阔程度看，东、西两个方向的景观都不理想，因为都受新的或旧的建筑物影响。北面的近景不好，远景较好。南面景色最佳。总体来说，地块周围景观属该地块较有利的卖点，但该地块面积规模一般，东西边较长，南北方向偏窄，故将来应设法通过合理、科学的规划布局和环境艺术设计来实现本地块滨江景观优势和特点。

2. 项目周边商业环境分析

对商住综合项目来说，分析项目周边的商业环境是必不可少的。在分析项目周边的商业环境时，也可以从项目东、南、西、北四个方向去分析。如泰州某商住综合项目的周边商业环境分析：

项目周边商业氛围浓厚，为泰州市最具影响力的商业区域。项目用地为原金鹰服饰广场、天福商城、凤凰商场旧址，而在项目周边聚集了众多的商业设施，项目北面为××百货，东进西路对面为××商城和××购物广场，项目南面为××购物中心，项目东面已经建成××商贸城，在项目东面的××路上仍然聚集着较多的小商贩，目前人流量比较大。项目东面已建成下沉式××绿地广场，待项目南面贯通东西城河后，该广场将成为泰州市民的一大休闲场所。

3. 项目周边卫生环境分析

影响项目周边卫生环境的因素主要有：工业所带来的环境污染、道路车流量多所带来的灰尘和噪声污染、周围有档次较低的居住区所造成的卫生环境差等等。策划人员在分析项目周边卫生环境时，可以从这些角度去分析。如郑州某商住综合项目的周边卫生环境分析：

（1）工业污染：该地块处于郑州东区，距离市中心区近，周边无厂矿企业所形成的工业性污染。

（2）空气污染：项目紧临107国道与果菜批发市场，天气晴朗时的公路扬尘与果菜批发市场的废弃物，污染项目周围的空气质量。

（3）噪音污染：地块的东面的107国道，未来规划中的立交桥也在本项目前面，二面环路，常砦果菜市场距离本项目很近，因交通与市场而产生的噪音影响较为严重。

（4）卫生状况

项目周边的总体卫生状况较差，原因有以下四点：

1）项目周边的汽车修理业比较繁荣，同时严重污染周边环境。

2）项目西部的××村住宅档次较低。

3）周边的道路车流量繁多，容易扬起尘土。

4）位于项目地南部的果菜批发市场，卫生状况极差。

因此，项目地块来说，卫生状况将是一个较为严重的问题。

4. 项目周边治安状况分析

治安环境的好坏，对居住、经商和办公的影响都比较大。项目周边好，必定会影响项目日后的升值前景。下面是郑州某商住综合项目的周边治安状况分析：

本项目位于郑州市的城市边缘，靠近107国道（未来的东环路）来往过境的车辆繁多，以及项目南边的果菜市场，项目西面是××村的特殊位置，形成特殊的综合环境，从而导致项目的周边比较复杂的社会治安环境。

除了上述所讲到的四个分析内容外，策划人员还可以根据项目自身的需求，有针对性地对其他的环境进行分析。如上海某商住综合项目的周边环境分析：

(1) 商业环境

本项目地块与××中路商业街××南路以西部分接近，只需往北步行五分钟左右便可到达。另外，本案项目东侧较远的新天地在上海已经形成一定的知名度，并成为那些高收入人群日常休闲消遣的主要场所之一。由于新天地及××中路与地块有一段距离，故此项目周边并没有商业气氛。

(2) 写字楼环境

项目附近的××中路除了是一条主要的商业街之外，也是上海市最主要的写字楼区之一。但其写字楼主要集中在重庆南路以东的部分，距本案较近的写字楼项目只有××大厦。

(3) 酒店环境

项目附近陕西理以东部分，除了××宾馆外，没有其他的花园式酒店项目。

××宾馆位于××二路近复××中路，成立于1956年，拥有60余个达四星级标准的酒店客房，目前对外报价约每天700元人民币左右。酒店的配套设施完善，有中、西餐厅，咖啡厅，会议厅，舞厅，商务中心，理发室，按摩室等。此外还有八幢各异的花园别墅，每幢都有宽敞明亮的客厅、餐厅、会议厅等。这八幢别墅中有五幢面积为150平方米对外整幢出租，每月租金在5500美元左右，同时不接受短租，只能一年起租。另外三幢250平方米的作为市委办公厅内部招待之用，不对外租赁。

(4) 绿化环境

项目周围共有两个大型的绿地及公园项目，分别是紧邻项目以北的××公园，以及项目东北侧的××桥绿地。另外，在××中路××二路的路口正在进行××中路593号绿化建设工程的施工，待该项目完成后，又将为本项目带来一大片的绿化面积。

三、项目周边配套分析

对商住综合项目来说，分析其周边的配套主要包括：道路交通配套、金融服务配套、休闲娱乐配套、医疗卫生配套、文化教育配套和其他方面配套等等。

1. 项目周边道路交通配套分析

分析项目周边的道路交通状况，可以从项目周边的道路网络和公交线路这两个方面进行分析。如上海某商住综合项目的周边道路交通配套分析：

本案项目地块位于卢湾区的中心区域，由复兴中路、重庆南卢以及思南卢路所包围。该地区的交通设施便利，由地面的公共交通、地下的地铁，以及周围的高架道路交错组合而成，但与地铁站有一段步行距离。与地块相近的道路为复兴中路、建国中路、南昌路、淮海中路、徐家汇路、重庆南路、思南路、瑞金二路、茂名南路、陕西南路、泰康路、绍兴路、永嘉路、香山路、皋兰路、合肥路、雁荡路、黄陂南路、太仓路、兴安路、兴业路、自忠路、马当路等二十三条主次干道。同时，地块项目临近南北高架道路以及延安路高架道路，无论是到东西向还是南北向的地区均十分方便。

又如深圳某商住综合项目的周边道路交通配套分析：

该区道路网较为发达，东西向的有滨河大道、福民路、福强路和福荣路，东南方为广深高速公路的入口，南北向的有福强路、金田路、益田路和新洲路。

本区有两个公共汽车总站，分别为××南总站（4，15，103，219，225路）和××村总站（28，202路）共七路始发大巴，加上途经的26，203，219，K113路等大巴线共11条，中巴大约有10条路线。从该区的实际需要来看，公交线路数量较充足，但是分布不够合理，有80%的运力集中在福强路上，对片区东北边居民的影响较为严重。

在分析道路交通状况时，除了分析项目周边的道路网络和公交线路外，还可以分析利用这些公共交通到达一些繁华地段、重要交通枢纽的时间，以反映项目周边的交通便利程度。如贵州某商住综合项目的周边道路交通配套分析：

从市区交通来看，项目依靠延安东路上的数条公交线路作为出行的交通工具，项目到喷水池仅要5分钟的行程时间，到达大十字、小十字等城市繁华地带只需20分钟之内，这些交通上的优势为客户的出行提供诸多便利，同时节约了时间成本。

从区域大交通来看：本项目至机场、汽车站、火车站的时间距离基本相等。本项目处于贵阳市区的交通中心，是连接东西、横贯南北的交通枢纽。

因此，本案的交通优势不仅在于能迅速快捷地到达市区各个地方，更在于它到客车站、汽车站、火车站、机场以及两城区以外的地方也同样便捷。

2. 项目周边金融服务配套分析

随着经济的发展和生活水平的提高，人们对金融服务的配套要求也越来越高。不管商住综合项目开发哪些类型的物业，都需要周边有金融服务配套。在分析金融服务配套时，主要分析项目周边有哪些银行、邮政和证券机构等等。如郑州某商住综合项目的周边金融服务配套分析：

项目周边的银行较多，如光大、中行、农行等大中型银行，距离本项目五分钟路程，相对比较方便。

3. 项目周边休闲娱乐配套分析

有人的地方就需要有休闲娱乐配套，不管商住综合项目开发哪些类型的物业，都必须对周边休闲娱乐配套进行分析。如深圳某商住综合项目的周边休闲娱乐配套分析：

购物：京客隆、天客隆、普尔斯马特、王府井海文商厦；

娱乐：北人娱乐中心、劲松电影院、宏荣保龄球、首图新馆；

宾馆：乐游宾馆、京瑞大厦。

4. 项目周边医疗卫生配套分析

对于开发有居住功能的商住综合项目来说，其对医疗卫生的配套要求较高，应对医疗卫生的配套情况进行重点分析。在分析时，主要是写出项目周边的医院名称并指出这些医院与本项目的大概距离。如郑州某商住综合项目的周边医疗卫生配套分析：

纬五路省人民医院、省胸科医院、省肿瘤医院，东明路省老干疗养院等，都是省内有名的医院，离本项目较近，驱车在5～10分钟之内，为业主提供了健全的健康保障。

5. 项目周边文化教育配套分析

教育概念对住宅地产的拉动是明显的，若项目周边名校林立，必定成为住宅项目的一大卖点。因此，对于由开发住宅类物业的商住综合项目来说，必须对项目周边的文化教育配套进行分析。在分析时，主要是写出项目周边有哪些重点学校，学校是否充足等等。如深圳某商住综合项目的周边文化教育配套分析：

该区中学仅有石厦中学。小学有皇岗小学和水围小学。就目前来看，学校的学位尚能满足需要，但是从该区的发展速度来看，由于学校的规模均没有超前意识，未来该区的居民子女入学将越来越困难。

在分析完项目周边的文化教育配套外，可以再分析这些教育配套对本项目的利与弊，并且可以建议如何利用文化教育配套这一优势。如贵阳某商住综合项目的周边文化教育配套分析：

本案周边学校众多，各项目教育配套齐全。以本案为腹地，周边除了第六幼儿园、新东门小学、岳英小学、五中、十中、十九中、二十中、贵阳幼师、贵阳师范大学外，尤其是省级重点中学二中、师大附中与楼盘更是近在咫尺，是许多家长瞩目的最佳选择地。为此，项目依托社区外部浓郁的文教氛围和书香气息，提炼“文教成长社区”为一大卖点，所盯准的消费群就是高知识阶层的年轻“孟母”。准确定位的产品投放市场后对消费者市场的一种细分作用自然形成，年轻的高知识阶层人士蜂拥而至。从文教出发，打造地产教育品牌。只有与一个品牌性教育资源结合，教育地产的优势才能发挥，且一旦结合，发挥出的市场能量将是惊人的。

6. 项目周边其他方面配套分析

除了上述提到的各种配套外，策划人员还可以根据项目的具体情况和需要对其他的配套进行分析。如贵阳某商住综合项目的周边其他方面配套分析：

政府机关：市政协、省公安厅、省劳动厅、省交通医院、市建委、市民政局等；

商业设施：友谊家电城、移动通信商场、同德大商场、智成名店、国美电器等；

宾馆酒店：金筑大酒店、柏顿大酒店、香格里拉大酒店、君安酒店、邮电宾馆等；

市政绿地：云岩广场、市体育场、大十字广场、东山广场、东山青少年运动场等。

在分析完项目周边的各种配套后，策划人员可以对这些配套进行总结分析，分析项目周边已具备哪些配套和缺少哪些配套，这有利于商住综合项目的开发类型定位。如合肥某商住综合项目的周边配套分析：

沿本项目××路1.5公里范围内的外部配套设施主要依次有：

(1) 餐饮设施：红绿蓝大酒店、金科大酒店、望江宾馆；

(2) 超市：好帮手超市、苏果超市、好日子超市；

(3) 金融机构：交通银行、中国银行、招商银行、工商银行、建设银行、信用社；

(4) 学校：中国科技大学、三十三中；

(5) 专业市场：潮阳五金市场、步瑞祺IT市场、颐高数码城、五星电器城、高科技广场；

(6) 写字楼：黄金广场、科贸大厦、美的阳光大厦。

从上面本项目的外部配套可以看出：

(1) 本案周边具备的配套

1) 满足生活配套的餐饮设施、超市、金融机构、学校基本设施齐全；

2) 为商业提供了专业市场、写字楼设施配套。

(2) 本案周边缺少的配套

1) 本项目周边缺少规模性的娱乐休闲配套；

2) 本项目周边缺乏通信服务配套，如中国移动、中国联通等；

3) 本项目周边缺少中高档快餐配套，如麦当劳、肯德基、必胜客等；

4) 本项目周边缺少中高档特色餐厅。

第四节 商住综合项目客户群分析

在分析完商住综合项目的自身情况后，接下来就要对商住综合项目的客户群进行分析。不同的开发类型，其客户群有很大的区别。例如住宅物业的客户群以自住为主，他们既是购买者，也是使用者；商铺物业的客户群可以分为投资者、经营者和终端消费者三类；而写字楼、公寓物业的客户群与住宅、商铺等物业的客户群也有很大差别。因此，策划人员应根据本项目可能会开发的物业类型，有针对性地对客户群进行分析。本节分别介绍住宅物业、商业物业、写字楼物业和公寓物业的客户群分析。

一、住宅物业客户群分析

由于住宅物业的客户群以自住为主，仅有很少一部分是用于投资，因此，在分析住宅物业的客户群时，应以自住型客户群为主。在分析住宅物业的客户群前，策划人员应请相关专业人员针对本项目制定潜在客户群调查问卷，然后再由市调人员根据调查问卷上的问题对潜在客户群进行访问、调查。市调人员调查结束后，应对调查问卷中每道题目的调查结果进行统计，然后再把统计结果交给策划人员。策划人员在拿到统计结果后，应对每道题目的统计结果进行分析。下面是北京某商住综合项目的住宅物业客户群调查统计分析：

（1）职业特征

行　　业	所占比例（%）	行　　业	所占比例（%）
工业行业	22.4	信息行业	6.6
商业	14.4	金融行业	5.5
房地产业	12.2	医疗行业	5.2
文化行业	11.1	其他	22.6

（2）家庭构成

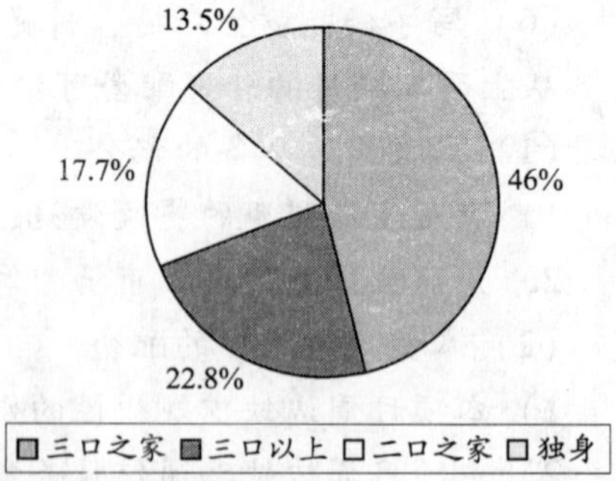

被调查者中三口之家比例最多，占46%，三口之家是购房的主力军，三口以上的大家庭和两口之家也是购房的中坚力量，值得注意的是，独身家庭也占了13.5%的比例，所以应考虑各类客户的不同需求，有针对性按比例地设计各种户型，考虑房屋面积大小。

13.5%
46%
17.7%
22.8%
三口之家 三口以上 二口之家 独身

（3）年龄构成

35.8%的被调查者年龄在20~30岁之间，其次为30~40岁。反映出年轻的置业主体将会是未来2~3年北京房地产的重要客户。

（4）家庭年收入

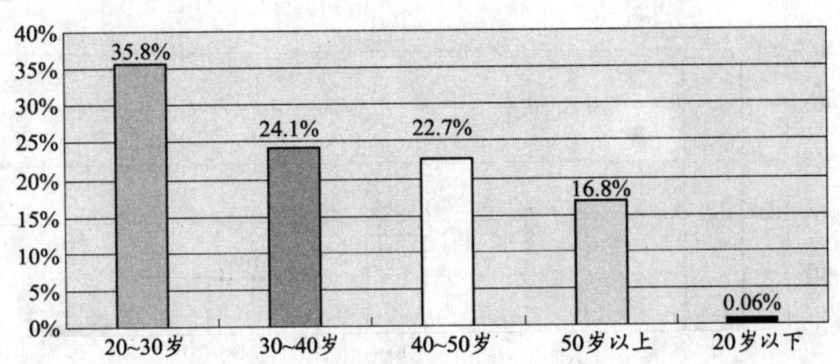

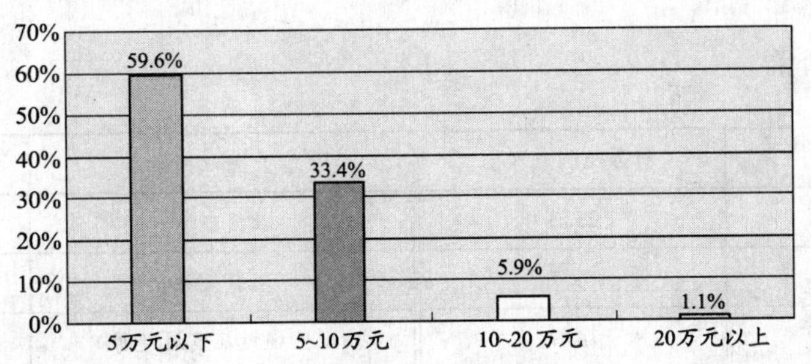

近六成的被调查者家庭年收入在5万元以下，仅7%的被调查者家庭年收入在10万元以上。表明北京居民大部分收入并不高，但北京很多单位福利待遇较好，且有不少居民卖旧房买新房，以及隐性收入的存在和人们对公开收入持保守态度等因素，使家庭年收入的统计值不能完全准确的反映北京居民的实际收入情况。

(5) 购房时间

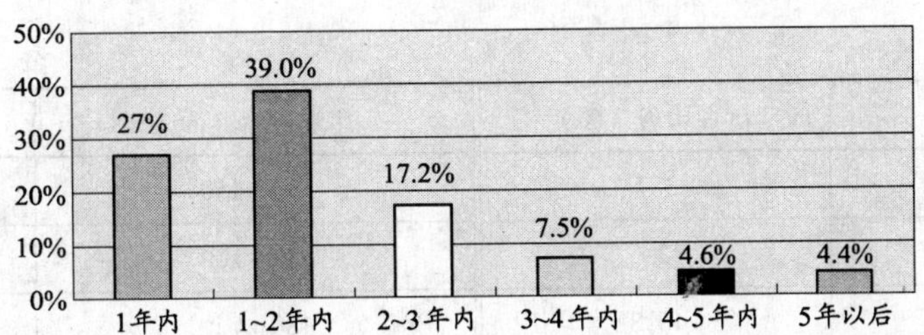

66.3%的被调查者计划在2年内购房，另有17.2%的被调查者计划在2~3年内购房。计划在3年内购房的被调查者合计达83.5%，表明随着房改的深入，大部分居民已接受购房的观念，并计划在近期买房，因此未来的2~3年内北京居民对住宅的需求仍较大。

(6) 购房目的

48.4%的被调查者为首次置业，目的为居住，22%的被调查者为改善居住条件二次购房。购房用作投资、商住比例明显提高。

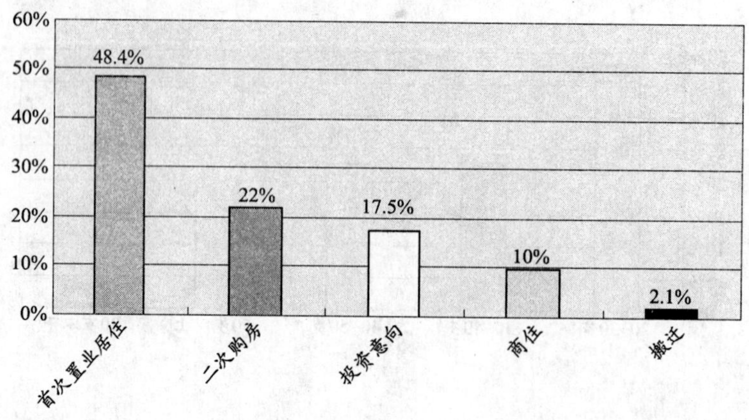

（7）购房关注因素

客户关注因素	所占比例（%）	客户关注因素	所占比例（%）
价格	23.5	社区环境	7.1
位置	16.7	配套设施	6.8
交通	14.9	小区规模及发展趋势	5.7
物业管理	10.4	房屋质量	5.7
户型	9.2		

被调查者购房时首要关注因素为价格，其次为位置、交通、物业管理及户型。因此开发商在开发新项目时，应注重房屋价格便宜、地理位置好、交通方便并配有服务良好的物业管理公司，提高其性能价格比，以赢得客户。

（8）购买面积

建筑面积（m^2）	所占比例（%）	建筑面积（m^2）	所占比例（%）
50 以下	3.7	130～150	4.7
50～70	22.3	150～180	0.7
70～100	46.8	180 以上	1.4
100～130	20.4		

被调查者近半数购房时首选70～100平方米的住宅，20.4%的被调查者选择100～130平方米的住宅，说明多数购房者对居室面积的选择趋于理性，并不盲目追求越大越好。有22.3%的被调查者选择50～70平方米的住宅，一部分是作投资用，另一部分是作为年轻人的过渡用房。新建住房应按合理比例建造面积在70～130平方米。

（9）购房时户型选择

分析表明二居室是最受欢迎的单位，其次才是三居室。合计达86.9%的被调查者购房时首选二、三居室，因此在未来的2～3年内二居室、三居室仍是房地产市场的主流产品。

（10）单位价格需求

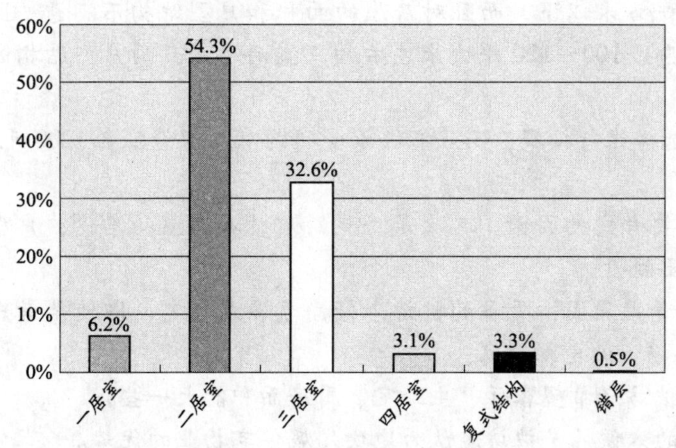

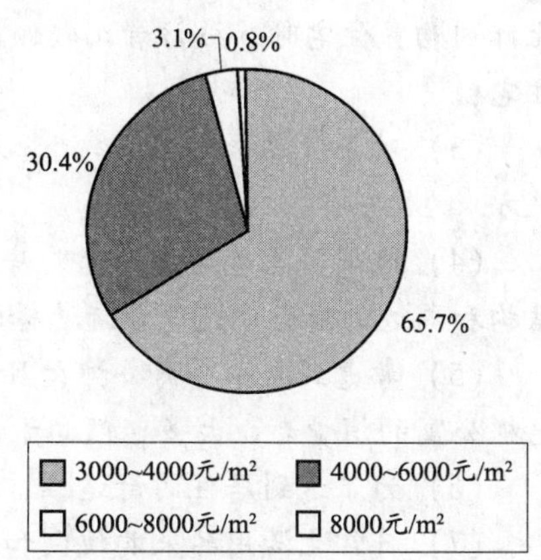

65.7%的被调查者接受3000～4000元/平方米的房价，30.4%的被调查者接受4000～6000元/平方米的房价。结合前述购房时选择面积的分析，被调查者最能接受的房屋总价在21～40万元间，其次为40～78万元间，说明目前北京居民对住宅价格的承受力不高，居民的承受能力与市场上较高的房价间有一定差距。

（11）付款方式

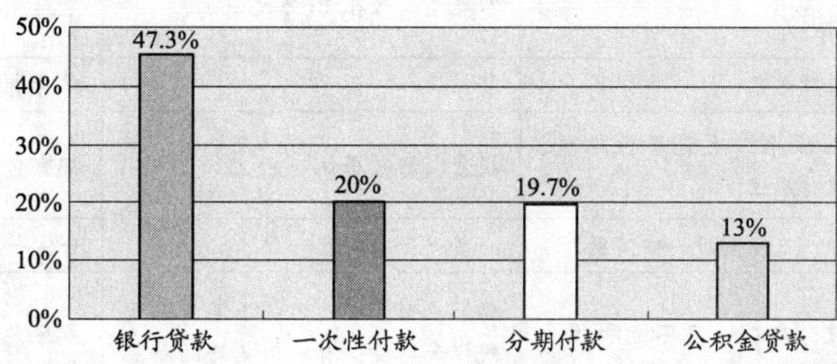

（12）首付能力

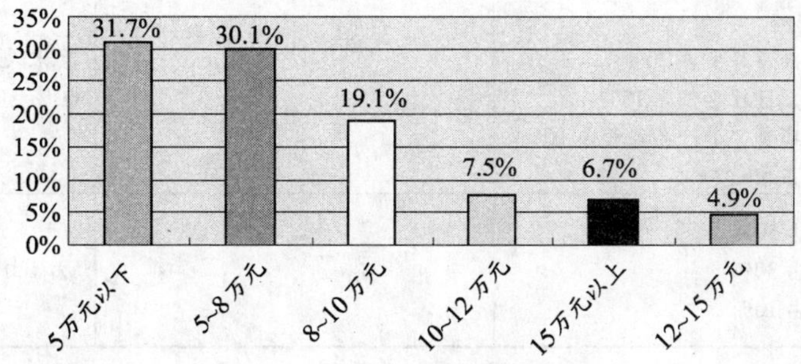

上述分析表明，目前北京市购房者的观点与几年前相比，已经发生了很大的变化。随着人们生活水平和质量的不断提高，人们对住宅的要求也越来越高，住房已经成为一种商品。人们购房已不仅仅是满足居住的要求，而更多的是同时满足生活各个方面的需求。

在对调查问卷中每道题目的统计结果分析结束后，接下来策划人员可以对这些分析进行总结，从而得出潜在客户群的共同特征。如绵阳某商住综合项目的住宅物业客户群分析：

（1）被访者目前的住宅大多是自租房，占44%；

（2）被访者目前住宅面积多在100平方米以下，而且对房屋的面积和户型结构不满意。因此计划购置住宅时，被访者比较倾向于购买100～120平方米左右的三室两厅两卫的户型结构的住宅；

（3）对于付款方式，大多消费者会选择银行按揭，而且能够承受的购房心理价位在1200元/平方米左右；

（4）地理位置是购房者选购房屋主要考虑的因素，其次是房屋的质量和房屋的单价；户型结构和周边的配套也是消费者选择的重要因素；

（5）考虑到电梯公寓公摊大且价格贵的原因，更多的被访者倾向于多层住宅，即使是考虑电梯公寓的消费者，大多也倾向于12层以下的电梯公寓；

（6）为了达到居住的舒适性，所以被访者希望客厅、主卧室、厨房面积能大一些；

（7）日常生活用品采购便利和交通的方便性是被访者认为地块发展住宅物业的优势。

在进行总结分析时，也可以采用表格的形式，这样表达将更清晰、易懂。如深圳某商住综合项目的住宅物业客户群分析：

市场分类	主力客户80%	次级客户10%	三级客户10%
目标客户	深圳二次置业者	外销客户	工薪阶层
家庭年均收入	家庭年均收入在12万元以上（包括隐性收入）	家庭年收入在16万元以上	家庭年收入在7～10万元左右
家庭结构	两口、三口之家		单身者、两口之家居多
购房动机	提高居住水平，改变居住环境，投资，临时居住	投资、临时居住	拥有自有物业
青睐户型	两室一厅、三室两厅、四室两厅	一室一厅、两室一厅	一室一厅、两室一厅
居家习惯	生活方便；要求一定环境和物业档次；希望周边配套完善	要求户型方正实用；小区有一定规模和环境；有较为良好的物业服务	希望周边配套完善；总价相对偏低
职业类型	1. 小企业主、经理、主管等占50% 2. 福田南原居民占20% 3. 机关、行政单位占15% 4. 从事商贸、小产品经营占10% 5. 其他占5%		技术人员占30%、普通白领阶层60%、其他占10%
客户区域	福田区占50% 罗湖区占30% 其他区占10%		以福田、罗湖区为主

二、商业物业客户群分析

凡是开发购物中心、商场、专业市场、底商、商业街等类型的商住综合项目，其都是以商铺的形式去销售或出租这些物业的，因此都要对这些商铺的客户群进行分析。商业物业的客户群，按照不同的分类方法可以有不同的分类。常见的是把商业物业的客户群分成投资者、经营者和终端消费者三类。

1. 商业物业终端消费者分析

终端消费者表面上与商业物业的开发、销售和租赁关系不大，但实际上终端消费者的消费习惯、消费行为将左右着投资者和经营者对商铺的选择。就算商业物业招商成功，若商业物业不在终端消费者常去的购物商圈范围内，又或者是商业物业的档次远远高于终端消费者的购买能力，这些都将会影响到商业物业日后的经营，从而导致商业物业开发失败。因此，对终端消费者的分析不容忽视。对商业物业的终端消费者进行分析，同样可以用调查问卷的形式，调查分析的内容主要包括：主要购物场所、购物次数、购物逗留时间、购物方式、购物常用交通工具、消费水平、购物考虑因素等等。如柳州某商住综合项目的商业物业终端消费者分析：

（1）消费习惯

1）消费者常去的购物场所（商业吸引力）

柳州消费者最常去的商业场所是城中区，其次为佳用、飞鹅一带商业区，传统惯性思维仍占据主要地位，而佳用在柳州的商业影响力也越来越大。城中区在柳州具有无可代替的商业吸引力。

2）消费者的月逛街购物次数

月逛街购物次数	1次	2次	3次	4次以上
比例（%）	9.6	23.1	21.3	46

每月逛街购物次数4次以上占较大的比例，相当于每周逛街一次；其次为2次及3次。外出逛街购物随着居民收入的提高而越来越频繁。

3）消费者的购物逗留时间

在河南商业区购物所花费的时间依次为2~4小时、2小时以下、4小时以上，在城中区购物的消费者所花费时间依次为2~4小时、4小时以上、2小时以下。城中区由于成片的商业规模及较完善的商业配套，有利于延长消费者的逛街逗留时间，从而有利于激发更大的商机。

4）出行购物常用的交通工具

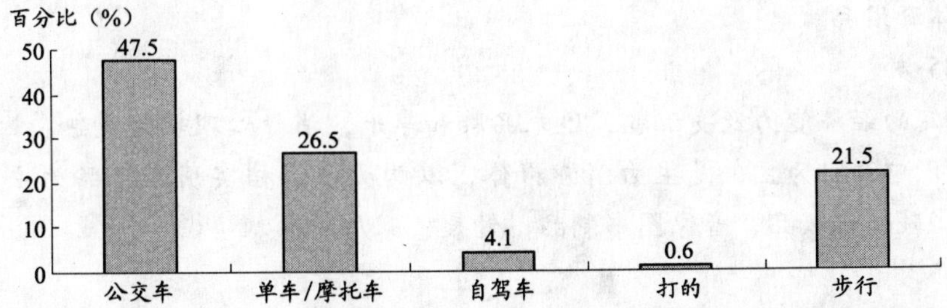

购物出行的常用交通工具以公交车为主，其次为单车/摩托车及步行，以大众化交通工具为主。大众化交通配套设施（如公交车等）的便利性将会影响本项目的人流量及商业辐射地域范围。

5）消费者的购物方式

购物方式	随便逛，看到喜欢再买	生活所需然后去买	其他
比例（%）	53.3	46.9	0.8

"随机型购物"及"目的性购物"各占近半的比例。对于占一半多比例的"随机型购物",通过销售现场的布置、商品的陈列方式以及商业环境的营造,激发消费者的购物欲望,将对商品的销售额起到相当重要的作用。

(2)购买行为

1)消费者的消费水平

大部分消费者的购物费用在100~300元之间。而200~300元是河南购物者与城中区购物者消费水平的分界点,在200元以下,在河南购物的消费者比城中区购物的消费者多,而在200元以上,城中区购物的消费者比河南购物的消费者多,反映出城中区的消费者消费能力较强。

2)消费者的购买商品

在消费者的购买商品中,服装鞋类及日用百货占较大的比例,其次为食品。对于许多商业街来说,服装鞋类、日用百货、食品的经营应占较大的比例。

3)消费者的购物考虑因素

大部分消费者在购买商品时,首先看该商品自己喜不喜欢,然后再看该商品的价格是不是适合自己,再考虑品牌档次及时尚潮流以及购物环境等。所以,商品的款式、陈列方式等影响消费者对该商品第一印象的相关要素显得尤为重要,它是许多买家有没有兴趣购买的第一步。

(3)主力消费群体特征

在城中区及河南一带消费的客户集中在20~30岁之间,该批客户是各商业区购买消费的主力。

在分析终端消费者时,除了按照调查问卷的问题逐一对终端消费者的每项特征进行分析外,也可以分别对不同年龄段的终端消费者进行分析,这时由于不同年龄段的消费者,其消费习惯、消费心理可能差别很大。如柳州某商住综合项目的商业物业终端消费者分析:

(1)15~25岁

1)属于冲动消费心理,而且有很大的自主支配权,喜欢攀比,追求新事物,新潮流,带有一定消费盲目性。

2)消费以中低档为主,以购买快速消耗商品为主,包括服装、鞋类、精品、小食、音像制品、IT产品、体育用品。

(2)25~35岁

1)具有一定的经济能力及支配权,追求品牌和享乐,消费心理较为成熟。

2)消费力以中高档为主,是主力消费群体,以购买中高档实用型产品为主。包括:电器、IT产品、服装、鞋、化妆品、音像图书制品、钟表、家居用品。

(3)35~45岁

1)较强经济能力及支配权,追求品牌实用型产品为主,消费心理成熟。

2)消费以中高档为主,购买中档耐用型保值产品为主。包括:古玩、字画、玉器、家居用品、服装、鞋类、化妆品、音像图书制品等。

3)注重品牌商品的内涵,注重投资性产品及追求更高层次的文化及娱乐享受。

此外,由于区域不同,人们的消费习惯、购买能力也不同。因此,也可以分别对不同区域的终端消费者进行分析。如淮安某商住综合项目的商业物业终端消费者分析:

我们将消费者按区域划分为市区消费者,郊区、郊县消费者,周边地区消费者和旅游客户群体,具体分析如下:

(1) 市区消费者的主要消费行为

1) 日常生活用品的消费，目前在超市消费越来越成为主流时尚。

2) 大件耐用消费品首选新亚商城、清江商场。

3) 服饰消费主要在购物中心及淮海路、东西大街、昌盛路专营店。

4) 购买小百货及各类材料和卫洁商品时会去汇通市场和各类专业市场。

5) 消费对象以中低档为主，国内品牌普遍接受，国际品牌消费量不大，多为冒牌品。

(2) 郊区、郊县消费者的主要消费行为

1) 这类消费者购物针对性较强，购买昂贵商品主要在大型商场，购买生产资料主要在各类专业市场；购买日常生活品和服饰等，汇通市场有较强的吸引力。

2) 消费季节性相对明显，节假日通常是他们的采购高峰。

3) 消费对象以低档为主。

(3) 市郊、县和周边地区批发商的主要消费行为

1) 根据经营品种定期到各专业市场进货。

2) 一般消费量较大，是汇通市场及其他市场发展的主要支撑力量。

(4) 旅游客户群体

1) 亲身体验商业步行街特色而前来购物观光消费，具有一定的冲动性和随意。

2) 传统的中档商品较受欢迎，消费以中高为主。

3) 是主力消费群之一，从而带动购物、饮食、娱乐消费。

2. 商业物业经营者分析

商业物业的经营者是商业物业的直接使用者。对商业物业的经营者进行分析，同样主要采用问卷调查的形式。通过对商业物业的经营者进行分析，可以了解其对商铺的使用要求和对价格的接受情况，从而有利于商业物业的产品规划和价格定位。下面是泰州某商住综合项目的商业物业经营者分析：

(1) 现有的店面经营模式和倾向于获取店面的方式

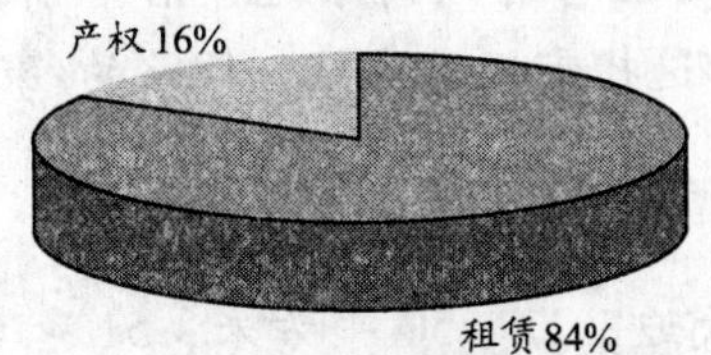

现有店面经营模式

倾向于获取店面的方式

问卷调查显示，目前泰州绝大部分经营者是租赁商铺经营，只有少数经营者拥有产权商铺。与之对应的是，将近一半经营者希望将来拥有自己的产权商铺，反映了泰州是相当部分经营者有购买产权商铺的意图。

(2) 对目前的营业状况的满意程度

问卷调查显示，大约42%的经营者表示对目前的经营状况感到满意，超过半数（52%）表示目前经营状况一般，只有7%的经营者表示不满意。

(3) 如果有更合适的商铺出租或出售，是否选择新的商铺进行经营

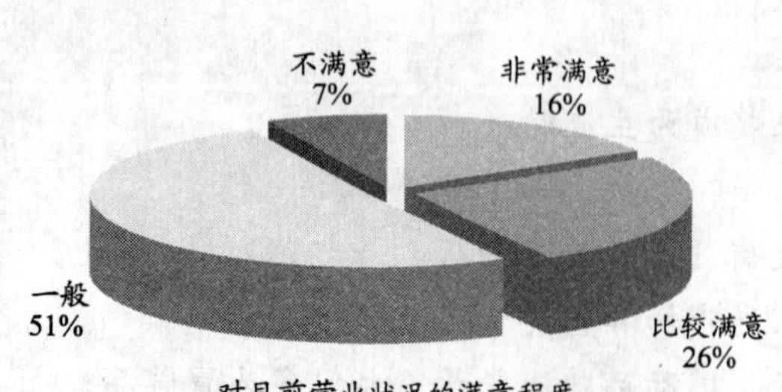

对目前营业状况的满意程度

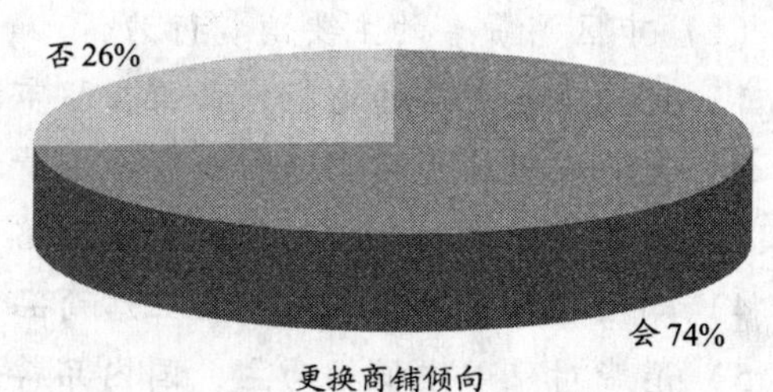

更换商铺倾向

问卷调查显示，约有74%的经营者表示，如果有更合适的商铺出租或出售，会选择新的商铺进行经营或者投资。说明泰州市的商铺市场还有较大发展空间，尤其是规划、设计、管理较好的商业设施，经营者愿意而且需要寻找他们能够承受且认为有利可图的商铺，新入市的商铺是他们的目标选择。

（4）认为影响店铺经营状况的主要因素

问卷调研发现，经营者最关注的是商铺所在的地段，占到被访者总数的37%；其次是市场竞争、商品种类和自身经营方式；而店面装修、市场经营管理等仅占到12%。这反映了泰州市商业经营还停留在较低档次，经营者不是很注重店铺的环境与形象等。

（5）商铺形式

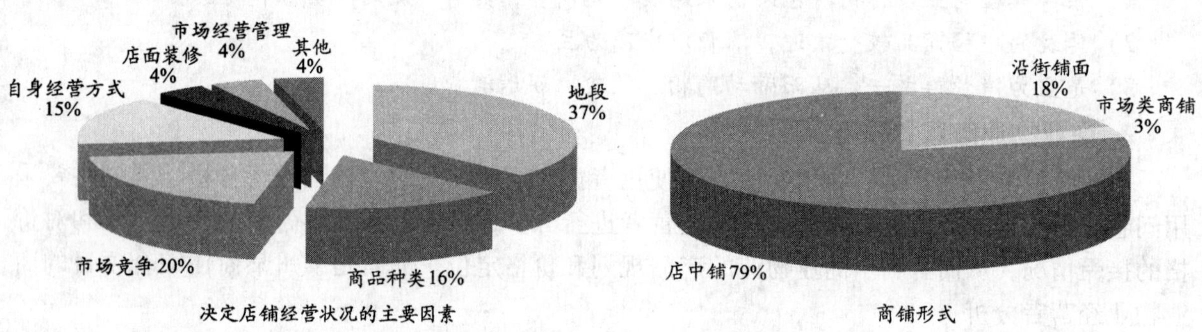

决定店铺经营状况的主要因素

商铺形式

问卷调查显示，对于商铺形式，绝大多数（79%）的经营者倾向于选择店中铺，即商场或购物中心中的铺位或柜台，仅有3%的经营者表示倾向于选择市场类商铺，18%的经营者表示倾向于选择沿街铺面。

（6）商铺建筑面积（平方米）

问卷调查显示，20～200平方米的店铺最受经营者欢迎，21～50平方米，51～100平方米，101～200平方米几个范围内均在25%～30%之间。而10平方米以下仅1%。

（7）价格承受水平

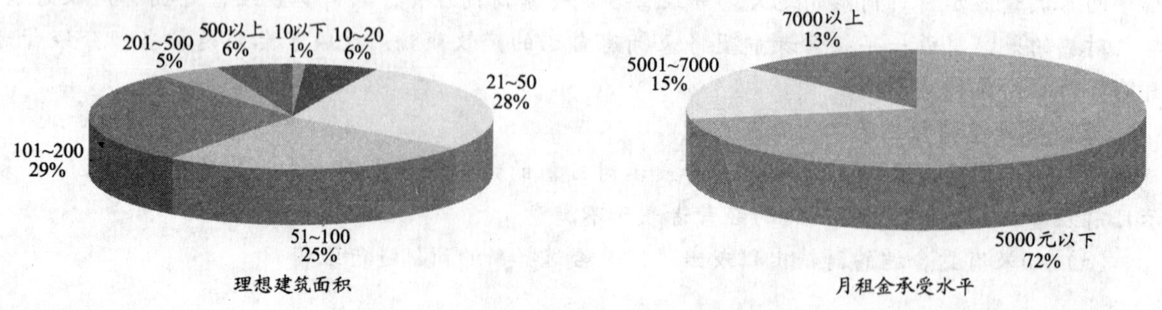

理想建筑面积

月租金承受水平

问卷调查发现，72%的经营者只能够承受5000元的月租金，按照平均每个铺面50平方米计算，每平方米月租金约为100元。大约15%的经营者能够承受月租金水平为5000～7000元，折算成每平方米月租金100～140元。能够承受超过140元/平方米月租金的不到13%。

当采用购买方式时，58%的经营者表示能够承受售价在8000元/平方米以内的商铺，35%的经营者能够承受售价在8000～15000元/平方米的商铺，超过15000元/平方米的商铺仅7%经营者表示能够承受。这说明对于价格很高的商铺，本地经营者还有一定的心理差距，还必须主要依赖外来品牌经营者。

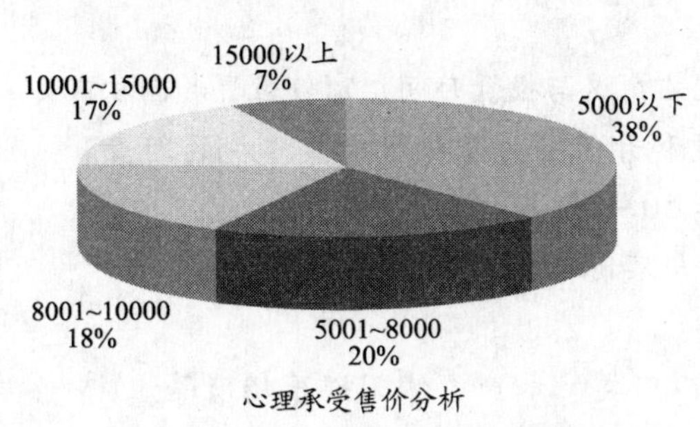

心理承受售价分析

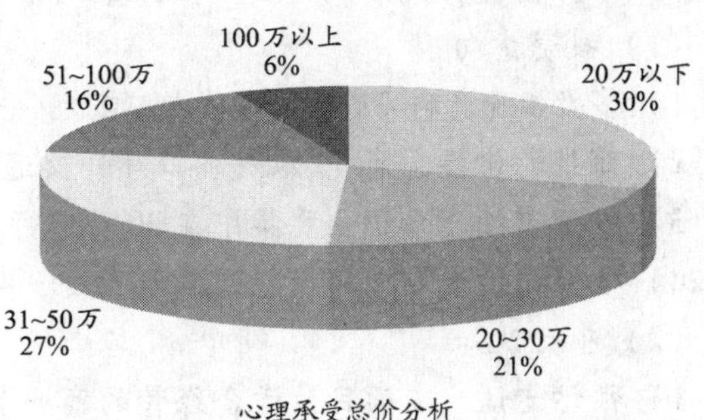

心理承受总价分析

调查显示，对于商铺总价，30%的经营者表示能够承受20万元以内的商铺，78%的经营者心理承受总价在50万元以下，能够承受50～100万元总价的占16%，超过100万元的仅6%。这表明泰州市经营者所能承受的商铺总价还比较有限，基本上以50万元以内的小商铺为主（按照20000元/平方米计算，面积在25平方米以内）。对于面积较大的商铺还必须依赖外来经营者。

（8）对××街商业前景

62%的经营者表示看好××街的商业前景，仅有1%的经营者明确表示不看好。这说明××街的确存在较为明显的地段优势，为多数泰州市经营者所看好。

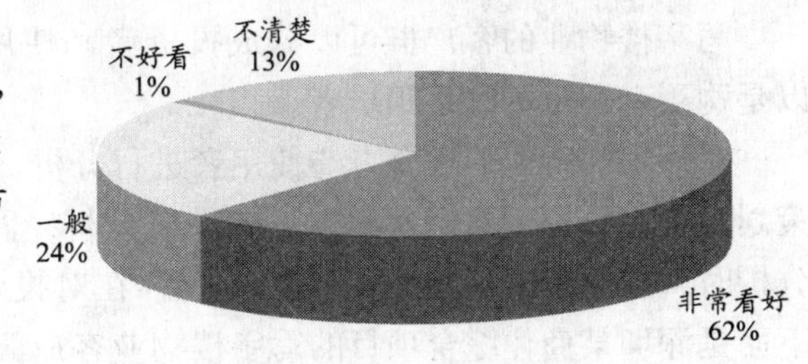

对××街商业前景预估

（9）小结

依据以上分析结果以及在市场调查过程中与当地市民的沟通了解，就泰州市商业市场可以得出以下结论：

1）商铺需求较大

调查显示，目前属于自购铺的受访者比例只有16%，而倾向于购买商铺的受访者达41%，相对目前的自购铺数量有较大空间。

2）小面积、低总价商铺较为受欢迎

调查显示，面积在20～200平方米之间，总价在50万以下的商铺较为受欢迎，这与泰州市居民的购买力有关，大面积的商铺总价较高，一般投资者很难承受。

3）经营管理与经营方式未受重视

调查显示，商铺的市场经营管理并没有被经营者所重视，各个商家各自为政，因此容易造成无序竞争，产品同质化严重，很难聚集到足够人气。

4）对本项目地段认同度较高

由于本项目地段原为泰州市最繁华的商业中心，在泰州市居民中有着无与伦比的知名度，多数经营者比较看好本项目地段的商业前景。

3. 商业物业投资者分析

商业物业的投资者可以分成两种，一种是购买商铺后在短期内将商铺转售，从一买一卖的差额中获取利润；另一种是在购买商铺后用于出租，从租金收入中获取利润。在这两种投资者中，以后者居多，因此在多数情况下主要针对后者进行分析。投资者与经营者看重的因素不一样，投资者在乎的是商铺能否保值、升值和投资回报率为多少。为了使商铺保值、升值，投资者对商业物业的配套、物业管理、商业经营管理等方面都有较高的要求，从而使物业不至于在很短的时间内就被竞争对手超越或取代。下面是绵州某商住综合项目的商业物业投资者分析：

（1）投资意向

1）多数投资者购买商铺的单价在1万元/平方米左右，这与投资时间、商铺位置和面积有关。

2）商铺的价格、商气/人气、口岸、交通方便度和升值潜力是投资者最重视的因素。

3）投资者投资面积主要集中在20～30平方米和50平方米左右。

4）多数被访者期望的投资回报率在5%～8%，与实际回报率相差不大。

（2）项目认知

1）被访者认为本项目最适合经营的商业类别为：肉类、水产、休闲娱乐场所等。

2）77%的被访者认为项目的独立临街商铺应为10～30平方米之间的中小面积商铺。

3）投资者认为项目内商铺应当配备卫生间，同时为项目内的商铺配备足够的停车位，以满足经营需要。

三、写字楼物业客户群分析

写字楼物业的客户群可以分成投资者和使用者两类，投资者必定是购买者，而使用者既可以是购买者，也可以是租赁者。

对写字楼物业的投资者与使用者进行分析，与对商业物业的投资者和经营者的分析差不多。策划人员应分别对使用者和投资者进行分析，同时在分析时做到侧重点不同。在对使用者进行分析时，应侧重于对使用要求的分析，在对投资者进行分析时，应侧重于对投资心理的分析。下面是深圳某商住综合项目的写字楼物业客户群分析：

（1）写字楼使用者调查分析表

年　　龄	30岁以下占14%，30～40岁占74%
资金取向	自筹资金占82%
投资取向	自用占90%，投资气氛不足
地理位置	100%
付款方式	选择按揭占90%，（其中要求一成首期的60%）
会所设施要求	阅览室，游泳池，健身房、音乐茶室
商务服务要求	商务中心，公用大中小会议室，网络
物业管理要求	代订机船票，清洁洗衣，送餐服务

分析：30～40岁的中小型公司经营者构成了写字楼的主要购买群体，大家选择有良好发展前景的中心区写字楼自买自用，在较大的资金压力下，按揭形式受到绝大部分买主认同，轻松

无比的一成首期市场呼声很高。

(2) 写字楼投资者投资心理分析

投资，吸引炒家进场，将对写字楼的销售起极大的促进作用。在中奥成功及年初加入 WTO 的影响下，投资渐渐回暖，投资者对物业品质、前景的普遍认同会造成新一轮的投资热潮，本项目将是这一轮热潮中的佼佼者。

有前途、回报率高、风险低的项目是众多房地产投资型买家的统一目标。而确定目标的最主要标准基本有两条：

1）物业本身的软件及硬件质量要好。也就是说，既要有国际水平的设计、规划，又要有过硬的建筑、装修工程质量，还要有完善的服务体系和完整的配套设施。

2）分析物业的发展前景要乐观。即目标物业所处的大环境与小环境都有继续快速发展的可能，这样才能蕴藏着巨大的升值潜力。而最为关键的就是优越的地段，这种物业才能在未来的租售市场中立于不败之地。

在同一热销地段上，投资者们大都会选择高档物业。原因为：其一，高档物业收取的投资回报相对较高，尤其对于采用按揭贷款方式的购房者来说，不仅可以用租金还贷，还可取得部分净收入。无论是长期租赁还是短期转卖，投资回报都相当可观。其二，中国经济的发展动向，包括即将加入 WTO 的趋势表明，房地产的需求将会越来越大。据有关人士统计，甲级写字楼需求近两年内增长有可能达到15%，而对于写字楼租售市场来说，利好倾向最大的还是高档物业。

四、公寓物业客户群分析

随着都市的发展，白领工作节奏的加快、收入的增多，使公寓（特别是酒店式公寓和商务公寓）越来越受到青睐。公寓物业的客户群以白领和商人为主，由于他们工作节奏快、收入高、学历高、有超前消费的观念、又有经营头脑，使他们有别于其他居住类物业的购房者，因此，有必要对公寓物业的客户群的特征进行分析。下面是深圳某商住综合项目的公寓物业客户群分析：

(1) 高级公寓客户调查表

职业	白领占40%，商人占40%，其他职业占20%
投资取向	酒店式公寓占10%，商务公寓占90%
选择依据	地段，交通，价格
面积	40m^2 左右
装修程度	基本装修占50%，中档装修40%，其他占10%
付款方式	选择按揭占80%（其中要求有一成首期占40%）
会所设施要求	阅览室，游泳池，健身房、音乐茶室
商务公寓要求	传真，电视，空调
商务服务要求	商务中心，公用大中小会议室，网络
物业管理要求	代订机船票，清洁洗衣，送餐服务

分析：可居住可办公的商务公寓被绝大多数客户认同，白领人士及小型经营者普遍青睐于可租售的小面积公寓，且要求公寓有一定的装修。

(2) 高级公寓（CBD 白领公寓）客户分析

CBD 白领工作节奏快，消费观念超前，又有经营头脑，他们考虑安家置业的出发点是：工作、生活、投资三不误。

CBD 内拥有庞大的购房群体，同时，由于他们的文化背景、教育背景、收入消费水准，以及工作环境、工作地点具有一定的特殊性，高效、快节奏地工作，同时又懂得该怎样尽情地享受生活，是 CBD 白领一个显著的特征。这一特点决定了这一购房人群购房置业的一些行为特点。

1）首先是住房消费观念时尚、超前。由于 CBD 内企业和机构身份的特点，在 CBD 就业的白领阶层大多受过良好的教育，在信息发达的当今社会，包括住房消费在内各个方面生活资讯，其获取能力肯定是最强的。因此，他们更愿意接受时尚的消费方式。

2）其次是购房时最关键要考虑的因素是住房与工作的结合。CBD 内工作群体最显著的特点是快节奏、高效率。这一群体在购房时，所有人都不能不考虑居住与工作便利的关系问题。在支付能力能够保证的前提下，他们会选择更接近 CBD 或交通便捷的区域安家。

3）再有就是这些相对收入高的群体在购房时，有相当一部分人会考虑房产投资这一问题。由于国内经济正处在上升期，加入世贸、政府加大 CBD 开发力度等因素，使许多人意识到在深圳，特别是在 CBD 范围内投资房产是一个良好的机遇。所以自购房，连带投资考虑是 CBD 购房群体又一显著特征。

从住房需求规律角度看，收入水平、消费观念、受教育程度、工作就业环境等都是影响人们选择住房的因素。选择在 CBD 核心区居住，房价会高一些，但生活、工作便利些，是以相对较高的房价换取交通和时间成本的减低。目前，深圳 CBD 核心区内楼盘普遍提供的是大户型或超大户型。说明此区域内小户型供应短缺，所能提供的必受欢迎。同时投资性买家近一年来数量猛增，具有 CBD 题材的物业其投资价值被普遍认可。

CBD 是城市的经济核心区域。以信息业为主导的现代经济社会在不断地改变着人们的工作和生活形态，改变着现代人的生活方式的同时，相伴而至的是就业者工作效率和工作节奏明显加快，工作压力不断加大。在这一背景下，CBD 就业人群中会有相当一部分比例的人考虑在就业地或临近区域购置物业，以适应快节奏的工作，摆脱上下班奔波的疲惫。对于有这样需求的置业者，建议要明确“效率家居”为主导思想，依此安排自己的购房计划。所谓“效率家居”就是住房要着重考虑工作和居家两相便利，不以豪华舒适为选择目标，以相对可接受的房价换取居住交通和时间成本的减低。

对于投资型的买家来说，则要明白“第一是位置，第二是位置，第三还是位置”这样的投资准则，在购房时选择越临近中心办公区的位置越好。购买此类物业，价格不应是主要考虑的因素，除位置之外，楼盘的品质、档次和物业管理的星级水准，决定了物业未来租金回报的水平。

第五节　商住综合项目竞争对手分析

在前面的第三节已对商住综合项目的自身情况进行了深入的分析，本节将对商住综合项目的竞争对手进行分析。只有做到知己知彼，才能使商住综合项目的投资开发迈向成功。由于商住综合项目的开发类型可以是各种类型，因此在开发类型定位前，商住综合项目的竞争对手是不确定的。这就要求策划人员先对一定区域范围内的商住综合项目进行分析，通过这些分析，策划人员对本项目的开发类型已有初步的想法后，再针对本项目可能开发的物业类型的竞争对手进行分析。

一、商住综合项目总体竞争对手分析

由于在商住开发类型定位前，还没有决定将项目开发成什么类型的物业，因此，其竞争对手是不确定的。这时，策划人员可以对项目四周一定范围内的商住综合项目进行分析。通过这些分析，使策划人员可以从中进行参考借鉴，这同时也有利于策划人员对商住综合项目的开发类型进行定位。对项目四周一定范围内的商住综合项目进行分析，其分析内容可以包括：项目名称、地理位置、开发类型、各种开发类型的比例与布局、各种开发类型的价格和去化情况等等。若分析的个案较多，为了使分析思路更清晰，可以分区进行分析。同时，在表述形式上可以采用表格的形式，这样表达更简明。如柳州某商住综合项目的总体竞争对手分析：

（1）柳南区

名　称	路　段	概　　况	价　　　　格
荣兴大厦	飞鹅二路	在一期商铺已形成专业建材市场的基础上，推出的商住楼底层商铺	19800～35000 元/m²
文笔商住楼	文笔路	1 楼为商铺，2 楼为办公，3～7 楼为住宅	商铺 26320 元/m²，住宅 1700～2480 元/m²，写字楼 3800 元/m²
华丰商厦	飞鹅一路	1～3 楼为商铺，4～8 楼为住宅	1 楼商铺均价约 23500 元/m²，住宅约 2100 元/m²
金弘大厦	飞鹅二路	1～2 楼为商铺，3 楼为办公，4～10 楼为住宅	1 楼约 21000～25000 元/m²，住宅约 2200 元/m²
时代广场	飞鹅一路	1 楼为商铺经营中高档服装批发（1000 平方米），2 楼为超市，3～7 楼为公寓	1 楼 17000～30000 元/m²，住宅 2100～2600 元/m²
温州商贸城	飞鹅路	占地面积 20957 平方米	—

点评：柳南片区在售或已售的各大商场几乎集中在飞鹅路上，与现有的飞鹅市场、鱼峰商厦等组成一个集批发、零售为一体的商圈。

（2）城中区

名　称	路　段	概　　况	价　　　　格
金碧园	曙光中路	沿街商住宅，占地面积 1000 平方米，总建筑面积 6537 平方米	商铺约 25000 元/m²，住宅 2200～3000 元/m²
鸿府	曙光东路 183 号	住宅楼高 26 层，总建筑面积 3 万平方米，总户数 168 户	住宅均价约 3600 元/m²
蓝色港湾	柳新街 66 号	住宅楼高分 12、18、26 层三种，裙楼为商场	住宅均价超过 3000 元/m²
建佳商住楼	映山街	1 楼 60 个铺面（14～38 平方米），2 楼 1600 平方米，住宅为 3～8 楼共 50 套	1 楼商铺 26800～33800 元/m²，住宅 2880 元/m²
振亿大厦	五一路	总建筑面积 7000m²	商铺 43000 元/m²，住宅 3100～3200 元/m²
新大地大厦	解放南路	总建筑面积 15514m²	起价 23000 元/m²，最高价 42000 元/m²
金运来大厦	解放南路	总建筑面积 1 万平方米	商铺 35000～40000 元/m²，住宅 3100～3600 元/m²
嘉园商住楼	中山西路	占地 1 亩，总建面积 3000m²	商铺 20000 元/m²，住宅 2118～2758 元/m²
声福居	斜阳路	占地 3 亩，总建面积 5000m²	住宅起价 2188 元/m²

点评：五星商场一带是柳州目前最兴旺的商业中心区，各在售项目都以该商业中心区为导向，同时中心商业圈已开始慢慢向周边扩展，这些项目的出现在一定程度上会加强该区域商业的独特地位。

（3）柳北区

名　称	路　段	概　况	价格（元/平方米）
欧雅城市广场	跃进北路	商住楼（一、二层为商铺），沿街360m长	一层8000～9000，二层约4000；住宅折后价在1600～1938之间
景秀苑	跃进北路	商住楼	首层商铺8500
怡江园	北雀路	沿街商住（上下连层独立铺面）	商铺在3500～4000；住宅在折后1700多
桂景湾	北雀路	居住小区内部商业步行街	未发售
美林华轩	北雀路	沿街商住（上下连层，单层约$50m^2$）	约4000

点评：柳北区的商铺价格以主干道的价值为导向，跃进路上首层商铺价格在8000～9000元/平方米之间，偏离主干道的北雀路首层商铺则在3500～4000元/平方米之间。

二、居住物业竞争对手分析

策划人员通过对项目四周一定范围内的商住综合物业进行分析后，对本项目的开发类型已有一个大概的想法，这时，就要针对每种可能开发的物业类型的竞争对手进行分析。若商住综合项目的开发类型包括居住物业，这时就要对可能对本项目产生竞争威胁的居住物业进行分析，分析的内容主要包括：项目名称、地址、开发商、代理商、项目规模、户型及比例、价格、优惠措施、销售状况、广告诉求、推广语、项目优势与劣势等等。在分析这些竞争对手时，除了分析在售的楼盘外，还要分析未来一定时间内上市的楼盘，这样分析得出的结论更具有长远性和科学性。如上海某商住综合项目的居住物业竞争对手分析：

（1）在售楼盘分析

目前天山路沿线、仙霞地区在售楼盘汇总

名　称	地　址	规模（万m^2）	成交均价（元/m^2）	建筑形态	销售率	房型配比
世纪之春花园	协和路788号	11	6096	小高层	30%	二房（42%）、三房（50%）、一房（4%）、四房（4%）
长宁馥邦	天山西路北渔路	9	5345	小高层	20%	两房（33%），三房（67%）。
虹桥河滨花园	长宁路2000弄	8	8241	小高层、高层	80%	一房（8%）、两房（8%）、三房（76%）、四房（5%）、复式（3%）
虹桥万博花园	长宁路、古北路口	12	7800	高层	50%	一房（27%）、二房（40%）、三房（27%）、四房（6%）
春天花园二期	娄山关路999号	16.3	7981	高层	30%	三房（100%）

本项目周边在售楼盘基本上分布在地铁二号线西延伸段沿线，楼盘均价由东向西逐步降低，但大部分都在6000～8000元/平方米之间，基本上形成了以春天花园、虹桥河滨花园为代表的在

周家桥中高档聚居区。

由于上海西区的购房者对本版块的住宅产生了认同感，再加上地铁效应和周边日趋成熟的商业配套，此地段已经形成了由东向西扩展的上海中高档聚居区，人口的大批导入为区域的商业繁荣增添了外部条件。

（2）未来供应量

2003年天山路沿线、仙霞路附近即将上市楼盘

楼盘名称	地　址	建筑形态	规模（万 m^2）	价格（元/m^2）	开发商	销售状况	预计上市时间	备　注
仁恒河滨花园	天山路、苏州河	高层	39.35	10000	仁恒置业	—	2003年下半年	全装修
新天地河滨花园	长宁路、古北路口	—	12	7500	新天地置业	—	2003年上半年	毛坯，送户式中央空调
海逸公寓	天山路、威宁路口	多层、小高层、高层	—	—	海益置业有限公司	—	2003年上半年	主体结构为±0.000
古北丽都	古北路、仙霞路口	高层	10	8000	上海龙联置业有限公司	—	2003年8月份	毛坯、主体结构

此外，目前正在建设中的天原化工厂旧址也聚集了仁恒房产、凯德置业等一批知名开发商，共同打造苏州河长宁段的古北滨河聚居区。预计这一批房源也将于2003年下半年至2004年初集中上市。从目前的预订价格来看，普遍都在8000元/平方米以上，部分楼盘以全装修亮相，开盘价基本上达到10000元/平方米以上。

届时项目周边将形成规模庞大的中高档住宅区，其商贸、购物、休闲的需求将随之进一步扩大，尤其对商业的需求将表现得更为明显。

虽然这些竞争对手在销售上与本项目存在着竞争的关系，但在其他方面这些竞争对手也有值得本项目参考借鉴的地方，因此，策划人员在分析完这些竞争对手后，可以指出这些竞争对手对本项目的借鉴点。如合肥某商住综合项目的居住物业竞争对手分析：

（1）元一·柏庄

1）位置及交通状况

元一·柏庄隶属包河区，位于铜陵路与巢湖路交叉口，109路、146路、122路、133路和31路公交车直达项目现场。

2）规模

元一·柏庄占地面积353亩，建筑面积55万平方米，绿地面积180亩，建20幢住宅，户均绿地面积32平方米。

3）周边配套

周边有五里庙小学和工大附中、二十九中，市二院，邻一环约200米，有家乐福、合家福超市、苏宁电器等大型卖场及红三环体育场、39℃酒吧、金典会、同庆楼。

4）内部配套

24班小学，9班幼儿园，约5万平方米的商业，地下停车场、社区服务管理用房等

5）总体销售状况

元一·柏庄于2005年12月19日开盘，共推出6幢住宅，共1276套，至2006年7月份共

销售住宅941套，总销售率达73.74%，住宅成交均价为3215元/平方米。在元一·柏庄推出6幢住宅中，1幢为小高层，3幢为中高层，2幢为高层。其中中高层、高层共1210套，占总可售套数的94.82%；共销售中高层、高层共887套，占总可售套数的69.51%，占中高层、高层可售套数的73.30%。

从以上统计数据可以看出，元一·柏庄推出的六幢住宅主要以中高层和高层为主，在开盘销售的七个月中，中高层和高层的销售率达到了总推出量的70%左右，平均每月销售去化率达10%，销售状态良好。

6）中高层、高层分幢销售状况

幢号 / 销售参数	1幢	2幢	3幢	5幢	6幢
层数（层）	18	34	18	18	33
总套数（套）	139	258	198	252	363
已售套数（套）	123	178	161	197	228
销售率（%）	88.48	68.99	81.31	78.17	62.80
销售均价（元/m^2）	3178	3196	3260	3160	3236
户型	大三房、小三房				
面积（m^2）	98.12～133.94	108.38～133.82	102.69～132.99	102.66～133.13	101.62～134.28
物业形态	商住一体（一、二层商业）		纯住宅	—	—

7）元一·柏庄成为合肥市住宅类销售冠军必然性分析

从以上六点对元一·柏庄的综合论述，可以分析出元一·柏庄成为合肥市住宅类销售冠军的必然性。

a. 项目位置的优越性及交通的便利性，给项目带来了可持续发展的空间；

b. 项目利用自身开发规划较大，并结合周边的南淝河景观带，在景观上下功夫，减小容积率及建筑密度，增加楼层高度，扩大楼间距，把项目打造成公园化社区；

c. 项目利用周边配套，同时弥补周边配套的不足，使项目的内外部配套结合几近完美；

d. 项目最大限度突破视觉景观限制，首期推出小高层、中高层和高层，并着重打造中高层和高层，迎合了购房者视觉景观需求；

e. 项目的整体成交均价要远远小于包河区的整体销售均价，在价格策略的制定上占据了优势；

f. 项目的大、小三房的户型迎合了目前主流消费者的需求，同时面积设定适中，各幢之间的套建筑面积相互协调；

g. 项目各幢之间的销控做得较好，使各幢的销售去化率比较均衡；

h. 项目幢与幢之间的均价设置较合理，没有大幅度的价格波动；

i. 项目利用元一集团多年来在合肥房地产市场成功开发项目的美誉度积累，使得元一·柏庄一经推出便具有其他楼盘所不具备的品牌号召力，进一步推动了项目的销售去化。

8）本案对元一·柏庄的可借鉴点

借鉴点一：位置及交通的优势；

借鉴点二：项目要在规划设计下足工夫；

借鉴点三：利用周边配套的不足，做商业配套；

借鉴点四：充分考虑购房群体对本案的需求；

借鉴点五：在启动价格上要合理、适中；

借鉴点六：户型的设计要迎合主流群体的需求；

借鉴点七：做好销控很重要，可以减轻尾盘的压力；

借鉴点八：本案底商及销售用房销售均价的设置要均衡，要符合市场的需求；

借鉴点九：项目的营销策划要围绕打造“名盘”的核心点展开。

（2）金地国际城

1）位置及交通状况

金地国际城地处包河区，位于马鞍山南路，902、163、23、705、146、137、154、17路公交车直达现场。

2）规模

金地国际城总建筑面积30万平方米，共分两期开发。

3）周边配套

家乐福超市、合家福超市、红星路小学、银行等。

4）内部配套

3000平方米双层会所、商业步行街、1800平方米幼儿园、户外泳池、下沉活动广场、棋弈广场、果园、儿童游戏区等。

5）总体销售状况

金地国际城共推出8幢住宅，共1911套，至2006年7月份共销售住宅1723套，总销售率达73.83%，住宅成交均价为4754元/m²。在金地国际城推出8幢住宅中，3幢为小高层，2幢为中高层住宅，3幢为高层公寓。其中中高层住宅、高层公寓共1723套，占总可售套数的90.16%；共销售中高层、高层共1220套，占总可售套数的63.84%，占中高层、高层可售套数的70.80%。金地国际城的5幢中高层住宅及高层公寓在2005年10月10日至2006年3月13日陆续开盘。

从以上统计数据可以看出，金地国际城推出的八幢住宅主要以中高层住宅和高层公寓为主，在陆续开盘销售的4~9个月中，中高层住宅和高层公寓的销售率达到了总推出量的60%左右，平均每月销售去化率达7%~15%，销售状态较好。

6）中高层住宅、高层公寓分幢销售状况

楼号 / 销售参数	1号公寓楼	2号公寓楼	3号公寓楼	4号高层住宅	5号高层住宅
开盘日期	2005年12月6日	2006年3月3日	2006年3月13日	2005年10月10日	2006年4月1日
层数（层）	19	16	27	17	33
总套数（套）	306	394	765	126	132
已售套数（套）	292	191	561	117	59
销售率（%）	95.42	48.47	73.33	92.85	44.69
销售均价（元/m²）	5279	5857	4077	3473	3716
户型	一室一厅，带阁楼层高5.4m	一室一厅，层高5.4m		三室二厅及二室二厅带阁楼	三室二厅
面积（m²）	46.66~48.76	39.16~40.43	34.17~38.96	138.49~195.80	101.05~169.08
物业形态	商住一体（一、二层商业）			商住一体（一层商业）	纯住宅

7）金地国际城销售利好因素分析

a. 位置及交通条件俱佳；

b. 内部配套齐全，外部配套成熟；

c. 借助一期项目小高层推盘的成功，带动二期项目中高层、高层项目的热销；

d. 在户型上主推大挑高、小户型公寓，满足了单身贵族、中低收入的购房群体的需求；

e. 大、小户型的价格配比制定比较合理，不同的总价区间面对着不同的收入群体，有效加大项目产品供给层面。

8）本案对金地国际城的可借鉴点

借鉴点一：可将小户型公寓理念引入本案；

借鉴点二：扩大本案产品的供给层面，即产品的多元化组合。

（3）总结

通过以上对元一·柏庄及金地国际城的分析，为本案销售用房的市场定位提供了一定的可借鉴点，总结如下：

1）注重对本案位置，交通，内、外部配套优越性及周边未来规划的宣传；

2）项目的规划设计要充分考虑市场的需求；

3）只有切实了解市场的供需状况，才能制定出合理的价格和优质的户型，才能最大限度地满足客户需求，最终保证楼盘的成功；

4）利用小户型做横向拼合单元，可分可合；

5）本案在产品的组合上要有弹性，即办公可以做住宅，住宅可以做公寓。

三、商业物业竞争对手分析

若商住综合项目打算开发的物业类型中包括商业物业，这时就要对商业物业的竞争对手进行分析。对商业物业的竞争对手进行分析，首先就要确定哪些商业物业是本项目的竞争对手。商业物业的竞争对手与住宅物业有些区别，住宅物业的竞争对手是同区域、同档次、同类型的项目，而商业物业的竞争对手，则可能是不同区域、不同档次、不同类型、不同规模的项目，甚至有可能是全城的商业项目都是我们的竞争对手，这和商业物业的置业需求有关。在购买各类型商铺的客户中，绝大多数客户买铺不是为了经营，而是将买铺作为长期投资的工具，形成了商业物业市场独特而普遍的现象：购铺者不经商，经商者不买铺。因此投资者在选择投资对象时，不管是大型商厦，还是小区商铺，主要考虑项目的投资回报能力。因此，确定哪些物业是本商住综合项目中商业物业的竞争对手，对于商住综合项目来说非常重要。下面举一个在确定哪些商业物业是本项目的竞争对手的分析中做得非常优秀的案例，供读者参考借鉴。

（1）竞争对手的确定

在确定哪些项目是本项目的竞争对手的研讨中，需要考虑以下“四大”要素：

a. 区位差异：如地段差异、位置差异、交通差异、环境差异、人流量差异、商业氛围差异、消费人口差异、消费力差异等。

b. 产品差异：如规模差异、档次差异、物业类型差异、项目配套差异、建筑风格差异、装修风格差异、商铺间隔差异、公共空间差异等。

c. 价格差异：如定价差异、租金差异、付款方式、差异总价差异等。

d. 经营差异：如功能划分差异、经营项目差异、经营模式差异、管理方式差异、进驻商户差异等。

1）区位因素（商圈因素）

2002～2003 年市场上公布的商业项目众多，所处的商圈位置、商业规模也不径相同，其资料如下表：

项目名称	地理位置	所属商圈	商业规模（万 m^2）
五星商业步行街	解放南路与中山路交汇	河北一级	5.2
时代商厦	中山西路	河北一级	约 0.36
蓝色港湾	柳新街 66 号	河北一级	约 1
鸿府	曙光东路 183 号	河北一级	约 0.3
淘园世家	解放南路 139 号	河北一级	约 0.28
华天世纪	解放北路 5 号	河北一级	约 1
本项目	解放南路与曙光中路交界	河北一级	约 2.6
新时代商业港	飞鹅路 53 号	河南一级	19
温州商贸城	飞鹅路 50 号	河南一级	2.7
谷埠街国际商城	飞鹅路、飞鹅二路、鱼峰路交界	河南一级	22
新佳华大厦	飞鹅路 55 号	河南一级	0.7
润和·时代广场	飞鹅路 3 号	河南一级	3
汇鑫源商城	屏山大道与乐群路交界	其他	0.6
五月阳光购物广场	蝴蝶山路 58 号	其他	2.8
长城财富广场	屏山大道与东环路交界	其他	—
康城	北雀路 28 号	其他	0.4
欧雅城市广场	跃进中路	其他	0.6
香森丽园	胜利中路	其他	—

从上表可知，同属一级商圈的项目有 12 个（包括本项目）；其中在售的有时代商厦、蓝色港湾、鸿府、华天世纪、温州商贸城、新佳华大厦、润和·时代广场；建设初期的有五星商业街、时代商厦、淘园世家；筹建中的新时代商业港、谷埠街国际商城；令本项目规划初始即面临较大的竞争压力。

2）产品因素（规模因素）

一般而言，商场的规模愈大，所要求具备的商业配套就愈多，产品的档次就愈显高档；如上表所述，我们可根据其规模将上述商场分为三档：

A 档：面积在 3 万平方米以上；

B 档：面积在 1～3 万平方米之间；

C 档：面积在 1 万平方米以下。

具体划分如下表：

项目名称	商业规模（万 m^2）	档次划分
五星商业步行街	5.2	A
新时代商业港	19	A
谷埠街国际商城	22	A
蓝色港湾	约1	B
华天世纪	约1	B
本项目	约2.6	B
温州商贸城	2.7	B
润和·时代广场	3	B
五月阳光购物广场	2.8	B
鸿府	约0.3	C
洵园世家	约0.28	C
新佳华大厦	0.7	C
汇鑫源商城	0.6	C
康城商铺	0.4	C
欧雅城市广场	0.6	C

就规模而言，本项目属于适中；相对来说，所承担的销售压力也较大；若产品定位准确，施工进度稳定有序，资金回笼的速度较上述各大项目来说，相信会快些。

3）经营因素（经营定位）

据市场部调查，上述商场的定位大致如下：

项目名称	经营定位
五星商业步行街	休闲商业街（Shopping Mall）
新时代商业港	一站式购物公园（Shopping Mall）
谷埠街国际商城	综合市场+专业市场（Shopping Mall）
蓝色港湾	无主题商场
华天世纪	名品广场
本项目	大型商厦（Shopping Mall）（暂定）
温州商贸城	大型商厦（Shopping Mall）
润和·时代广场	大型商厦（Shopping Mall）
五月阳光购物广场	街廊式购物广场
鸿府	无主题商场
洵园世家	无主题商场
新佳华大厦	专业市场
汇鑫源商城	无主题商场
康城商铺	无主题街铺
欧雅城市广场	360m 欧风商业街

从上表分析，受区位因素影响，与本项目产品定位相同的大都集中在同一商圈或相临商圈，这将给本项目带来很大的销售压力，这就要求我们必须有个准确的市场定位，来规避市场风险。

4）总结

由上述分析可知，从在售或即将推售的项目来看，本项目面临直接的竞争对手较多，而且非常激烈，因为最直接的竞争对手就在本项目的附近，而且同商圈、同产品定位。本项目的竞争对手根据市场现况可分为两种：

a. 主要的竞争对手分析：同一商圈的五星商业步行街、蓝色港湾；相临商圈的谷埠街国际商城、新时代商业港、温州商贸城、润和·时代广场等。

b. 一般的竞争对手分析：其他的商业项目。

（2）主要的竞争对手分析

1）五星商业街

a. 开发商：柳州世纪龙房地产开发有限公司。

b. 地理位置：位于解放南路与中山东路交汇处（即东都百货旁）。

c. 总投资额：2.5 亿元。

d. 项目定位：柳州商业街区未来的“城市之心”。

e. 规模：占地 1.22 万平方米，建筑面积 5.2 万平方米。

f. 总体规划：一条长 280 米，宽 13 米的街道（五星路），6 栋建筑主体及配建一座可容纳 200 多辆汽车的大型停车场。其中 1 号楼 1～4 层为商铺，5～15 层为高级公寓；6 号楼规划为酒店，4 号楼规划为百货大楼，并由开发商自行经营。1～2 层为商铺，以经营名牌服装为主，3～4 层以休闲娱乐的茶庄、餐吧、咖啡厅为主。

g. 户型：高级公寓共 148 户，面积在 50～60 平方米之间，户型基本上为一房一厅。

h. 工程进度：整个项目周期为 1 年半，2004 年 5 月竣工。

i. 销售价格：具体的间隔及价格都还未定下，租金约为 300 元/平方米，临街铺面售价在 30000 元/平方米以上。

j. 销售情况：采用租、售同时进行的方式，目前在排号阶段。租的排号到 200 多号，销售排号码到 300 多号；商务公寓已定完。

k. 点评：

（a）位于柳州市中心商业区核心地段，周边是知名商业场所。地段优势很强，能吸引客户的目光。项目未曾打地基，但从目前的订购情况比较理想。

（b）规模大，商业街式布局更有利于吸引人流。但据目测，商业街的实际宽度会比模型上显示小得多，其他建筑也较明显比例不对。这对今后的经营会有很大的影响，也容易引起纠纷。

（c）项目在 2002 年 12 月开始对外宣传，但到目前为止只有一个模型，而其他实在的价格、间隔都还没能定下来，其中间隔将会考虑按进驻单位需要进行相应的调整，说明开发商对项目的信心并不很足，从而使客户心中的信任度大打折扣。

（d）项目定位高档商品，以百货大楼为项目龙头，带动整个项目后期的经营。据销售人员说项目将引进麦当劳和肯德基进驻，对项目的经营档次有较大的提高。但可信度不是很高，如果招商不成功，对项目的声誉及客户的信心都会受到打击。

（e）商务公寓面积在 40 平方米左右，在市商业中心内将很难吸引投资者投资和部分商家做办公场所。

（f）项目周边的竞争较为激烈，而项目对所有铺面一齐推出，市场的压力会很大。

（g）租售同时进行，但没有一个具体协商的方案，在稍后的销售及招租工作将很容易出现混乱。

（h）项目在拆迁中与旁边的清真寺有一定的矛盾，这将会影响项目的形象及工程进度。

2）蓝色港湾

a. 开发商：柳州市永意房地产开发有限公司。

b. 项目地址：柳新街66号。

c. 项目规模：项目占地5658平方米。总建筑面积43000平方米，1~2层为商铺，3栋住宅分别为26层、18层、9层。

d. 户型：一房一厅、三房二厅、四房二厅。

e. 销售价格：商铺一楼均价21000元/平方米；最高25800元/平方米，最低16800元/平方米。二层商铺未推。住宅均价约在3000元/平方米左右。

f. 销售情况：商铺共180户。一层商铺81间，售出35间。住宅销售约有50%。

g. 项目配套：泳池、花园、会所。

h. 交付时间：2004年6月。

i. 点评：

（a）项目位于龙城路、中山路和曙光路交汇处，是传统的商业繁华地段。受市政规划步行街影响，对商业部分的价值有较大的提升。但东侧商铺位于柳江大桥下，其价格及销售受到一定影响。

（b）居住氛围较浓，部分住宅可观江景，对项目形象有一定的提高。

（c）项目的小户型销售约售出20%~30%，但据销售人员说，小户型刚推出不久，接受预定的单位比较少，但市场反映较好。

3）谷埠街国际商城

a. 开发商：柳州环球房地产开发有限公司。

b. 项目地址：柳州市谷埠街。

c. 项目规模：投资12亿元。占地112.24亩，总建筑面积约50万平方米，其中商业面积约22万平方米，住宅约20万平方米，写字楼约2万平方米，设备及停车场约6万平方米。

d. 工程进度：计划2003年4~5月开始拆迁，6月动工。整个施工建设及招商用时一年，2004年7、8月可以实现开业。

e. 商业规划：国际商城共八大区，区内天桥连接，层层相通，楼楼相连。欧式步行街长300米，宽22米。二、三层为专业大卖场，近20万平方米商场由开发商进行统一招商、租赁，计划引进美国沃尔玛、上海华联、德国欧培等国际大集团入驻。5~18层为高尚住宅。

f. 项目点评：

（a）项目得到政府的大力支持，在项目前期各新闻媒体进行了大量的炒作，在项目未开始就树立了知名度和品牌形象。

（b）项目以22万平方米的商场面积投入市场必将会对柳州的商业格局造成较大的影响。

（c）柳州市商业项目的竞争相当激烈，市场是否能承受得了如此大的货量还是一个未知数。

4）新时代商业港

a. 开发商：广西伯成房地产开发有限公司。

b. 地址：柳州市飞鹅路53号。

c. 规模：占地6.6万平方米，建筑面积19万平方米，80%实用率，绿化率25%。

d. 项目规模：项目占地约62078.11平方米，建筑面积为10万平方米，容积率为1.6。计划

建三层商场，商场约有5000个铺位。

e. 货量：一期推出1020间商铺，二期推出980间商铺。

f. 定位：以经营服装、精品为主，并设有餐饮、家电等商品。

g. 间隔：未定。

h. 价格：具体价格未定，一层约为35000元/平方米，二层约为17000元/平方米，三层约12000元/平方米。

i. 销售时间：2003年6月份发售，一期于2003年底交付，二期于2004年1月动工，年底交付。

j. 点评：

（a）项目四周规划有道路，对项目销售有利。

（b）项目地处成熟商业区域，但目前经营气氛欠佳。

（c）项目所在区域内有"温州商贸城"、"时代广场"、"谷埠街"几个同质大型项目同期开发，竞争压力很大。

5）温州商贸城（略）。

6）润和·时代广场（略）。

正是由于商业物业的竞争对手很广，除了一些商业街、购物中心等纯商业项目外，策划人员还要考虑小区底商、甚至是业态定位与本项目区别很大的专业市场是否与本项目构成竞争关系。若已构成竞争关系，策划人员也要对这些商业物业进行分析。如淮安某商住综合项目的商业物业竞争对手分析：

（1）汇通商城

1）位置：汇通市场原一区临大治东路

2）规模：总建筑面积44620平方米，其中商业面积23000平方米。

3）规划：地下为大型车库及部分经营，地上1层、2层为商场，3~6楼为住宅及办公楼。是综合性批发零售市场。商城配套设施先进，空调、自动扶梯、货梯、通信、保安、保洁齐全。

4）售价：单位商铺在14平方米左右主力总价在8万~12万。

单位：元/m²

位置	临街商铺	室内商铺	临大治路
一层	1.1万~1.2万	8500	（略）
二层	—	5800	（略）
地下	—	4800	（略）

5）销售情况：12月28日开工，目前接受内部预定。住宅和办公楼多为回迁安置。

（2）承德商城

1）位置：东临承德南路，南接东大街，北临里运河

2）规模：建筑面积29000平方米，300多户住宅。

3）规划：沿街建筑一层商铺，2~6层住宅；承德路商城主楼5层。

4）售价：一楼承德路店面8000元/平方米，年租金660元/平方米；河南路门面4000~6000元/平方米；二楼售价为3000元/平方米，年租金为420元/平方米；沿街商铺单位面积40平方米左右。临东大街8间门面10000元/平方米，单位面积50平方米；住宅均价1200元/平方米，898~1488元/平方米之间。

5）户型面积：三室二厅一卫/二卫，90～130平方米；二室一厅一卫，44～80平方米。

6）现状与进度：全部竣工，部分交付。住宅销售80%以上，底楼商铺销售70%。

付款方式：一次性付款或分期付款，优惠幅度可达5%。

（3）东大街综合市场

1）位置：承德路与东大街交叉口东北角。

2）规模：占地面积10000平方米，建筑面积30000平方米，其中营业面积16000平方米，900多个营业单位。

3）规划：五金、旧货、农贸市场。1～2层为经营，3～7层为住宅和办公。

4）租售水平：门面面积在50平方米左右，承德路门面房6800元/平方米，场内门面3000元/平方米；门面按150～300元/平方米交纳押金，按10～30元/平方米交纳月租金。住宅一室一厅49平方米，三室一厅80.7/119平方米，售价1080～1480元/平方米。

5）现状与进度：目前市场正在招商中，部分已经营业，期房2002年5月30日交房。

6）付款方式：分期付款或一次性付款，优惠幅度15%元左右。

7）销售情况：沿街90%左右。

（4）荷花池花园小区

1）位置：南临西大街，东临人民路，北接河南西路；

2）规模：建筑面积8万平方米，住宅800多户；

3）规划：沿人民路分南北组团，南边组团为西大街集中商业区，二楼为商铺和办公楼，3～7层为住宅。北边组团一楼沿街为商铺。

4）商铺租售价格：（一次性付款、分期付款、银行按揭50%，10年）

位　置	单价（元/m^2）	备　注
临西大街	8000～10000	商铺面积多为50～70m^2左右
临人民路	6000～8000	
临河南路	4500～5000	
内街门市房	3500～5000	
二层商用办公房	2000～2500	

5）住宅售价：北边组团1058～1628元/平方米有暖气供应；南边组团920～1495元/平方米；

6）工程现状：南边全部结顶，2002年4月交付；北边部分结顶，2002年7月交付；

7）销售情况：120～130平方米销售80%以上，情况较好；商铺销售70%。

（5）白鹭花园·金龙商城

1）位置：北临和平路，南接越河路与里运河相望，东连圩北路。

2）规模：建筑面积44000平方米，住宅420户。

3）规划：沿和平路及越河路一楼和部分二楼是金龙商城营业房，规划为装饰材料市场，3～6层为住宅，沿圩北路是纯住宅房。

4）销售价格：

位　　置	单价（元/m²）
和平路门面房	6800
圩北路门面房	3000
二楼内门面房	2280
住宅	1080~1450

商铺面积多为50平方米以上；主力户型二室二厅86平方米。

5）销售与现状：月底竣工，02年4月交付使用，住宅销售80%多，商铺销售60%左右。

（6）淮海菜市场综合楼

1）位置：淮海北路建业大厦南侧。

2）规模：总建筑面积30000平方米，其中市场面积8000平方米，住宅190户。

3）规划：一层为综合性大型菜市场，除综合楼外，2~7层为多层住宅。

4）销售价格：商铺提供5成10年按揭，住宅7成10年按揭。

位置	单价（元/m²）	备注
沿街门面房	9688~6088	25~30m²
内部摊位	5000~5800	2.9~3.5m²
住宅	1088~1468	65~139m²

5）现状与销售：本月已开工，2002年10月竣工交付。目前已接受内部预定，须交定位金2000元。提供住宅7成10年，商铺5成10年银行按揭。

（7）八二鞋帽服装市场

1）位置：八二路。

2）规模：占地60亩，一、二楼为市场，3~6楼住宅200户。

3）规划：主营服装、鞋帽、小百货，一、二层共计1500个商铺。

4）商铺预定价：（以使用面积计算）

位　　置	单价（元/m²）	备　　注
沿八二路门面房	12000~15000	商铺都以10m²为主；住宅主力户型三室一厅/二厅，110~130m²。
沿菜市场门面房	8000~10000	
一楼内门面房	7000	
二楼门面房	5000	
住宅	1200~1600	

5）现状：近期拆迁，回迁户与登记户比例20%。

（8）总结

从上述的有关资料我们可以看出，目前新增在售在租商住楼基本具备以下几个特点：

1）在建商铺门面房较多，短时间内供大于求，租售招商普遍存在难度；

2）不同区域地段售价差别较大，同一个案沿街门面房与内门市房、一楼与二楼差别较大；

3）各个案商铺定位差别很大；

4）竞争不对手层出不穷，如淮汇通商城、八二鞋帽商城、荷花池小区商铺及正在改造的东、西大街项目等，从目前市场情况看，商业市场竞争已到了白热化阶段。本项目须因势利导，化弊为利，在竞争中胜出。

在分析商业物业竞争对手时，其分析的内容比居住物业竞争对手分析的要多，主要包括：项目名称、地址、开发商、代理商、总投资额、所在商圈、项目定位、项目规模、建筑风格、商铺面积大小、租售价格、付款方式、租售情况、经营业态、经营模式、业态布局、宣传策略、广告诉求、物业属性、项目优劣势等。策划人员可以根据本项目的需求选择分析的内容。如烟台某商住综合项目的商业物业竞争对手分析：

（1）振华购物中心

1）地理位置：本案北沿南大街，南临毓璜顶东路，西临海港路，东临西南河路。振华购物中心地处烟台市繁荣商业中心，与汽车站，火车站，客运站三站比邻，交通十分便利。

2）面积：商业部分总建为筑面积42054平方米，共分为8层；单独分隔面积为5~30平方米。

3）租金：以扣点形式进行出租，扣点率：23%；管理费：1%；保底租金为：10000元/(平方米·年)；1000元质量保证金。

4）售价：不售。

5）租赁率：95%。

6）经营业态：其中一至八层为商场，一层引进国外大型超市（振龙超市）经营，二层为鞋类、化妆品等；三层为男女休闲品牌服饰，四层为少女服饰、五层为男式正装等，六层为家电、电子通信器材等）；七层经营家具，家庭装潢材料；八层为餐饮，儿童游乐园。

7）物业属性：大型商场。

（2）振华商厦

1）地理位置：北临北马路，南近南大街，东靠海港路。

2）面积为：商业部分总建筑面积为16000平方米，共分为8层，每层约为2000平方米，单独分隔面积为40~80平方米；

3）租金：1F：6.0~7.0元/(平方米·天)；2F：4.8~5.5元/(平方米·天)；3F：3.5~3.8元/(平方米·天)；4F：2.8~3.2元/(平方米·天)；5F：1.8~2.5元/(平方米·天)；6F~8F：1.5元/(平方米·天)

4）售价：不售

5）租赁率：100%

6）经营业态：其中1~8层为商场，一层化妆品、金银首饰等，二层至三层为女式服装等；四层为男装，五层为体育类产品，六层为家电、电子通信器材等；七层经营音像制品；八层为家具、家电等。

7）物业属性：大型商场

（3）山水现代SOHO城

1）地理位置：大海阳路北马路口。

2）面积：总建筑面积约为12000平方米，共分为3层，每层约为4000平方米；单独分隔为

自由分隔。

3）租金：目前只售不租为主。

4）售价：1F：42000元/平方米；2F：28000元/平方米；3F：15000元/平方米。

5）经营业态：目前暂定为以服饰、鞋类、金银饰品、化妆品等为主。

6）物业属性：大型商业裙房。

（4）三站综合市场

以下为三站市场内重点专业市场介绍

1）三站市场·宝利商厦

a. 面积：总建筑面积为12000平方米，共3层，每层约为4000平方米。

b. 租金：1F：5~6元/(平方米·天)；2F：3~4元/(平方米·天)；3F：2~2.5元/(平方米·天)。

c. 售价：目前只租不售。

d. 经营业态：主要是以小商品、男女服饰、童装、玩具等。

e. 物业属性：大型专业市场。

2）三站市场·五房韩国城

a. 面积：总建筑面积约为12000平方米，共3层，每层约为4000平方米。

b. 租金：1F：9~9.5元/(平方米·天)；2F：6~6.5元/(平方米·天)；3F：3.3~4元/(平方米·天)。

c. 售价：只租不售。

d. 经营业态：1F：各种精品男女服饰；2F：韩国产女式服饰；3F：床上用品，童装等。

e. 物业属性：大型专业市场。

3）三站市场·棱方园家具城

a. 面积：总建筑面积面积约为15000平方米，共分为3层，每层约为5000平方米。

b. 租金：1F：2.6~3.5元/(平方米·天)；2F：2.2~2.5元/(平方米·天)；3F：1.8~2.0元/(平方米·天)。

c. 售价：只租不售。

d. 经营业态：1~2F：家用家具；3F：办公用家具。

e. 物业属性：大型专业市场。

4）三站市场·数码城

a. 面积：总建筑面积约为30000平方米，共为5层，每层约为6000平方米。

b. 租金：1F：2.1~2.5元/(平方米·天)；2F：1.5~1.8元/(平方米·天)；3~4F：1.2元/(平方米·天)。5F暂不出租

c. 售价：1F：18000~20000元/平方米；2F：10000~12000元/平方米；3~4F只租不售；5层暂时不出租。

d. 经营业态：主要以经营各种数电子产品、电脑耗材、配件等。

e. 物业属性：大型专业市场。

四、写字楼物业竞争对手分析

若商住综合项目的开发类型定位中打算开发具有办公功能的物业时，策划人员就要对有可能与本项目构成竞争关系的写字楼物业进行分析。其分析内容主要包括：项目名称、地址、开

发商、代理商、项目规模、租售价格、付款方式、物业管理费、租售状况、项目配套、停车位数量、客户来源等等。由于商务公寓除了具有居住功能外，还有办公功能，其客户群中有很大一部分与写字楼物业的客户群相重复，因此也有必要对商务公寓进行分析。如合肥某商住综合项目的写字楼物业竞争对手分析：

在2006年合肥市商业办公类的销售排行榜中，蜀山区的旺城大厦共销售面积22430平方米，本年度共销售面积6234平方米，销售率达86%，位列合肥市商业办公类销售第六名。旺城大厦的开盘日期为2005年6月13日，销售到目前的时间共计13个月，平均每月销售率达6.6%。

(1) 位置及交通状况

旺城大厦位于长江西路与官亭路交叉口，3、6、9、18、21.103、110、114、116、124、129、132、140、148、156、158、232、234、705、801.168、221路等公交车直达项目现场。

(2) 规模

旺城大厦总建筑面积4万m^2左右，共计19层。其中1～5层为主题经营商场，面积1.2万平方米，分割产权出售，6层为标准层高住宅，7～19层5.2米复式商务公寓。

(3) 周边配套

学校：安农附中、十六中、四十九中及距离不远的合肥一中、西园小学、乐农小学、农业大学、中医学院；

银行：光大银行、建设银行、农业银行、交通银行；

商业设施：苏果超市、家乐福超市、荣广百货、金满楼贵宾店、蜀王寿福城；

医院：中医院、中医附院、三里庵门诊部。

(4) 内部配套：停车场、绿化

(5) 总体销售状况

旺城大厦共计推出套数603套，已售套数520套，整体均价5500元/平方米，其中1～5层商业裙楼销售率95%，销售均价10000元/平方米；6层标准住宅的销售率80%，销售均价3400元/平方米；7～19层商务公寓销售率80%，销售均价5500元/平方米。

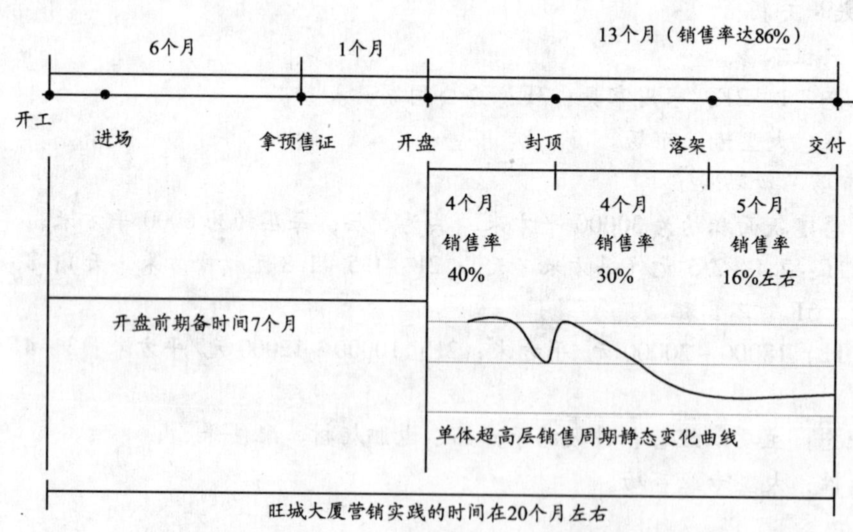

(6) 分幢分层价格及面积分布

楼层 \ 参数	最高售价（元/m^2）	最低售价（元/m^2）	最大面积（m^2）	最小面积（m^2）
1层	35480	20000	101.76	11.21
2层	16400	9000	36.01	10.95
3层	10300	6500	39.56	10.95
4层	9990	5000	39.35	10.76
5层	5300	5300	314.49	52.68
6层	3600	3300	226.68	78.28
7层	5316	4906	80	44.51
8层	5426	4946	80	44.51
9层	5466	4986	80	44.51
10层	5496	5026	80	44.51
11层	5596	5066	80	44.51
12层	5586	5106	80	44.51
13层	5626	5146	80	44.51
14层	5646	5186	140.34	44.51
15层	5666	5206	140.34	44.51
16层	5686	5256	140.34	44.51
17层	5706	5246	140.34	44.51
18层	5706	5266	140.34	44.51
19层	5746	5286	140.34	44.51

从上表可以看出，旺城大厦对各楼层进行小面积产权分割、定价，以小变大，利用套与套之间的自由组合，在一定程度上保证了销售的成功。

(7) 旺城大厦销售的营销实践

从旺城大厦的营销实践可以看出，旺城大厦在经过前期的充分准备后，在销售上取得了旺销的业绩。

(8) 旺城大厦成案总结

1) 地段及交通的优越性是项目成功的首要保证；

2) 项目的建设与周边高层建筑群落相匹配；

3) 周边配套成熟；

4) 项目底商的主题经营商场定位面广，可有效对底商销售进行去化；

5) 项目的产权分割销售使项目的销售更加灵活；

6) 项目的商务公寓采用目前合肥流行的大挑高、小面积的户型，在极大程度上符合主流购房群体的需求。

(9) 本案对旺城大厦可借鉴点

借鉴点一：底商灵活的产权分割形式；

借鉴点二：底商不进行准确定位，而进行广泛定位，有利于本案的销售去化；

借鉴点三：可引入商务公寓概念，亦办公、亦居住，同时可吸纳更多的投资户进行投资。

在分析竞争对手时，也可以通过评分的形式对每个竞争对手进行评分，然后通过总分的高低就能反映各个竞争对手的竞争威胁有多大。但利用这种评分形式来对竞争对手进行分析，其前提是要先制定评分标准。如杭州某商住综合项目的写字楼物业竞争对手分析：

由于本案用地性质的限制，并考虑到本案已处于施工图完成的桩基阶段，我们的分析只有通过同类、同质产品比较才是最科学的。就当前的本案形势来说，应当详尽分析杭城同类可比的甲级写字楼。

（1）甲级写字楼形成的基本要素：

地段——市中心繁华地段；或公认高尚办公区域；

体量——应在30000平方米以上（写字楼部分）；

价格——在杭城售价应在7500元/平方米以上；

配套设施——应有员工餐厅、商务中心、公共会议厅；

大堂——比较气派的大堂；

电梯——应为合资品牌电梯以上水平；

空调——中央空调，但可以分户独立计费；

物业管理——至少是国内品牌物业服务商；

停车位——至少应在2∶1以下水平；

产权的分散比例和租赁配置比例——应由大业主控制产权，保证产权相对单纯。

（2）竞争对手的确定

我们经过删选，在杭城基本达到以上或靠近以上标准的写字楼情况如下：

1）庆春路、凤起路、解放路：杭州瑞丰国际商务大厦、杭州嘉德广场、杭州广利大厦、杭州三瑞大厦、杭州远洋大厦、杭州凯旋门商业中心、杭州金都杰地大厦、杭州同方财富大厦、杭州伟星·东河世纪大厦。

2）世贸、黄龙地块：杭州中田大厦、浙江世贸中心（一期、二期）、绿城·黄龙世纪广场、嘉华国际商务大厦、黄龙恒励大厦。

3）武林商圈地段：耀江发展中心、白马大厦、华浙广场、海华广场、标力大厦、蓝天时代广场。

4）临西湖：西湖国贸中心、广厦西湖时代广场、锦绣天地、西湖铭楼、鸿鼎商务大厦。

5）城站区域：香榭商务大厦、利群大厦、新东方大厦、联银大厦。

（3）竞争对手分析

我们将杭州目前交付使用、待建、在建写字楼以甲级写字楼形成基本要素以相应的评分标准进行评定。评分标准说明：

地段与景观：物业价格组成因素中地段最为重要，景观因素对写字楼影响不如住宅，设定分值35分。

体量：以15000平方米为基准1分，每增加10000平方米加1分，体量越大建筑形态越恢弘，满分为5分。

价格：以杭州甲级写字楼标准7500元/平方米为基准1分，每增加1000元/平方米增加1分。满分为5分

配套设施与外立面设计：此为写字楼增加附加值的重要因素。配套标准以员工餐厅、会议

室、商务中心三项为基准5分，相应增加分值；外立面满分为10分。此项满分20分。

大堂：以200平方米为基准1分，面积增加与挑高设计相应增加分值，满分5分。

电梯：此为硬件设施的重要衡量标准，以合资电梯为基准1分，配比数量越多，电梯越高档相应增加分值，满分5分。

空调：以常规中央空调为基准1分，进口空调、计量使用方便的相应增加分值，满分5分。

物业管理：此项在交付使用物业中尤为重要。以品牌物业服务商为基准5分，相应增加，满分15分。

停车位：基准1分，满分5分。

以下按不同区域列表评分表示，某些项目因尚未确定具体设施，评分标准暂以同类地段、同质产品作为参照。此例表仅供参考。

1）庆春路、凤起路、解放路段

	地段	体量	价格	配套设施 外立面	大堂	电梯	空调	物业管理	停车位	总评
杭州瑞丰国际商务大厦	庆春路与中河路交叉口	50000m²	8500元/m²	配套较齐	大理石铺地	原装奥的斯电梯	中宇中央空调	第一太平戴维斯	140个	69分
	25分	3分	2分	14分	2分	3分	3分	15分	2分	
杭州嘉德广场	庆春路与中河路交叉口东北方	60000m²	9680元/m²	休闲广场、健身房、咖啡吧	花岗石贴墙、大理石铺地	原装奥的斯电梯	中央空调	第一太平戴维斯	300个	70分
	25分	4分	3分	13分	2分	3分	2分	15分	3分	
杭州广利大厦	庆春路与中河路交叉口西北方	50000m²	8500元/m²	估计	无数据估计	原装奥的斯电梯	中宇中央空调	第一太平戴维斯	未定	68分
	25分	3分	2分	13分	2分	3分	3分	15分	2分	

2）黄龙地段、临西湖

	地段	体量	价格	配套设施 外立面	大堂	电梯	空调	物业管理	停车	总评
杭州中田大厦	玉古路173号	30000m²	11100元/m²	员工餐厅、会议室、商务中心	花岗石铺地	日立电梯	顿汉不什空调	第一太平戴维斯	180个	76分
	32分	2分	4分	13分	2分	3分	2分	15分	3分	
浙江世贸中心	曙光路26号	50000m²	12800元/m²	会议室、商务中心	花岗石铺地、	7台日产三菱	中央空调	美国太平洋酒店管理公司	300个	86分
	35分	3分	5分	18分	3分	3分	2分	13分	4分	

续表

	地段	体量	价格	配套设施外立面	大堂	电梯	空调	物业管理	停车	总评
绿城·黄龙世纪广场	杭大路、世贸中心以北	$74000m^2$	12000 元/m^2		挑高	10 台奥的斯电梯	美国特灵	戴德梁行	300 个	82 分
	33 分	5 分	5 分	14 分	3 分	4 分	2 分	13 分	3 分	
嘉华国际商务中心	杭大路 28 号	$50000m^2$	11500 元/m^2	商务中心、员工餐厅、健身房	大理石铺地	6 台奥的斯 2 台芬兰通力	克莱门特空调	未定	200 个	79 分
	33 分	3 分	4 分	15 分	3 分	3 分	2 分	13 分	3 分	

注：此次列表分析暂且不考虑产权问题

3）武林地段、城站区域

	地段	体量	价格	配套设施立面	大堂	电梯	空调	物业管理	停车位	总评
耀江发展中心	环成北路与环成西路交叉口	$26000m^2$	12000 元/m^2	大型餐饮馆、茶吧	大理石铺地、	4 台原装奥的斯电梯	顿汉不什空调	耀江物业管理中心	180 个	69 分
	28 分	2 分	4 分	13 分	4 分	3 分	2 分	10 分	3 分	
大华·星河商务大厦	解放路 89 号	$20000m^2$	7300 元/m^2	商务中心、员工餐厅、会议中心		日立电梯	中央空调	香港怡高物业	100 个	56 分
	20 分	1 分	1 分	13 分	2 分	3 分	2 分	12 分	2 分	
华浙广场	密渡桥与环成北路交叉口	$51000m^2$	12000 元/m^2		花岗石	5 台原装奥的斯电梯	约克空调	华浙物业管理公司	200 个	71 分
	30 分	3 分	4 分	14 分	2 分	4 分	2 分	10 分	2 分	

4）本项目

	地段	体量	价格	配套设施	大堂	电梯	空调	物业管理	停车位	总评
本案	岳王路一号	$50000m^2$	11000 元/m^2	配套齐全，功能互动	设计合理，功能区分	原装进口，配比多	分层分户独立计费	暂定国际物管	车位不足	82 分
	30 分	3 分	4 分	16 分	4 分	4 分	4 分	15 分	2 分	

注：本案写字楼部分根据策划如在配套齐全、功能区分、装修设计到位、物管引进国际品质等情况下，此评分较为合理。

五、公寓物业竞争对手分析

若商住综合项目的开发类型定位中打算开发公寓物业，这时策划人员就要对与本项目构成竞争关系的公寓物业进行分析。分析的内容可以包括：项目名称、地址、规划、开发商、代理商、租售价格、租售情况、配套、物业管理标准、户型及比例、客户来源、优劣势等等。与写字楼物业的竞争对手分析一样，公寓物业的竞争对手分析也可以采用评分的形式。如杭州某商住综合项目的公寓物业竞争对手分析：

（1）高尚酒店式公寓的基本标准

地段——市中心或相对工业、商业区中心；

相对独立——并不存于某一大型社区而与其他住宅产品混杂；

体量——单体1.5万平方米以上，相对独立；

配套——健身房（并提供健身顾问服务）、洗衣中心、24小时便利店、航空售票、邮政服务、餐厅；

物业管理——品牌物业服务商提供有特色的服务；

电梯——品牌电梯；

热水——24小时热水；

停车位——基本满足2：1的停车标准

（2）竞争项目确定

根据以上标准我们可以选出杭城靠近以上标准的酒店式公寓如下：

达盟山庄、凤起都市花园、双牛大厦、三华园、元华广场公寓楼、蓝色霞湾花园、太阳国际花园、方易SOHO、同方超级星期天、瑞丰·格林、北纬30°、世贸丽晶、黄龙雅苑、华门自由21公寓、龙禧PAIACE、广通云河大厦、星都嘉苑。

（3）竞争项目分析

我们将目前杭州目前交付使用、在建、待建酒店公寓，按各项参数列表评分表示，评分标准参照写字楼部分，但考虑到公寓特殊性，增加热水、烟道、周边生活设施便利度等评定标准。评分标准如下：

地段与景观满分35分、体量满分5分、配套与装修满分15分、停车位满分为5分、空调满分为5分、热水供应为3分、物业管理满分为10分、电梯满分为5分、周边生活设施便利度为10分、设置烟道为2分。

	地段与景观	体量	配套与装修	停车位	空调	热水	周边设施	电梯	物业管理	烟道	总评
凤起都市	凤起路与新华路交叉口东南侧	15万m^2	中心会馆，可能有健身房，商务吧	200个 1：2	自行安装分体空调	24小时	较成熟	西子OTIS	未定	有	62分
	25	5	10	3	2	3	6	1	5	2	
双牛大厦	凤起路与建国中路交叉口	53000m^2	棋牌室、健身房等	1：3	分户计费中央空调	24小时	较成熟	迅达	戴德梁行	无	59分
	25	3	7	2	3	3	6	2	8	0	

续表

	地段与景观	体量	配套与装修	停车位	空调	热水	周边设施	电梯	物业管理	烟道	总评
世贸丽晶	教工路与天目山路交叉口东北面	未定	智能化方案未定	未定	未定	肯定会有	较成熟	未定	未定	原则上没有	71分
	29	5	10	3	2	3	8	3	8	0	
黄龙雅苑	西溪路	4.5万m^2	健身、休闲会所	1:2	自行安装分体空调	无	借助世贸及周边运动配套	天津OTIS电梯	怡高顾问	朝北有朝南没有	69分
	31	3	10	3	2	0	9	1	8	2	
元华公寓	人民路	19000m^2	休闲吧，健身房，棋牌室，中西餐厅，运动场	1:1	自行安装分体空调	有	商场，新湖滨景观	通力	自行管理	有	
	32	2	410	4	2	2	8	2	5	2	69分

注：如本项目各项硬件、软件设施都可以达到各项参数要求，本项目将占据较大优势。

（4）小结

我们分析以上物业可看出，杭州现有准酒店式公寓存在以下不足之处：

1）配套不全，或专属酒店公寓配套设施不全；

2）地段优势不明显；

3）管理品牌支持不够，且普遍存在管理不善的问题；

4）产品设计不合理，酒店式公寓的形象不够突出；

5）开发商盲目跟风现象明显，产品专业化程度不高；

6）服务不够到位，不能真正享受到酒店式公寓的服务水准。

公寓有很多种，其中包括一般公寓、商务公寓和酒店式公寓。商务公寓除了具有居住功能外还有办公功能，酒店式公寓是一种能提供酒店式服务的公寓，这两种公寓的客户群主要为商务人士。正是由于这两种公寓的客户群与写字楼、酒店的客户群很接近，因此，在分析竞争对手时也要对项目周围的开发有写字楼、酒店等物业的商住综合项目进行分析。如深圳某商住综合项目的公寓物业竞争对手分析：

（1）明华国际会议中心公寓

1）明华国际会议中心基本情况

明华国际会议中心位于深圳蛇口工业区龟山路8号，背靠大南山，面朝深圳湾，由一栋22层的写字楼和两栋分别高7层和24层的公寓住宅以及一栋四星级的酒店组成的集住、食、商、娱于一体的多功能智慧型大厦群，是按国家旅游局星级涉外饭店四星级标准设计、建造的。酒店占地面积为15600平方米，建筑面积为82193平方米，拥有各类套房、标准房、公寓房共265间（套）、高级写字楼165间。该酒店目前由蛇口招商美仑酒店管理公司管理。

2）公寓部分

公寓住宅楼A栋为7层，每层4户，共28户。公寓住宅楼B栋为24层，其中1～4层为会所，包括了中西餐厅、自助餐厅、酒廊等美食场所及室内恒温泳池、桑拿、按摩浴室、高尔夫练习室、壁球场、保龄球场、健身室、歌舞厅、卡拉OK厅等运动、康乐、休闲场所，5～24层为高级酒店式服务公寓。

3）写字楼户型、价格及出租情况

现写字楼1～3层为大型会议中心，及多功能汇报演示厅、展览厅、派对厅、宴会厅，可召开大型综合会议，4～22层为写字楼，面积从80～200平方米不等，现在只有14～17层还有一些没有租出去，总体出租率有90%，租金原价88元/(平方米·月)，优惠价70元/(平方米·月)，管理费15元/(平方米·月)，包括每天的办公室内及公共区域的清洁，保安，中央空调费及茶水费。

4）公寓户型比例、价格及出租情况

类型	套数	比例（%）	面积（m^2）	卧室	餐厅及客厅	书房	浴室	厨房及阳台	月租（元）	出租率（%）
A1	14	11	54	2	各一	—	1	各一	18000	100
A2	14	11	71	2	各一	1	2	各一	20000	100
B1	30	24	111	2	各一	—	3	各一	25000	100
B2	30	24	122	2	各一	1	3	各一	27000	90
C	30	24	165	3	各一	1	4	各一	38000	77
D	8	6	196	3	各一	1	4	各一	45000	13

5）主要客户

a. 部分大企业常包房用来招待客户；

b. 明华写字楼部分企业客户；

c. 商务、旅行客；

d. 物流业或与港运业务有关的人士；

e. 在蛇口工作的外国人。

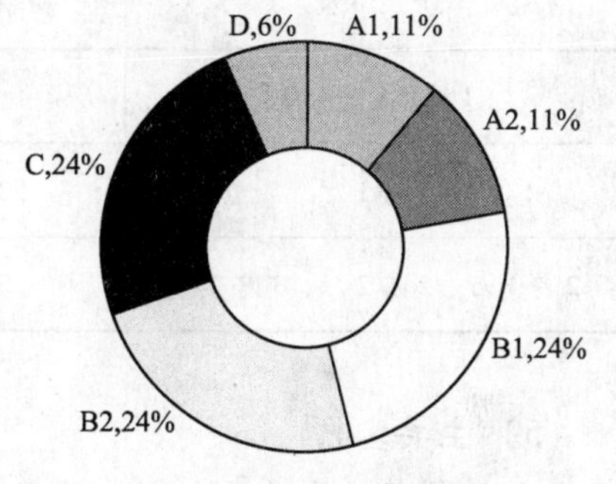

户型构成图

6）与本项目的比较

7）对本项目启示

a. 酒店管理服务一方面提升了项目本身的物业价值，另一方面可以通过酒店本身的客户网络，为项目的持续经营起到良好的促进作用；

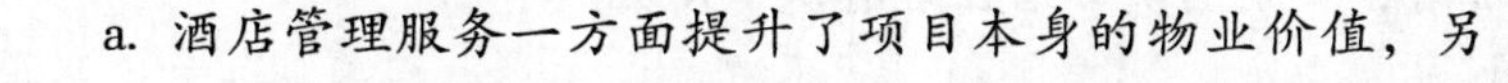

本项目	VS	明华国际会议中心公寓
优势： 与中心区、国际会展中心相邻 福田区政府 配套比较齐全 地理位置较佳 劣势： 周边环境较差 出入不便		优势： 与蛇口港相邻 配套一应俱全 专业酒店管理服务 景观环境极佳 出入方便 户型多样，便于客户选择 劣势： 客户层面狭窄 地理位置偏僻

b. 所在区域蛇口港为其提供了较多的客户来源；

c. 本项目比明华国际会议中心公寓具有更优越的地理位置，应充分利用中心区、国际会展中心资源提升项目形象，发掘项目潜在价值。

(2) 名仕阁

1) 项目简介

名仕阁位于深南路附近，蔡屋围大酒店北面，建筑面积55398平方米。以酒店式公寓的概念推向市场上，受到市场投资者的热烈全民所有，曾经是深圳热销的楼盘之一。

2) 项目配置

大堂部分：大理石地面、艺术吊顶、地下一层会所、电梯共六部（高层三部、低层一部、停车场专用一部）。

房间配置：由业主自行配置，绝大部分为中等装修，内有家具、厨具、冰箱、洗衣机等设备。

3) 配置及楼层分布

地下一层为住客会所、休闲中心、泳池，地面1层为大堂及商场，2~4层为停车场，5~33层为酒店式服务公寓。

4) 户型构成

户　型	面积（m^2）	比例（%）
1房、1房1厅	40	60
1房1厅	50~60	
2房1厅、2房2厅、3房2厅	70~90	40

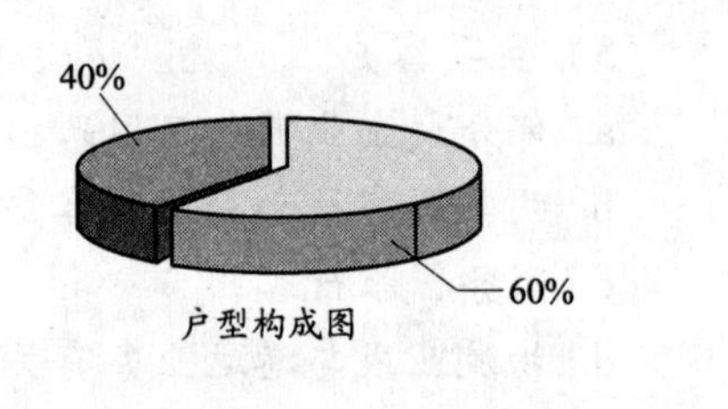

户型构成图

5) 主要客户

当初购买的客户绝大部分为投资者，目前的实际居住者有以下几类：

a. 在地王商务圈工作的白领；

b. 临近部分企业租用为宿舍；

c. 部分经商人士（贸易、实业公司以及香港投资客）。

6) 价格

目前租金：单房40多平方米2600元/月（包家电、家具）；一房一厅60多平方米3000~3500元/月（包家具）。

销售价格：当初销售平均价格约为11000元/平方米。

7) 与本项目的比较分析

8) 对本项目启示

名仕阁在销售时主推酒店式公寓的概念，最初也提供了部分酒店式服务，但在后期的经营管理过程中，由于是自管，物业管理水平根本达不到酒店式的要求，酒店服务功能逐渐弱化，目前该物业的形象档次也逐渐降低，租金水平也随之降低。要保持项目的档次形象及租金水平，必须引入酒店管理机构作为本项目的物业管理者。

本项目	VS	名仕阁
优势： 紧邻CBD 周边配套比较齐全 商务地理位置较佳 劣势： 出入不便		优势： 紧临地王商务圈 成熟社区，配套齐全 出入方便 户型多样，以居住为主 劣势： 酒店式管理不到位

(3) 丹枫白露

1) 项目简介

丹枫白露于深南东路，三九大酒店南面，B 栋建筑面积 21000 平方米，共 300 套，以五星级服务式公寓的概念推向市场，主打投资概念，提出不动产投资新理论，由酒店经营方统一作为酒店经营 15 年，业主无需承担供楼款。推出后，受到市场投资者的热烈追捧，在 40 天内完成 2 个亿销售。

2) 项目配置

由香港著名酒店设计大师（深圳威尼斯酒店的设计师）设计。豪华酒店式大堂，配有异国风情 Q－Café 西餐厅。所有房间均按五星级套房式酒店设置，装修豪华。聘请国外管理团队，按五星级酒店标准经营。

3) 户型比例

户　型	面积（m^2）	比例（%）
1 房	54	10
1 房 1 厅	69	70
大 1 房 1 厅、2 房 2 厅、	85～120	20

户型比例

4) 主要客户

购买客户层次很高，大多数属于闲富阶层或社会名流。

5) 价格

目前租金：试营业期间，商务套房（69 平方米）499 元/日（另加 15% 服务费）；入住率：85% 以上

销售价格：当初销售平均价格约为 11000 元/平方米。

6) 与本项目的比较分析

7) 对本项目启示

丹枫白露在销售时主推五星级服务式公寓的概念，主推“首期 18 万，永不供楼”，销售时大获成功。然后又由国际著名酒店设计机构进行全面设计，引进国际管理团队管理以星级酒店模式进行经营，取得了非常好的效益。丹枫白露最大的成功在于完美地将酒店的概念导入公寓之中，这对本项目有着极大的启示作用。

本项目	VS	丹枫白露
优势： 紧邻CBD 周边配套比较齐全 商务地理位置较佳 五星级酒店一体化 劣势： 出入不便		优势： 罗湖成熟商贸区 双口岸概念 成熟社区，配套齐全 装修豪华气派 先进的酒店管理模式 劣势： 规划为住宅，酒店硬件配套先天不足

（4）分析结论

1）所有项目都利用了所处地段的资源优势。如：明华国际会议中心利用蛇口港码头，名仕阁利用地王商务圈、丹枫白露利用罗湖口岸商贸区等，我们应该在如何利用区位资源上做文章，包括深圳中心区商务圈、国际会展中心、地铁、皇岗口岸、福田保税区、滨海大道等资源，在定位时作充分考虑。

2）所有项目物业功能配套比较齐全，这是商务公寓必不可少的硬件资源。

3）要充分利用酒店设施和酒店式管理为商务公寓服务，引入专业化酒店管理是商务公寓必不可少的软件资源。

在分析项目周边的竞争酒店时，其分析内容除了项目名称、地址、规划、配套等常规分析内容外，还要分析酒店的星级、各种房间的入住价格等等。如上海某商住综合项目的酒店物业竞争对手分析：

名称	地址	星级	门市价格（标准间）［元/（间·日）］	折扣价
绿洲大厦	中山西路555号	三星级	RMB528	RMB320
新苑宾馆	虹桥路1900号	三星级	RMB600	RMB368
三湘大厦	中山西路1243号	三星级		RMB318
国航大厦	虹桥路2550号	三星级	RMB580	RMB350
虹桥宾馆	延安西路2000号	四星级	RMB897	RMB628
世博会大酒店	虹桥路2106号	四星级		RMB730
银河宾馆	中山西路888号	四星级	RMB1400	RMB628
泰古酒店公寓	荣华东道19弄1号	四星级	RMB700	RMB600
西郊公寓酒店	虹许路1151号	四星级		RMB550
扬子江大酒店	延安西路2099号	四星级	RMB1527	RMB1336
虹桥迎宾馆	虹桥路1591号	四星级	RMB1431	RMB888
万豪虹桥大酒店	虹桥路2270号	五星级	RMB2195	RMB1193
喜来登豪达太平洋大饭店	遵义南路5号	五星级	RMB2248	RMB1466
西郊宾馆	虹桥路1921号	五星级	RMB996	RMB598

从上表可以看出：本案所处的特殊地理位置，使其周边的酒店异常集中，方圆2公里以内，聚集了14个三星级以上酒店、其中五星级酒店就达到了3个。大部分酒店都在虹桥开发区的鼎盛时期建造，依托虹桥国际机场的优势，加之各国领事馆的驻扎，将主要客源定位于外籍来沪人员，酒店的出租率都非常良好。而随着国际机场的东移，大量客源的流失使虹桥地区的星级酒店已经不复往日的辉煌。但作为传统的高档宾馆聚集区，加之中国加入WTO后贸易往来的增加，酒店业仍然是虹桥地区的一项重要产业。

第六节　商住综合项目SWOT分析

在经过了对投资环境、行业状况、自身情况、客户群和竞争对手等分析之后，策划人员对大的环境、自身、客户群和竞争对手都比较了解，接下来就要对商住综合项目的优势（Strength）、劣势（Weakness）、机会（Opportunity）和挑战（Threat）进行分析。再分析结束后，策划人员还应该对项目的SWOT分析进行总结。由于商住综合项目的SWOT分析是商住综合项目开发市场分析的最后一步。因此策划人员也要对上述所有的市场分析进行总结。

一、商住综合项目优势分析

商住综合项目的优势来自于项目本身和外界已经存在的一些因素。在分析商住综合项目的优势时，可以从以下角度去考虑。

1. 经济行业优势

若项目所在的城市经济发展势头强劲，人们对衣食住行的要求越来越高，这必定有利于商住综合项目的投资开发。同时，房地产业发展良好，也有利于商住综合项目的投资开发。如上海某商住综合项目的经济行业优势分析：

宏观经济发展是房地产发展的基础，上海房地产市场的良好态势是本案的重要支撑。

2. 政策优势

若商住综合项目能得到当地政府的支持，获得一些优惠政策，必定能大大促进商住综合项目开发的成功。如百色某商住综合项目的政策优势分析：

平果县政府为本项目提供了一系列的优惠政策，为项目的开发提供有利条件。

3. 城市规划优势

若项目所在区域受到城市规划利好，从而提升项目所在区域的地位和形象，有利于项目日后的保值升值。如烟台某商住综合项目的城市规划优势分析：

政府提出新一轮的改造规划（整个南大街以及海港路乃至于北马路进行旧城改造，将会在一段时期内拆除该区域内老旧的邻街商铺及办公物业），全面提升了区域的消费档次。

又如上海某商住综合项目的城市规划优势分析：

市政府对南汇的统一规划，包括产业、教育、交通、风景、旅游、房产等各个层面，这个全面的定位改造计划将南汇在上海的地位提升到一个新的高度，并描绘了一个美好的城市发展蓝图，这也是本案区位价值的重要依据。

4. 市场空白优势

市场空白优势并不一定指市场上没有与本项目相类似或者同类型的物业，它还包括该类物业在数量、档次等满足人们的要求。若商住综合项目具有市场空白优势，说明市场需求量大，竞争项目少，这对于商住综合项目来说其所带来的优势是不可估量的。下面是百色平果县某商住综合项目的市场空白优势分析：

平果县作为工业强县，已连续3年排列广西十强县之首，平果铝业及相关产业的蓬勃发展为平果县培养了相当部分的高消费群体，而平果县目前的商业规模和水平已显然不能满足这部分消费者的需求，本项目的出现，将填补平果县大型购物商场的空白。

又如上海某商住综合项目的市场空白优势分析：

本项目作为综合类建筑项目，其商业、办公、酒店式公寓的综合规划，区别于周边大型住宅社区，弥补了周边市场的空白，切入点、切入时机恰当，将引导周围市场发展方向。

5. 区位优势

地段论不管是哪种类型的物业都适用。若商住综合项目拥有良好的区位和地段，必定成为项目的一大卖点，从而促进项目的销售和出租。下面是深圳某商住综合项目的区位优势分析：

(1) 本项目紧邻中心区，与中心区仅一路之隔，从广义上可视为中心区，狭义上讲为中心区的一级辐射区。本项目具有明显的区位优势。本项目紧邻中心区，本片区特别是南部可视为中央生活区（CLD），本项目在CBD、CLD的连接点枢纽位置，方便工作及生活。

(2) 另一方面，作为中心区的邻居，本项目能吸引大量渴望在中心区办公和居住的人群，特别是想在中心区办公，而对中心区的高房价望而却步的创业型公司。

(3) 会展中心的启用将进一步带动本地区房地产市场，给项目带来新的契机。

又如柳州某商住综合项目的区位优势分析：

本项目所在的城中区是柳州河北的一级商业中心，据最新的城建规划显示：该区的城市功能拟调整为大型商业购物区、商务中心区、文化中心区，其商业功能和旅游功能得到进一步加强，成为柳州城市生活和旅游的核心区。本项目地处“大型购物区”的核心范围，拥有先天的区位优势，对目标客户群有极强的吸引力。

优势应用：城中区的房产开发项目是柳州的“高价区”，其商业地位占据柳州的制高点，在宣传推广方面将有利于本项目。

地段优势

五星、工贸是柳州市最繁华的传统商厦，其周边的龙城路、解放南路、中山路一带是本市商贾云集、商机最深厚的地方。曙光路是市政府规划的一条步行街，是城市未来的一个商业、旅游重心区。本项目位于解放南路和曙光路交汇处，并与五星商厦相邻，其地段优势无可替代，市场潜力有待挖掘。

优势应用：延展柳州五星在柳州商业、娱乐的市场号召力，将利于本项目的推广。

6. 商圈优势

商圈优势对于开发商业物业的商住综合项目来说的，拥有商圈优势是非常重要的。若项目不在商圈内，就算在刚开始时招商成功，日后也很难长久经营下去。下面是柳州某商住综合项目的商圈优势分析：

五星商圈是柳州市民消费的集中区，本项目位于五星商圈最繁华的商业街上，为本项目带来大量的人流、人气。

优势应用：人流、人气是今后经营的最大支持，大量的人流能提供给目标客户信心的保证。

7. 交通优势

对于任何类型的物业来说，地铁物业有利于物业的保值升值。对于居住物业来说，交通方

便有利于人们出行，对于办公物业来说，交通方便有利于公司与客户的来往，对于酒店和购物中心商业街来说，交通方便有利于吸引更多的人，形成人流和资金流。下面是武汉某商住综合项目的交通优势分析：

本项目位于城市内环线主干道和连通道之间，南北有民生路、民权路连接，共有几十条公交线路。本地块离长江一桥、二桥和江汉一桥、晴川桥等只有5～15分钟车程。离本地块约1000米处，有规划中的地铁隧道出口站台，与过江轮渡（码头）仅相距200米。综上所述，项目在交通条件方面的优势，将成为本项目的一大卖点。

又如上海某商住综合项目的交通优势分析：

与机场和海港新村仅20分钟车程是本案天然的地理优势，这里是上海物流、贸易以及交通的汇聚之地，这也是商业发展的先决条件。

8. 规模优势

当地块具有一定的规模时，既有利于降低成本，又有利于产品规划设计。下面是武汉某商住综合项目的规模优势分析：

用地规模和土地的稀缺性：本项目用地面积达2公顷以上，在沿江大道一带，如此大的地块进行住宅开发，无疑具备一定的规模效应。一方面有利于开发商降低项目单方开发成本费用；另一方面有利于项目形成自我的独立环境。若配以完善的生活配套设施，优雅的绿化环境，营造好小区的生活氛围，必能增强该项目的市场竞争力。沿江大道是武汉市长江两岸最繁华的路段，但是该区域适合作为居住房地产开发的土地十分稀少。其地域所自然获得的差异性和稀缺性使得该地块具有获取超额开发利润的必要条件。

又如百色某商住综合项目的规模优势分析：

本项目占地226多亩，首期启动33亩，在未来相当长时期内将是平果县规模最大、档次最高的商业及住宅物业，在未来几年内都可以满足当地人的消费需求。

9. 定位优势

正确的定位是成功的一半，若商住综合项目定位正确，这也是一种优势。下面是百色某商住综合项目的定位优势分析：

本项目前期定位为集购物、休闲娱乐、餐饮为一体的一站式大型购物中心，这在平果县是首开先河，将成为平果县最具标志性的大型时尚休闲购物场所，起点高，具有唯一性，会带来十分高的商业价值。

10. 景观优势分析

若项目周围有良好的自然景观，有利于营造良好、优美的居住环境。若项目周围有人文、历史景观，有利于吸引游客，从而有利于商业和酒店的开发与经营。下面是武汉某商住综合项目的景观优势分析：

本地块所处地段以前是繁华的长江口岸，水陆交通要塞。现在随着长江水运格局的调整和武汉市区跨江大桥的建成，水运码头已经是今非昔比。受市政府对长江沿岸的环境综合整治利好，该区域已由昔日的仓储码头重地变成了市区少有的城市亮点。可以说该区域的自然风景和人文环境充分地代表了江城特色。武汉关周围包括江汉路步行街、租界文物建筑、江滩公园等集历史、文化、自然景观为一体，具有标志性的景点，给本地段添了一张王牌。从另一角度说，万里长江与其最大的支流汉江交汇处泾渭分明的江景也是本地段所特有的一景。

又如柳州某商住综合项目的景观优势分析：

本项目南面望江，与规划中的绿化遗址广场和明代古正南门（待重建）相连，具备极大的景观优势，有助于商住项目的销售。

优势应用：充分利用本项目面江的优势，结合曙光路步行街规划，将本项目南面规划成开阔的休闲购物区，形成旅游购物、休闲娱乐的理想环境。

又如上海某商住综合项目的景观优势分析：

项目周边临近上海野生动物园、上海最大的森林公园、桃园度假村以及区域将建成上海迪尼斯乐园和华东区域最大的滨海高尔夫球场，这里充满着无限商机，这里可能成为未来发展的焦点。

11. 配套优势

项目周边配套完善，既方便人们的生活和工作，又可以减少本项目在配套方面的资金投入，从而降低开发成本。下面是深圳某商住综合项目的配套优势分析：

（1）项目自身拥有一个五星级酒店及商业配套，星级酒店客房、餐厅、大小会议室、娱乐设施、商务中心等项目自身配套齐全。

（2）项目周围有天虹商场、百佳超市、麦当劳、肯德基等商场食肆，生活方便；另中小学、银行、医院等生活配套齐全。

（3）本项目北临中心区，中心区具有最先进的、现代化的、齐全的商务配套设施。

又如武汉某商住综合项目的配套优势分析：

本项目所处地段是大型商业区、居住区和办公区的综合区域，附近的配套设施应有尽有，银行、中小学、商店等一应俱全。这样不仅能够减少小区配套设施的投入，而且对于日后小区的宣传会起到非常大的作用。

12. 企业品牌优势

若项目的开发商为知名的公司，信誉良好，资金实力雄厚，这有利于增强客户群的信心，有利于项目的销售和招商。如烟台某商住综合项目的企业品牌优势分析：

开发商的良好市场知名度，早先成功开发项目的经验为本项目的运作打下了坚实的基础。

二、商住综合项目劣势分析

商住综合项目的劣势和优势一样，都是来自于项目本身或者是外部的一些已经确定存在的因素，在分析商住综合项目的劣势时，可以从以下的角度去考虑。

1. 政策劣势

国家宏观政策的出台，必定会影响整个房地产业的发展。若出台或将出台的宏观政策不利于房地产的交易，这对商住综合项目的影响也是不可估量的。下面是上海某商住综合项目的政策劣势分析：

目前出台的一系列政策（如税收的调高）短期内将会打压商铺市场，虽然影响不会长远，但投资客选择范围将更为谨慎，对于一个刚启动的项目影响还是有的。

又如绵州某商住综合项目的政策劣势分析：

国家对房地产已出台和拟出台的宏观调控政策将对本项目的投资置业群体产生影响。

2. 竞争劣势

若市场上与本项目开发类型相同或相类似的物业太多，供大于求，竞争激烈，必定也会影响本项目的去化。下面是绵州某商住综合项目的竞争劣势分析：

2005 年本市商业物业投资过度，彼此竞争加剧，必然分流本项目的投资置业群体。

3. 商圈劣势

商圈劣势是相对于商业物业来说的。若商业物业不在商圈内，又或者是有其他商圈的崛起，并将取代项目所在的商圈，这对于商业物业来说是非常不利的。下面是泰州某商住综合项目的商圈劣势分析：

市中心区域的大规模拆迁改造致使原有的商业气氛被大大破坏，百货零售经营惨淡，商场一层租金普遍跌至3元/平方米·天以下。而另一方面，五一路等商业街的崛起大大冲击一百商圈，消费人流被分流，一百等传统百货的没落使得市中心商业凝聚力大大减弱。小商户难以维持、纷纷撤走，原有商业价值一落前丈。这种局面对于本项目吸引外来投资者及本地商户经营者非常不利。

4. 道路交通劣势

对于居住物业来说，交通不便影响着人们的出行，对于商业物业来说，交通网络不够完善将影响其辐射范围，从而减少其人流、物流和资金流。下面是深圳某商住综合项目的道路交通劣势分析：

和所有立交桥物业交通问题比较大一样，本项目不便捷。虽有两大地铁站，但都比较远，片区内的公交巴士虽然多，但并没有通过本项目，只能走到福田区委才能享受到这些巴士的便利。

又如柳州某商住综合项目的道路交通劣势分析：

城中区由于历史及城市发展迅速等原因，其交通环境较差，项目所在路段存在停车位严重不足、车行路线单向行驶、出入路面狭窄、人车混行、车辆任意停放等状况，为人流、商贸往来带来极大不便，这是制约当地今后发展的一个重要“瓶颈”，对项目推广不利。按政府规划，曙光路将规划为商业步行街，这将使本区域较为紧张的交通问题更加突出。

5. 地块劣势

若商住综合项目的地块不规则，将会不利于项目产品规划。若项目地块高低不一，将会增加土方工程，从而增加开发成本。下面是柳州某商住综合项目的地块劣势分析：

本项目东西向东高西低，高差最多有4米；南北向中部高、两边低，高差最大有2.6米，地块呈现不平整。项目周边主要道路（解放南路、曙光中路）北高南低、东高西低，对项目的规划、销售及经营的影响较大。

6. 规模劣势

商住综合项目规模过小，难于规划，自身配套相当有限；若规模过大，开发周期过长，投入资金增加，去化的压力将变得更大，这也不利于商住综合项目的投资开发。因此，规模过大或过小都是不利的。下面是泰州某商住综合项目的规模劣势分析：

本项目将近10万平方米的商业体量使得建设周期和销售周期都相对较长；6层高的商业中心设计使得高楼层商铺的去化难度更大；资金投入大而回笼速度慢，后期不可预测的风险也变大。

又如深圳某商住综合项目的规模劣势分析：

项目的占地比较小，在这样小的地块做出如此体量的物业，导致建筑密度和容积率都比较高，而随着人们对工作、居住生活要求的提高，高密度和容积率的物业越来越不受欢迎，尤其是住宅的高密度导致生活外围空间相对狭小，各种资源都容易出现拥挤和紧张。

7. 规划劣势

若项目规划不好，不符合人们的使用要求，又或者是由于规划不科学导致实用率不高，这都会影响着商住综合项目去化。下面是深圳某商住综合项目的规划劣势分析：

600平方米中空大堂设计使实用率大大降低，造成商场可用面积仅为2000多平方米，为招商带来一定限制。

8. 使用年限劣势

使用年限劣势是指由于地块为商住用地，使得部分开发类型的物业其使用年限较短，又或者项目本来是烂尾楼，使得其使用年限变短等等。下面是贵州某商住综合项目的使用年限劣势分析：

项目为商住楼，产权年限只有50年。

又如连云港某商住综合项目的使用年限劣势分析：

由于是商业用地，使得本产品交房时使用年限约为35年。

9. 形象劣势

形象劣势可以是由于项目本身的形象导致的，也可以是由于项目所在片区给人以不好的印象导致的。形象不好，将会使客户群对本项目的信心大打折扣。下面是深圳某商住综合项目的形象劣势分析：

周边楼盘档次趋中，且多为中小型项目。本片区历史为老村区，周边仍有少量农民房，居住居民杂乱，区域形象一般，对本项目档次提升带来一定的难度。

又如烟台某商住综合项目的形象劣势分析：

本案项目的商住公寓部分因其为烂尾楼改造项目，其烂尾形象将会在今后的销售推广中带来一定的影响。

10. 污染劣势

污染劣势除了包括固体废弃物污染、空气污染外，还包括噪声污染。如深圳某商住综合项目的污染劣势分析：

项目紧邻滨河大道益田路及交汇处立交桥，滨河路与益田路特别是滨河路上车辆较多，给项目带来噪声污染。我们建议面朝道路一侧的窗加装双层玻璃。

11. 治安劣势

商住综合项目所在的区域治安环境不好，不管商住综合项目开发哪些类型的物业，都是不利的。下面是武汉某商住综合项目的治安劣势分析：

本项目所处地段有非常旺的商业人气，但是这里也是外地客商聚居的地区之一，治安形势比较严峻。

在分析完商住综合项目的劣势后，策划人员应对这些劣势提出相应的应对措施，使这些劣势对项目的影响降到最低。如深圳某商住综合项目的劣势应对措施分析：

（1）对内对外双重手段减少噪声

对内就是将项目临路部分单位安装隔音玻璃，并对门窗的密封性严格要求，做到尽量减小噪声；对外就是建议市政府在桥路两边安装隔音墙，阻止噪声传向本项目。

（2）细部处理，减少压抑感

项目的高容积率已经成为既定事实，客户对高容积率的概念并不明确，更多的时候是对项目的第一感觉，是否感到压抑成为消费者对项目容积率的最直观判断，本项目如果能在园林规划上做足工夫，尽量让人感觉项目的通透，避免压抑感则可以在最大程度上回避高容积率的劣势。

（3）推广试探、分期分批重点突出

项目的组成部分多，定位难，让消费者完整准确地接受我们的定位就比较难，为了避免项目形象的模糊，推广次序和节奏的把握就比较关键，通过试探性的内部小范围推广，触摸市场的脉搏，然后进行大力度的重点推广，是解决本劣势的一个可行性思路。

（4）设立住户专车

设置近程住户班车对规避本项目的交通不便，具有非常强的实际意义。项目交通不便主要是离地铁和公交站都不近，而不是没有这些配套，相反，项目片区的交通配套其实非常优越，住户专车只要把住户从项目带到地铁站或公交站即可。

又如金华某商住综合项目的劣势应对措施分析：

（1）项目所处的地段尚处在成长期，周边正处于大规模开发建设期，市场认同度有待提高。

思考分析：从本案周边情况来看，周边如江南春城、银泰广场、合信花园、保集半岛以及南国名城还处于大规模建设时期，在环境、配套等方面的成熟尚需时日。

对应策略：强调本案的未来发展趋势——为金华市政府规划的江南区新的商业中心，周边环境的改善随着本案建设完成随之同步完成，同时酒店与周边的配套设施在功能上起到互补作用，增强投资者的信心。

（2）片区内虽然路网发达，但是公共交通不发达。

思考分析：目前本案所处地段公交线路少，出租车抵达该地段的几率较低，造成一种城市公共交通死角的现状。

对应策略：突出新汽车南站的规划，待汽车南站建设完成，市内公交随之完善，同时新商业中心的形成，必将聚集人气，交通状况也会得到改善。

（3）产权酒店的市场认知度不高，市场引导工作强度大。

思考分析：在金华目前选择投资型物业仍以商铺和单身公寓为主，产权酒店由于在当地还没有影响较大的先例，尚未进入投资者的视野，多数人群对产权酒店的投资回报方式不了解，市场推广和引导工作量大。

对应策略：在推广和引导上注重早期介入，采取类比的方式，对投资产权酒店与其他投资进行对比分析，指出投资产权酒店的优势，同时在有关媒体上宣传介绍产权酒店的发展前景。

三、商住综合项目机会分析

商住综合项目的机会主要来自于外部一些因素的变化而为本项目所带来的益处。在分析商住综合项目的机会点时，可以从以下角度去考虑：

1. 城市发展带来的机会

若城市发展加快，为商住综合项目的投资开发提供了一个较好的环境，必定有利于项目的开发。下面是百色某商住综合项目城市发展带来的机会分析：

平果县已连续3年为广西十强县之首，有坚实的工业基础，财政收入丰厚，人民较为富裕。县政府加大城市建设力度，大兴土木，拓宽道路，修建广场，随着平果铝的加大投资建设，高速公路、大型客运站等交通网络、设施的建设完善，将带来越来越多的人流物流，带来的商机也将大为可观。

2. 需求量增大带来的机会

若项目所在区域由于一些因素致使人们对本项目的开发类型需求量增大，意味着市场空间的度大，这对于商住综合项目来说也是一个利好因素。下面是柳州某商住综合项目需求量增大带来的机会分析：

2002年是柳州市“建设与管理年”的开始，老城区大量的房屋被拆迁，导致了住房购买需求和商铺经营需求（或租或买）。一些好地段的商铺会成为商家置业首选。本项目地处柳州五星的商业旺地，会备受投资者及用家的注意，这种由拆迁导致的商住新需求将持续一定时间（如建筑周期等），对本项目而言是利好因素。

3. 交通改善带来的机会

地段论对于任何类型的房地产物业都非常重要，而地段论中一个很重要的因素就是交通因素。若交通得到改善，必定会增大项目的辐射范围，扩大目标客户群的区域范围。下面是柳州某商住综合项目交通改善带来的机会分析：

修建红光桥的目的是改善柳州市南北的内部交通，增进河南、河北市民人际间的交往，促进两个一级商业中心（批发、零售中心）的贸易流通。红光桥建成后（2004年），与跃进路、八一路构成中心城区南北方向的主要交通要道，使中心区的车流迅速分流到南北环路上，能极大改善中心区道路拥挤的状况，能加强南北人流的往来，从而为城中区商业提供更好的休闲、购物、娱乐环境。

又如深圳某商住综合项目交通改善带来的机会分析：

（1）西部通道的建设

西部通道的建设将大大缩短福田与南山、罗湖的通行时间，方便市内各区人士到本项目来，扩大了项目的目标客户群的区域范围。

（2）地铁的建成使用

地铁的开通，更方便了各区域到达本区的交通，利于客户群体的扩大。

4. 景观改善带来的机会

优美的景观可以促使本项目在目标客户群中形成良好的印象，从而有利于项目的销售或出租。下面是上海某商住综合项目景观改善带来的机会分析：

沿江景观的开发——上海市今年将在黄浦江沿岸作滨江景观建设，投入1000亿元，规划2260公顷，10年内建成上海的“塞纳河”，这将为浦东两岸注入更多活力，带动浦东沿岸地价，本案临近黄浦东滨江景观的开发，将带动本区域楼盘，成为本区域的新卖点。

5. 商业氛围改善带来的机会

商业氛围是否浓郁对商业日后的经营非常重要。只有商业氛围浓郁，才能吸引更多的商家进驻。下面是杭州某商住综合项目商业氛围改善带来的机会分析：

杭州东站开始进入逐步改造阶段，东站广场周边部分土地开始动拆迁，进行商业改造。经过改造之后，东站作为连接上海地区的城际车站将焕然一新，随着周边商业环境、交通环境的改善，为本区域聚集人气，营造浓郁的商业氛围起到促进作用，无疑对本项目后期的商业营销提供良好的条件。

6. 会展经济带来的机会

众所周知，会展产业所带来的经济效应是非常巨大的。若项目所在区域有会展中心，其为项目所带来的契机是无法估计的。下面是深圳某商住综合项目会展经济带来的机会分析：

深圳会展中心2004年投入使用，更多的国际性会务活动将更加频繁，会务经济曙光初露。专家测算，国际上会展业的产业带动系数为1∶9，已成为带动交通、旅游、住宿、餐饮、购物的“第三产业消费链”，此为项目发展高级公寓提供强大的支撑点。

又如深圳某商住综合项目会展经济带来的机会分析：

（1）本项目与建设中的会展中心近在咫尺，会展中心的建成启用必将带动中心区南片区的发展和市场的关注，同时提升本区域房地产的市场形象。

（2）会展中心的建成必然使相关周边地区的商务形象得到提升，给本项目入市带来利好。

（3）会展中心的启用将使与展会相关联的中小企业得到发展壮大的机会，同时也为本项目销售带来机会。

（4）会展中心是深圳乃至全国的标志性建筑，本项目含48层酒店，将会与会展中心产生呼

应的效果，提升本项目在深圳乃至全国的高档形象。

(5) 会展中心的启用将给本片区带来巨大的人流，为本项目销售带来契机。

7. 其他方面带来的机会

除了上述所提到的角度外，策划人员也可以从其他方面去发现商住综合项目的机会点。如柳州某商住综合项目的其他方面带来的机会分析：

(1) 五星商圈的商场功能面临调整

我司市调组在本次市调过程发现：五星商圈的商场经营基本以百货公司形态出现，辅以精品服饰商场经营，均强调满足购物功能，忽略了休闲、娱乐功能。但现阶段购物功能富余状况已出现：如两面针大厦、中百商场等商厦正在调整或面临调整，但其设施已出现老化、调整机会不大。本项目作为新的商业楼盘开发，可针对该区“购物功能富余，休闲娱乐功能不足”的情况做规划，既可满足市场的需求，又可找寻本项目的机会点。

(2) 人民广场改建强调城区功能互补

通过人民广场改建规划发现：该规划将城中区分为大型购物区、商务办公区、文化中心区。人民广场周边属于商务办公区和文化中心区，本项目属于“大型购物区”范畴。城区功能划分逐渐明朗、强调优势互补，令同区内的房地产开发不至于盲目。从该规划发现，人民广场的房地产开发侧重于商务楼项目，除少量地面开发商场外，基本以写字楼、地下商场开发为主。本项目作为商住一体开发，住宅部分可考虑商务区的配套需求；商场部分人民广场强调的是旅游、文化功能，而本项目体现的是吃、穿、用、住“一站式”的消费中心，两者还是有区别的、互补的。强调中心区的城市生活和旅游核心区的地位，会给“大型购物区”带来更多的客源和商机。

又如深圳某商住综合项目的其他方面带来的机会分析：

继皇岗口岸24小时通关后，深港两地签署CEPA协议，将给两地经济带来原动力，加速深港一体化进程，利于深圳经济发展，为本项目的销售带来机会，为客户投资带来升值空间。

四、商住综合项目威胁分析

与机会点分析一样，商住综合项目的威胁也是来自于项目外部的一些因素发生变化，不同的是这些因素的变化对项目的投资开发是不利的。在分析商住综合项目的威胁点时，可以从以下角度去考虑：

1. 格局动荡带来的威胁

不管是政治格局发生动荡还是经济格局发生动荡，其对商住综合项目投资开发所带来的威胁都是致命的。下面是上海某商住综合项目格局动荡带来的威胁分析：

世界政治和经济格局处于动荡，将影响外资企业对上海的投资，对本案也将造成一定的影响。

2. 政策出台带来的威胁

房地产行业是一个受政策影响较大的行业，若相关不利政策将要出台，其对商住综合项目造成的威胁是不可忽视的。下面是柳州某商住综合项目政策出台带来的威胁分析：

据有关报道，中国商品房银行按揭政策即将面临调整：多层住宅需要封顶才能提供按揭，高层需建筑至2/3才能提供按揭，部分高端市场限制五成按揭。商品房销售门槛的提高令整个房地产开发界面临洗牌局面，要求开发商具备一定量的开发资金，同时令销售许可时间延后。

3. 供应过量带来的威胁

若市场上同类物业供应过多，竞争激烈，将会增加项目去化的压力。下面是淮安某商住综合项目供应过量带来的威胁分析：

本市内其他大中型商业设施、商业建筑的开发以主要街道、好地段的住宅小区的沿街铺面的市场供应对本案形成竞争压力，造成了商铺在相当程度上的供过于求，使所有商铺都吃不饱，放空闲置，且在价格上形成一定的打压。

又如柳州某商住综合项目供应过量所带来的威胁分析：

柳州市商业竞争十分激烈，在售商业楼盘及潜在商业项目的数量及总量都很多，增长率超过市场的正常容量。项目的销售有较大的压力，局部地段存在泡沫现象（如飞鹅商业项目过度集中、总量过大）。

4. 商圈变化带来的威胁

若项目所在的商圈渐渐没落，其他地方的商圈正逐渐取代本商圈，这对于商业物业来说是一个非常严重的威胁。下面是淮安某商住综合项目商圈变化带来的威胁分析：

近年来其他地区的市场如雨后春笋，相继出现，作为传统老商业街受其影响，生意已大不如从前，市场前景不被普遍看好，商铺价值难以大幅提升。

5. 投资观念带来的威胁

若项目所在地区的人们对房地产或某些开发类型的物业（如酒店式公寓）的投资观念不强，将会影响到商住综合项目的销售。下面是百色某商住综合项目投资观念带来的威胁分析：

本项目的商业模式在当地尚属首次尝试，本地居民对占天占地式的商铺较为接受，对新兴的投资概念的接受需要时间和耐心引导。

又如淮安某商住综合项目投资观念带来的威胁分析：

人们对商业地产的投资观念不强，而投机心态较重，灌输投资观念和利用投机心态是本案销售成功的极为关键的环节。

6. 其他方面带来的威胁

除了上述所提到的角度外，策划人员也可以从其他角度对商住综合项目的威胁点进行分析。如贵阳某商住综合项目其他方面带来的威胁分析：

（1）项目定位太高，正安区内所针对的客户层面很小，上山下乡又很难找准消费对象，推广工作必须做到全面而宽阔。

（2）项目规划方案的操作涉及面很广，在实际过程中每一个环节的控制都极为重要，因为项目开发周期相对较长，中间环节的控制一旦出现问题，势必影响销售，从而增大销售的压力，带来开发的风险。

（3）市场认同度存在一个时机的把握，正安县三大同质楼盘的压力，卖不动带来的风险较大。

策划人员在对商住综合项目的威胁点分析结束后，应对这些威胁点提出应对措施。如金华某商住综合项目的威胁点应对措施分析：

（1）金华现有楼盘中，有相当数量的酒店式公寓，将会对本案形成一定的竞争。

思考分析：在金华市场上，有相当规模的精装修单身公寓，并冠以酒店式公寓之名，实际多为委托物业公司进行管理，但仍旧会对本案造成冲击。

对应策略：针对目标客户群体，在概念上予以澄清，同时强化自身的品牌酒店管理的特色。

(2) 目前作为非主流的产品——单身公寓市场供应大，一旦投资信心下降，销售停滞，就会采取其他途径，改造为产权式酒店出售也是一种可行方式，对本案的竞争威胁加大。

思考分析：目前金华单身公寓的群供量较大、竞争激烈，如若市场滞销，将其改造为产权酒店出售不失为一种切实可行的办法，从而对本案形成新的竞争。

对应策略：强调本案的专业品牌管理优势，突出酒店建设的完整一致性。

又如深圳某商住综合项目的威胁点应对措施分析：

(1) 差异化定位——避免正面竞争

××世纪的主题形象语为“中心区会展新邻，20万平方米城市中坚大社区”和“一个专为城市主流人群打造的中小户型大社区”。通从分析该项目定位可以看出：××世纪的定位为“特权”生活型大社区；虽然也提到会展中心，但是没有实际的利用，只是阐述项目位置；客户群体为所谓的“城市中坚”的“主流人群”。

本项目在定位上有很大空间，与××世纪实现差异化，也就是定位的方向，商住与纯居住的区分；具体说就是对于中心区的配套功能，会展中心的配套服务功能，如果定位的方向一样，即如果也定位为住宅，酒店形象带给本项目的高品质高层次感也使定位实现了差异化。

(2) 打击对方弱点——高形象、高品质、高信心

皇都广场为多年的烂尾楼工程，在客户中的形象大打折扣，用我们的优势克对方的劣势，胜算增加很多。

(3) 推广重点的策略调整——抓住已有，放眼周边。

项目推广时可以考虑对中心区的已经入驻公司（尤其是国际知名的实力型公司）进行重点推售，用团购等促销方式掀起销售热潮，带动周边片区客户的入市。

策划人员在对商住综合项目的SWOT进行分析时，除了可以将项目的优势、劣势、机会和威胁分析分别写出来外，也可以把它们写在一起，以矩阵的形式来表达。如金华某商住综合项目的SWOT分析：

项目SWOT分析矩阵

Strength 优势分析	Weakness 劣势分析
S1：临近八一街、双龙街、环城路等城市交通主干道和330国道，区域内路网发达，交通通畅； S2：项目所在片区为市政府规划的新商业区，周边是新兴高尚住宅区域，对于项目本身的品质有互补性的提升； S3：在金华的现有楼盘中，还没有产权式酒店，项目本身具有一定的品种优势； S4：项目所处的地块与南国名城景观大道相邻，园林景观和配套上能起到优势互补	W1：项目所处的地段尚处于成长期，周边正处于大规模开发建设期，市场认同度有待提高； W2：片区内虽然路网发达，但是公共交通不发达； W3：产权酒店的市场认知度不高，市场引导工作强度大
Opportunity 机会分析	**Threat 威胁分析**
O1：新的汽车南站在项目东南面建设，提升了市场对项目的关注度； O2：本项目是周边地区第一家高档酒店，能较好地融入地区配套设施中，并形成主导地位； O3：旅游产业的快速平稳发展，分时度假观念的形成，本案外地市场前景看好	T1：金华现有楼盘中，有相当数量的酒店式公寓，将会对本案形成一定的竞争； T2：目前作为非主流的产品——单身公寓市场供应大，一旦投资信心下降，销售停滞，就会产取其他途径，改造为产权式酒店出售也是一种可行方式，对本案的竞争威胁加大

五、商住综合项目SWOT总结分析

策划人员在商住综合项目的SWOT分析结束后，接下来就要对这些分析进行总结。如柳州某商住综合项目的SWOT总结分析：

从SWOT分析可知，本项目在区位、景观、地段、人气、项目可塑性、配套等几个方面具备优势，在项目地块、交通、商业气氛、水患、回迁因素等方面存在不足，因本项目尚处于策划销售初始阶段，只要能解决好种种不足及威胁的影响，再辅以差异化的市场定位，把握住市场机遇，必能取得较理想的销售业绩。

又如上海某商住综合项目的SWOT总结分析：

综合SWOT分析，我们认为，南汇商机的前景是本案区位价值体现的重要依据，如何提高区域知名度，挖掘客户资源是本案注意的重点，如本案能有效利用占驻商铺市场的“气位”，将动线“接点”地利优势转化成品牌、口碑，并最终形成商业优势，则本案商铺的成功推广就有较大把握，当然本案也存在着这样那样的缺陷与不足，如何弱化这一块的不利影响需要开发商与企划、营销代理机构共同努力。我们认为，通过良好的形象包装和有条理、有针对的市场推广，我们能够在保证去化速度的前提下进一步提升产品价值。

通过对商住综合项目的SWOT进行总结分析，可以为项目接下来的各种定位提供参考性依据。如武汉某商住综合项目的SWOT总结分析：

根据SWOT理论分析，该地块在市政配套、交通设施及区位位置有较大的优势，但考虑到本地块临近沿江大道和黄陂街马路，汽车噪音对小区环境造成的一定的影响，而且周围的环境形象还有待提升，所以，该地块不适于建成低层豪宅。另一方面，根据本地块附近的楼盘定位都是中高档楼盘，因此，本地块的定位不能偏离中高档路线太远。但项目不能被周围楼盘的定位限制了自己的思路，因为该小区地块所处的独特位置，且具有一定的土地规模和发展空间，这样更利于小区的规划与设计。为营造良好的居住环境，所以小区在设计上、环境规划上要大胆创新，从品质上超过周围楼盘，这样，该项目的售价也比周围楼盘价格高，从而最终使本楼盘在沿江大道形成“领头羊”地位。

在总结分析结束后，策划人员可以根据总结分析的结论对项目提出建议。如郑州某商住综合项目的SWOT总结分析：

综上所述，虽然所处位置是在未来的城市发展区域，但项目地块的综合环境较为复杂，将严重影响项目的综合素质，所以在项目的开发建设与项目的营销中重点在于保证项目物业的品牌及形象的基础上，还要加强以下方面：

(1) 改善项目周边综合环境，提高项目的整体形象。

(2) 提高项目产品力，进一步塑造高品质项目形象及开发商自身品牌。

(3) 利用营销包装和郑州市地产营销水平较低这一最大机会，运用合理、适度超前的营销手段，促使项目成功。

六、商住综合项目市场分析总结

商住综合项目的SWOT分析是市场分析的最后一个环节，因此，策划人员在对商住综合项目的SWOT分析结束后，应对项目的市场进行总结。如南宁某商住综合项目的市场分析总结：

(1) 市场分析结论

1) 南宁目前各商业业态有着较大的发展空间来自于外部环境的变化和内部发展的需求。从南宁市总体商业布局来看存在着较大机遇。

a. 从内部发展的需求看，由于城市规划建设和交通格局改变，使目前南宁商业区域布局明显不适应这样的发展要求，商业区域布局的变化导致业态结构产生新的整合。由于南宁软环境和硬环境逐步变好，经营条件不断改善，现有各行业经营户在不断寻求新的发展机会，外来新增客户也看好南宁的市场并逐步渗入，南宁商业整体上面临盘整，致使南宁市商业业态朝专业化和规模化发展。

b. 从外部环境看，“南博会”定址南宁的大好形势下，南宁不仅是区域交通枢纽，而且在向集国际化交通枢纽、区域性国际化商贸中心和国际化现代型物流体中心的发展方向迈进，商业的进一步发展被政府和商业界高度重视，这必将引起南宁市各行业区域布局产生新的整合，从而对商业业态的结构和经营方式产生影响，导致了新商业街的出现。

2) 目前南宁市商业物业仍然存在着巨大机会。本项目处于朝阳与七星两大商圈的交汇处，人流、物流、资金流等各方面的商业氛围浓厚，对本案而言，项目面临众多的商业机遇，市场前景一片光明。从区域商业分布及布局结合项目所处区域，本项目商业宜走高端的差异化发展路线，引进中西合壁的先进商业理念，做专业的高档产品经营定位。

(2) 市场分析综述

1) 南宁城市“136”工程的积极推进，南博会将每年定期举行、中国——东盟自由贸易区的建立、泛珠三角经济圈等利好形势，是南宁城市商业发展强大的动力和催化剂，同时南宁城市商业得以不断重新整合，本城商业将出现难得的发展契机。

2) 购物、娱乐、休闲，集多重功能于一体的步行街是城市发展永恒的主题。如南宁市兴宁路步行街的购物、娱乐、休闲是青年男女流行逛街的场所。本项目拟以充足的配套、优越的地段、无可复制的临江景观、休闲广场，将避开南宁兴宁路步行街先天不足所带来的发展局限性，“再造南宁商业步行街”将成可能。

3) 中山路（即本项目改造路段）为南宁市传统著名的“小吃一条街”，其紧临七星商圈和中心区商圈两大商圈，民族大道和邕江大桥的立体交通主轴，周边便捷的交通配套，以及历史所积淀下来的老南宁悠久、浓厚的商业文化，将使本项更具竞争优势。

4) 近年来南宁城市商业物业的发展主要以中高档产品为主，且投资市场较为看好，如南宁万达商业广场与华星时代广场等，但市场竞争的异常激烈、残酷也罢在面前。本项目商业宜走高端的差异化发展路线，引进中西合壁的先进商业理念，做专业的高档产品经营定位。

5) 目前南宁市商业物业仍然存在着巨大机会。本项目处于朝阳与七星两大商圈的交汇处，人流、车流、信息流、资金流等各方面的商业氛围浓厚，对本案而言，项目面临众多的商业机遇，市场前景一片光明。

第二章　商住综合项目定位分析

准确的定位是商住综合项目成功开发的基础，商住综合项目的定位要以市场分析为依据，只有这样才能保证项目定位的准确性与科学性。商住综合项目的定位可以包括：开发类型定位、档次定位、客户群定位、主题定位、案名定位、形象定位、功能定位、产品定位、业态定位和价格定位。策划人员应根据项目的需要选择定位的内容。本章将对这些定位进行介绍。

一、商住综合项目开发类型定位

商住综合项目既可以开发居住用途的物业，也可以开发商业用途和商务用途的物业。商住综合项目开发类型定位就是要确定项目所要开发的物业类型及其比例，使得地块的价值得以充分发挥，从而实现开发商利润的最大化。

1. 地块价值分析

虽然是同一个地块，但由于地块四周的环境景观不同，交通和商业氛围不同，使得同一地块的不同区位其价值也不同。商住综合项目开发类型定位是以地块价值得到充分发挥为前提的，所以在开发类型定位前，应对地块的价值进行分析，然后再根据地块的价值进行开发类型定位。如杭州某商住综合项目的地块价值分析，该案例的亮点有两个，第一是分别分析了项目地块的居住价值和商业价值；第二是先对项目地块的价值进行分析，再说明项目的核心价值体系如何建立。该案例的原文如下：

(1) 地块价值分析

1) 地块居住价值划分

a. 划分依据：

(a) 周边环境及景观条件；

(b) 社区交通条件；

(c) 地形条件。

b. 地块居住价值划分示意图：

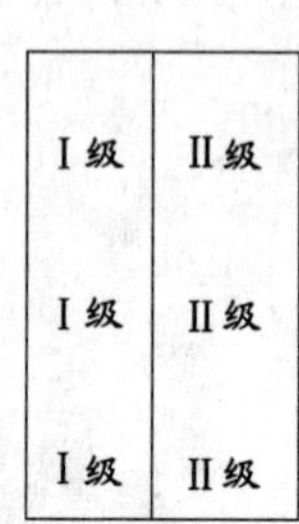

c. 地块居住价值判断：

(a) Ⅰ级用地

优劣势：社区交通便利。

适合产品：开发潜力大，适合本项目中的舒适型部分产品，建议物业类型为小高层和高层。

(b) Ⅱ级用地

优劣势：距离铁路较近，噪声振动较大。

适合产品：适合本项目中的经济型部分产品，建议物业类型为高层。

2) 地块商业价值划分

a. 划分依据：

(a) 人流量大小；

(b) 道路交通状况；

(c) 地形条件。

b. 地块商业价值划分示意图：

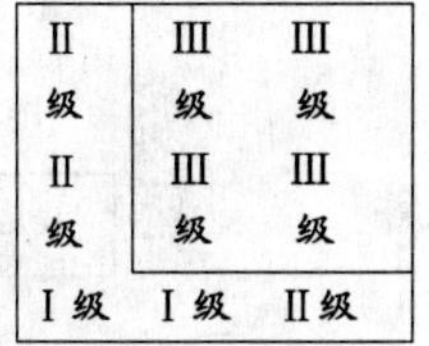

c. 地块商业价值判研：

(a) Ⅰ级用地

东南侧地块临麦庙路、新风路，两面沿街，距杭州火车站东站最近，南侧毗邻通往东站的道路，交通比较便利，商业价值更大。适合本项目集中式的商业部分。

(b) Ⅱ级用地

西侧地块毗邻项目主要道路——新风路，沿街面长，商业价值较大，适合本项目配套的商业部分。

(c) Ⅲ级用地

此类地块东侧为铁路，商业价值低，不适合做商业用地。

(2) 项目核心价值体系的建立

1) 项目资源优势整合

运用自身资源优势和整合资源优势，构建项目整体资源优势，具体示意图如下：

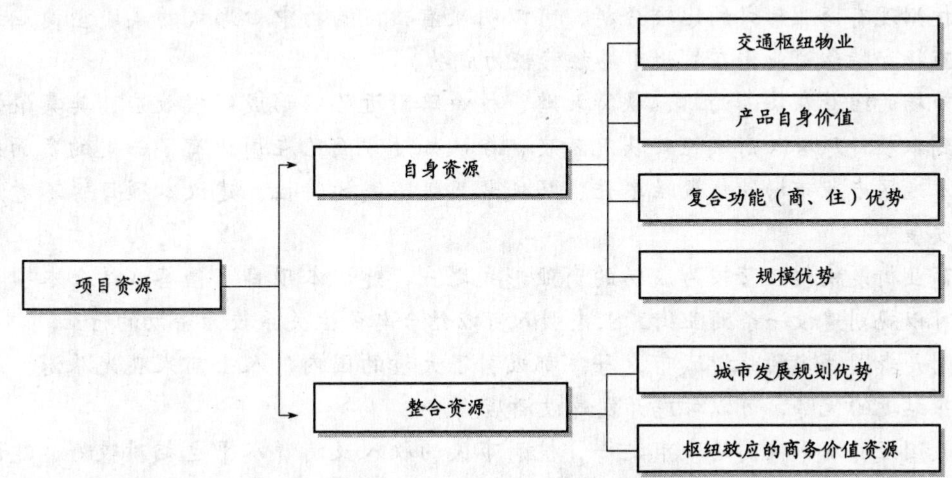

2) 项目核心竞争力体系的打造

a. 步骤

从市场空白点和竞争项目的弱势出发，整合项目优势资源，打造项目的核心竞争力体系，树立项目差异化的竞争优势。

b. 核心竞争力体系

本案的核心竞争力首先是建立在本案自身所独有的优势资源和××品牌效应的基础上，同时站在城市发展战略的高度，从区域规划的优势联动到板块塑造、开创顺应城市发展的新居住模式，对本项目的基础竞争力进行一次全面的跃升。

本案的核心竞争力可分为两个层面，分为基础核心竞争力体系和跃升核心竞争力体系，其具体表达如下图：

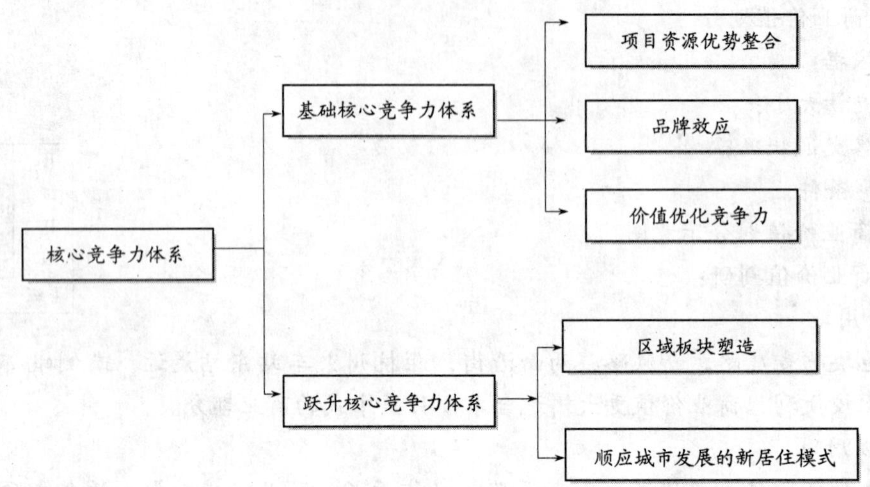

2. 项目开发类型定位

在对项目地块价值的分析结束后，策划人员可以根据之前的市场分析和地块价值分析，对商住综合项目的开发类型进行定位。如杭州某商住综合项目的开发类型定位：

结合市场分析以及地块自身的实际情况，现本项目定位有以下思路：

(1) 商业

通过杭州现有商业形式的比较分析，可以明显看出，购物中心形式的集中型商业经营难度大，专业市场和特色商业街在杭州市场经营较为成功。

专业市场的经营在艮山西路、秋涛北路、杭海路附近已经形成规模效应，其集聚性可见一斑。考虑到本项目原××商城经营状况不良，在认知度方面已在周边有了一定的负面效果，并结合目前本地区专业市场的集聚性不佳、居民聚集度不高的特性，建议本项目暂不考虑向专业市场方向发展。

特色商业街是杭州经营较为成功的商业形式之一，建议本项目可借鉴。结合本项目地块实际情况，可以规划建设一条商业街，业态引入可以结合与民生关系较为密切的行业。

因杭州是我国著名的旅游城市，每年都吸引了大量的国内外人士前来观光旅游，结合本项目距杭州东站近的优势，可以考虑开发建设酒店。

作为我国经济水平较高的城市之一，杭州市民的收入及消费水平也相对较好，建议引入部分休闲娱乐业来满足人们的需求，并能弥补区域内这类商业业态的不足。

考虑建设部分配套型商业来满足未来居民日常生活的需要。

(2) 住宅

受近期连续出台相关政策的影响，杭州楼市在短期之内出现了一定程度的波动，但波动范围相对有限，对买房投机者的影响相对较为严重。但随着政府宏观调控的不断深化，房地产市场发展将趋于平稳化，房地产投资也将从短期投机的现状向中、长期投资转变。房产需求将日益理性化，使购房者对房屋的实用性也将日益重视。结合本项目地块的实际情况，建议住宅产品走较为适合城市居民居住的生活型路线，住宅档次不宜过高（豪宅），中档偏上较为适宜。

结合政府提出“建设社会主义和谐社会”的方针，本项目住宅开发可以以“建设杭州和谐社区”为目标，打造一个真正适合杭州市民居住生活的“主流住宅”小区，客户群体考虑以居住型为主。

在对商住综合项目进行开发类型定位时，策划人员可以提出几个开发类型方案，以供比较后选择。如百色某商住综合项目的开发类型定位：

项目占地面积226.224亩，可供选择开发方案如下：

方案一：纯商业物业。

项目所有用地开发商业物业，西面A、B区开发大型购物中心，其余土地开发专业市场。此方案理论上利润巨大，但商业体量过大，与当地市场支撑力不足形成严重的矛盾，市场风险巨大。

方案二:大型购物中心+专业市场(85亩)+住宅(70亩)。

在项目地块西面的A、B区（共46亩）开发大型购物中心，地块南面85亩地开发专业市场，地块北面70亩土地开发住宅物业，地块南面沿街部分25亩做占天占地产品，规划为商业街。本方案与方案一相比，增加了住宅物业的开发，大大降低了市场风险，但商业物业的规模仍显过大，市场容量有限，仍具相当的风险。

方案三:大型购物中心+专业市场(55亩)+住宅(100亩)。

在项目地块西面的A、B区（共46亩）开发大型购物中心，地块中部的55亩地开发专业市场，地块东面的100亩土地开发住宅物业，地块南面沿街25亩地做占天占地产品，规划为商业街。比较方案一，本方案减少商业用地，增加住宅用地，产品形态的组合搭配较为合理，虽然牺牲了一部分商业方面的利润，但增加的住宅物业市场需求量大，风险较低，项目整体的市场风险也得到降低。住宅物业可采取多层与小高层混合的开发形态。

3. 项目开发类型定位的依据

在对商住综合项目的开发类型定位结束后，策划人员应对该定位的依据作出说明，说出为什么如此定位，使得该定位有据可依。如上海某商住综合项目开发类型定位的依据：

（1）项目定位

根据对目前周边环境的分析，初步将本案定位于集办公、酒店式公寓、商铺于一体的综合性小区。商业总面积为3万平方米左右，沿天山路和遵义路分布，发挥其最大的商业效应，建议建上下二层。其余为办公楼或酒店，其产品分配采取三种方案：

方案一：总建筑面积133400平方米，其中商铺面积33400平方米，小户型办公5万平方米，普通型办公5万平方米。每层设公用卫生间，套内设卫生间。

方案二：总建筑面积133400平方米，其中商铺面积3.44万平方米，小户型办公3.3万平方米，普通型办公3.3万平方米（除公用卫生间外，每套办公房自带卫生间），酒店式公寓3.3万平方米。

方案三：总建筑面积133400平方米，其中商铺面积3.44万平方米，小户型办公5万平方米，酒店式公寓5万平方米。

（2）定位依据：

1）办公楼

a. 目前市场可售性小面积办公楼供不应求；

b. 上海实行非居住房屋租售并轨后，商用房由此获得了更大的市场空间；

c. 上海市经济的腾飞，必将创造更多的商贸机会，小型企业将越来越多。

2）商铺

a. 商家对区域的认可度较高，“店多成市”这条商业谚语在天山路又一次得到了印证，几乎所有的商家都对这个区域持认可的态度；

b. 地铁营建带来更多商机，此次天山路地铁车站的建设虽然是对沿线商业的重大打击，但地铁通车后为该地区带来的不仅是巨大的人流，同时也将带来无尽的商机；

c. 可售性小面积商铺紧缺；

d. 实现开发商利润的最大化。

3）酒店式公寓

a. 高级酒店公寓趋向饱和，市场向中档化靠拢；

b. 产权出售可尽早实现利润的最大化；

c. 投资成本低、回报率高。

又如深圳某商住综合项目开发类型定位的依据：

常规情况下，商住综合项目定位的方向有以下两种：

纯住宅物业：项目用作纯居住使用，没有商务办公用途，一般为大型的居住社区，地段相对偏远，不属于繁华地段，配套比较完善，居家环境好。

商住物业：项目可以用作居住使用也可以办公。一般地段优越，处于商业或商务的繁华地段，交通便利，单体建筑比较多见，从目前商住物业的使用情况看，商住物业用作住的比较少，约30%，用作商务办公的比较多，占70%左右。

通过对本项目自身特征和所处市场环境的综合分析，认为本项目的定位思路应该突破以上思路的局限，在走商务居住思路的同时又与常规的商务住宅物业相区别，走商住物业中，部分产品偏商，部分产品偏住的思路。理由如下：

（1）走纯居住路线不能支撑项目高价格。

项目对面的皇庭世纪均价不到7000元/平方米，最终实现价格6500元/平方米左右，而从居住素质角度分析比本项目更具优势，难以超越对手实现高价格和高销售率，所以走纯居家路线是不可行的。

（2）本项目的内外在条件更适合走商住路线。

达到高均价必须将本项目与中心区的项目做比较，向中心区看齐。本项目具有该方面的优势，离中心区50米，离会展中心70米，本项目作为中心区尤其是会展中心的配套具有无可比拟的优势，而作为附属中心区的配套，商住路线是最佳切入点。

（3）项目体量大，户型差异明显，适合有所偏重。

本项目除去商业部分建筑面积为14万平方米，其中酒店和办公用面积约为5.3万平方米。其余还有8.7万平方米物业需要确立定位。如果该部分全部用作商住，则总体的商住面积和办公面积将超过12万平方米，定位的单一将使项目风险加大。理性的考虑是根据项目的内部户型的差距，进行分别定位，减小风险，确保成功。

4. 项目开发类型定位的可行性评估

在商住综合项目开发类型定位的最后，策划人员还要对该开发类型定位的可行性进行评估，分析其实现的可能性和关键因素。如百色某商住综合项目开发类型定位的可行性评估：

（1）商业项目定位可行性评估

1）项目定位对平果商业及区域商业的影响

本项目定位为“平果规模最大、档次最高、环境最好、品种最齐全的地王级商业中心”，对

平果商业和区域商业产生以下影响：

a. 超前的开发理念，全面突破平果现有的落后商业形态，构建新型、先进的商业形态，引领现代商业发展潮流，具有开创先河的意义，将大力推动平果商业现代化的进程。

b. 作为区域乃至城市的商业龙头，有利于促进从区域到整个城区的商业繁荣，促进平果新城中心的发展成熟，未来将成为新城区的商业中心。

c. 填补平果及周边县市目前无大型购物中心的空白，刺激潜在购买力，促进城市繁荣，提升城市形象，扩大城市的影响力。

d. 引入广西零售业巨头——南宁百货（或柳州百货），促进平果商业发展。

e. 本项目的定位打破目前平果商业物业无规划、无经营主题的自然初级发展局面，将发展为平果新一代商业物业的样板工程，实现良好的经济与社会效益。

2）项目定位实现的可能性与现实性

a. 区域的发展规划，为项目的定位提供了良好的发展前景。

b. 产品定位具有前瞻性，在整体形象及附加价值等方面都超越了现有的产品，在提供物质满足的同时也注重消费者精神层面的需求，以多元化的功能构建项目综合竞争优势。

c. 平果及周边县市缺乏大型的购物中心，本项目的建立将填补市场空白。

d. 平果经济实力较强，中高收入群消费力强，以平果铝职工为代表的消费群体将有力支撑本项目。

e. 国家加大对平果铝的投资建设，南宁—百色高速公路、大型客、货运站等交通网络、设施的建成，将使人流量大大增加，成为项目的支撑人口，同时也加大了项目的辐射力，拓宽了项目的辐射范围。而平果县城人口在不断增长，2010 年规划人口达到 20 万人，本项目作为具有特色的大型商业物业，其市场空间较大。

f. 区域消费者越来越趋向于追求新潮和时尚，高档、时尚、多元化的经营，对于区域消费群体具有极大的吸引力。

g. 实现项目的定位，招商是非常关键的一环。

h. 针对消费者购物、休闲、娱乐、餐饮等需求，项目应能获得平稳经营。

3）项目定位实现的关键因素分析

a. 建设速度快：以快制胜，抓住良好的市场发展时机，加快建设，尽快入市。

b. 过好“三关”：规划设计关、产品关、营销关

c. 招商：本项目的商业面积对于一个县城是非常庞大的，招商工作的顺利与否直接关系到项目的成败。因此，组织好招商，充分展示本项目的优越性，制定较有吸引力的招商措施是至关重要的。能否着入南宁百货或柳州百货一类的品牌主力店，对定位的实现具有至关重要的影响。

d. 推广：推广是在销售及招商过程中最重要的环节，买家及商家谋的是利益，卖家提供的是经营平台，实际上双方的利益是一致的，重要的是要将有价值的信息，通过推广使买家及商家认识到商机的存在和难得。推广是一个系统工程，一方面是对本项目商业地位以及品牌的推广，另一方面是对商业机会的推广，前者既在招商过程中起作用，同时也使今后的经营受益，而后者主要针对商家入驻作出有力的说服，完成其招商的目标。

e. 管理：管理包含了项目的组织管理、招商管理、投资管理、成本管理、经营管理、对外的协调管理等等。管理在整个项目的经营中起到关键的作用，通过合理的管理制度，执行正确的策略，实现管理的效率，降低失误的风险。建议引入专业的商业物业经营管理公司来经营管理，给买家以信心，这将成为项目的一大卖点。

f. 经营：经营是实现其目标的执行阶段，市场的风险以及商家合作的矛盾都是在经营过程中产生的。如何化解风险，保证经营的成功，需要有相当的经营素质。

g. 政府支持：作为投资商来说，建设一个集购物、休闲、娱乐于一体的大型商业物业，是对地方经济的大力支持，但在投资经营中往往会遇到许多难以凭自身力量解决的问题，就需要获得地方政府支持才能解决。因此在招商和经营过程中，投资者应需求政府的配合，多争取一些优惠条件，以得到实际的利益。

（2）住宅项目定位可行性评估

1）项目定位对当地住宅市场的影响

a. 目前本项目所在区域的住宅项目较少，周边居住氛围还不成熟，区域房地产市场才刚刚启动，本项目定位为“平果首席商住园林社区”，对启动所在区域住宅市场乃至推动平果房地产发展将起到很大的促进作用，并有利于营造平果楼市热点。作为平果房地产市场的“牵头羊”，本项目将成为从区域到全平果的标志性楼盘，并引导当地房地产市场发展的潮流。

b. 另外，本项目令人耳目一新的形象以及独具特色的园林、配套规划和自然、时尚、健康、休闲的居住方式将引领整个平果房地产市场的发展方向，并占据市场制高点。本项目的入市，除了引起市场的注目之外，还将加剧市场竞争，同时又将促使平果房地产整体开发水平的提高。

2）项目定位实现的可能性与现实性

a. 区域的发展规划，为项目的定位提供了良好的发展前景。

b. 项目定位为高尚商住社区，将打破传统的置业观念，为消费者提供性价比极高的住宅产品，创造顾客价值最大化；而且，目前平果住宅产品基本处于供不应求的状态，市场容量大，投资开发风险也较低。

c. 产品设计与其他楼盘相比有着整体的全面提高，综合实力强，无论是户型、环境还是配套都将成为市场卖点，为项目热销打下良好基础。

d. 平果缺乏大型的高尚商住区，本项目将成为市场领头羊。

3）项目定位实现的关键因素分析

根据项目的定位，其实现的关键因素主要体现在以下三方面：

第一：整体开发理念。开创一种自然、时尚、健康、休闲的生活方式，创造一个商住型的优越居住环境，开辟一个高品质可持续发展的生活场所。

第二：户型。户型设计包括户型平面、功能设计、装修标准、建筑外观等能否切合定位，为目标客户度身定造实用、舒适、健康的家。

第三：园林及配套。园林规划，需要聘请在现代园林设计方面有丰富经验的规划设计公司进行，目的是要打造出主题式的园林景观；建设会所、幼儿园、泳池等其他项目少有甚至没有的配套，使项目的形象以及产品定位能够得到完美的体现。

二、商住综合项目档次定位

商住综合项目的档次定位决定着项目目标客户群的范围。为了使项目的目标客户群体足够大，从而降低去化压力，商住综合项目的档次定位应当符合市场的需要。同时，由于商住综合项目一般有两种或以上的开发类型，策划人员应注意不同开发类型其档次的相对统一性。如绵阳某商住综合项目的档次定位：

（1）酒店部分的档次定位：泛三星级的酒店。

针对项目引进成功的酒店连锁品牌管理公司，用优质的服务，先进的管理，二星级的标准，却能享受三星级的服务，甚至更好的服务，以此提升酒店的品质与酒店的价值。

（2）住宅部分的档次定位：星级式社区。

针对本地住宅设计及物业管理上的缺陷，定位为星级式社区，旨在强调住宅的硬件产品创新和软件服务提升的双重含义：物业管理公司提供高品质服务作为品质支撑。

在商住综合项目档次定位结束后，策划人员应对该档次定位进行阐释，说明为何如此定位。如金华某商住综合项目的档次定位：

（1）物业档次定位

1）三星级酒店标准建设；

2）居家型管理服务理念；

3）居家经济型消费享受。

（2）档次定位阐释

1）由于本项目是××城整体开发的一部分，其档次定位对整个××城项目的前期产品的开发延续和后期产品的开发引导起到承上启下的作用，故1号楼的物业档次必将与××城的生活品质与档次基调相协调一致，故本项目的档次要有三星级水准。

2）本项目根据金华市酒店业的市场现状与发展状况了解分析，从市场的主导需求和利润最大化的原则出发，打造星级酒店的同时还要注重酒店的管理服务。

3）温馨居家型消费享受，提出的是一种围绕生活、居住的概念所形成的产品塑造要求。

又如贵阳某商住综合项目的档次定位：

项目档次定位：中档价位，优质精品

（1）中档价位

以低起价公之于市，降低客户的准入门槛，扩大市场需求，防止潜在客源的流失。

（2）优质精品

1）黄金地段：距喷水池500米，周边各项生活配套相当完善。

2）教育资源：诉求周边良好的教育资源（十九中、师大附中），辅以市场空白点（双语幼儿园），培养未来的人才、精英。

3）产品规划：超前性、人性化的专业设计，精益求精。

4）团队协作：精英团队，强强联手；精锐之师，实力铸就。

三、商住综合项目客户群定位

客户群定位的过程，也就是寻找客户群的过程。只有客户群定位准确，才有利于在商住综合项目的推广过程中做到有的放矢，这样才能促进项目的去化，降低推广成本。

1. 项目目标客户群确定

商住综合项目的客户群定位，首先就是要确定本项目的客户群包括哪几类，然后再分别对这些客户群各方面的特征进行分析。下面是深圳某商住综合项目的目标客户群确定：

根据本项目的个性特征，我们认为我们的主力目标客户大致可以分为以下几种：

第一类：都市财智一族。

经济持续、高速的发展，逐渐造就了阵容庞大的管理阶层和专业技术阶层。诸如职业经理人、高级白领、律师、艺术家、技师等自由职业者。这一类人群大都出生在六七十年代，普遍受教育程度较高，思想活跃，吸收新事物能力强，是现代城市人的代表。他们往往在工作繁忙的同时，不肯放弃对高品质生活的追求，他们看中本项目的服务式公寓既能拥有家庭的温馨，又能有酒店服务的便利的这种生活模式。

第二类：地产投资群落。

随着深圳市地产市场的蓬勃发展，投资地产已经越来越成为一种主流，从而催生了大量的专门投资地产的投资人士。他们具有敏锐的经济触觉，看好中心区全面建成后的旺盛人气带来的对高档物业的需求前景。

第三类：高档商务置业人群。

中心区建成后，将成为深圳市最具经济活力的区域，势必将带来大量的高档商务人流，他们希望能够有一个既能够体现其身份地位，又能够有完美配套服务的商务场所。五星级酒店作为高档商务的代名词之一，对他们将有着极大的吸引力，但酒店的高昂成本也使许多人望而却步，本项目的服务式公寓则完美地解决了上述问题。

又如深圳某商住综合项目的目标客户群确定：

（1）主力客户群：CBD 商圈内的高收入人群和创业投资人士。

（2）主力客户范围：

1）26 万名在中心区内办公的人士（规划就业人口）；

2）CBD 近百万平方米商场和服务业约 8 万人左右高层主管和店主；

3）全市现有 25 万多个体和私营企业中需要提高身份档次的较成功者和每年新增的上万个新公司的创业者。

4）香港、内地及本市大量买房用于商住、办公、度假、深港家庭或投资收租者。

5）国内、外及本市金融、证券、大集团、上市公司购买用于设置办事处或兼容接待、奖励骨干度假或领导重大决策前的隐身“放松”者。

由于商住综合项目的开发类型不仅是一种，而不同的开发类型其客户群又不一样，因此，在对商住综合项目的目标客户群进行定位时，可以分别对每种开发类型的目标客户群进行定位。如上海某商住综合项目的目标客户群确定：

（1）写字楼的目标客户群：

1）外资及外省市知名企业的分支机构或办事处；

2）新兴、前沿领域的中小型企业，如电子商务、生物制药、信息产业、投资公司、律师事务所、保险、贸易等行业；

3）各行业管理机构；

4）与周边经济活动往来密切的相关企业，处于地段考虑，选择本案；

5）四平路沿线原有的写字楼出租者；

6）看重本区域发展的投资者。

（2）酒店公寓的目标客户群：

1）销售目标客户：看重本区域未来发展的投资者。

2）未来居住客户：

a. 在上海工作的外籍人士；

b. 购买本案办公物业的业主；

c. 周边商业区域的私营企业主；

d. 在陆家嘴、南京路、淮海路等周边高级写字楼上班的高级白领；

e. 外地驻沪分支机构、办事处的管理人员。

(3) 住宅的目标客户群

1) 周边商业区域的外来私营业主;

2) 虹口本区域的私营业主;

3) 投资者;

4) 外籍客户。

(4) 商铺的目标客户群:

1) 原来周边小商铺的经营者;

2) 居住在区域周围，有意进行商铺经营的客户;

3) 看中地段发展，进行商铺投资的客户。

除了以开发类型为主线，分别对每种开发类型的目标客户群进行定位外，还可以把目标客户群分成购买客户群、消费客户群和经营客户群三类，然后以这些客户群的分类为主线，分别分析各类客户群中，不同开发类型的物业，其目标客户群包括哪些人。如金华某商住综合项目的目标客户群确定:

本项目的目标客户群主要分三大类:

第一类: 购买客户群。

第二类: 消费客户群。

第三类: 经营客户群。

(1) 第一类: 购买客户群定位

1) 产权式酒店的购买客户群体有如下几类:

a. 中小投资者，其具有一定经济实力，他们的角色介于投资者和消费者之间，在取得投资收益的同时还可享受酒店的部分免费入住时段。

b. 拥有良好福利待遇的公司或事业机构，其购买动机是用于会议、培训、度假或员工福利，过去这些单位主要在风景区内设招待所、疗养院等福利设施，而这些设施的日常管理逐渐成为单位的负担，购买产权式酒店就可以卸掉这些包袱。

c. 经常有重要业务往来的公司，其购买动机纯粹是满足公司业务上的需要，因为公司经常要接待业务上的合作者，而购买产权式酒店用来招待，一方面可以节省公司的费用开支，另一方面也提高了接待效果。

2) 酒店式公寓的主要购买客户群主要是下面几类:

a. 以期获取投资收益的投资者，其具有一定经济实力，有较多的投资资金，一旦发现值得投资的产品，就果断下单，而且具有比较丰富的投资经验和投资感想。

b. 用以满足高品位生活居住质量的自用者，该部分人属首次置业者，但社会层次较高，希望能够得到周全的服务，而且比较注重周围配套设施，如白领阶层、单身贵族、bobo 族。

c. 居家办公需要的自用者，其需要一个居家与办公功能的场所，而且强调工作室的办公环境与地位，比较注重周围的各种配套，但是苦于经济实力只能退而求其次。

d. 用于公司重要岗位人员的住房福利待遇的需求企业，公司需长期聘请一些外地的高级管理人员或高级技术人员来作指导，并要以较优厚的福利待遇来保障高级人员的生活。

3) SOHO 的主要购买客户群体有如下几类:

a. 寻求具有稳定收益的投资者，其具有较高的投资意识，曾投资过多种类型的产品，而且获得可观的投资收益，对新型的投资产品也了解，这部分人以在金华区域的义乌人、永康人为主流。

b. 为满足居家与办公双重需求的公司，其需要灵活的个性办公空间，比较注重办公空间的氛围营造和办公室外的环境配套，以及对周边的各种生活与办公配套也有较高要求的企业。

（2）第二类：消费客群定位

1）产权式酒店的消费客户有四类群体：

a. 在浙中区域旅游的游客。成为酒店入住者的游客，主要是到金华来旅游的外地人，另外就是直接与旅行社签订合作关系后，由旅行社带过来的旅游团队。该部分人对酒店入住最强调的就是要有特色化的吸引点。

b. 到金华商务往来的商务人士。主要是到金华进行商务洽谈或提供某种专业服务的外地商务人士，该部分人群经常出差到外地，对酒店的入住条件是要求有家的感觉，而且他们对酒店内的各种配套设施的使用也比较讲究。

c. 在酒店内进行员工培训、年度报告会议的公司。公司能够把重要的会议或培训放在酒店，其意图就是要给员工一个放松的学习环境，以及充分享受酒店内各种齐备的办公配套设施。

d. 在酒店内娱乐、休闲、宴会等消费的需求者。该部分人主要是使用酒店内的配套设施，但是只有配套设施的齐备才能够给他们带来满意的服务。

2）酒店式公寓的消费客户主要是购买客户和租赁客户。

3）SOHO 的消费客户主要是购买客户和租赁客户。

（3）第三类：经营客群定位

1）本地知名酒店管理公司。选取本地知名品牌酒店管理公司，可以利用已有的顾客资源，加快酒店的快速发展，而且还容易为本地客户群的消费所接受。如金华国贸宾馆等酒店的管理主体。

2）外来品牌酒店管理公司。该类管理公司拥有比较专业的酒店管理理念，能够快速把酒店带入营运的正轨，而且可以利用品牌酒店的客户网络与宣传平台，实现会员客户的资源共享，必将能够扩大酒店发展的知名度。如目前排名国内第一、二位的经济型酒店品牌，“锦江之星”与“如家快捷”及其他的“速8”等。

2. 项目目标客户群分析

策划人员在确定了本项目的目标客户群后接下来就要对这些目标客户群进行详细的分析，分析的内容可以包括客户群的年龄范围、学历、职业、收入、区域、家庭结构、置业目的、消费心理、房屋需求、配套需求等等。策划人员可以根据项目的开发类型选择分析的内容。如深圳某商住综合项目的目标客户群分析：

本项目目标客户定位为以自用为主、投资为辅的城市创业阶层、白领阶层、自由职业阶层、公务员、周边居民及香港流动商务人士。他们的具体特征如下：

（1）年龄

目标客户人群年龄层以 25～35 岁为主。

（2）家庭收入

目标客户家庭月收入应在 6000 元以上，年收入在 10 万元以上。

（3）职业性质

本项目的目标客户以白领阶层和自由职业阶层及公务员为主。主要为：

1）个体工商户的小业主、小型公司的创业者，证券、金融、保险、高科技、外企从业人员。其主要消费特征是：参加工作时间短或创业的初期，现金积蓄不多，但月收入较高，月供能力较强。消费档次较高，消费品位较高。

2）从事设计、演艺、中介服务等行业的自由职业者。消费特征是追求时尚、现代、舒适的生活方式，喜好比较自由独立的生活与工作空间，工作方式比较灵活、注重生活的品味和格调。

3）电力相关联企业单位。南方电力公司为电力企业的名牌企业，公司入驻可带动相关企业购买本项目。

4）公务员。公务员收入稳定，购买物业后多用于投资。

（4）区域特征

本项目的目标客户以福田为主，部分香港客户，少量罗湖及南山客户。

毗邻中心区和会展中心的区位可以吸引部分内地驻深办事处和境外中小企业进驻。

（5）置业目的

本项目的目标客户以自用为主，投资为辅。

1）自用为主要目的的置业者。这类人群参加工作时间短或创业的初期，积蓄不多，但月收入较高，追求时尚、现代、舒适的办公环境和生活方式。

2）投资为主要目的的置业者。这类人群分布较为广泛，有稳定的收入，有较强的投资能力且消费比较理性。

（6）用途。以居住为主，其次为商住两用和办公。

（7）置业次数。以一次置业自用性质为主，二次及多次置业的投资性质为辅。

与项目目标客户群确定一样，策划人员在分析项目的客户群时，可以分别对每种开发类型的客户群进行分析。如上海某商住综合项目的目标客户群分析：

（1）办公楼目标客户分析

1）主要特征

a. 正处于发展中的中小企业，需要更换新的办公场所；

b. 为了提升企业的形象，并出于地段的考虑，需要有更好的办公空间；

c. 企业有长久的发展计划，出于经济的考虑，有意向购买办公楼，同时也是一种投资；

d. 原先的办公场所在本案周围，如四平路附近；

e. 对办公空间的面积需求不是很大；

f. 大部分为知识密集型企业或者中介、贸易机构、办事处。

2）信息通道

a. 专门的中介机构；

b. 房地产信息集中的报纸。

（2）酒店公寓目标客户分析

1）主要特征

a. 在上海工作或由于工作关系经常到上海；

b. 对配套比较依赖，注重生活品质；

c. 关注周边的居住氛围；

d. 注重工作的便利性。

e. 社交广泛。

2）消费心理

a. 对价格敏感较低，注重品质；

b. 投资意识较强。

（3）住宅目标客户分析

1）主要特征

a. 关心国家大事，关心政治、经济形势；

b. 交际广泛、见识广博；

c. 追逐时尚，注重形象，关注生活品质；

d. 三口之家为主，有私家车或公司专车；

e. 大部分受过高等教育；

f. 敢于创新、善于学习新知识、新观念；

g. 投资意识强。

2）消费心理

a. 关注品质，对价格不是很敏感；

b. 有相对固定的消费品牌；

c. 公共活动频繁；

d. 个人交际圈相对固定，活动场所相对固定；

e. 注重地位的表现；

f. 对未来发展有很好期望。

3）信息通道

a. 报纸：主要为新闻类和专业类报纸；

b. 电视：新闻类；

c. 杂志：时尚杂志、免费速递杂志；

d. 亲友间信息传递；

e. 户外媒体。

（4）商铺目标客户分析

1）主要特征

a. 主要居住在周边区域，对地域认同感很强；

b. 关注市政动态，投资意识强。

2）消费心理

a. 比较谨慎，不敢冒很大风险；

b. 有一定积累，但购买能力有限，对总价敏感。

此外，策划人员还可以把目标客户群分成主流和非主流两类，然后再分别对他们的特征进行分析，这样有利于集中精力对主流客户群进行分析。如郑州某商住综合项目的目标客户群分析：

根据消费市场调研，本项目的消费者为有一定经济基础的行政事业单位职员、企事业单位的管理者和技术人员、个体私营业主、政府公务员及另外一部分高收入者，他们购买物业的目的主要是“住房享受”与投资。另一方面，他们有一定的经济基础、文化层次，对购买物业有一定的知识和经验，所以才真正知道所要购买物业的价值。

（1）主流客户分析（约占整体消费群体的82%）

1）郑州市的白领（约占整体消费群体的36%）

a. 年龄层

25～35岁。

b. 客户特征描述

他们可能是郑州本地人，也可能是本省内其他城市分配到郑州工作或自由打工的人，他们大多数工作三到五年左右，经过几年的拼搏，已基本找到适合自己的位置，有一份收入比较稳定的职业，他们有较好的文化教育背景，追求时尚品位的生活，但生活并不崇尚奢侈，在生活中逐渐走向成熟，事业处于起步阶段，即将步入上升期，是城市未来发展的主力军。他们大多已厌倦漂泊的生活，他们已结婚或许已有了非常稳定的恋爱关系，他们已对生活、爱情充满责任感，他们希望安定，真正的安定，希望有一个家来使生活稳定下来。

c. 客户心理描述

郑州本地普通白领——与父母同住或租房独住，但是居住区基本是从小长大的区域，因为那里有父母、亲戚、朋友、同学，是社会关系网的根据地，同时希望有一个独立的空间。

郑州移民白领——不是郑州本地人，不管有没有户口，毕业后一直在郑州工作，郑州是河南省城，城市发达，生活又舒适，发展机会也很大。

d. 需求类型

两房或 SOHO，既经济又舒适的居家环境是他们选择的重要因素，交通相对比较便利，不希望有太大的首期压力，希望余留一部分发展基金，追求负担得起的生活情调享受。

e. 购买决定因素

单位价格，价格满意下的较高性价比，如产品品质、环境、配套、交通条件等。

2）企业中高层管理者（约占整体消费群体的21%）

a. 年龄层：25 ~40 岁左右。

b. 客户特征描述

他们郑州本地人居多，或者是在郑州工作多年的移民，工作大多在八到十年左右，有一定的经济基础和可观的稳定收入，工作单位属大中型企业公司，他们有较好的文化教育背景，较丰富的工作经验，事业还有一定的危机感，有想进一步发展的机会，因此生活并不崇尚奢侈，不想生活成为自己的负担；或已经成家，妻子、孩子都很好。

c. 客户心理描述

因为不想生活有负担，尽管可以买得起，也不想购买价格昂贵的房子，全家生活殷实、快乐、轻松、小孩子教育更重要。同时希望自己和家人能有个比较舒适的居住环境，让生活更自由轻松些。

d. 需求类型

三房、四房、投资 SOHO 或商铺，较舒适的居家环境与有一定投资价值的物业是他们选择的重要因素。

e. 购买决定因素

单位价格、合理舒适的面积组合、产品综合质素，教育条件、商铺的升值空间等。

3）企事业单位，个体企业主（约占整体消费群体的15%）

a. 年龄层

33 ~45 岁。

b. 客户特征描述

他们是“真正”的郑州本地人，是郑州的中坚力量，家庭稳定，以三口之家为主，事业比较成功，但生活并不崇尚奢侈但需要张扬，钱是自己辛苦赚来的，虽然有房有车，但是还是不甘心，需要更体面点，在圈子里要让别人能够知道自己是成功人士，而成功需要表现出来。

在事业上有一定的基础，企业已经达到一定的规模，又处于事业快速发展阶段，希望企业有属于自己的办公环境，更进一步提升企业形象，同时又有一定的投资价值。

c. 客户心理描述

自己有自己的生活圈子，在圈子里身份很重要，钱是有不少了，但如果花钱太奢侈心疼，没必要。父母现在不是负担，关键是要活得有面子。在城区内购买物业，可以用来自己居住或购买办公楼用来投资或自己使用。

d. 需求类型

四房以上户型、首层商铺、写字楼。

e. 购买决定因素

单位价格适中，居住用房的面积和物业类型上有可炫耀的资本。写字楼用来投资或改良办公环境，作为企业发展用房。商铺的商业氛围与升值潜力。

4）年青的自由职业者与IT一族（约占整体消费群体的10%）

a. 年龄层

25~35岁。

b. 客户特征描述

他们是郑州本地人，自由职业者，个人空间独立，有一定的经济基础，对未来发展有一定设想，

c. 客户心理描述

自己有自己的生活圈子，希望拥有独立、自由的个人空间，对生活与工作的环境比较随意。

d. 需求类型

小户型SOHO，面积在40~60平方米左右，要求综合环境与高科技配套齐全。

（2）非主流客户简析（约占整体消费群体的18%）

1）有灰色收入人士（约占整体消费群体的3%）

部分有灰色收入人士为了转移资产，又不想过分张扬，会选择在离市中心不远，交通条件和环境好的地方置业，以此将不良资产转移，其可能是不以自己的名义购置房屋，在实际使用上，可能用来作为亲属居住或自己的灵活居所。他们关心的是物业的品质与投资价值，对价格不太敏感，购买的物业类型为大面积住宅或办公用房，面积需求相对较大。

2）部分追求发展（个人或孩子）的外市人士（约占整体消费群体的5%）

主要为河南省内其他城市人士，在当地有一定的经济能力，但不满足于现状，想到郑州发展事业；或者为了孩子能有一个更好的将来，希望能够在郑州让孩子接受教育再发展。离郑州越近，离美好前景越近。需求的户型在四房以内。

3）有钱或有权的外市人士（约占整体消费群体的5%）

郑州是个中原城市，与东北人在大连买房相同，主要是在大城市更容易结交权贵人士，开阔世面，也给自己在郑州有个稳定的落脚点，利于个人发展。需求物业类型为品质高的大面积户型，由于不作为主要居所，因此也不希望价格过高，高性价比的房子容易被接受。

4）直系亲属在郑州的外省或外市人士（约占整体消费群体的5%）

部分非郑州人士由于直系亲属在郑州，主要是子女。老人希望能够相互照应，经常见面；子女希望孝敬老人、方便照顾。郑州又是个生活比较方便的城市，因此会有部分人士选择来郑州养老。他们不需要奢华、不需要热闹，需要的是宁静的生活、人情味浓的居住氛围和经常能见面的子女。需求的物业类型随经济情况而定，一般会需求面积适中的户型。

四、商住综合项目开发主题定位

项目的主题定位包括开发主题定位和推广主题定位。开发主题是商住综合项目从定位到规划设计到施工所围绕的主题，同时也是日后商业经营所围绕的主题。而推广主题仅仅是项目在做市场推广时所围绕的主题。开发主题就像是商住综合项目的灵魂，它贯穿于商住综合项目中各种开发类型，没有了主题，项目就没有了自身的特色。因此，开发主题是构筑项目特色的关键。在对商住综合项目进行开发主题定位时，若定位的主题具有原则性或者对于市场来说还是一个比较新的概念，这时就要对该主题定位进行详细的解释。如深圳某商住综合项目的开发主题定位，它把项目的开发主题定位为SOMO文化。

(1) 文化主题

SOMO文化——城市新生代文化。

本项目通过对原创性SOMO文化的宣扬，突显城市新生代全新的商务精神、生存理念和生活感悟。

(2) 文化内涵

项目的文化内涵可以紧紧围绕“SOMO”文化展开，“SOMO”文化既是现代城市年轻人的生存模式，体现着他们的生活和工作方式特点，体现他们的居住理念和工作理念，又叙述SOMO一族的生活观与工作观。“SOMO”文化就是“个性、独立、自由、舒适、方便、现代”。

SOMO文化六大要素：阶层、坐标、建筑、空间、商务、生活。

1）SOMO阶层——标新立异城市新生代

SOMO的使用者是桀骜不羁的年轻人，是城市日新月异的原动力，“SOMO”阶层是更加人性化，强调现代经济社会人们追求事业的同时又兼顾生活品味，注重生活质量的人群。

2）SOMO坐标——城市核心

SOMO位于城市的中心，是各种配套设施和公共建筑最多的区域，是连接中心商务区（CBD）和中心居住区（CLD）的重要桥梁，是城市建筑的靓丽风景线。

3）SOMO建筑——小型尺度，精品建筑

SOMO拒绝平庸无奇的大而空，SOMO是一个小型的私人空间，是一个创业的发展平台，任意平面空间组合、高水平设计、高标准建筑、高质量服务的精品建筑是全新生活的开始。

4）SOMO空间——整合功能（酒店、商业、办公、居住等功能整合）

SOMO整合了项目的众多配套优势，将项目自身五星级酒店、大型商业、现代办公、悠闲居住等功能整合在一起，为SOMO一族提供了自由自在的空间。

5）SOMO商务——自由商务精神

自由商务理念，全面接壤国际商务模式。SOMO公寓大力扶植创业型企业，为其提供便利的商务空间、迅捷的信息网络、轻松的减压场所，自由商务精神将在这里得到全新的演绎。

6）SOMO生活——个性、自由、开放

SOMO生活是个性的、自由的、开放的，SOMO们可以24小时不睡觉的工作，也可以24小时不休息的享乐，他们讨厌那种局限了自由的朝九晚五生活，他们习惯了从自己的角度来处理工作，他们绝不是墨守成规的“鞋套里的人”，他们是潮流文化的缔造者。

(3) 文化主题的延展

1）SOMO是一种群体文化——SOMO族是城市新生代的部落；

2）SOMO是一种生存文化——SOMO既是工作狂，更是享乐家；

3）SOMO 是一种时尚文化——SOMO 生活是现代的，更是时尚的；

4）SOMO 是一种消费文化——SOMO 为自己生活，不再为别人供房；

5）SOMO 是一种城市文化——SOMO 为城市而活，“不城市，毋宁死”；

6）SOMO 是一种创造文化——SOMO 是城市日新月异的原动力；

7）SOMO 是一种个性文化——SOMO 是特立独行的城市一族；

8）SOMO 是一种创富文化——SOMO 是中国“福布斯”的摇篮，富豪的阶梯。

商住综合项目的开发主题定位并不是凭空想象出来的，它必须有一些客观因素去支持，因此策划人员在对商住综合项目的开发主题定位结束后，要写出该定位的支撑点。如深圳某商住综合项目的开发主题定位，它把项目的开发主题定位为海文化和健康。

（1）项目定位：二十一世纪独具海文化健康高尚的海景住宅。

（2）定位的支撑点：

1）项目本身无敌海景资源；

2）在盐田东部旅游大开发的背景下实现个性的海景住宅，“蓝色盐田”得到了全市人民一定程度的认可，和本区开发商联手继续对区域的滨海住区优势进行大肆宣传，在此基础之上表现自身的健康社区的个性；

3）设置健康会所作为健康社区的载体；

4）制造浓厚的海洋文化气氛，加强对下一代的海洋环保教育；

a. 成立小型“海洋世界”图书馆，收集各种有关海洋的科普书籍；

b. 成立“奇妙的海底世界”小型海洋“博物馆”——以科教图片展览、海洋水族馆为主要形式。

五、商业综合项目案名定位

起一个好的名称等于营销成功了一半，虽然这句话过于夸张，但一个好的名称确实能对项目的营销宣传作一个很好的支撑，它能高度概括本物业所体现的一个重要特征或一种生活方式，能对目标客户产生非凡的亲和力，换句话来说它就是一个最好的广告。若商住综合项目已有一个明确的主题，在对项目案名进行定位时，可以突出项目的开发主题，这样有利于突出项目的特殊性。如深圳某商住综合项目的案名定位：

项目命名定位：南方 SOMO 公寓。

英文名：SOUTH SOMO APARTMENT。

或：南方搜摩公寓，释义：搜寻时尚（摩登）（SEARCH MODREN）

SOMO 概念公寓的定位理念既不同于“SOHO”概念过分强调家的商务功能，把家演化成办公室，也不同于“SOLO”概念过多地从经济食用功能上考虑居住的概念，“SOMO”是更加人性化，特别强调现代经济社会人们既追求创业的同时又兼顾生活品位，注重工作生活质量的生存理念。

释义：

（1）“SOMO”：“Small Office，Modern Office”，意思为“小型办公，时尚办公”。即突出本项目为创业者提供轻松的置业环境和悠闲时尚的办公环境。

（2）“SOMO”——“Small Office Mini Home”，意为“小型办公迷你家”。

（3）“SOMO”——“Small Office My Home”，意为“小型办公，我的家”。

（4）“SOMO”——“Small Office My Office”，意为“小型办公室，我的办公室”。

（5）“SOMO”——“Small Office Mobile Office”，意为“小型办公，移动办公”。

（6）“SOMO”——“Smile Ofice Modern Office”，意为“微笑办公，时尚办公”。

（7）“南方”：既代表地域的南方即中国的南方、中心区南方；“南方”又象征发展，象征未来；“南方”同时取开发商公司名“南方”，便于公司品牌的树立。

由于商住综合项目的开发类型有两个或以上，因此策划人员可以先对整个要注意项目命一个总名称，然后再分别对各种类型的物业进行命名。在命名时，要注意项目的总称要大气、涵盖的范围要广，因为它要包括多种开发类型；同时，各类型物业的名称也要与总名称相呼应。如深圳某商住综合项目的案名定位：

（1）总称(中文)：金太城。

(英文)：Joyo City。

（2）子系统名称

1）写字楼(中文)：金太城·金源大厦。

(英文)：Joyo Mansion。

2）住宅(中文)：金太城·太古山庄。

(英文)：Joyo Villa。

3）商业街(中文)：金太城·金源广场。

(英文)：Joyo Shopping Mall。

4）商业街(中文)：金太城·金源大酒店。

(英文)：Joyo Hotel。

（3）阐释

以“金太城”为项目总体名称，以“城”的概念涵盖统领整个项目的丰富性、多样性；取金源大厦、太古山庄首字合成“金太”体现其内在有机联系，并体现品质感，钛金为最贵重合金，常用于尖端科技。

在对商住综合项目命名后，策划人员应对该案名的含义进行解释。如合肥某商住综合项目的案名定位：

（1）项目案名建议

徽商国际数码城

Huishang International Digital City

（2）字面释意：

1）“徽商”：寓意项目开发商名称，可有效识别本项目的开发商，并更好地将开发商品牌同项目品牌嫁接；同时，徽商作为安徽对外强打的一个省域品牌，在全国享有一定的知名度和美誉度，能有效的提升本案的知名度。

2）“国际”：意为多个国家间的事物，本案的国际化体现在设计、开发理念、物业管理、项目影响方面。

3）“数码”：中文表示数目的文字或号码。在本案中是其意思的延伸，义为信息、数码、科技等相关含义，直接指向项目在区域的科技数码商圈的和项目的商业及办公定位群。

4）“城”：“城，所以盛民也”，“城为保民之地”。城市是富庶、繁华，享受舒适生活的代名词。城市化是新世纪人居文化发展的趋势。城具有很强的气势，能体现28层大厦的气势。

此外，策划人员还应该提供几个备选案名，供决策者选择。如贵阳某商住综合项目的案名定位：

（1）案名建议

筑城·杰座

1）筑城：一是贵阳的简称“筑城”；二是“铸城”的谐音，意为造城，建造客户的理想生活之城。

2）杰座：一，“座”表示住宅、房屋的意思；二，与“杰作”谐音，体现项目的杰出性，给客户带来身份、地位的荣耀，与精英阶层的客源定位相吻合。

整个案名表现出项目的杰出、优越及不可比拟，容易在贵阳市中心住宅中一炮打响；同时“铸成杰作”，表现出开发商的实力与魄力，有意将本案打造成贵阳市中心杰出的、优秀的代表性建筑，创造优良项目品牌和良好的群众口碑。

（2）备选案名

1）至尊门第；2）凯越名邸；3）金领世家；4）锦绣福城。

六、商住综合项目形象定位

商住综合项目的形象定位是指开发商要让项目在客户群心目中形成一种怎样的形象。项目形象定位的意义在于指引楼盘 VI 设计、指引广告创意表现、指引广告诉求内容、指引现场环境布置风格和甄选营销手法等等。因此，商住综合项目的形象定位起着举足轻重的作用。在对商住综合项目进行形象定位前，策划人员应先明确形象定位的原则。如深圳某商住综合项目的形象定位：

（1）形象定位原则

鉴于目前的市场环境，考虑到在中心区周边已有不同档次的小户型住宅推出，市场有一定存量及供应量，加之项目本身拥有五星级酒店等因素，本项目的形象定位应遵从以下几个原则：

1）鲜明个性原则：

本项目的形象定位必须有自身的特点，必须区别于目前市场上的一般性小户型住宅及同类产品。

2）适度出位原则：

项目必须有突破性的形象标志和可识别性，体现项目的品牌理念，体现项目的高档次和更大的市场阶层的感召力。

3）目标客户偏好原则

项目产品有自身的特点，目标客户群体及其消费特征比较明显，项目的形象必须易于为目标客户群喜好和接受，与目标客户群体的消费特点相统一。

（2）形象定位

南方 SOMO 公寓——城市守望者的空间

“城市守望者”指崇尚和迷恋都市时尚生活的现代城市一族。

本项目自身有完善的小区配套，周边有齐全的中心区城市配套，“城市守望者”的形象定位也较生动地传达了项目地处繁华都市中心区的区位特征。

“城市守望者”，守望城市中心区；守望城市中心区的发展；守望城市的发展；守望城市的未来。

此外，除了明确形象定位的原则外，还要写出形象定位的依据。如郑州某商住综合项目的形象定位：

（1）项目形象定位依据

1）目标客户分析

大多追求时尚，注重个性，乐于接受新鲜事物；认同国际潮流、接受西方文化。

2）本项目定位要求

全新的强势概念，更新换代的产品，演绎CBD人文示范社区。

（2）项目形象定位要素

1）体现项目定位要求：国际人文示范社区。

2）符合目标客户格调：时尚、大气、热情、和睦……。

3）利于表达物业卖点：位置地貌、文化韵致……。

4）配合项目的多功能性，包含办公、服务、商业、安家、个性等元素。

5）形象鲜明，易于产生优质的价值联想：欧洲文明、西方文化……。

6）有较强的包容性，利于延展：建筑特色、景观小品、生活方式……。

7）有特色，让人印象深刻，利于推广：独创、新颖、易于聚集市场目光，引起消费者好奇心。

（3）项目形象定位关键词

1）和平、环保、运动、文明、亲情……。

2）时尚、热情、阳光、文化、健康……。

3）高尚、地位、品质、尊贵、财富……。

（4）项目形象定位

都市中央，生活领袖——郑州首席白领社区。

又如杭州某商住综合项目的形象定位：

根据对市场和本案的分析，本案的市场形象定位应基于以下几点：

（1）满足细分市场：

在先了解市场前提下，找准市场空白点，再做产品。

（2）树立相对于杭城的全新概念：

本项目将是目前真正意义上的集商务办公、酒店公寓为一体的配套功能互动、优势互补的综合项目。

（3）充分挖掘本案的优势：

本项目最大优势在于地理位置的优越性及稀缺性。此为项目的先天优势。

我们得出本案的市场形象定位是：

（1）坐落于西湖边的高尚综合项目，享受新湖滨景观；

（2）写字楼、公寓、商业及相关配套功能相互动；

（3）能彰显企业实力；

（4）最大限度体现入住企业人性化管理；

（5）最大限度利于企业吸引人才；

（6）满足可持续发展要求，树立行业品牌及企业需求的写字楼和公寓组合套餐；

（7）最安全的、健康环保、符合人性化需求的物业。

与其他定位一样，策划人员也可以先对商住综合项目的总体形象进行定位，然后再对各种开发类型的物业进行形象定位。但必须注意的是，各种形象定位要相对统一。如深圳某商住综合项目形象定位：

（1）本项目整体形象定位：N～CBD 生态信息综合写字楼。

1）N～CBD AERA（区域支持）；

2）SHARE MODEL（规划支持）；

3）“I” SERVICE（服务支持）。

（2）写字楼形象定位

1）区域形象

N～CBD 为 CBD 周边区域，随着深圳市中心区的逐渐完善并西移，深圳市车公庙、农科中心——中心区一级辐射区域的写字楼物业亦跟随水涨船高。创展中心的热销、世贸中心大楼的高潮使这个区域的写字楼一栋又一栋拔地而起，形成了深圳又一壮观的西部写字楼组团：N～CBD 组团。

CBD 的影响将辐射 N～CBD 区域，并带动其共同发展，这一点不容置疑。N～CBD 距离 CBD 不超过五分钟车程，路路畅顺，交通出行极其便利。在强大的市政配套下，CBD 内写字楼档次高、租金高、面积大、价格高，跨国公司、国内大型集团公司、各地政府办事处、金融、证券平分写字楼天下，人数者众的中小型通信、网络、贸易公司被排除在外，注重企业形象的公司必定会将目光转向 N～CBD 区域。

2）规划形象

SHARE MODEL——共享型规划，更注重生态、更注重健康的 SHARE 模式，与其他写字楼相比，SHARE 型写字楼更重视项目的景观资源、公用空间、沟通交流空间及建筑本身绿色生态概念。确保用户在健康、优良、人性化的写字楼里办公。本项目为典型 SHARE 型写字楼，具体如下：

a. 丰富的景观资源

（a）绿色景观：高尔夫花园，东海花园。

（b）蓝色景观：香蜜湖水上乐园、深圳湾。

b. 大面积公共空间

（a）首层架空绿化；

（b）大面积门前广场；

（c）裙楼二至四层600 平方米中空大堂；

（d）五至十二层每层两个空中花园；

（e）十三至二十五层每层四个空中花园。

c. 规划共享空间

（a）会议中心：设计大、中、小三种会议室，供用户租用。

大会议室 1 个（500 平方米左右），作为客户新闻发布、公司会议、产品发布场所。

中会议室 1 个（100～150 平方米），可容纳十五至二十人，供租户租用。

SHEAE 会议厅，隔层设计一个（无空中花园层），装修酒吧及咖啡座两种风格，设智能卡进入，进入 SHARE 会议厅可打服务电话点咖啡或酒水，SHARE 厅不设任何服务人员，由智能卡计时，饮品以现金形式付账。

（b）SPORT（运动）豪华运动会所

接驳申奥成功重大利好消息，运动概念成为地产最新概念。大层二十六层为规则豪华会所，面积近 2000 平方米，会所内全部为运动设施，向 CBD 中心区域全面开放。

内设：健身房、羽毛球、乒乓球室、桌球室、桑拿室及休闲咖啡厅。

经营方式：智能卡经营，写字楼SHARE厅里设自动售卡机，会所全采用刷卡计费形式，满足大厦智能形象。

（3）公寓形象定位

1）总体定位：CBD高级白领商务公寓贴近CBD，为CBD高级白领量身定做的小面积高级商务公寓单位。

2）形象定位

a. 效率

CBD高级白领公寓提供全商务装修。包括：复合木地板、中央空调、电视、电视机顶盒、高级浴室系列、写字台、衣柜、席梦思。

b. 时尚

全商务装修务必请专业装修设计公司设计，确保时尚装修感觉及商务、家居两种感觉。如床可自由收放、厅内有明显的区域分隔等新概念商务家居感觉。（装修标准：500元/平方米）

c. 科技

三网合一：三网合一已于近期签下合同，作为三网合一的发源地——天安数码城，本项目将成为深圳首家三网合一智能性大厦。VOD机顶盒互动点播系列，可实现：

（a）家庭大户室（股票买卖随意）

深圳股民最感兴趣的，可能是把大户室搬到自己智能化的家中，进行证券信息处理，还具备查阅新闻信息、证券评论、上市公司资料等全部功能，各种数据图表完整，数据实时更新，更为突出的是，能同时进行证券委托买卖，速度当然比电话委托快得多。

（b）家庭电影院（VOD互动点播）

公寓开通互动电视，即视频点播（VOD）。客户可在家中随心所欲的点播自己喜欢的节目。

（c）家庭医院（远程医疗）

通过机顶盒网络，客户可实现远程医疗服务。物业管理中心接驳医院及110中心，深圳的一些医院已开始使用内部网络来进行挂号、门诊和病历的管理。如果家庭网和医院网互联，就可以在医生的指导下照顾病人及通知急救。

（d）家庭阅览室（远程教学）

接驳全国最大的网上书库，坐于家中，各种资料，随心应手查阅。

（e）家庭商场（网上购物）

网上商场将大行其道。住户可以安坐家中浏览感兴趣的商品。您需要做的，只是点击鼠标选中商品，用网上信用卡来付账。

d. 轻松

本项目高级公寓实行会员制的统一租赁，需要将房租赁的客户，以半年为期，将物业委托给大厦专聘管理公司公开向外租赁。

在很多情况下，商住综合项目的定位都是一句比较简短浓缩的话，为了让相关决策者能够更深入、确切地明确策划人员想表达的想法，策划人员应对项目的形象定位进行阐释。如深圳某商住综合项目的形象定位：

（1）项目形象定位：让你成为CBD最好的伙伴！

（2）定位阐释：

进入WTO时代的CBD，汇聚城市经济文化的核心，本项目零距离享受中心区商务价值，依托自身规划配套，服务于CBD经济，与CBD形成紧密的战略伙伴关系。

1）商务伙伴关系

项目自有酒店，满足于CBD频繁的国际商务活动，为来往客商提供休息、商务会晤的国际领地。

2）生活伙伴关系

CBD建成后，将会有大量的实力机构进驻，同时大量的工作人员云集CBD，拥有便利、优越的空间将会成为这些人追逐事业的前提，本项目提供高品位的国际居住空间，为生活、事业奠定良好基础。

3）投资伙伴关系

CBD、会展经济，酝酿巨大的升值潜力，促使物业具有保值、升值、超值的特殊属性。

4）发展伙伴关系

CBD、会展经济，孕育广泛的商业发展机会，致使大量的创业型公司或个人力争进入CBD国际经济领域，参与商业发展的竞争，因此需要小型多功能商务场所，提供竞争平台，本项目正好符合要求，成为创业者的发展伙伴。

此外，策划人员还应该说明该形象定位的支撑点，使该形象定位更有说服力。如合肥某商住综合项目的形象定位：

时尚的购物概念、现代的功能配置、丰富的商品组合、舒适的购物环境、优越的消费模式、鲜明的特色，一系列的前景规划将使本项目成为五星商圈档次最高、功能最齐全、最具现代化特色的大型休闲购物中心。

（1）形象主题定位：合肥五星·都市Mall。

（2）支持点：

1）合肥五星在合肥商界拥有至高地位，具备极强的市场号召力。

2）Mall商城是一种集购物、餐饮、休闲、娱乐于一体的大规模购物中心，是目前最先进的商业形态。

3）Mall体现了城市功能的完善和提供现代城市生活方式的能力，本项目借Mall的形式来表述“一站式消费中心”的概念。

4）都市Mall依赖都市环境，在都市的商业旺地成长，消费者在这里得到的是生活质量的满足，它的定位能体现项目的个性。

七、商住综合项目功能定位

功能定位也就是要明确项目能为目标客户群提供哪些功能与服务。对于商住综合项目来说，由于其开发类型可以有多种，因此其功能定位也是多种多样的。在对商住综合项目的功能定位结束后，应说明为什么如此定位。如绵阳某商住综合项目的功能定位：

（1）项目功能定位：农副产品批发、零售、休闲、餐饮、娱乐、酒店一体化设置。

（2）定位说明

一方面，本案所在区域是绵阳城北贸易、商品批发的集中地，交通、配套等各种条件支撑着该区域的商业，特别是专业综合类批发市场，另一方面，本案自身原来的经营形态就是以批发为主的综合类市场，在绵阳乃至西部、全国都是比较有名的。这些条件决定并支撑着本案的功能定位——部分用于作为专业综合类区。

随着生活水平的提高，人们的消费需求正从“纯物质”需求转向“精神型”需求，这使得很多人士消费行为向多方位延伸，形成了休闲、餐饮、娱乐相结合的消费习性。本案主要目标客户群体（包括经营者与批发者），批发者可以以批发为目的、休闲娱乐为辅；或者以休闲为目的，批发为辅助。经营者以经营为目的、休闲娱乐为辅；同时根据市场研究的结果，本案所在的区域餐饮、娱乐、休闲等配套设施很少。因此，要满足消费行为转变过后的要求，兼顾本案所在市场的特征，就必须要在环境中融入更多的情景化、体验式，既享受称心如意商品的满足，又享受购物过程的快乐。

购物（批发、零售）、休闲、餐饮、娱乐综合消费城，既能满足消费者购物的较高要求，又能使本案跳出同质性商业竞争，同时又是住宅部分、酒店部分的休闲生活配套。

由于商住综合项目所能提供的功能是多种的，策划人员在对商住综合项目的功能定位结束后，可以建议各种功能定位的配比，这有利于接下来的项目产品规划。如杭州某商住综合项目的功能定位：

（1）项目功能定位：住宅、商业综合性社区。

（2）项目功能定位配比：

	功能分类	体量（m^2）	占比例（%）
1	住宅	190000	76
2	产权式酒店	25000	10
3	商业	35000	14
4	总建筑面积	250000	100

同时，由于商住综合项目将会开发两种或以上的不同类型的物业，而不同的物业类型其功能必定不相同，策划人员在对不同类型的物业进行功能定位时，尽量做到它们之间在功能上的互助互补，从而使项目的经济价值得到最大化的体现。如金华某商住综合项目的功能定位：

（1）物业功能定位

结合金华市房地产市场细分的结果和可类比物业的比较分析，以及项目地块约束条件和可利用资源，对本项目的功能进行总体定位确定，即：

1）集旅游、商务、休闲、娱乐、宴会一体的产权式酒店；

2）具有专业酒店服务管理的酒店式公寓；

3）融合居住与办公功能的SOHO办公。

（2）功能定位阐释

1）产权式酒店

产权式酒店作为区别于商铺、住宅的投资产品，因其投资少、风险小、收益高、增值大的特点，近来深受投资人士所关注。产权式酒店所有权与经营权的相互分离，并委托知名的酒店管理公司进行全面打理，实现经营业绩的可持续发展，让投资者真正的“坐收渔翁之利”。

2）SOHO办公

意为小型家庭办公室，SOHO办公倡导的是居住与办公相融合，在办公的同时，又能享受到家的感觉，在一个空间中学习或工作，各种功能可以转换和发展，空间是流动的空间、开敞的空间、可随意组合的空间。

3）酒店式公寓

区别于一般的普通公寓，提供相对高档和周全的酒店式服务，一方面可以自己使用，另一方面可以委托酒店管理公司进行专业经营获取收益，同时还可以满足部分居家办公和企业办公的需求。

(3) 各类物业功能之间的关系图

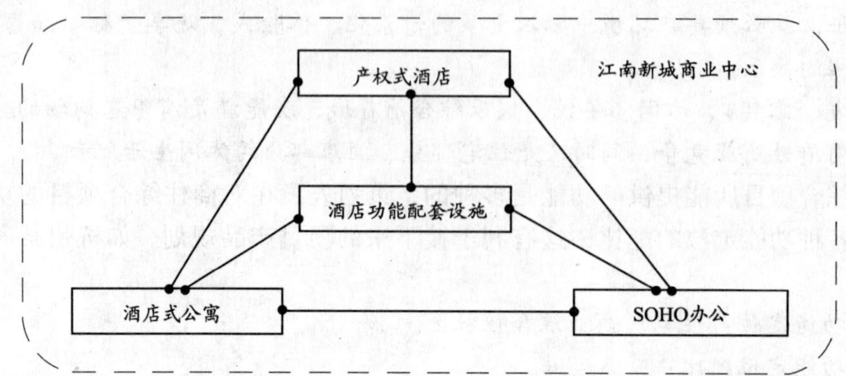

(4) 结论

1) ××新城商业中心为本案的发展奠定了坚实的市场基础，产权式酒店、酒店式公寓和SOHO丰富了江南新城商业中心的形态，提升整个项目的经济价值。

2) 产权式酒店、酒店式公寓和SOHO办公三者之间的关系通过酒店功能配套设施相互联系起来，以产生功能的集聚效应和相互促进的作用。

3) 以产权式酒店的主导经营为主，同时兼顾为酒店式公寓提供酒店星级服务，增加酒店式公寓的附加值。

4) 酒店的功能配套在完善酒店功能配套设施的同时，还能够为SOHO办公提供服务与良好的办公环境，在一定程度上提高了SOHO办公的档次。

5) 酒店的各类功能配套设施在对内经营的同时，还放开对外经营，一方面可以吸引旅游度假和商务会议人群，另一方面可以增加酒店的消费人群。

八、商住综合项目产品定位

商住综合项目的产品定位与产品规划建议有点类似，都是涉及产品的规划、空间布局、户型及其比例等等。不同的是，产品定位没有产品规划建议那么详细，可以说产品规划建议是产品定位的延伸和扩展。下面是郑州某商住综合项目的产品定位：

(1) 产品定位

根据对整体市场状况、区域市场形势、项目自身条件的综合分析，以实现较高的利润、回避市场风险为原则。各类物业产品定位建议如下：

办公楼——智能化写字楼（最好5A级）；

SOHO酒店式公寓——商务型酒店式白领公寓；

住宅——中档偏高居住型住宅；

酒店——产权式准3星级；

商场——产权式主题商城；

商铺——底商街铺和步行街街铺（两层）。

(2) 产品定位分析

a. 塑造产品高附加值，使价值大于价格；

b. 市场空缺，差异、创新产品。

1）小高层住宅定位

a. 本项目的住宅户型结构以紧凑型的二房、三房为主；大户型（4房）和Townhouse（首层、顶层）物业为补充；

b. 创新户型，如：空中庭院、入户花园、空中Townhouse等；

2）高层写字楼定位

a. 写字楼的户型结构以紧缩型80~120平方米左右为单位户型（可自由组合）；

b. 提供公众商务设施配套；

3）高层SOHO定位

a. SOHO的面积以40~60平方米（一房一厅、二房一厅、二房二厅）为标准；

b. 都市小户型的升级版；

c. 创新户型如楼中楼；

4）商场定位

a. 街铺80~150平方米；

b. 产权商场（略）

（3）具体户型比例建议如下：

类别	住宅							SOHO	
户型	二房二厅	二房二厅	三房二厅一卫	三房二厅二卫	三房二厅二卫	四房二厅二卫	复式		
面积（m^2）	65	80	90	110~120	130~140	135~160	180	40左右	60左右
比例	10%	15%	15%	20%	30%	5%	5%	45%	55%

类别	写字楼			商业
面积（m^2）	80	100	120	80~150
比例	30%	30%	40%	100%

由于商住综合项目一般有两种或两种以上的开发类型，因此策划人员应分别对每种开发类型的物业进行产品定位，如泰州某商住综合项目的产品定位：

（1）住宅部分

结合坡子街项目的实际情况，参考泰州住宅市场的特性分析，我们对本项目住宅部分提供这样一些建议：

1）主力户型面积控制在90~140平方米之间，总价控制在40~90万之间（考虑到2006年才能实现住宅预售，单价、总价在目前的基础上有适当涨幅）。具体来说，2房2厅面积在90~110平方米，3房2厅在120~150平方米，4房和复式在160~180平方米之间，单价控制在3500~4000元/平方米之内。

2）从调研来看，虽然泰州出现了跃层、复式、空中花园等建筑平面布局，但接受的程度也是有限的，因此还是以平面和顶楼复式为主，户型配比、面积规划和将来物业装修的标准及物业管理费用应采用主流路线，因为是高层住宅，大房型要限定比例，否则过高的物业管理费用在销售中会形成抗性。

(2) 办公楼部分

结合泰州市办公楼市场现状及未来趋势的分析，针对坡子街项目所含有的办公楼部分，我们做出如下建议：

1）缩小单套面积、控制总价，产品的使用功能以商住两用为主；

2）客户群体以中小型企业为主，装修档次及物业管理的定位以实用经济高效为主；

3）对于购买商铺的业主，在购买办公楼时实行优惠政策，优先考虑商业部分的使用者。

(3) 酒店式公寓部分

由于坡子街项目3号地块上目前规划了10929平方米的酒店式公寓产品，结合对泰州酒店（公寓）市场的调研分析，对该部分产品作出如下建议：

1）进行全装修配置家具，控制主力户型面积，一般在50～110平方米/套，单价在5000元/平方米左右，不考虑签返租协议，因为很多泰州投资者对高达8%的年租金回报觉得没有法律保证，反而影响了销售，由于我们尽速回笼资金的出发点，和购买者有长期协议容易引发纠纷。

2）酒店式公寓的销售尽量安排在住宅和商业部分之后，因为过高的单价会影响住宅部分的销售提价，而且商业部分在形成热销的前提下，对酒店式公寓的销售会形成强烈的支撑作用，黄金地段＋繁华商业一般是酒店式公寓选址的首要条件。

在产品定位结束后，策划人员可以说明该产品定位的特征。如深圳某商住综合项目的产品定位：

(1) 产品定位

五星级酒店　六星级公寓

项目自身具备一座超高层五星级酒店。五星级酒店的内部配套、现代化超前的城市中心区的外部配套、高品质的建筑和增值的优质服务等为项目提供了六星级标准。

(2) 产品定位特征

1）户型面积小，但功能设计精致，空间布局紧凑合理，既适合商务办公，又适合单身居住或小家庭居住。

2）单位总价低，地段优越，地处市中心位置，依托城市CBD，生活配套齐全，拥有现代办公设备和条件，交通便利，环境宜人。

3）非主流产品，但极具投资价值，投资总额低，投资回报快。

4）非永久性产品，但有广泛的客户基础和较大的租赁市场空间和升值潜力。

此外，策划人员还应该写出如此定位的理由，使该项目的产品定位更有说服力。如深圳某商住综合项目的产品定位：

(1) 写字楼户型比例

面积（m^2）	划分及说明	户数比例
80	大楼南向半层划为小面积写字楼，两间$80m^2$写字楼可自由组合	30%左右
120	大楼南向半层划为中面积写字楼，不可以自组合	20%左右
150	大楼向北半层划为中面积写字楼，共四间。可自由组合，买两间单位以上送一个屋顶花园，半层购买单位，送两个屋顶花园	50%左右

（2）80平方米写字楼分割理由如下：

1）本大厦档次高，且已有30～50平方米商务公寓单位，不宜划得太小。80平方米基本上可以满足一个形象较好的小型公司办公用途。

2）向南面较向北面分隔容易一些。

3）两个相邻小单位可自由组合，面积适中，保证南北朝向都有大160平方米左右面积的写字楼。

（3）120平方米写字楼分割理由如下：

平台花园使平面形状不规则，划得太小实用率低，使用不便。

（4）150平方米写字楼分割理由如下：

1）北向写字楼如间隔小，通道的设置将会使一部分写字楼变成黑屋。

2）将面积划大，并以赠送空中花园作为炒作条件，有可能吸引一批实力雄厚的大公司购买。

商住综合项目建筑风格定位也属于产品定位的范畴。商住综合项目建筑风格定位应注意两点：一是建筑风格定位要与项目的开发主题定位、案名定位、形象定位相适应；二是商住综合项目各种开发类型物业的建筑风格要相对统一，不能差别太大。下面是郑州某商住综合项目的建筑风格定位：

简约欧陆式建筑风格，首个瑞士峰景小城。

九、商住综合项目业态定位

业态定位是针对商住综合项目中的商业物业来说的，在业态定位前，策划人员应对与本项目有可比性的物业进行分析，分析其业态定位，以供本项目作为参考。如淮安某商住综合项目业态定位的调查分析：

名　　称	定　　位
汇通商城	中档大众化品牌类商品为主的综合批发零售商业设施
承德商城	装饰材料市场、超市
东大街综合市场	农贸、五金、旧货
金龙商城	装饰材料市场
八二鞋帽服装商场	中高档品牌鞋帽服装及小百货商品批零市场
荷花园小区	无统一规划
淮海菜市场综合楼	菜市场
昌盛路、丰登路	女装街、精品服装街

在分析完可比项目的业态定位后，接下来策划人员就可以根据市场调查和项目的自身情况进行业态定位。下面是泰州某商住综合项目的业态定位：

根据本项目总体定位，结合对泰州市商业市场的综合分析，建议本项目业态选择如下：

（1）百货

泰州市百货业已经出现了供给过量，但经营最好的两家百货是第一百货和文峰千家惠，这两家经营档次在泰州市是最高的，经营管理也是最好的，能够满足泰州市时尚群体与高收入群体的消费需求。本项目可以选择百货业，主要是因为本项目是一个综合性项目，可以聚集大量的消费群体，而百货能够为本项目的主要客户群体提供最全面的休闲式购物服务，是Shopping Mall不可或缺的一种业态。本项目的百货部分可能会与周边第一百货产生直接竞争，但只要在商品品种、总体规划布局、经营管理等各方面处理好，将能够快速地超越对手。

(2) 大卖场或大型超市

从目前泰州市大卖场或大超市的分布来看，泰州市大卖场或大型超市已经基本饱和，到2005年底，泰州市将有两家时代购物中心、世纪联华、易初莲花、文峰千家惠等多个大卖场或大型超市，即将营业的东进西路上的时代购物中心距离本项目非常近。但从积聚人气的角度出发，大卖场或者大型超市的作用无与伦比，由于本项目含有住宅和办公部分，附近的鹏欣丽都住宅部分规模较大，届时，周边将有数万居民和数万流动人口，加上对外的辐射作用，基本符合大卖场或大型超市的生存条件。不过需要注意的是，由于本项目商业部分主要是地上一至三层，超市如果过多地转租经营将会对其他商业部分产生致命的打击，因此，在引入大卖场或者大型超市时必须限制其转租范围。

(3) 专卖店和专营店

专卖店和专营店经营品种单一，但是利润却很高，是Shopping Mall的主要利润来源之一。通过引入国际知名品牌店以及国内品牌店，可以有效地提高商业档次，满足泰州市高收入以及时尚群体的消费需求。

(4) 餐饮

餐饮是Shopping Mall的一大功能，是购物中心的重要组成部分。在项目周边缺乏环境较好和档次较高的餐饮店，根据国内商业地产的运作经验，通过引入西餐厅、大众型餐厅、各地风味餐厅、酒吧、咖啡厅和茶楼等，可以迎合各个层次消费者的需要。

(5) 娱乐业

娱乐业是泰州市最为缺乏的业态，尽管有歌舞厅、网吧等，但是档次不高，服务欠缺。而随着经济实力的增强，居民生活水平普遍提高，对影视、表演、棋牌、电玩等的需求非常强烈。本项目可以引入量贩式KTV、电影城、电玩城、棋牌、展览表演等满足居民较高层次的消费需求。

(6) 休闲业

随着居民生活水平的提高，休闲消费需求日益增长，而泰州市休闲产业尚未起步，如健身、游泳、球类、溜冰、攀岩等基本没有。而随着健康保健意识的增强，对休闲产业的需求前景广阔。本项目可以引入健美、瘦身纤体、室内游泳、保龄球、乒乓球、溜冰等运动，以占据泰州市场的空白。

策划人员在对项目进行业态定位时，应提供多种业态定位方案，以供相关决策人员选择。如重庆某商住综合项目的业态定位：

(1) 方案一

1) 主力业态——高档百货

定位依据

a. 重庆还没有真正意义上的高档百货，百货商家无一例外的有一定的大众倾向，包括大都会。但是从另一方面看，重庆有庞大的高收入人群，高档百货的消费力是客观存在的，并且在重庆本地没有得到充分的释放。我们认为，从市场环境看，在重庆经营高档百货的时机目前已经成熟。

b. 百货在各类业态中，租金承受能力比较强，并且能够为人气和物业形象的提升起到积极的作用，所以我们在定位中不应该放弃百货。

c. 从本项目裙房面积指标上看，×平路以上楼层单层面积约为3000平方米，做大众百货面积指标略低，更重要的是本项目的口岸目前人气不够旺，和××碑以及××口步行街区域相比成熟度相对略次，在先天上处于劣势。但是高档百货恰好要求物业单层面积在3000平方米左右，且针对的目标消费群体相对固定，对自然人流的依赖程度比较低，与项目自身条件非常切合。

d. 从本项目的标准层平面格局上看，沿×平路方向形成一个狭长条状，对于要求卖场方正实用的普通百货来说，实用率不高且不太便于卖场布置，但如果做高档百货可以划分成一字排开的独立店面，便于高档品牌的店面包装和展示。

e. 高档百货利润比较高，商家对租金的承受能力比较强；且形象附加值比较高，会有助于提升××口区域形象，有利于向相关部门争取相关的优惠措施。

f. 一些知名高档百货商家对重庆表现出了比较强的兴趣，纷纷组织到重庆进行考察，并和一些物业进行了比较深度的洽谈，虽然暂时没有达成合作协议，但进入重庆只是时间问题，包括香港新世界集团、莲卡佛等。

2）辅助业态

①中型专业市场

定位依据：

(a) 按照较场口规划，本项目位置不在步行街范围内，车流和货流的组织比较便利，对于货流往往比较大的专业市场来说，这是一个比较有利的先天条件。

(b) 从业态上看，目前比较倾向的定位是医药超市，原因是重庆是西南乃至全国知名的医药批发中心，有相当多的大商家，外地医药商家准备抢滩重庆，而项目紧邻储奇门，该区域目前是很有知名度的医药市场，可供借势。

(c) 也可以考虑其他专业业态，但要求其经营档次不能太低。

②净菜超市

a. 概念诠释

从功能上看，净菜市场和农贸市场基本相同，但区别在于其在卖场包装中统一形象标识，统一收银，卫生条件好，管理比较规范，在经营模式上与超市类似，是一种很有生命力的新兴业态。

b. 定位依据

(a) 已开发的净菜市场销售都非常成功。

目前重庆在售的净采市场均由龙寰公司开发，一个位于一号桥，两个位于沙坪坝，铺位分零销售，销售状况都非常好，每次推出基本上都可以在三个月左右的时间内销售完毕。

(b) 项目有开发净菜市场的地段条件

一是项目有效辐射范围及范围内的居民密集程度都超过了一号桥龙寰净菜市场，从另一方面看，较场口片区新建物业住户层面都比较高，生活购物也较为讲究，净菜市场相对于普通农贸市场对其有更强的吸引力。

(c) 便于分零及销售。

③高档餐饮、俱乐部

定位依据

a. 目前餐饮市场以中档酒楼和江湖菜居多，有特点、定位偏高档的餐饮经营都比较好，如天天渔港。但真正意义上的高档餐饮目前也还是一个相对的空白点，如果有知名高档餐饮目前进入重庆，根据重庆居民注重饮食消费、爱跟风的消费特点，市场前景应该比较好。

b. 目前较为高档的大型休闲俱乐部也较少见，特别是复合保健、娱乐、商务洽谈、顶级商务餐饮为一体的高档休闲中心。目前有部分此类上家准备进入重庆市场，如上海一家SPA俱乐部，其经营范围不仅仅是香熏水疗，而是复合多种娱乐、甚至会议功能于其中，该商家对在重庆的经营前景非常乐观，目前正在寻找经营场地。

c. 部分业态形象档次比较高，并且能够有效吸引高端消费者，和高档百货在经营中形成良新互补。

（2）方案二

1）主力业态——香港精品坊

a. 概念诠释

本文所说的香港精品坊，意指将香港的一线百货品牌集中到本项目，并将货品的香港制造背景，作为项目在经营中冲击市场的重要砝码。

b. 定位依据

（a）香港是整个亚洲非常重要的商业中心，从某种程度上说，它引领了流行和时尚潮流，香港制造本身就是一种品牌效应，潜在的追随群体很大。

（b）由于大众需求旺盛，在重庆乃至整个内地都充斥着“港造”旗号的百货产品，优劣参半。

（c）如果我们在项目内构件一个“香港精品坊”，所有的商家都来自香港，可以从根本上解决消费者的心理顾虑，我们认为一个高含金量的“港造”标志足以使项目在百货业的竞争中抢得制高点。

（d）“香港精品坊”如果能够招商成功，对较场口的区域形象也有一定的提升作用，反过来贵司可以尝试争取政府的一些优惠支持，主要是对商家经营中的税收优惠，招商活动也最好由政府组织，这样能够极大程度增强商家的信心。

2）辅助业态——生活家

定位依据

a. 随着收入水平的提高，居住条件的改善，重庆居民对家居布置也有了更高的审美标准和要求，但与此想对应的是重庆家居饰品目前还处于一种比较粗放的经营状态，没有一个精品卖场。重庆居民常常会利用出差或是旅游的机会在北京、上海等地的家居饰品卖场购置物件，市场空间比较明显。

b. 这类商家在经营中注重交通的便捷度，对自然人流的依赖性不是非常强，项目能够满足其经营要求。

（3）方案三

1）主力业态——生活家

a. 概念诠释

本部分内容中的生活家与方案二有所差异，其目标是打造一个包括品牌家具、家居饰品在内的大型卖场。

b. 定位依据

（a）类似于家居饰品，重庆家具商家在规模、包装、货品、服务质量环节和发达城市的大型商家相比都还有一定的差距，可以作为例证的是重庆高收入阶层在外地购买家具的现象比较普遍，在房地产市场上，对包装比较注重的住宅项目也往往到外地购买家具布置样板房，所以

从需求上看，重庆的家具市场还有比较大的空间可供细分。

(b) 较场口得意装饰城目前经营已经比较成熟，基本上每个需要装修的家庭都会到得意装饰市场，在目标消费者层面，生活家与装饰市场有比较大的共性，定位为生活家可以比较充分的对其借势。

(c) 从项目的位置上看，紧邻步行街，人气有保证，形象展示效果好。出口即是车道，货流组织非常便利，是经营专业市场难得的理想场所。

2) 辅助业态——净菜市场

定位依据与方案一相同，为了尽可能发挥负四、五楼商业价值，在本定位方案中将车库置于9、10层，相应在交通组织上也有一点变化，即是需要在×平路和裙房9、10楼之间增加一部升降梯，用于运送车辆。

(4) 方案四

1) 主力业态——奥特莱斯+店中店（香港精品坊）

定位依据

a. 奥特莱斯本质上是一个折扣店，目前在东南亚比较风行，主要销售一些过季、缺码、下架的名牌，具有大众性，和香港精品坊目标消费者层面基本一致，可以形成良性互补。

b. 一个品牌折扣店，加上一个香港精品百货，我们认为对都市时尚一族非常具有吸引力，能够有比较好的经营前景。

2) 辅助业态

a. 大众餐饮和娱乐

香港精品坊和奥特莱斯的进驻将会在很大程度上提升项目的人气，所以可以考虑做大众餐饮，并且随着较场口区域改造的进展，以及轻轨的通车、十八梯民俗风貌区的建设，经营条件还将进一步提高。

b. SPA

SPA目前是一种休闲疗养，在都市中很受欢迎。目前重庆的SPA规模普遍都比较小，配套设施不多，并且只针对女性服务，如果引进一家规模大的SPA，除香薰水疗外整合多元的休闲服务功能，应该非常具有竞争优势。

十、商住综合项目价格定位

价格包括售价和出租价格。价格是影响购买者购买、经营者租赁的关键因素。因此，价格的制定除了取决于成本以及利润因素以外，更重要的是取决于市场和竞争对手。商住综合项目的价格定位是指确定各种开发类型物业的价格范围或均价，至于细到每个单元的价格应该在营销执行阶段才确定。

1. 项目价格定位前的调查分析

在对商住综合项目进行价格定位前，策划人员应对项目所在区域本项目将要开发的各种类型物业的价格进行调查分析。在对居住物业的价格进行调查时，由于居住物业在销售时优惠比较多，因此不能调查各楼盘的表面销售，而是应该调查楼盘打折后的真实销售，这样才能保证商住综合项目中居住物业价格定位的准确性。如深圳某商住综合项目的价格调查分析：

(1) 片区住宅楼价格分析

由于市场定位的调整，石厦片区户型由大趋小，楼盘档次由高档趋向中档普通住宅，使得石厦区住宅市场中楼盘价格也出现了显著下调。价格的下调除是因为楼盘本身定位的调整之外，低价促销、为消费者预留一定的升值空间也是重要原因之一。由于近几年来，众多开发商在此片区盲目开发大户型豪宅，价格居高不下，楼盘价格升值难于实现。所以价格下降是必然趋势。各盘具体价格情况如下：

石厦片区部分住宅项目价格统计表（部分物业价格采用其开盘热销时的价位）

项目名称	均价(折后)(元/m^2)	项目名称	均价(折后)(元/m^2)
阳光四季	6200	皇都广场	6900
泰美园	5400	益田名园2期	6800
瑞和园	6000	物业时代新居	9000
祥韵苑	6000	缤纷四季	7500
共和世家	多层7800，高层12000	建设新新家园	6800
东方雅苑	6300	星河国际	9000
天健阳光华苑	6100	合正佳园	6300
中央花园	12000	平均价格	7200
云顶翠峰	7300		

从整体来看，该区楼盘的平均均价在7200元/平方米左右。

（2）片区价格特征

稍早的信托花园、中央花园价格定位均较高，而99年新盘能够面对市场现实，将价格调整至符合市场的价格，并且都采取低价入市，走低开高走的策略。

从价格上看，该片区经过了几次价格上的调整，第一次是信托花园以7600元/平方米价格推出后不久，恰逢金融危机，深港楼市均受影响，中央花园虽逆市而上，却并未获得成功。

到星河明居推出时，重新参照市场价格以低价位入市，最终销售均价达到6200元/平方米。之后又有加州地带等较有规模的楼盘推出，使价格略有上升，基本维系在6000~7000元/平方米之间。

在对商业物业的价格进行调查分析时，要注意除了调查售价外，还要调查租金水平。此外，由于不同的楼层其商铺的价格差别很大，因此在调查商铺的价格时，应该分别调查不同楼层商铺的价格。下面是淮安某商住综合项目的价格调查分析：

（1）苏北市场

1）位置：盐河与淮海北路交界东北角。

2）规模：经营户460户左右。

3）概况：棚户与店面建筑相结合，典型的初级市场格局，共分7个区。

4）经营项目：包括小百货、服装、副食酒类、五金水暖器材、鞋帽、文化用品等。

5）租售情况：由于目前进行市场改造，市场经营使用率在60%左右，除经营副食、酒类的一区、五区外，其余各区使用率在50%。

6）租售价格（抽样调查）：

地 点	面积（m^2）	月租金（m^2）	年租金（元/m^2）
场内门市房	11.8	210	210
临街店铺	30~40	1200~1500	450~480
临街店面	30~40	总价15~19万	4500~5000

（2）淮海北路汽配城

1）位置：淮海北路黄河路附近

2）规模：4层永久建筑物，6000平方米

租售价格（抽样调查）：

位 置	面积（m^2）	月租金（元/m^2）	年租金（元/m^2）
一楼	（略）	38	456
二楼	（略）	22	264
场外门面房	（略）	28	336
附近农科所临街门面：	两层75+75	4000	267

（3）淮海广场附近商圈：

市场名称	规 模	月租金（元/m^2）	年租金（元/m^2）	备 注
龙凤家具城	淮安最大	45和38	540元和456元	共两层，经营好
五星家具城	8000平方	43和30	516元和360元	共两层，经营一般
淮阴家具城	4000平方	30	360元	一层，经营差

（4）淮阴电子市场

1）位置：水门桥南边

2）规模面积：经营面积15000平方，经营户230户。1998年10月开业，本市最大的电子市场

3）租售价格：

位 置	月租金（元/m^2）	年租金（元/m^2）	备 注
一楼	30~45元	360	$30m^2$ 起租
二楼	25~35元	300	

注：一次性统交一年租金，可免交一个月租金。另外需付100元/平方的保证金。

（5）金三角电讯城：

地 段	位 置	面积（m^2）	月租金（元/m^2）	年租金（元/m^2）
淮海西路	场内	1.2米柜台	500~600	—
1400平方/60户	门市房	10	1500	1800

(6) 建材装饰城

1) 位置：淮海西路与清河路以东。

2) 规模：9000多平方米，其中淮汽公司开发的4000多平方米，1999年8月开业，100多家经营户，年成交额8千多万。

3) 主营：五金、木材、陶瓷、铝材、水暖等。

4) 概况：整个市场品种齐全，人流量大，本市居民装修一般都来此购买，零售较多。

5) 租金价格（抽样调查）：

地 点	经营品种	面积（m^2）	年租金（元）	年租金（元/m^2）	其 他
过道门市房	厨房材料	37.5	15600	416	
	现代陶瓷	60	26400	440	转让费6万元

门市房租金采取拍租方式，租金水平80~40元/平方米，淮汽市场年租金收入200万元。

(7) 汇通市场群

汇通市场是目前苏北地区最大的批发市场。毗邻淮安市长途汽车总站，在整个淮安市具有较强的影响力和辐射力。交易面积达6.5万平方米，年交易额15亿元。目前，已形成了一个以汇通市场为龙头，以布匹市场、家电市场、五金市场为主体的汇通市场群。

租金水平列表（抽样）

市场名称	地 段	面积（m^2）	租金（万元/年）	年租金（元/m^2）	转让金	销 售
汇通市场	沿大治路门市房	15	6	4000	10万元	80万元
汇通市场	八区内门市房	10	4	4000		60万元
布匹市场	沿大治路门市房	30	2	666		
五金市场	中瑞花园	17~40	临街8000~9000	内3500~4500		

(8) 淮海广场商圈内主要街道店面租金水平（单位：元）

地 点	经营品种	面积（m^2）	年租金（万元）	年租金（元/m^2）	其 他
淮海东路新亚商城北侧	百盛服饰	50	6	1200	淮安人
淮海北路，近淮海广场	袜子	25	4	1600	淮安人
淮海北路，近淮海广场	DEBON服饰	60	9	1500	淮安人
淮海北路，近淮海广场	PLAYBOY专卖店	70	10	1439	
淮海北路，近水门桥	太平鸟西服	120	11	917	扬州人
淮海西路店面房	江西陶器	35		857	
健康西路近淮海北路	SHARP专营店	70	3.6	510	

(9) 东、西大街商业街

东西大街为老商业街，商铺林立，西大街共有商铺约180家，经营品种较多，商街配套较齐全，东大街约有在营商铺90家，主要经营服饰、鞋、床上用品等，本案所在地段因项目在建，主要为经营服装的临时摊位，抽样调查数据如下：

地　　点	经营品种	面积（m^2）	年租金（万元）	年租金（元/m^2）	其　他
乐园小区11#楼西20米	服装	25	2.8	1120	转让费7000元
乐园小区11#楼西30米	服装	25	3	909	年毛利约8万
乐园小区1.2、3、4#楼共有商铺129家，关门或未营业26家					
东大街国贸家私城一楼临街	家具	180	12	667	温州人
东大街	化妆品	20	2.4万	1200	—
申浩百货	服装	10	9600	960	承包租赁
庆华二期商铺	服装	28	1.8万	642	—
庆华二期一商铺售价9300元/平方，房价980—1350元/平方米					
东大街	鞋	20	2.6	1300	温州人

东西大街点评

1）从商品档次看：普遍档次低，西大街档次比东大街高。

2）从消费者层次看：工薪阶层，一般市民；

3）从经营品种看：最多的就是服装与鞋类，店铺多，东大街的经营品种范围较窄；

4）从租金水平看：每平方米年租金基本上在600~1300元之间，为淮安市中等水平，东大街租金水平由临淮海南路向东递减；

5）从经营状态看：目前经营状况一般，普遍感到生意难做，有经营上的压力，因此从这个角度讲，商铺的升值潜力可能会因供量的增加而冲淡，价格提升已经陷入困境，缺乏商业业绩的持续增长支撑。

（10）结论

从以上的调查数据我们基本看出：

1）目前淮安市区的商铺租金价格可以分为以下三个范围档次：

a. 每平方米每年1000元左右及以上，主要是主商业街道的沿街店面；

b. 每平方米每年500元左右者，主要是中心商业区里专业市场内及地段位置相对还可以的沿街店面；

c. 每平方米每年300元左右者，主要是一般市场一楼及较中心地段商场2楼及以上；

如果以此作为目前淮安投资商铺租金的年收益，以10年作为可以接受的投资回收期，不考虑资金的时间价值静态计算其理论价格水平，则目前淮安商铺售价可以分为如下几个档次：

a. 10000~15000元/平方米；

b. 5000元~6000元左右/平方米；

c. 3000元左右/平方米。

2）在租金上，沿街店面与非沿街店面，主要商街与一般住宅商街，一楼店面与二楼、三楼商铺均有较大的租金差别。

特别说明：从上面的价格上我们可以看出租金的范围从低到高有数倍的差距。而目前在建在售的店铺出售价格从位置地段的角度来说商铺售价没有相应租金的差别大，价格与租金对应关系还不是那么准确，大的差别主要体现在店面的层次上。

3）经营品种与经营范围的不同，使经营额和利润率大不相同，在很大程度上决定了对位置需求的不同，以及对租金的承受水平也不一样。其中服装类以及各类品牌产品对位置要求较高。

4）目前从淮安市开发市场、开发商铺的角度来看，作为专业市场基本上以招商、招租的形式为主，但其中伴有使用权的优先转让问题，这使得商铺在不具备产权的前提下具有一定的炒作行为，使租商铺本身具有一定的投资色彩，而不是直接的投资概念与行为；而作为沿街商铺，尤其是小区的商铺基本以出售为主，价格较高。

5）目前淮安市的专业批发市场基本上处于一种简单的商品汇聚集中状态，对于相关的同类商品兼收并蓄，经营者以及经营的商品良莠不齐，其中上档次、上水平的市场并不多。市场建筑与配套也较简单，不乏临时性的建筑和棚户型市场，大规模的永久型批发性质的市场或商城缺乏。

由于经营业态不同，其营业额差别可能很大，因此其租金承受能力也不同，所以在对商铺的租金进行调查分析时，也要考虑租金水平与经营业态的关系。如烟台某商住综合项目的价格调查分析：

（1）可售商用物业的价格范围（仅是1~3层的售价，芝罘区内）

序号	售价（万元/m²）
第1层	1.68~4.2
第2层	0.95~2.8
第3层	1.2~1.5

从上述表格中可以看出目前在该区域市场价格比较分散，主要原因在于其各自产品分布区域以及商圈种类不同以及周边商业氛围不同等诸多因素所造成的；而目前芝罘区内的商铺及大型商场物业只售1~3层的物业，而3层以上的物业大体还是以租赁为主。

（2）商铺及大型商场租赁价格及经营业态大致如下：

序号	租价（元/m²·天）	经营业态
第1层	2.1~13.0	品牌服饰、通信器材、休闲娱乐、餐饮、烟酒、化妆品、手表、运动系列产品、金银饰品、旅游、皮具、电子产品
第2层	2.0~7.0	男女品牌服饰、化妆品、电子产品
第3层	1.8~4.0	男性服饰、运动服饰及相关产品、电脑耗材、餐饮、休闲娱乐、通信器材
第4层	1.3~3.2	通信器材、运动健身器材、儿童服饰、办公用品，外贸商品、书籍
第5层	1.8~2.5	通信器材、儿童服饰、床上用品、钟表、运动健身器材
第6层	1.5	餐饮、休闲娱乐
第7层	1.5	餐饮、休闲娱乐
第8层	1.5	餐饮、休闲娱乐

从目前芝罘区范围内的各类综合市场及大型商场物业来看，其租金分布也是比较分散的。由此可以看出目前在芝罘地区大型市场及其综合市场因其所涵盖的经营类型、地理方位、商业品质等诸多不同而导致其租金差距较大。

在对写字楼的价格进行调查时，要注意考虑写字楼的档次，因为档次不同，价格的差异将会很大。此外，还要考虑物业管理费的高低，因为写字楼的物业管理费比住宅的物业管理费要贵得多，它将影响着使用者日后的使用成本。如深圳某商住物业的价格调查分析：

(1) 深圳写字楼售价

项　目	位　置	楼盘情况	售价（元/m^2）	销售状况
报业大厦	深南路	甲级写字楼	13000	较好
奥林匹克大厦	景田商报社	甲级写字楼	10900	一般
电子科技大厦	深南大道	甲级写字楼	10000	好
创展中心	深南大道	甲级写字楼	7800	好
大庆大厦	深南大道	甲级写字楼	8200	一般
国际文化大厦	深南大道	甲级写字楼	8000	好
江苏大厦	蓝田路	甲级写字楼	12000	好
现代之窗	华强北	甲级写字楼	8600～11000	好

(2) 罗湖区写字楼租金

物业名称	位　置	总建筑面积（m^2）	月平均叫价（元/m^2）	月管理费（元/m^2）
地王大厦	蔡屋围	138075	130～200	32
彭年广场	嘉宾路	23853	80	27
嘉里中心	人民南路	60736	100	28
振业大厦	宝安南路	24478	A座60，B座50	30
国际金融大厦	人民南路	38828	81	18 空调另计
深房广场	人民南路	95269	52	25
天安国际大厦	人民南路	68600	65	27
发展中心大厦	人民南路	61705	60	34
阳光酒店	嘉宾路	（略）	80	（略）
国贸大厦	嘉宾路	39000	65	（略）
新都酒店	嘉宾路	（略）	120	（略）

(3) 福田区写字楼租金

物业名称	位　置	总建筑面积（m^2）	月平均叫价（元/m^2）	月管理费（元/m^2）
特区报业大厦	深南大道	89300	85	25
深茂商业中心	华泰路	（略）	35～40	12
国际文化大厦	深南大道	51000	80	18层以上，10层以下6
长江世贸大厦	深南中路	42569	70	冬季：12.4；夏季：22.4
佳和华强大厦	深南中路	41187	70	8.5
赛格广场	深南中路	92800	90	25
联合广场	滨河大道	114400	50	25
信息枢纽大厦	福华路	30000	90	17.7
国际科技大厦	深南中路	35200	70	21
创展中心	深南大道南	39370	65	3.8

续表

物业名称	位置	总建筑面积（m^2）	月平均叫价（元/m^2）	月管理费（元/m^2）
大庆大厦	深南路旁	35000		
江苏大厦	蓝田路	37500		
世贸中心大厦	农科中心旁	64211	120	28

2. 项目价格策略的制定

策划人员在对市场上同类型物业的价格进行调查分析结束后，接下来就要制定项目的价格策略。价格策略主要是指价格的走势策略，也就是价格的调整策略。项目的价格策略对项目的价格定位起指导作用，例如若项目的价格策略为低开高走，那么项目在价格定位时，就不应该把项目的价格定得过高，应留有日后上升的空间。下面是绵州某商住综合项目的价格策略制定：

（1）价格调整原则

1）利益最大化原则；

2）总租售均价不变；

3）主动引领消费而不被动适应消费。

（2）价格走势策略：采取低开高走策略。

1）以总租售均价为准，住宅以50元~150元的降幅、商铺销售以150元~300元的降幅、商铺租赁以2元~5元的降幅进入认购期，利于项目迅速打开局面，聚集人气（该价格走势除在认购期执行外，还适用于促销期）。

2）以总租售均价为准，住宅以50元~150元的增幅、商铺销售以150元~300元的增幅、商铺租赁以2元~5元的增幅进入中、后期，利于形成项目不断增值的形象，积累口碑。

3）例外应对策略

如在认购期内，并未形成理想的营销状态，则说明广告宣传不到位或定价偏高，此时不可采取降价销售的措施；应及时修正广告策略及同时仍以略小增幅提价，辅以赠礼等促销手段，让消费者感到实惠的同时不对本案产生贬值的印象，以略让利来保证营销目标的顺利完成。

在制定了项目的价格策略后，策划人员可以说明该价格策略的好处，以增强该价格策略的说服力。如深圳某商住综合项目的价格策略制定：

“低开高走”的价格策略是“分期推广”动作的有力配合，其好处如下：

（1）开盘前期实行稍低于市场的“优惠价格”以达到在短期内迅速聚集人气的目的，实现前期的“开门红”；

（2）随着销售的推进，售楼现场人气的增加，根据销售的实际情况对二期房号进行提价，平均价格与市场平均价格基本持平，在实际操作中，对不同的户型、朝向进行价格调整，甚至在同一期即对畅销型房号的价格进行适当的提升，为尾盘的促销提供较大的空间，但调价的频率不可过高；

（3）随着销售的进一步推进，楼盘优势已经得到了客户深层次上的认识，楼盘形象已经树立，也有了良好的市场口碑，在后期对价格再次进行提升，其价格水平可略高于市场价格水平200~300元/平方米，在逐期提价的过程中，让客户产生“先到先得”抢购思想，对物业保值升值有很强的信心；

（4）销售中前期，价格要保持坚挺的走势，其间采用适当的促销方法，如赠送电器等，在最后的尾盘期，方采取价格上的直接让利的方式，如推出“特价房”。

3. 项目价格定位原则的确定

在制定了商住综合项目的价格策略后，接下来就要明确项目价格定位要遵守的原则。项目价格定位的原则，其作用同样是指导着项目的价格定位。下面是某商住综合项目价格定位原则的确定：

（1）低开高走原则

为在开盘初期制造轰动效应、聚集有效人气，同时也为了体现客户在不同时期购房所产生的利息差及风险回报，我司建议采取“低开高走”的销售战略。即开初期定一个相对较低的价位，在后期根据销售反应上调价格，维持均衡的总体均价水平。

（2）价质均衡原则

根据市场接受程度量化楼层差别，具体指标包括朝向、景观、视野、噪音、结构、户型、通风、采光、间距等。以量化打分的形式保证每个单位的价格质素比能够均衡，避免出现部分单位因价格低估而畅销、部分单位因价格讥估而滞销，而这些滞销单位最终不得不讲降价造成销售损失。量化打分保证价格质素比的合理性，通过价格杠杆来实现销售均衡。

（3）留有余地原则

因为产品定位可能出现偏差（如户型偏大或偏小）、建筑规划不可能达到十全十美（如部分朝向单位在景观、视野、采光方面成为死角），所以一定有少量单位或因市场原因或因产品原因会成为滞销点。这些单位将会成为后期销售的主要障碍。我们指定的整体均价水平，给后期难销单位留出足够的降价让利空间。

（4）主动预防原则

在产品形成之后，我们根据市场状况分析可能会有些单位成为滞销点。我司建议：与其在尾盘阶段以降价让利为促销手段，倒不如先期主动预防，在制定价格策略上适当抬高易销单位的价格，同时压低难销单位的价格，以此方式在前期就消化部分难销单位，实现各种户型、各种朝向单位均衡有序的销售目标。

4. 项目价格定位

策划人员在对项目进行价格定位时，首先要明确影响项目价格的因素，然后再对项目进行价格定位。如绵阳某商住综合项目的价格定位：

（1）定价影响因素

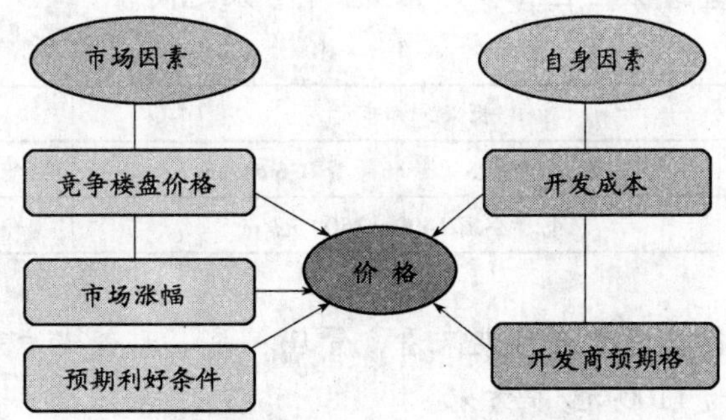

（2）商业物业价格建议

1）项目升值潜力的挖掘——长虹大道、迎宾路

长虹大道是进入绵阳市的主要通道，而项目所在地的长虹大道路段更是作为商住、金融、证券交易中心等的重要配套路段。并且按照绵阳市城市的未来规划，该路段两面将是未来集中

的商住、金融、贸易地，环境和管理都将得到最好的改善。这将成为项目具有巨大升值空间的重要支撑。

2）项目升值潜力的挖掘二——迎宾路片区贸易、物流、商品批发非常繁盛。

项目所在地周边专业市场比较多，如水果批发市场、陶瓷批发市场、日用干杂类批发市场等等，围绕着整个迎宾路片区，吸引了更多的经营者、消费者与投资者来这里，商业气氛非常浓厚，而且该地区拥有政府保护性质。本片区地段、交通等配套优越，这些条件的成熟，促使该地区完全具有升值的潜力。

3）项目升值潜力的挖掘三——项目本身拥有的升值潜力。

迎宾路综合市场在绵阳乃至西部都是非常有名的一个专业性综合批发市场，这无形当中已经形成了知名度，为项目后期的推广打下了坚持的基础，但由于受到环境、交通等配套的限制，使其存在一定的压力，此次修建将对问题进行改善，并且为项目注入更多的新鲜血液。

因此，根据本次其他专业市场的调查和对整个绵阳市商业数据把握的基础上，以现有市场租金和投资者可接受的投资回报年限6~8年，反推市场价格，并结合本项目预期利好条件影响价格的涨幅情况看，建议专业性综合类市场的商业一层价格范围为7000~8000元/平方米之间，均价为7500元/平方米；二楼价格范围在5000~6000元/平方米之间，均价为5500元/平方米（此价格以目前市场情况为基础，在进入营销阶段时，将根据市场变化作相应调整）。各楼层的价格，特别是一楼的价格，可以利用业态规划、主力招商，以及建筑结构方面做统筹，提升楼上商业的人流和商气，从而提升整层楼的价格。

而作为酒店部分的商业建议一层价格范围在9000~10000元/平方米之间，均价为9500元/平方米；二楼价格在6000~7000元/平方米之间，均价为6500元/平方米。（此价格以目前市场情况为基础，在进入营销阶段时，将根据市场变化作相应调整）

（3）住宅物业价格建议

绵阳可比性竞争楼盘都处在销售前期，尚未形成成熟的价格体系可考察。但根据代表性楼盘的价格分析、销售现状和市场需求分析中消费者的预期价格，以及开发成本、市场预测分析，可形成初步建议，再根据对产品的市场测试结果，进一步完善价格体系。

根据在售住宅价格情况分析，目前，绵阳房产开发热点区均价在1700~1800元/平方米之间，而项目所在区域的楼盘均价在1350~1500元/平方米之间。

	长兴·都市港湾	海英电梯公寓
物业管理	本地物管公司，物管费0.6元/m^2	（略）
价格	电梯公寓1400~1500元/m^2	均价1500元/m^2

而从市场需求分析中各类消费者预期来看，管理人员、私营者、普通消费者预期价格最高为1600元/平方米，最低为1100元/平方米。

根据对竞争楼盘的户型设计、环境规划、社区配套、物业管理的现状调查来看，本项目在地段、配套、创新上都有明显优势；而且项目周围规划和发展前景良好。按照市场价格年增涨5%计算，建议本项目临迎宾路的电梯公寓部分价格定位均价1580元/平方米，总价在15万~28万之间。而多层价格定位均价1300~1400元/平方米，总价在13~25万之间。此价格在不脱离市场价格体系的基础上，充分考虑预期增长幅度，从而实现开发利润最大化。

(4) 酒店物业价格建议

依据对绵阳酒店的调查报告分析，把酒店作为产权式分割出售，这种情况在绵阳酒店行业里是一个空白，根据我司以往的实际操作经验和对整个绵阳房地产的把握程度，酒店的面积销售将按房间进行分割，作为产权来销售。建议酒店价格定位均价在3000元/m^2，回报率维持在6%~8%，最高不超过8%。

由于市场的竞争因素与项目的成本因素相比，前者对商住综合项目的价格影响更大，因此，通过对市场上同类型的物业其价格进行修正，从而得出来本项目的市场比较法在商住综合项目的价格定位中运用最多。如合肥某商住综合项目的价格定位：

(1) 可比楼盘的均价

1) 圣大国际二期

a. 底商均价：10000元/平方米；

b. 住宅、办公均价：4100元/平方米。

2) 黄金广场二期

a. 底商均价：10000元/平方米；

b. 住宅、办公均价：4300元/平方米。

(2) 可比楼盘均价的修正

圣大国际二期				黄金广场二期			
参考标的	权　重	拟合程度	参考系数	参考标的	权　重	拟合程度	参考系数
位置	30%	0.99	0.297	位置	30%	0.95	0.285
楼层	10%	0.96	0.096	楼层	10%	0.99	0.099
规模	10%	0.98	0.098	规模	10%	0.96	0.096
交通状况	15%	0.98	0.147	交通状况	15%	0.98	0.147
周边配套	15%	0.97	0.1455	周边配套	15%	0.93	0.1395
业态规划	15%	0.93	0.1395	业态规划	15%	0.92	0.138
市场定位	5%	0.98	0.049	市场定位	5%	0.96	0.048
	100%		0.972		100%		0.9525

1) 圣大国际二期修正后均价

a. 底商：10000×0.972=9720元/平方米。

b. 住宅、办公均价：4100×0.972=3985元/平方米。

2) 黄金广场二期修正后均价

a. 底商：10000×0.9525=9525元/平方米。

b. 住宅、办公均价：4300×0.9525=4095元/平方米。

(3) 本案均价的修正值

在不考虑自身产品定位及楼盘操盘手法的基础上，对可比楼盘的价格进行修正后，再运用区域价格修正，即可得出本案销售静态修正均价。

1) 底商：9720×40%+9525×60%=9603元/平方米。

2) 住宅、办公均价：3985×40%+4095×60%=4051元/平方米。

(4) 本案均价的建议值

根据我司对合肥房地产市场多年的操盘经验，参考周边楼盘均价，并结合合肥市房地产高层物业的实际销售状况及自身产品的市场定位，在本案均价修正值的基础之上，特提出本项目均价的建议值。

1）裙楼（底商）加权平均价：16500 元/平方米；

其中 1 层金融场所用房均价：30000 元/平方米；

2、3 层商业经营用房均价：11500 元/平方米。

2）主楼（销售用房）加权平均价：4405 元/平方米；

其中 4 ~25 层办公用房均价：4400 元/平方米；

26、27 层餐饮用房均价：4450 元/平方米。

运用市场比较法对商住综合项目的价格进行定位时，应该要注意尽量把定位过程写得详尽些，并且可以采用表格的形式，这样就能做到既清晰又明了。如深圳某商住综合项目的价格定位：

（1）总体定价思路

根据对市场的调查研究，我司认为：本项目的价格定位应主要以市场的竞争因素为主要参考因素。并与竞争对手对比优劣，运用市场对比法进行价格修正，合理制定价格。

（2）依据总体价格定位思路，我司选择项目所在片区目前最具有参考力的大庆大厦、创展中心、国际文化大厦作为参照楼盘。

1）因素

比较项目	比较标的	参照物名称		
	本项目	大庆大厦	创展中心	国际文化大厦
地区级差	20	20	20	22
交通通达度	20	21	20	21
繁华程度	20	20	20	21
租赁市场	20	19	21	21
临街状况	20	20	20	20
合计	100	100	101	105

2）个别因素

比较项目	比较标的	参照物名称		
	本项目	大庆大厦	创展中心	国际文化大厦
装修、配套	20	19	18	18
朝向、环境	20	20	20	22
户型结构	20	19	20	20
市场时机	20	19	21	21
市场接受能力	20	19	21	21
合计	100	96	100	102

3）比较权重

	大庆大厦	创展中心	国际文化大厦
比较权重	0.35	0.5	0.15

4）各因素修正

楼　盘	大庆大厦	创展中心	国际文化大厦
折后均价（元/m^2）	8200	7800	8200
区域因素修正	100/100	101/100	105/100
个别因素修正	96/100	100/100	102/100
修正价格（元/m^2）	8542	7723	7656

根据与本片区和周边片区典型物业的价格比较，本单位评估可实现折后均价为：Σ（各比较物业修正价格×比较权重）＝8000元/平方米。

（3）写字楼定价

根据计算，本项目写字楼价位定在8000元/平方米左右应是市场最易接受的价格。鉴于本项目成本因素，在大厦档次规划高及开发商良好品牌情况下，我司建议本大厦写字楼价位为：8300元/平方米。但要加大包装及营销推广力度，确保项目销售进程。

（4）公寓定价

本项目的公司公寓规划为商务公寓，基本上与写字楼定价相同。在计算结果（8000元/平方米）基础上，再加500元/平方米装修，因此建议公寓定价为：8500元/平方米。

除了运用市场比较法外，策划人员也可以根据项目的具体情况，采用其他的方法对商住综合项目进行价格定位。如绵州某商住综合项目的价格定位：

在项目营销过程中，价格因素起着重要的作用。定价的高低关系项目利润的多少，以及销售成功与否，所谓一分质、一分价，正确的项目营销策略就是要如实地体现项目本身的价格规律，反映出项目的合理价值，做出精确定价，根据本项目的特性，结合周边楼盘的情况，我司建议作如下定价。

（1）住宅部分定价（评估得分法）

1）项目与附近楼盘评估得分表：

项目名称	随园新村	金达小区	春天花园二期	青清逸园	山水姻缘	本项目
地理位置	7	7	8	7	8	6
规模	5	7	9	6	7	7
园区环境	5	7	6	6	8	5
配套设施	5	8	7	7	9	6
交通方便程度	6	6	6	6	6	6
外部环境情况	6	6	7	6	8	4

续表

项目名称	随园新村	金达小区	春天花园二期	青清逸园	山水姻缘	本项目
户型面积	5	7	7	7	9	7
间隔设计	5	7	8	8	9	6
装修标准	5	7	7	7	9	6
综合	49	62	65	60	73	53

2）项目的均价评估由以下几步计算得出：

a. 计算比较系数（比较系数＝项目评估得分÷各比较项目评估得分）。

b. 计算可调均价（可调均价＝每个比较项目的比较系数×比较项目的均价）。

c. 项目评估均价＝每个比较项目的可调均价之和÷比较项目个数。

d. 由此得出：本项目的评估均价为1057元/平方米。

3）具体数据如下表

比较项目	均价（元/m^2）	评估得分	比较系数	可调均价（元/m^2）	评估均价
随园新村	980	49	1.081	1059	评估均价等于可调均价之和除以5
金达小区	1200	62	0.854	1024	
春天花园	1250	65	0.815	1018	
青清怡园	1200	60	0.883	1059	
山水姻缘	1550	73	0.726	1125	
本项目		53			1057

4）最后得出的本项目均价为1057元/平方米。在认购期间，以907～1007元/平方米发售可迅速聚集人气。

（2）商铺销售部分定价（最大假想竞争比较法）

在绵阳商业地产专业市场项目中，将“万向装饰城”作为最有意义的参照对象，以楼盘的各项综合素质（地理位置、配套设施、规模、交通方便程度、生活方便程度等）作对比，按实际销售过程中买家的承受心理尺度为限而制订本项目的价格。

比较内容	地理位置	工程进度	市场聚合	交通	外部环境	配套	规模	合计
比较价差（元）	-300	-500	-500	-200	-500	-400	-500	-2900

由各单项比较综合得出本项目商铺价格可比“万向装饰城”低2900元/平方米，“万向装饰城”均价7700元/平方米，则本项目商铺销售均价定为4800元/平方米。

根据以上办法，结合对绵阳商业楼盘销售状况和走势分析，把本项目商铺销售均价定为4800元/平方米是合理的；如在内部认购期间，以4500～4650元/平方米发售，必会产生聚集人气的销售效果。

下面提供一份在商住综合项目的价格定位中做得比较好的完整的优秀案例，供读者参考借鉴：

(1) 定价原则

1) 定价考虑因素

a. 低开高走：在楼盘开售之初定以较低的价格，然后再逐步渐进提高。

理由：

(a) 低开可以先声夺人地吸引市场视线，引起置业者关注，从而迅速地聚集起人气。

(b) 低开意味着价格路线会逐步走高，从而使前期购买者感到物业升值，继而在市场上形成良好口碑，这将是物业宣传的最好途径。

(c) 低开使开发商在物业的推广过程中占据主动，有较大的策略调整空间。

b. 留有余地

(a) 不把价格做得太满，给客户预留一定的升值空间。

(b) 房地产作为保值增值的手段在投资者看来愈来愈不以为然，近几年来楼市的低迷，让诸多购房者持币观望。作为高价消费品，许多购房者是穷其一生积蓄购买，他们在决定购房时必然要货比三家、慎之又慎。价格定得太满使得他们难以享受物业升值，从而难以形成良好口碑，不利后期物业的销售。

c. 价格透明：楼价一经定出，即完全公平公开，绝不搞讨价还价和人情折扣。

d. 小幅频调：价格调整时变动幅度不要太大，适当多调几次，形成小步快跑的态势。

e. 灵活付款：根据客户的各种理财需要多设计几种付款方式以供选择。

f. 储备后手：不要一次将子弹用光，适度地将好的物业、最优惠的付款方式留到最后，做到分段法消控和分段性促销。

2) 价格策划的目标

在制定价格策略、进行价格定位之前，首先必须确定价格策略的目标。这是企业选择定价方法的依据。一般，楼盘的价格策略的目标无外乎以下几点。

a. 最大利润目标

获取最大利润是开发商的重要目标，但追求最大利润并非追求最高价格，而是追求企业长期目标的最大总利润。

b. 销售目标

这一目标不仅包括产品能全部销售，而且包括产品能在最短的时间内销售额达到最大。

c. 市场竞争目标

许多开发商对竞争者的价格很敏感，但并不希望进行价格竞争。都有意识的通过定价来应付竞争或防止竞争，避免在竞争中失利。

d. 品牌目标

市场竞争在某一方面已转化为品牌的竞争，如何在市场中确立自己的品牌优势，塑造、巩固、发展自己的品牌形象，为日后的发展打下基础也是价格策划的一个重要目标。

3) 影响产品定价的因素

具体而言，影响和制约产品定价的因素主要包括以下几个方面：

a. 成本因素

在建筑物的价值构成中，成本占有重要的地位。开发商在建造、发售楼盘时所投入的各种费用构成了楼盘的生产、销售成本。一般而言成本是进行产品定价的下限，是影响和制约产品定价的重要因素。

b. 竞争因素

市场经济不可能没有竞争。价格作为市场竞争最基本的工具，受市场竞争程度和状况的影响极大。市场供求关系的变动、竞争者销售策略的改变对生产者的产品定价有着极大的制约作用。

c. 产品差异

市场竞争在某种方面实际上是差异竞争。产品的差异化程度越高，所面临的市场竞争也越小，价格已不再是销售的难点。价格竞争也将转化为功能竞争。此时产品可以提高定价。

d. 消费者心理因素

如果消费者对企业的产品有良好的印象和偏好，定价就有较大的自由度。通常消费者在购买房产之前会考虑产品能为自己提供效用的大小，发觉产品是否有适合自己要求的特征，从而确定自己的期望价格。所以定价前必须认真分析消费者对产品的价值判断。

e. 企业发展目标

根据企业在市场的地位、企业的发展目标。可有多种定价方法。如果企业的目标是成长为市场的领先者，此时定价可采取低价入市的策略，占领巩固市场份额。

f. 法律、政策因素

在经济运行中，政府的作用非常大，为对市场经济活动进行必要的监督和调控，政府通常会制定一些政策、法律和法规。如1999年国家为消化大量的空置房而实施了对空置房取消营业税的政策。

4）定价程序

a. 首先，决定项目的整体均价，也就是“平均单价”。

b. 然后在对项目各区分别定出“分区平均单价”。

c. 分别确定每区各单元的平均单价，主要比较各栋在朝向、景观、通风、采光、临路条件等因素后确定。

d. 针对每个单元先确定主价楼层，再定出垂直差价。

e. 针对每个单元平层定出水平差价，主要根据单位的朝向、采光、户型面积、平面布局、通风、私密性及风水等因素确定。根据以上几步，最终分别计算出各单元每个单位的单价，形成项目价格表。

（2）可类比楼盘市场销售单价

1）住宅物业与SOHO

项目名称	功能性质	价格（元/m^2）	付款及优惠折扣
锦江国际花园	商住两用	2600（不带装修）3050（带装修）	一次性：3%，按揭：1%
金成国际广场	（略）	3100（高层公寓）2600（多层住宅）	一次性：4%，按揭：2%
德亿时代城	住宅	3500	一次性：3%，按揭：2%
青年居易	住宅	2100	一次性：4%，按揭：2%
建业城市花园	住宅	2950（三期）3200（四期预售价）	一次性：3%，按揭：1%
华林都市家园	住宅	1900	一次性：5%，按揭：无
未来花园	住宅	3400	一次性：5%，按揭：无
兆邦花园	住宅	2600	一次性：10%，按揭2%
丽江水花园	住宅	2200	一次性：3%，按揭：1%
富田陇海花园	住宅	2100	一次性：3%，按揭1%

2）办公楼：

项目名称	功能性质	价格（元/m²）	优惠折扣
金成国际广场		3100（高层公寓） 2600（多层住宅）	一次性：4%，按揭：2%
财富广场	办公	3380	一次性：2%，按揭：无
中州都会广场	办公	3500	一次性：2%，按揭：无
绿洲商务大厦	办公	3380	一次性：1%，按揭：无

3）商业物业

物业名称	价格范围（元/m²）	物业名称	价格范围（元/m²）
锦隆阳光都市	5800	华林都市家园	4000
富田丽景花园	4100～6100	风和日丽	4500
宝隆华庭	12000	丽江水花园	5800
青年居易	4950	新世纪小区	4900～5700
21世纪社区—湖左岸	3200		

鉴于本项目位置位于老城区，周边虽然有一定的商业氛围，但都是比较旧的物业，与本项目的商业物业没有可比性，根据商业物业的定价惯例，首层商铺的价格一般是住宅物业均价的二倍，二层商业的价格是住宅价的1.5倍，那么按照惯例，本项目的一层商业定价5000元/平方米，也基本符合市场规律，同时也给项目的市场留有很大的升值空间。

（3）本项目市场销售单价建议

1）市场依据

a. 通常大中型项目是以相对低价入市，迅速吸引买家，聚集人气，打响品牌。随着项目小区的日益成熟，配套设施逐步完善，小区知名度提高，在后期逐步提高楼盘售价，获取更高的投资回报。

b. 从市场调研分析可以清晰看到，郑州市现行住宅的中档楼盘价位在1800～2800元/平方米之间、办分楼的价位在3000～3500元/平方米之间、首层商业的价格按项目所在的位置的差异其价格也在3200～12000元/平方米之间，这说明价位体系已然形成，定价应考虑市场依据和认可度。

c. 从销售节奏来分析，为了取得刚进入市场就赢得先机的良好势态，为项目在后期有较大调价空间，树立项目价格和形象整体逐步走高的市场印象，入市均价不宜太高。

d. 根据我司调研，定位中档价位中高档楼盘较符合郑州市房地产发展趋势，目标客户相对最大化市场承接力较强；

e. 项目所处片区是一个未来发展的区域，项目又是一中等规模的项目，市场配套、规划前景、人们认知程度还有待时间检验，入市价格要留出发展空间。

f. 本项目周边项目的销售平均价格基本为小高层住宅2800元/平方米，高层商务楼3200元/平方米，如：

小高层住宅："德亿时代城"销售均价为3400元/平方米、"未来花园"销售均价为3400元/平方米；高层商务楼："绿洲商会大厦"销售均价3380/平方米、"锦江国际大厦"销售均价为3050元/平方米、“金成国际”销售均价为3100元/平方米。

2）住宅价格推论

内容			地段	周边配套	交通状况	规模	景观环境	噪声	户型设计	建筑造型	价格实现	比较价	权重	加权平均值	物业管理	开发商实力	交楼时间	营销策划	总计	折实均价（元/m²）
权重			15%	15%	10%	15%	5%	5%	10%	5%					5%	5%	5%	5%	100%	
相比值	住宅	德亿时代城	0.0	0.0	-0.01	-.3	-0.05	-0.1	0.01	0.0	100%	3193	30%	2582.7（取2500）	0.0	-0.1	-0.8	0.0	-0.0875	3500
		鑫苑名家	0.0	-0.15	-0.2	-0.1	-0.2	-0.2	0.05	0.1	100%	1904	20%		0.0	-0.02	-0.1	0.0	-0.075	2050
		锦江国际	-0.2	-0.2	-0.2	0.0	-0.2	-0.2	0.1	0.1	100%	2372	25%		0.05	-0.05	-0.1	0.05	-0.0875	2600
		兆帮花园	-0.05	-0.01	-0.05	0.1	0.0	-0.1	0.1	0.1	100%	2644	5%		0.1	0.05	-0.1	0.05	0.017	2600
		未来花园	-0.2	-0.2	-0.2	-0.1	-0.1	-0.1	0.1	0.05	100%	3094	20%		0.05	-0.01	-0.15	0.05	-0.09	3400

3）办公楼价格推论

内容			地段	周边配套	交通状况	规模	景观环境	噪声	户型设计	建筑造型	物业管理	开发商实力	交楼时间	营销策划	折实均价
权重			15%	15%	10%	15%	5%	5%	10%	5%	5%	5%	5%	5%	
相比值	办公楼	财富广场	-0.2	-0.2	-0.2	0.0	-0.15	0.0	0.1	0.15	0.05	0.0	-0.1	0.05	3380
		中州都会广场	-0.2	-0.2	-0.2	0.05	-0.1	0.0	0.1	0.1	0.01	0.0	-0.15	0.05	3500
		绿洲商会	-0.2	-0.2	-0.2	0.1	-0.01	0.0	0.1	0.1	0.01	0.00	-0.1	0.1	3380
		金成国际	-0.2	-0.2	-0.2	-0.1	-0.05	-0.1	0.1	0.05	0.05	-0.05	-0.1	0.05	3100

4）建议入市售价

根据市场调研，通过对竞争类比住宅物业小区、办公用房与首层商业的市场销售价格推论，建议本项目的价格（均价）分别为：住宅为2500元/平方米；SOHO为2600元/平方米；商业为5000元/平方米；办公楼为3100元/平方米（最终市场销售价格将随市场发展进行调整确定）。

（4）定价分析（价格优势所在）

1）住宅价格（2500元/平方米）

全市范围内小高层的价位为2200～3500元/平方米，在全市整体楼市的价格体系属中档价位（全市范围内小高层价位在2200～3500元/平方米），相对周边（同类型）价位低300～500元/平方米左右，价格竞争优势明显，价格上升空间在200～300元/平方米。

2）写字楼价格（3100/平方米）

全市范围内写字楼的价格在2600～3500元/平方米，和周边同类竞争楼盘比较，价格要低200元/平方米左右。因小面积写字楼总价低，月供低的优势明显，以80平方米的户型为例，3100元/平方米计算，首付七万元，月供仅1200元（七成二十年计算），每月月供小于租金，租不如买。

3）SOHO定价（2600元/平方米）

和在售小户型住宅比，单价总价不存在优势，但作为白领小户型酒店公寓（目前小户型的升级版），其价位能为市场所认同，且相比商务公寓存在单价和总价优势，以50平方米单价2600元/平方米为例，首付2万元，月供仅800元，对月收入2000～3000元的白领族存在吸引力。

4）产权商场定价（5000元/平方米）

取决于投资回报方案（略）。

（5）项目价格提升潜力分析

项目位于CBD的边缘，同时也有望成为未来中心的附属功能物业，与类比竞争项目相比较，本项目未来升值的期望值较高，售价可有一定幅度的上扬。具体体现在以下几点：

1）本项目还处于立项阶段，还有充足的时间和机会适应市场；

2）本项目位于未来城市发展新区边缘，将有可能成为新区的附属物业；

3）本项目的市场综合定位适中，将来对市场的应变能力较强；

4）本项目的综合功能齐全，户型结构配比可以满足各个阶层的消费群体。

第三章　商住综合项目产品规划建议

商住综合项目的产品规划，是由专业的规划设计人员去规划设计的。但策划人员可以根据对项目的了解，从市场需求的角度出发，对商住综合项目产品规划的相关方面建议。这些建议包括：总体规划建议、规划指标建议、总平面规划建议、建筑风格设计建议、业态规划建议、商铺间隔建议、户型规划建议、交通规划建议、绿化景观设计建议、装修建议、配套建议和经营管理建议。

一、商住综合项目总体规划建议

在对商住综合项目进行产品规划建议时，首先要进行总体规划建议。总体规划建议主要包括规划设计理念、规划指导原则和规划设计目标三个方面，这三个方面指导着商住综合项目的产品规划设计。

1. 项目规划设计理念建议

商住综合项目的规划设计理念简单来说就是项目规划设计的总体思路，它对商住综合项目的规划设计起总领和指导作用。不同开发类型的物业，其规划设计理念也不相同。因此，策划人员应分别针对商住综合项目中的各种开发类型的物业进行规划设计理念建议。如金华某商住综合项目中的规划设计理念建议：

本项目的产品设计总体上要强调新、奇、异的特点，导入超脱市场、引领行业的设计理念。具体针对产品功能类型可以描述为：

产权式酒店和酒店式公寓在设计理念上要注重适用性和有效性，也要注重细节设计对运营成本和投资回报的影响，包括面积、户型、装修、设施配套等。要打造成为深受投资者和消费者所喜好的产权式酒店，我们将其总结为“三异”：一是“异域”，即地区差异，使人感觉到了不同的地区；二是“异样”，将环境设计得非常有特色，给人以新鲜的美感；三是“异类”，给人以全新的感觉。但是两者各自又要有所偏重，产权式酒店要强调给短期住客带来的再次下榻的意识，而酒店式公寓要强调给长期住客带来再次归来的感觉。

SOHO设计理念强调室内要有灵活多变的空间，室外拥有通透的视野，建筑立面上强调后现代主义的色彩与质感，建筑形态上强调要富有视觉冲击力的动感，使得SOHO倍显时代气息，尽领新商业地段上的繁华人气，并做到自然形态与商业精神的完美结合。

又如绵阳某商住综合项目的规划设计理念建议：

(1) 住宅规划设计总思路

决定社区满意度的因素包括：建筑因素、环境因素、人文因素和管理因素。如何让各种因素在产品设计中寻找到载体，从而提升和优化社区品质，这是核心价值的综合体现。而产品设计理念决定了建筑外在形式，是产品设计的灵魂。

1）人性——参与性、便捷性、可识别性。

2）生态——亲绿、声光运用。

3）创新——绿化创新、户型创新、建筑创新。

4）现代——智能网络系统、安全防盗系统。

（2）酒店规划设计总思路

决定酒店满意度的因素包括：环境因素、人文因素、建筑因素和酒店的管理因素。如何让各种因素在产品设计中寻找到载体，从而提升和优化酒店的品质，这是整个酒店核心价值的体现。而产品设计理念决定了建筑的外在形式，是产品设计的灵魂。

1）人性——优质性、便捷性、可识别性、亲情性。

2）现代——智能网络系统、安全防盗系统。

3）创新——绿化创新、户型创新、建筑创新。

2. 项目规划设计指导原则建议

项目规划指导原则也就是商住综合项目在规划设计时要遵守的原则。对于任何商住综合项目来说，通用的规划指导原则是从客户群的实际需求出发。下面是柳州某商住综合项目的规划指导原则建议：

（1）重视商务办公区的公寓投资需求

人民广场的改建规划将城中区的功能划分为三大区：大型商业购物区、商务办公区、文化中心区。广场改造主要由公益性项目和房地产开发两大类型构成，房地产开发主要有东、西、南、北四座商务群楼及两幢二层商场，总建筑面积约15万平方米。

附：人民广场房地产开发资料表

序号	项目名称	占地面积（m^2）	建设内容及规模
1	东商务楼群	3804	①商业综合大楼，主体18层，裙楼4层，地上建筑面积32400m^2，地下1层（建筑面积3204m^2） ②2层商场1座，建筑面积1200m^2（占地600m^2）
2	西商务楼群	4408	①商业综合大楼，主体18层，裙楼4层，地上建筑面积45400m^2，地下1层（建筑面积3808m^2） ②2层商场1座，建筑面积1200m^2（占地600m^2）
3	北商务楼	2240	主体14层，地上建筑面积21252m^2，地下1层（建筑面积2240m^2）
4	南商务楼	9492	主体30层，地上建筑面积58469m^2，地下1层（建筑面积9492m^2）

商务办公区的规划将激发该区的住房需求，对本项目的住宅开发有利，实用、总价低的公寓消费将会激发投资需求。

（2）重视回迁因素导致的住房需求

本项目有7003.9平方米的住宅回迁需求，其资料如下显示：

面积（m^2）	套数	比例（%）
10～20	7	2.6
20～30	2	0.8
30～40	6	2.3
40～50	10	3.8
50～60	17	6.5
60～80	93	35.4
80～90	95	36.1
90以上	33	12.5
合计	263	100

据上表显示，本项目的住宅回迁面积集中在60～90平方米之间，占71.5%。

(3) 重视住宅部分的配套要求

本项目占地10400平方米，限高80米，为商住一体设计；位处柳州五星商业旺地，南面望江，拥有景观优势，具备营造柳州市标志性建筑的开发条件。

建议：开发商利用5层天面设计为空中花园、运动会所，同时利用塔楼与裙楼的设备转换层作住客会所，以提升项目档次、提高商品房价格，同时满足项目在住宅部分配套不足的需求。

(4) 重视目标客户群的购房要求

据市场调研及销售经验显示：柳州市中等收入和中青年作为购房和欲购房的人数比例最高。这些情况表明：最具吸引力的细分市场是集中在中高收入和中青年这两组共4个细分市场上。

柳州市最具吸引力的房地产细分市场

年　龄	2000～3000元/月	3000元以上/月
青年（35岁以下）	年轻中等收入	年轻高收入
中年（35～55岁）	中年中等收入	中年高收入

据上述分析，我们已经找出柳州市最具吸引力的4个细分市场，其中两个高收入的细分市场所需的商品住宅要求面积大、装修豪华、密度低、容积率低、住宅环境幽雅、景色宜人、设施配套齐全等；而中等收入阶层所需的商品住宅要求就没那么高，只要规划布局合理、社区生活环境优越、间隔实用、采光通风良好、建造质量符合要求，价格在可以承受的幅度即可。

本项目目标客户群定位在高收入阶层，这一目标市场包括两个细分市场，即青年高收入，中年高收入这两个细分市场。现将这两个细分市场的特点分析列表如下：

目标市场的购房消费特点

	青年高收入	中年高收入
用途	自住	自住或出租
家庭规模	1～2人	2～3人
受教育程度	受过高等教育居多	受过中等教育居多

续表

	青年高收入	中年高收入
住宅户型	单身公寓、一房一厅、二房二厅	二房二厅、三房二厅
住宅面积	30~50m² 60~80m²	60~90m² 100~130m²
销售价格	2000~3000元/m²	2500~3500元/m²
家庭月收入	3000~6000元	3000~6000元
喜好	新潮、简约	实用、简单
区位	公寓、市内住宅、小区、交通便利	生活配套设施齐全的小区或旧城改造的新住宅
购买方式	按揭	按揭或一次性付款

从上述分析我们可以看到，这两个细分市场之间的共性不少，如用途、规模、家庭收入等方面基本上是相同或相近的；教育程度则与年龄成反比；户型和面积稍有差异，青年人的住宅可以多样化一些，结构也不必过于呆板，间隔最好是具有可塑性的；中年人则倾向于实用、合理、耐用等性能方面。在爱好和区位选择上，青、中年各有不同，但差异并不太大。

3. 项目规划设计目标建议

事先明确商住综合项目规划设计的目标，可以使商住综合项目的规划设计向着既定的目标出发。下面是武汉某商住综合项目的规划设计目标建议：

（1）规划超前化。第一，本小区导入最新的家居智能化设备，而且这种智能化设备在5~10年内不落后；第二，建筑规划符合当今时代的潮流；第三，建筑的选材用料，要大量运用环保型、国家推行的新型材料；第四，服务意识的超前化，包括物业管理的前期介入，小区配套设施的配置等，都要“更好地为日后的住户着想”。

（2）户型合理化。本小区的户型必须是合理、实用的。特别是针对高层住宅公摊面积过大的缺陷，创新设计。

（3）建筑艺术化。本小区定位的目标客户群是中高收入的金领、白领阶层，他们的生活讲求品位，所以要求建筑的艺术化，包括建筑设计本身和整个小区的环境设计。

（4）质量标准化。对于质量标准化，本小区要求达到国家的优良水平，这也是本项目敢于向购房者提出“三项承诺”的信心标志。

（5）建材环保化。人们喜欢环保，环保建材不仅会降低建筑的成本，而且可以有效延长建筑的使用寿命。

（6）配套完善化。配套完善是本项目的一大卖点，包括幼儿园、网球场、游泳池、商场、会所等配套设施。

（7）服务酒店化。本项目将居住2000人，只要为其提供优质的服务，本小区的物业管理公司就可以得到一笔很好的收入，所以服务酒店化也是本小区追求的一个目标。

（8）环境公园化。本项目绿化率要达到30%以上，住宅就像坐落在公园里一样。

（9）生活科技化。本小区导入先进的家居智能化设备，实现小区内信息网络化、管理有效化、家居智能化等。

（10）社区人性化。对于这个标准，是本项目的一种理念，也是该小区的宣传主题之一。该小区按购买群体分成两个组团，希望从组团入手，建设有个性特色的组团，形成各自的组团文化；然后通过物业管理公司的桥梁作用，把两个组团紧紧联系在一起，使得整个小区充满着和睦、温馨的生活气氛。

二、商住综合项目规划指标建议

这里的规划指标不仅是指政府相关部门所规定的各项经济技术指标，还包括由工程设计人员和策划人员所策划的各种指标。如各种开发类型的建筑面积及其比例、道路用地面积、绿化用地面积、车库面积、规划总户数、规划居住人口等等。由于政府相关部门所规定的各项经济技术指标不会规定得太细，一般只会给出一个范围，策划人员可以根据市场的具体情况，在政府相关部门规定的范围内进行规划、调整。如上海某商住综合项目的规划指标建议：

（1）项目最初方案

浦东大道地块最初方案

	B地块	C地块	合计
用地面积（m^2）	8682	5467	14149
容积率	不大于8	不大于6	
建筑面积（m^2）	69456	32502	101958
每平方米建筑面积地价（美元）	260	260	260
建筑密度	小于45%		
建筑高度	不超过130m		
绿化率	不小于25%		

（2）项目容积变更方案

按照《上海城市规划管理技术规定》内第十四条及有关条文，内环线以内地区的中心地段容积率控制指数：住宅为4，酒店为6，办公楼为8，商场为8。以下为本项目假设变更性质举例（原容积率为7.2）

1）住宅20%，酒店60%，商场20%

（20%×4+60%×6+20%×8）乘折让率0.9=5.4

2）酒店80%，商场20%

（80%×6+20%×8）乘折让率0.9=5.76

3）住宅20%，商场30%，酒店50%

（20%×4+30%×8+50%×6）乘折让率0.9=5.58

4）住宅20%，办公35%，商场15%，酒店30%

（20%×4+35%×8+15%×8+30%×6）乘折让率0.9=5.94

5）办公35%，商场15%，酒店50%

（35%×8+15%×8+50%×6）乘折让率0.9=6.3

在明确了各种开发物业的面积比例后，策划人员可以对面积的分配进一步细化，甚至细到各种功能用房的面积分配。此外，策划人员联合工程、设计等部门人员还可以对项目的总户数、居住人口、人均居住面积等规划指标建议进行调查。如武汉某商住综合项目的规划指标建议：

（1）本项目用地平衡表

项　　目	用地面积（m^2）	所占比例（%）	人均面积（m^2/人）
居住规划总用地	21257	—	—
一、居住用地	15407	0.724796538	8.809033734
住宅用地	5500	0.258738298	3.144654088
公建用地	1687	0.079362092	0.964551172
道路用地	3598	0.16926189	2.057175529
公共绿地	4622	0.217434257	2.642652945
二、其他用地	5850	0.275203462	

项 目 名 称	基底面积（m^2）
裙楼	1425
小高层	392
中高层	3264
幼儿园	1500
变电房	100
垃圾站	37
煤气调压站	40

（2）本项目主要技术经济指标

项　　目	数　　量	单　　位
总户数	501	户
居住人口	1749	人
总建筑面积	111020	m^2
1. 住宅总建筑面积	66620	m^2
2. 公建总建筑面积	2000	m^2
3. 商业总建筑面积	3900	m^2
4. 车库面积	9240	m^2
平均每套建筑面积	133	m^2
平均每户人口	3.49	人/户
人均居住面积	30.47	m^2
人口密度	1135	人/公顷
住宅建筑面积毛密度	3.13	万 m^2/公顷
住宅建筑面积净密度	4.32	万 m^2/公顷
绿化率	30	%
容积率	5.23	—
地下车库建筑面积	7725	m^2

在对规划指标进行建议时，策划人员可以提供各个方案，以供相关决策人员选择。如上海某商住综合项目的规划指标建议：

方案一：设置地铁出入口

功能区分	住宅	服务公寓	办公楼	商场
建筑面积（m^2）	14000	34000	34000	12000
单层面积（m^2）	500～550	900	900	4000
建筑层数	26～28层	38～40层	38～40层	3层
总建筑面积	94000			
总占地面积（m^2）	14149			
容积率	6.64			
功能分配	住宅14.9%，服务公寓36.2%，办公楼36.2%，商场12.7%			
价格建议	住宅	服务公寓	办公楼	商场
（元/m^2）	8000	11000	12000	15000
备注	地下一层停车场可改为商业用房，出租经营			

方案二：没有设置地铁出入口

功能区分	住宅	服务公寓	办公楼	商场
建筑面积（m^2）	14000	34000	34000	8000
单层面积（m^2）	500～550	900	900	4000
建筑层数	26～28层	38～40层	38～40层	2层
总建筑面积（m^2）	90000			
总占地面积（m^2）	14149			
容积率	6.36			
功能分配	住宅15.6%，服务公寓37.8%，办公楼37.8%，商场8.8%			
价格建议	住宅	服务公寓	办公楼	商场
（元/m^2）	8000	10000	11000	13000
备注	地下只建造一层停车场即可			

三、商住综合项目总平面规划建议

商住综合项目的总平面规划主要是确定各种开发类型的物业，在建筑地块上如何进行布局。在对商住综合项目进行总平面规划时，应当注意要使土地的价值得以最大地发挥，所以应当以项目开发类型定位前的地块价值分析为依据。下面是广西某商住综合项目的总平面规划建议：

本项目是一个大型商住综合项目，用地面积226亩，以南北纵向规划路将本项目由西向东分为三个部分：首期在项目的发展定位上以大型购物中心开发为主，二期为大型综合批发市场，三期为商品房住宅。在综合考虑项目的定位、地块的条件、周边环境（自然条件、商业氛围、交通环境）和市政规划等的基础上，建议项目的总体布局如下：

(1) 项目一期（大型购物中心）

1) 项目一期位于地块西面，西靠50米规划路，分A（南）、B（北）两区分期开发。A区由三座独立的商场围合而成，呈等边三角形布置，中间为中庭步行商业街。B区为商务公寓和大型娱乐城。

2) 在规划路与×育路交汇处设置大型步行广场，引入人流。

3) 商场沿街面为骑楼设计，创造内廊式商业街，营造豪华气派、丰富的商业空间。

4) 在广场设商场主入口，有效地导入人流，在商场西、南沿街面设置次入口。首层商业街采用通透的敞开式布局，最大限度地吸引人流，保证商场全方位开放。

5) 项目A区和B区以商业街相衔接，增加商业空间的联系性和通透性，使A、B两区融会贯通。

6) B区建筑布局为内凹式，形成内广场，与A区的商业中心相呼应，以吸纳人流。

(2) 项目二期（专业市场）

1) 项目二期约55亩，规划为占天占地式商住楼，定位为大型专业批发市场。商业建筑形态为占天占地的联排商住楼，沿道路线形布置，形成综合性商业街。

2) 沿地块南面的×育路和规划路设置商业，形成步行街的形式；商业建筑的形态为占天占地的3~5层商住楼，以经营餐饮业为主。

(3) 项目三期（高尚住宅项目）

1) 项目三期位于地块东面，占地面积约100亩。除临街的商业用地之外，其他均为居住性用地，住宅楼部分为6层高、一梯两户的多层住宅，部分为小高层。住宅楼采用双单元或者多单元拼接的方式进行坐北朝南布置。

2) 在三期地块南边和东边分别设置两个出入口，南边的出入口设在×育路，东面出入口设在其东面的规划路。

总体布局应充分考虑项目各期的延续发展和联系，既可独立开发又与后期产品相衔接，为后期项目预留衔接和发展的空间。考虑到既要努力营造较为良好的消费环境，但同时又要在开发成本方面取得平衡，故项目的综合容积率取1.9。

在对商住综合项目进行总平面规划时，除了用文字说明外，最好附上总平面规划图，这样才能更好地表达项目的总平面规划建议。如北京某商住综合项目的总平面规划建议：

用地西侧从北至南依次摆放商业配套、写字楼的一部分；用地南侧从西至东依次坐落另一部分写字楼和公寓1号楼；用地北侧设计为公寓2号楼；社区西侧与东侧保持完整外立面。

社区设计两个出入口，实现人车分流。

商业配套地下可设计为地下停车场，主要满足写字楼的需求；公寓停车场可设计在1号楼和2号楼地下；商业配套北侧小片空地可设计为商业用停车位。围合出的空间可聘请具有实力的景观设计事务所进行布置，达到环境优美、视野明亮、集绿化休闲为一体的场所。从外观上，在西侧与南侧保持完整连接，成为劲松商圈地标性建筑。具体规划情况见下图：

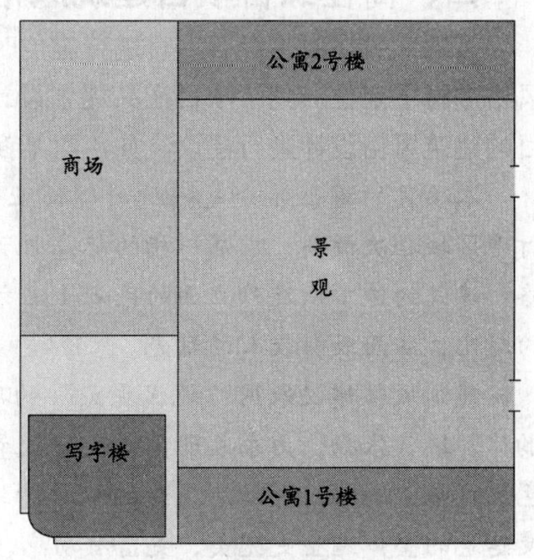

项目规划示意图

策划人员在对商住综合项目进行总平面规划建议时，可以提供两个总平面规划方案，以供相关决策人员选择。如杭州某商住综合项目的总平面规划建议：

（1）总平面规划方案一

1）总平面图，见右图

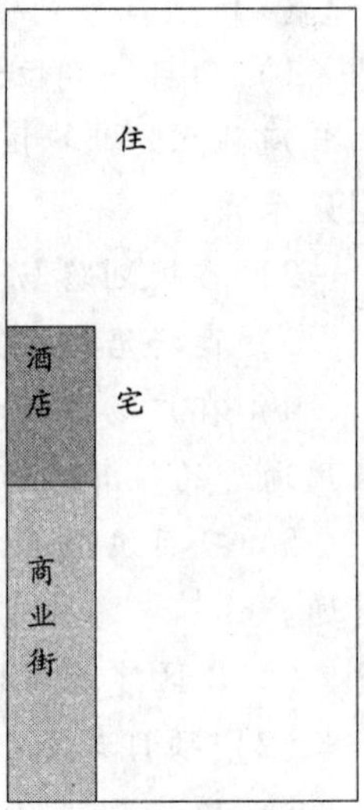

住宅 酒店 商业街

总平面图

2）总平面规划点评

a. 商业主要集中在×风路沿线，利用×风路、×庙路口设计广场，以吸引商业人流引入，使项目商业价值可得到充分体现。

b. 商业街可以设计成商场型内街形式，在商业内街上部可建造酒店。

c. 大部分住宅可以避免因交通干道的噪声影响而造成的居住品质下降，但为住宅的总体布局和景观设计上带来一定难度，可发挥的空间比较有限。

d. 在沿×庙路的住宅底层可以设置部分配套型商业。

（2）总平面规划方案二

1）总平面图，见右图

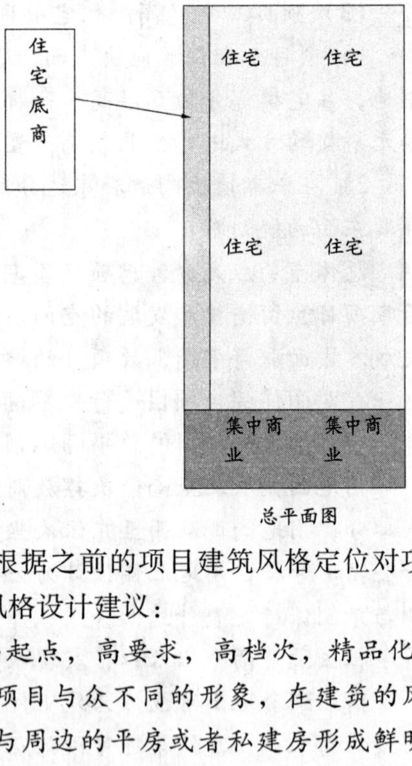

住宅底商 住宅 住宅 住宅 住宅 集中商业 集中商业

总平面图

2）总平面规划点评

a. 住宅部分空间较为宽泛，对于总体布局及景观设计都能有较大的发挥空间。

b. 可以将商业、住宅部分完全独立成两个地块来看待，商业部分经营如遇风险不易影响到住宅部分。

c. 集中商业上部可以建造酒店。

d. ×庙路东段为断头路对人流引入带来一定困难，商业价值不能得到充分体现。

四、商住综合项目建筑风格设计建议

策划人员在商住综合项目进行定位时，已对项目的建筑风格进行了定位。到了项目产品规划设计阶段，策划人员应根据之前的项目建筑风格定位对项目的建筑风格设计进行建议。如广西某商住综合项目的建筑风格设计建议：

本项目的商业部分是一种新型商业形态，定位上必须高起点，高要求，高档次，精品化，打造区域档次最高、首屈一指的标志性商业物业。为了突出项目与众不同的形象，在建筑的风格、建筑的造型以及外立面的色彩上必须做到标新立异，并与周边的平房或者私建房形成鲜明的对比，从而吸引众人的目光。

建筑风格建议采用“现代主义”的风格，展现国际化流行建筑简洁明快、富有动感的现代韵律、现代张扬，力求表现简约、现代和时尚，并能体现高档商业消费场所的主题风格，立面色彩鲜艳、明快，调动消费者的积极情绪。并且通过广告招牌、屋顶、空中连廊等细部的配合使建筑的整体造型更完美，更富有动感，并在统一当中有所变化。

商场的建筑风格还应与外部环境和谐共生，如地形、气候、花木及广场喷泉等。

住宅建筑风格采用现代主义风格，外形俊朗、色彩明快、清新活跃，整个建筑力图表现纯净清新的形象特色。

外立面是商住综合项目建筑风格的重要体现，因此，策划人员在对项目的建筑风格设计进行建议时，可以注重对建筑外立面的设计进行建议。如北京某商住综合项目的建设风格设计建议：

（1）在建筑立面造型上形成真正的特色，是提升小区品质事半功倍的方法。建成后可成为区域内的地标性建筑，易于识别。

（2）立面造型追求朴素、精致、注重细节的风格。通过设计达到的高品质的感觉。

（3）考虑到北京客户的接受能力远高于建筑师的期望值，建议在立面造型上进行较为现代的探索，但要注意新颖不等于怪诞，分寸和风格的把握极为重要。

（4）在立面造型设计上不要赋予建筑过多的理念，注重细节的精致和合理是较为明智的。

（5）根据目前市场标准和项目形象定位建议：

1）写字楼外墙采用铝扣板结合淡蓝色或灰色双层玻璃。

2）公寓外墙底层采用大理石、花岗石贴面，上部采用高档外墙砖。

除了对外立面的设计进行建议外，还可以建议外立面选用哪些材料。如连云港某商住综合项目的建筑风格设计建议：

建议外立面的选材：

（1）选用双层中空玻璃，使得闹市区造成的噪声问题降到最小，颜色可以用淡蓝或者无色白玻璃。

（2）外墙墙砖选用高级墙砖或者干挂大理石材，重点是在于耐脏性高，色彩配合幕墙。

（3）装饰条的设计要更加大胆，富于变化，装饰条的设计在于整体外立面的画龙点睛之效果。

（4）预先考虑到遮蔽空调外机位置的设计，以彰显整体效果为原则。

五、商住综合项目业态规划建议

业态规划建议是针对于商住综合项目中所开发的商业物业来说的。业态规划是项目商业规划体系实现的最终表现形式之一，是商业的灵魂。合理的业态规划是赋予项目竞争力的重要元素。策划人员应充分考虑项目发展的外部条件及项目内部特点，在此基础上把握商业业态的整体规划思路。

1. 项目功能分区建议

对商住综合项目中的商业物业的业态进行规划，首先要做的是对商业物业进行功能分区，若功能分区后，再根据每个区域的功能对其进行业态规划。在功能分区时，策划人员可以先确定本项目可以包括哪些功能区，然后再对这些功能区进行布局规划。在确定项目所包括的功能区时，策划人员可以分别对每个功能区进行说明，阐述为什么要设立这个功能区，这个功能区对本项目的好处等等。如南宁某商住综合项目的功能分区建议：

本项目重点规划十大主题区域，以达到主题、功能与业态的完美结合。这十大主题区域分别为：国际品牌消费品区、餐饮美食休闲区、黄金珠宝首饰区、数码家电区、玩具饰品精品区、零关税商品自由购物区、时尚服饰潮流区、综合娱乐区、酒吧休闲区、复合业态主题区等，并设露天公共休闲茶座、时尚生活演示台、明星大道、流行服饰发布展台等丰富多彩的公共活动场所和休闲娱乐景点。共同形成一个相辅相成的配套体系，与传统商业街相比更具整体竞争优势。

1+10模式：一个中心，十个主题区域。具体如下图：

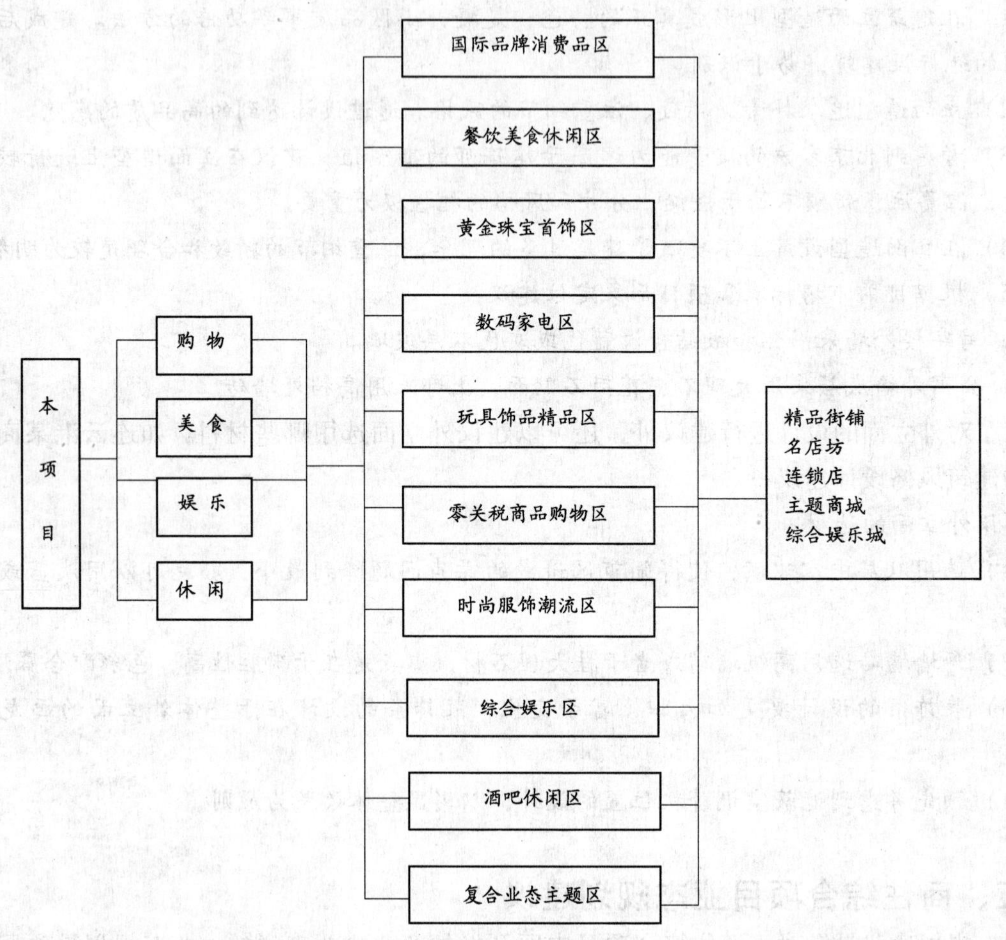

(1) 国际品牌消费品区

引进国际上著名的品牌消费品（如：化妆品的SK-Ⅱ、兰蔻等，副食品的可口可乐、雀巢、百事可乐等），以其强大的品牌号召力吸引目标受众，从而达到短时间内迅速聚集人气和人流，树立和提升物业档次的作用，是商业街持久旺场的保证。国际品牌消费品区将是香港街商业繁荣的一个重要组成元素和不可或缺的组成部分。

(2) 餐饮美食休闲区

充分挖掘南宁×山路传统饮食街的客户资源价值，延伸原×山路美食街，结合香港“美食天堂”的丰富内涵，改变原×山路美食低档次的市场格局，做强、做大！

(3) 黄金珠宝首饰区

香港的珠宝首饰在品质方面一直享有盛誉，价格上也颇具冲击力。珠宝首饰区的规划，对于中心高端市场而言，是一次全面的重新洗牌，外来品牌的引进将引起市场高度民主整合，使南宁珠宝首饰市场的消费者面临更多的选择，珠宝的尊重与高额价值对本案来说提高了商业街

的精品档次，同时珠宝首饰行业足能支撑本案的商铺价格。

(4) 数码家电区

香港的数码家电产品一直紧跟世界潮流，新品与世界同步发行。本案引入专业前卫的数码科技市场，一方面可以与时代紧密同步，引领周边市民步入数码新时代，另外一方面，数码产品是当前市场的利润增加点，行业发展飞快，商业日渐膨胀，这些为本案数码科技一条街的规划提供了市场依据。同时“香港”概念的营造与实质也是区别目前众多同类数码项目的资源特征之一。

(5) 玩具饰品精品区

男女时尚精品永远是市场经济长期不衰的亮点，精品、时尚、潮流、经典时尚男女已经成为当代大众期望的消费理念。饰品精品区的规划可以吸引众多年轻、时尚的消费人群，对本案整体商业而言，有极强的辐射效应。

(6) 零关税商品购物区

根据CEPA安排，2004年1月1日起，内地对273个税目的香港产品实行零关税，包括纺织品、服装、电子、食品、钟表、电器、首饰制品、纸制品、化妆品、化工产品等众多门类；此外内地将不迟于2006年1月1日对以上273种以外原产香港的进口货物实行零关税。同时，在CEPA框架下有六个附件，对香港与内地之间的自由贸易作出了提前于WTO协议进程的安排。CEPA无论是对香港，还是对内地，都是一项重大的政策机遇。所以在本案中设立零关税商品购物区，鼓励和创造条件吸引港人来邕创业，不但为邕城带来优质港货和繁荣本地消费市场，同时亦带来香港的商业文化，可谓一举两得。

(7) 时尚服饰潮流区

说起时尚服饰，人们往往想到的是米兰、巴黎、伦敦、香港……时装发布会上那些身姿摇曳、着装奢华的名模和走在奥斯卡红毯上的国际影星。诸多的都市年轻人因捕风捉影的追赶时尚，而难逃国际品牌的新品袭击，什么LV、PRADA、DIOR……，这足以证明时尚服饰在白领一族心目中的地位，而香港是亚洲的时装服饰之都，时尚潮流服饰区的设立可以让南宁的爱美人士第一时间感受来自香港的服饰魅力，因而具有极强的商业卖点和诱惑力。

(8) 综合娱乐区

一直以来南宁中心区商业，有一个众所周知的遗憾，朝阳商圈、七星商圈两大商业注重的是购物，在娱乐方面，两大核心商圈却都是一个严重的瓶颈。本案综合娱乐城的规划，一方面它考虑到不同年龄层次的娱乐特点及需求，另一方面，它引入了港派全新前卫的娱乐模式，预计香港综合娱乐城的规划必定会吸引更多的人气与人流，从而带动项目整体商圈。

(9) 酒吧休闲区

休闲酒吧具有高额的利润空间，本案作为一个临江综合物业，应当充分利用堤路园林及休闲广场的休闲氛围及资源，规划出休闲酒吧区域，一方面可以丰富目前朝阳及七星商圈休闲场所不足的局面，另一方面一条街的规模效应，可以为整个项目的商业带来人气与活力。

(10) 复合业态主题区

作为主力业态品种的补充，对其他有利业态加以组合（如：纳入玩具、婚纱摄影、名烟名酒专卖、家居饰品等），使得香港街的业态组合更加丰满，突显其蕴藏的商业价值和巨大的物业升值空间。同时为商城的后期发展奠定了良好的商业基础。

上述十大主题区域的业态规划方面，我们秉承以下准则：

1) 业态必须配合全市规划系统布局，具有良好的发展前景；

2) 突出时尚文化内涵与特色品位，具有高额或高附加值的利润空间；

3）业态档次高，且时尚潮流，与项目的综合功能定位没有冲突；

4）能延伸及丰富完善项目所在地原有的强势商业业态；

5）以人为本与可持续发展。

在明确了项目所包括的功能区后，接下来就要对这些功能区进行布局，确定它们在各楼层之间的分布位置。如柳州某商住综合项目的功能分区建议：

（1）商场1~4层的区位划分

本项目四面临街，东面临××南路，西面临×蓉巷，南面临××中路，北临五星商厦×划路，东西向街道长约75米，南北向街道长约90米，拥有较多的街铺资源。项目暂划分为A、B、C、D四个区。

以现阶段项目周边的商业气氛来衡量：A区临项目北侧×划路和×蓉巷，目前的商业气氛欠佳；B、D区临××南路，已形成一定的商业氛围；C、D区临规划中的××路步行街，未来的商业价值不可限量。

综合以上因素，我司认为B、C、D区相对本项目而言，具备商业的地缘优势，适宜销售；而A区相对本项目而言，其商业氛围不佳，现阶段缺乏销售的商业价值，适宜招商引入大型百货公司，以激发人气带动本项目其他商铺的销售。

（2）商场的商品定位及功能定位

楼层	功能定位	建议
B2	停车场、商场设备层	
B1	大型综合性超市	国内国际知名大型百货超市
F1	街铺、大型百货公司（A区）、名店中心（B、C、D区）	在商场街铺利用骑楼及文化广场建筑特色，设立露天或室内相连的茶艺馆、咖啡酒廊，增加商场休闲观光功能。时尚名店中心汇集国内、国际知名品牌专卖店
F2	大型百货公司（A区）、潮流时尚用品专区（B、C、D区）	荟萃最前卫的潮流新奇时尚精品，包括服饰、鞋帽、精品、IT、音像制品、特色饮食
F3	大型百货公司（A区）、名店运动城（B、C区）、休闲娱乐区（D区）	名店运动城汇集中外名牌体育用品、服装，以及当今最前卫休闲运动器械。休闲娱乐区考虑电影院、娱乐城、音乐厅功能
F4	美食广场、休闲娱乐区	中西美食、娱乐城、卡拉OK厅
F5	空中停车场	

注：各楼层规划不同的功能以及商品组合是根据消费者的需求及消费习性，还有各类型商品对租金的承受能力综合而定。参考目前国外大型购物中心的功能规划，大都是把商场的主力消费群所喜爱的商品设置在较低楼层，以营造商场旺场的气氛，而将电器、家居类等相对较冷场的商品摆放在较高楼层，另外又把大众喜好的“美食”、“娱乐”类放在商场的最高楼层，是为了带动较高楼层的人流量。不同楼层设置不同的主题，是希望能达到消费人流平均分布的目的。

除了对各功能区的布局进行建议外，策划人员也可以对各功能区所占的建筑面积大小进行建议。如广西某商住综合项目的功能分区建议：

结合商场的综合定位，商场首层均设为敞开式的商业街，1号楼以大型百货商店为主，2号楼为大型主题商业广场和餐饮，3号楼以文化娱乐为主。具体商业功能形态如下表：

（1）1号楼

物　业	功能定位	面积（m^2）	商铺间隔	备　注
一层	主题名店商业街	共约3000m^2 其中： 5~10m^2 占20% 10~20m^2 占60% 20~40m^2 占10% 50m^2 以上占10%	采用落地玻璃围蔽，独立式商铺设计	主要经营名牌服饰、潮流时尚用品专区，银行、药店、连锁快餐店
二、三层	百货零售主力店	6000m^2	采用敞开式、半敞开式为主	大型零售百货商店进驻经营（如南百），包括服装、鞋帽、化妆品、皮具、精品、大型超市等
四层	快餐中心	1500m^2	全开放式	

（2）2号楼

物　业	功能定位	面积（m^2）	商铺间隔	备　注
一层	主题名店商业街	共约3000m^2 其中： 5~10m^2 占20% 10~20m^2 占60% 20~40m^2 占10% 50m^2 以上占10%	采用落地玻璃围蔽，独立式商铺设计	主要经营精品服饰、潮流时尚用品专区等
二、三层	大型主题式购物商场	6000m^2	开敞式独立商铺	如精品家私、家居布艺、古玩玉器、通信器材、电子产品等
四层	高档食府及咖啡厅	3000m^2	敞开式	引进大中型酒家

（3）3号楼

物　业	功能定位	面积（m^2）	商铺间隔	备　注
一层	主题名店商业街	共约3000m^2 其中： 5~10m^2 占20% 10~20m^2 占60% 20~40m^2 占10% 50m^2 以上占10%	采用落地玻璃围蔽，独立式商铺设计	主要经营精品服饰、潮流时尚用品专区等
二、三层	大型主题式购物商场	3500m^2	敞开式独立商铺	具体经营范围看招商情况决定
四、五层	娱乐中心	3200m^2		包括夜总会、KTV包厢、表演场、舞厅、酒吧等
六层	文化市场、电玩广场	1800m^2 其中：文化市场1000m^2 电玩广场800m^2		文化市场主要经营图书、音像制品等

注：以上经营范围仅供参考，具体经营项目根据今后招商情况再定。

2. 项目业态规划建议

在对项目的功能分区结束后，接着就要根据各区域的功能进行业态规划。如烟台某商住综合项目的业态规划建议：

（1）专业性综合类市场的住宅部分的业态组合：

一层：水产、肉类、火锅菜；

二层：中高档次的蔬菜类、干杂类、山货；或日用干杂类及其他蔬菜水果类；或超市百货类等。

（2）临迎宾路商业部分的业态组合：

一层：特色餐饮：本地特色食品、异国风味小吃；

二层：休闲娱乐：量贩KTV、洗浴中心、迪吧、美容美发中心等；

三层：超市百货类等。

又如重庆某商住综合项目的业态规划建议：

商场区域	功能及业态分类
地下过街隧道区域	流行服饰和精品（主要是包括各种时尚服饰、饰品、文化用品等）
北部地下商场中地下1层	男女休闲服饰、鞋帽等
北部地下商场中地下2层	童装、儿童用品（书籍、文具用品等）、体育用品专卖店等
地表广场南侧下沉式过廊	化妆品、品牌男女服饰（正装）、金银珠宝饰品
南部商场地上层	酒吧、茶室（主要是一茶一坐、上岛咖啡等）
南部商场地下层	家电、数码产品、通信器材等

六、商住综合项目商铺间隔建议

商铺间隔建议是针对于商住综合项目中的商业物业来说的，不同的业态，其对商铺面积大小的要求也不相同。因此，策划人员应根据经营业态对商铺的间隔面积进行建议。如重庆某商住综合项目的商铺间隔建议：

商场区域	功能及业态分类	建议分隔面积（m^2）
地下过街隧道区域	流行服饰和精品（主要是包括各种时尚服饰、饰品、文化用品等）	15～20
北部地下商场中地下一层	男女休闲服饰、鞋帽等	20～30
北部地下商场中地下二层	童装、儿童用品（书籍、文具用品等）、体育用品专卖店等	儿童用品40～50 体育用品60～80
地表广场南侧下沉式过廊	化妆品、品牌男女服饰（正装）、金银珠宝饰品	60～70
南部商场地上层	酒吧、茶室（主要是一茶一坐、上岛咖啡等）、餐饮类	120～150
南部商场地下层	家电、数码产品、通信器材等	30～40

在商业物业的规划过程中，商铺间隔是整体规划的一个重要步骤，商铺间隔的合理与否在很大程度上影响到商铺的销售进度，也会影响到物业自身的经营和管理。商铺如何间隔须从市场的需求出发，从开发到配套都严格遵循市场发展的态势，站在商家、经营者和管理者的角度考虑问题，力求能够使商铺的间隔更加适合市场的需求，适合各种商家开展经营活动和其他的

商务活动，这样所开发出来的物业才会适销对路。策划人员在对商铺间隔面积进行规划前，应先对间隔面积大和间隔面积小的利和弊进行分析，通过分析后再对各业态商铺进行间隔。此外，由于业态不同，其对建筑的层高要求也有所不同，因此策划人员在对间隔面积进行建议时，也可以同时建议层高。如柳州某商住综合项目的商铺间隔建议：

（1）大、小商铺间隔的对比分析

	优　　势	不　　足
小商铺间隔	商铺销售总价降低，能适应更多投资者购买，加快销售进度，迅速回笼开发资金。 商铺小租值低，便于小商户招商	业主太多，业主的经营主导性、随意性过大，管理机构难以统一招商、统一管理，难以主导商场经营状况。 商铺分散，难以引进大型商家或知名商户驻场经营，商场以散户经营为主，对消费者缺乏吸引力。 小商场用家以个体户为主，商场整体档次降低
大商铺间隔	适合大型商户要求，便于引进主力店。 便于统一管理。 大商场大流通格局，商场档次较高	投资门槛增高，阻碍了销售进度。 商铺大，租金额则高，中小商户进驻经营成本则大，招商有难度

（2）相关建议

进行商铺间隔必须以商铺的功能作为导向，在不改变整体功能的前提下，充分考虑商家的需要，使间隔出来的商铺适应主力商户的需求，适应客流流向，并规划出一定的公共空间，以满足商场持续发展的需要。

1）适应主力商户

主力商户是大型商用物业重要的支撑力量，几乎每一个大型的商业物业都会选择主力商户进驻，天河城广场有天贸南大百货、吉之岛；中华广场有中华百货、吉之岛。但是，并不是所有商场都能够适合大型商家的进驻，这不仅是因为大型商家对地段、人流、经营面积的要求十分高，而且对商场的经营格局、功能分区、硬件配套设施要求也极为严格，一些国际知名的大型商家选择经营场所的要求近乎苛刻。

大型商家选址的困难，反映出商业的传统经营模式与国际大商业的经营理念存在着差距。无论如何，作为商业物业的开发商，在开发项目的时候不仅要选择适合的地段和符合市场发展趋势的市场定位，更要注重商铺规划格局的设置，适应主力商户的使用要求，从根本上满足主力商户长远经营发展需要，为主力商户进驻经营并带动整个商场的兴旺奠定必要的基础。

2）适应人流流向

从整体上对商场的顾客流向作系统的规划，以便在商场投入使用后能够合理地引导客户流向，延长消费者在商场内的停留时间，以增加他们购物的机会，形成商场一派兴旺的景象。

商场的客流导向设计不仅仅解决商场内部的人流交通与疏散问题，它更为注重的是商场内部人流与外部街区人流的沟通关系，商场平面或立体人流自然顺畅与平均分配关系。设计来往的客流导向系统根本的目的就是最大限度地避免商场内出现盲区和死角，并考虑顾客在商场内浏览商品和购物时的感受，为消费者营造一个自然、舒适、轻松的购物环境。

(3) 商铺间隔具体建议

楼层	功能定位	商铺间隔	面　积	层高建议
B2	地下停车场、商场设备层			4m
B1	大型超市			5m
F1	名店广场部分	采用落地玻璃围蔽，独立式商铺设计	10~30m^2（35%），30~60m^2（50%），60m^{2}以上（15%）	4m
F2	流行总站部分	采用敞开式、独立式组合为主	5~8m^2（35%），8~10m^2（50%），10~20m^2（15%）	4m
F3	运动营部分	敞开式设计	10~20m^2（25%），30~40m^2（35%），20~30m^2（40%）	4m
F4	美食广场部分	围合式设计为主	300~500m^2（20%），500~800m^2（20%），800m^{2}以上（60%）	4m
F5	空中停车场			

注：考虑大型超市的仓储功能，建议开发商预留一定空间，B1层高能保持在5米左右。

七、商住综合项目户型规划建议

户型规划建议是针对商住综合项目中的居住物业来说的，户型规划建议其建议的内容可以包括：户型结构、各户型的配比、各户型的面积范围、各户型内的空间间隔等等。在建议户型结构和各户型的面积配比时，可以先对可比项目的户型结构及其配比进行调查分析，再根据客户群的实际需求，对本项目提出有关户型方面的建议。如绵阳某商住综合项目的户型规划建议：

(1) 户型面积分布情况

对以下代表性的楼盘进行建筑体量、户型面积、特点的分析表明，长虹大道沿线集中了绵阳市的部分中高档楼盘，代表了目前绵阳特别是城北的房地产开发水平，利用环境优势吸引本案的主要客户。

项目名称	长兴·都市港湾	海英电梯公寓
位置	长虹大道与平政河的交汇处	长虹大道与迎宾路交汇处
建筑类型	多层+底商+小高层电梯公寓	小高层电梯公寓+商业
建筑风格	现代建筑	现代建筑
占地面积	20多亩	10亩左右
主力户型	100~160m^2	100~140m^2
户型特点	种类较多，大露台设计	结构比较合理

(2) 目标消费者需求分析

通过对不同行业和层次的消费者座谈会调查，目标消费者比较重视房间的空间形式，要求房间比较合理。

(3) 户型面积组合建议

通过对目标群体的户型需求分析和竞争楼盘户型面积分布情况和前期市场调研对目标群体居住现状的调查分析（包括政府企业领导、企业管理人士、私营主、经营者的系列座谈）的基础上，建议项目2+4的多层住宅平层户型在100~110平方米，与酒店街接部分住宅户型面积在80~90平方米。

由于本案住宅定位于中档城市住宅，具有较强的实用性和增值潜力，性价比比较高，因此，与酒店街接部分的住宅可采用一梯六户，多层住宅不设电梯，一梯四户，其面积户型配比见下表：

户型面积（m^2）	户型结构	空间结构	户型配比
80~90m^2	二房二厅一卫	平层	25%
	三房二厅一卫	平层	20%
	一房一厅双卫	平层	15%
110~120m^2	三房二厅双卫	平层	40%

注：此表只是一个参考部分。

除了户型结构和户内面积大小外，购房者也十分在乎户内各空间的间隔，若屋内面积间隔不合理，住起来就不太舒适。一般来说，客厅、卧室、厨房、卫生间等面积的大小有一个常规的范围，策划人员可以对其进行参考，但同时也要根据户型总面积的大小这个实际情况去规划。如北京某商住综合项目的户型规划建议：

公寓的主力户型，主要空间控制在下列面积范围之内较为合理。一居室为60平方米建筑面积。两居室为100平方米建筑面积。在产品设计中，基本遵循上述面积指标，不追求夸张的居室面积。

在某些空间设计中，如果确有极强烈的特点，在市场上会有较好反响，也可以不必墨守上述指标，在户型内部保留灵活调整的余地。

单位：m^2

	一 室 户	两 室 户
客厅	20	25~35
餐厅	—	8~10
厨房	3~5	5~8
卫生间	5~6	6~8
主卧	13~15	16~18
次卧	—	10~13
储藏室	2	2~4

在对室内的面积间隔进行建议时，除了要考虑房屋的总面积外，还要考虑该户型所面向的目标客户群的爱好。例如对于一些人，他平常可能很少接朋友回家玩，但他由于工作的关系，需要一个很好的睡眠环境，因此他可能觉得客厅面积不用太大，但主卧一定要宽敞等等。因此，针对户型所面向的目标客户群的爱好对屋内进行间隔是非常必要的。如深圳某商住综合项目的户型规划建议：

由于地形特殊，本项目户型因地制宜，比较杂乱。应贯彻山水树林生态原则，在采光、通风分室诸方面要体现“以人为本”的组团原则。同时应针对目标顾客的家庭需求功能分别提供不同的户型空间。

(1) 精英户型35~50岁，三口之家。追求现代舒适生活，占44.16%。

主卧20平方米，次卧15平方米，工作室20平方米，起居室（客、餐厅）30平方米，主卫10平方米，客卫6平方米，厨房10平方米，前阳台8平方米，设备阳台5平方米，总面积124平方米。

(2) 享乐户型：40~45岁，两口之家。追求豪华生活，占23.96%。

增加一个客卧或工作间15平方米，一个贮藏室4~6平方米，一个洗衣间4平方米，一个保姆室7平方米，起居室适当增加10平方米，总面积160平方米左右。

(3) 实用户型：50岁以上，35岁以下家庭及外地来宁的单身住户，两口之家。简朴实用生活，占31.88%。

主卧20平方米，工作间（或次卧）15平方米，起居室25平方米，卫生间8平方米，厨房8平方米，前阳台6平方米，设备阳台4平方米，贮藏室4平方米，总面积90平方米。

八、商住综合项目交通规划建议

这里的交通规划除了入口、道路系统的规划外，还包括对停车场的规划。对于商住综合项目来说，住宅物业的交通规划与商业物业的交通规划差别很大。对住宅物业来说，其交通规划主要是实现人车分流，同时小区入口的设置要有利于与外部道路系统的衔接。如武汉某商住综合项目的交通规划建议：

(1) 道路系统规划

1) 小区入口

由于本项目地块南北两面临路，考虑到小区的人车分流，且方便居民的出入，规划在小区内设置五个出入口与外围路网连通：

a. 主入口：位于地块南面，和小区级道路连接，临城市主干道——××大道。一般情况下车辆由此入口进出。

b. 次入口：位于地块北面，和小区级道路连接，临城市连通道——×陂街。此入口供人行进出，并设置备用车道，若在特殊情况下（搬家、火灾）车要进入小区，可临时开通。

c. 临时入口：位于地块南面，和城市主干道——××大道连接，由于沿江大道沿线有多个公共汽车站，估计有部分住户将由此入口进出，该出口处有垃圾压缩站和煤气调压站，该入口汽车是可以进出的。该出入口定时开闭。

d. 停车场入口：本小区共有两个停车场：一个是B栋地下停车场，该停车场的两个出入口都在地块的南面；另一个停车场位于高层的地上架空层或地下车库。

2) 道路系统

小区道路规划采用一种自由的、具有艺术特色的曲直相结合设计。其设计注重对景的处理，力求达到移步换景，同时又要考虑方便住户。本小区道路系统分为三级路网，具体如下：

a. 一级是小区级道路，规划红线为12米宽，路面宽度为7米，双车道，中间不设绿化分隔带。该道路和小区主入口相连，与小区次干道相接。

b. 二级是小区级次道路，分别进入伸向二个组团，规划控制红线8米，路面宽5米。

c. 三级是宅间小路，分别进入各住宅的小路，路面宽2米。

3）步行系统

居住步行系统的大部分与绿化系统叠合，平均宽度为2米，由专用步行道与机动车道旁的人行道共同构成。

（2）停车场规划

本居区定位以高收入的金领、白领阶层家庭为主，按规划设计要点要求中高层211户中每1.5户配置一个车位，高层190户中每2户配置1个车位，小高层100户中每3户配置一个车位。也就是说，至少要有258个车位，大约是7725平方米左右的停车场面积。现在我们根据地块的实际情况，把小区的停车场分两处设置：一是原设计广场和B栋中高层的地下停车库，大约5300平方米布置174个车位；二是在C栋高层地下停车场，大约2500平方米布置84个车位，所以两个停车场合起来可以满足设计要求。另在B、C栋底层预留1500平方米50个车位。对于摩托车和自行车，设想在住宅的底下架空层中腾出一小部分面积来集中设置。

对商业物业来说，其道路规划要复杂得多。既要考虑到人流引入，尽量积聚人气的问题，同时也要考虑物流的问题。同时，除了考虑水平交通外，还要考虑垂直交通的问题。如深圳某商住综合项目的交通规划建议：

（1）人流引导

1）地下车库人流

车库管理处设在垂直电梯旁，方便驾车人士停车后顺利进入商场。

2）地面人流引入

商场的出入口不宜过多，防止消费人群过早流失。主入口设在显眼位置而且门面要够宽敞，这是商场入口的必要条件，以方便从人流最旺的路段直接引入人流。

（2）交通组织

1）垂直交通组织

标准层的手扶电梯设在中庭外围，使搭乘手扶电梯的人流外露于中庭，显示一种人流旺盛的场面；另外，手扶电梯的朝向对消费者的流动应具有一定的指引作用，引导消费者均匀分布于场内，达到利用一台手扶电梯就带活一个功能区的目的。

针对商厦3层娱乐功能，4层餐饮、娱乐功能，建议增设3部室外垂直观光梯，增强观光价值、缩短上下时间，并考虑经营时间错开因素。

2）平面交通组织

对于人流的引导及输送，务必要形成一个循环的布局，避免出现死角位。另外要注意的是货物的平层输送。

（3）物流输送

1）仓库的预留

不同行业经营者对仓库存在不同的需求情况，利用较高楼层或商场偏僻位预留作仓库，可以解除商家的部分担忧。

2）货梯的设置

商场内设置货梯是必不可少的，但货梯的位置必须使货梯出口到商场各个铺位有一个适中的距离，货梯尽可能设在功能区的中段。

3）运输通路

通入地下车库的车道应设计成单向行驶，从一边进，从另一边出，车辆不走回头路。

4）卸货位

地下车库应预留一定的卸货位，并且尽可能将干货和湿货的卸货区分开，并且卸货区应接近商场货梯。另外，户外露天亦应留有卸货位，以方便大型运输车辆的停放及卸货。

对于一些大型的商场，由于员工众多，为了使商场的形象更好，可以通过设置一些员工通道，使员工动线与客流动线相分离。如绵阳某商住综合项目的交通规划建议：

（1）客流动线

1）从多方向引入客流，从北、南、东三面进入卖场，主入口设在南面（靠近陶瓷市场的入口）。进入卖场前营造客流引入气氛，自然而然引进客流；同时在临××路部分住宅设置直接通入市场的一个通道，保持人流动线的分流。

2）在内部客流上既要避免客流过分拥挤，又要兼顾卖场每个位置尽可能多地引入客流。

（2）物流动线

1）物流与客流分离，设置专门的物流通道和物流电梯。

2）建议利用地下室作为物流运输地，物流通道工具主要为升降电梯或自动扶梯。

3）物流动线设计尽量占用经济价值较小的角落。

（3）员工动线

员工与客流分离，员工动线可以在局部与物流动线重合。

（4）车流交通动线

1）车行道路与人行道路系统的分离，实现人车分流。

2）地面停车场可以设在距离车库入口较近的空地，位于地块南面部分的区域，既可达到退红线的规划要求，又可充分利用地块。

3）大部分车辆进入地下停车场，住户与消费者分区使用该停车场。

九、商住综合项目绿化景观设计建议

对于商住综合项目来说，其绿化景观设计应紧密结合建筑布局、道路规划和场地内部、外部的自然环境，同时还要充分考虑当地的气候特点和人们的需求特点以及需求趋势。在对商住综合项目的绿化景观设计进行建议时，应先建议绿化景观设计的总体构思。如辽宁某商住综合项目的绿化景观建议：

（1）住宅部分

由于本项目商业面积体量相对住宅来说还是比较大的，同时在充分考虑项目的开发价值上，在不影响项目最大价值地开发利用时，本案项目的景观设计只能设置部分简单的绿化景观。

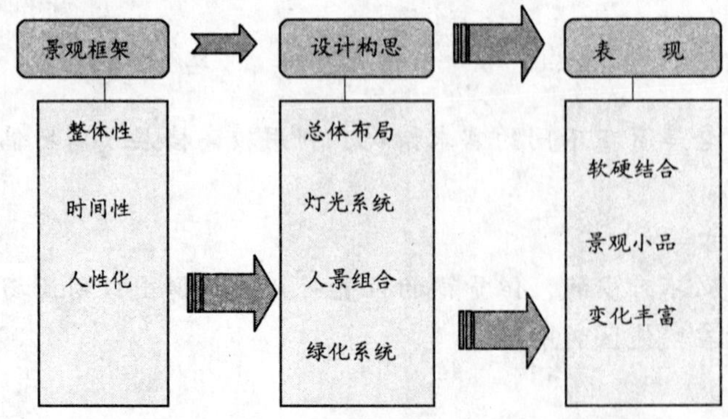

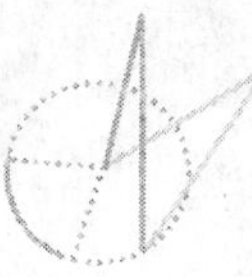

1）整体性：生态景观四级空间序列。

根据居民室外活动、防卫和疏散的需要，按不同部分的各自属性，将整体公共空间的景观设置划分为四个等级：顶层空间公共绿地设置景观，注意参与性和商业实用性；平台空间公共绿地设置部分景观，注意参与性和商业实用性；邻里公共空间的设计强调可达性和半公共性；社区入口处设置部分景观小品。

四级公共空间，由外向内、由动向静、由公共向私密逐渐过渡形成社区空间组合，同时结合绿化配置、场所行为引导、界定领域，以方便社区活动。

2）时间性：全天候社区景观。

a. 三楼平台部分住区景观的生成是连续动态过程，循环往复。照明和植物是体现时间性的主要载体，随昼夜、四季的转换为住区环境带来丰富的变化，注入更多活力。

b. 照明设施应兼顾实用性、装饰性，实现安全、美观和分界，包括：地理灯、草坪灯、植物灯几部分和局部艺术照明，避免眩光、频闪和超强光，以营造夜间景观和气氛为主，实现全天候社区景观。

3）人性化：注重可识别性和参与性。

a. 强调“归家感”，在不同单元区内塑造优美有序的不同街道小品。

b. 采用路面铺装色彩和材质，对公共空间加以划分。

（2）酒店部分

本项目占地面积比较小，而酒店部分的占地更小，在充分考虑酒店项目的开发价值上，酒店的景观设计只能设置部分简单的绿化景观。

1）整体性：生态景观三级空间序列。

景观设计的目的是提高酒店的整体品质，优化酒店内部景观设计，完善和丰富酒店内部的布局和构成，以此弥补酒店外部景观的不足。

依据防卫和疏散的需要，按不同部分的各自属性，将整体公共空间划分为以下三个等级：

a. 顶层空间公共绿地设置露天景观，同时要注意参与性和商业实用性。

b. 酒店主要入口处设置部分景观，如绿色植物、景观小品等。

c. 每层楼的入口处可以设置部分绿色盆栽（不大占空间的景观）等。

2）时间性

a. 照明和植物是体现时间性的主要载体，随昼夜、四季的转换为酒店环境带来丰富的变化，注入更多活力。

b. 照明设施应兼顾实用性、装饰性，实现安全、美观和分界，包括：地理灯、植物灯几部分和局部艺术照明，避免眩光、频闪和超强光，以营造夜间景观和气氛为主，实现全天候社区景观。

3）人性化：注重可识别性和参与性、亲情性。

a. 强调“舒适感”、“温馨感”。

b. 采用路面铺装色彩和建筑材质，来营造整个氛围。

在对总体的设计构想进行建议后，接下来就可以对绿化景观设计进行更细致的建议。例如可以建议种植哪些树、设置哪些小品、挂什么样的装饰品等。如广西某商住综合项目的绿化景观建议：

在大型商业建筑的景观设计中，公共景观更强调实用性和参与性，本项目的景观设计主要集中在步行广场和商业步行街。

广场的范围大小应与周围的商业建筑配合，避免建筑物对广场空间造成压迫感。广场步行街主入口设计应体现气派和标志性的特征，铺设彩色地砖，引入树木、花卉、坐椅、雕塑小品等设计元素，形成中央景观轴线，广场中应有视觉的焦点，如喷水池、雕塑品、活动舞台、坐台等设施，创造丰富有趣的视觉焦点，同时还应提供很多硬质要素，如花坛边缘、台阶上、水池边、雕塑基座等，使其成为人们小憩之地。除此之外，还应加入附加功能，如为人们提供问讯、通信、路格、街灯、歇息、冷饮售卖、售报、卫生方便等服务设施。另外，广场还应具备疏导人流、停车等功能，应考虑人车分流，设置足够的停车位等。

商业步行街应能体现骑楼景观特点，各类装饰品、艺术雕刻、字画、灯具、广告招牌、花卉统一设计制作，形成统一的视觉效果，沿街设置休息坐椅、花坛小品，在线性空间中布置不断变化的景观焦点，使人在步行中会不断产生新奇愉悦感，营造休闲购物的和谐氛围。在行走空间内植栽的配置以高直、遮荫和不遮挡视觉景观为选择植栽的原则，设置不同凹入深度的过渡空间，并使遮阳与绿化相结合。

在住宅园林风格上，考虑到目前平果县的商品房项目基本上都没有正规的园林规划，因此，必须打破平果县一贯以来的“乡村园林”的做法，进行现代都市园林景观设计，打造强力的都市园林形象，打造平果县第一商品房品牌。园林的规划设计必须体现观赏性、互动性和参与性，通过一些园林小品引导一种休闲的、人性化的生活方式。

建议根据项目地块的原有特点，配合项目分期开发进程，将整个园林分为四大组团，总体规划、分期设计。建议在地块中心规划路交汇处建中心广场，以广场为景观中心向四周辐射，打造田字形绿地绿化系统：南北向为绿色生态走廊，东西向为中心景观走廊，与小区主入口构成景观呼应，行走其间可感受移步易景的园林景观。各个组团均有各自的园林特点，如春、夏、秋、冬，梅、兰、竹、菊等，中心广场与不同的主题园林完美呼应，喷泉、雕塑、鲜花点缀其间，将闲适与激情、艺术与浪漫发挥得淋漓尽致。

十、商住综合项目装修建议

商住综合项目的装修标准应与其档次定位相符合。对于商住综合项目来说，不同的开发类型，其装修标准也是不同的。下面将分别介绍各种类型物业的装修建议。

1. 住宅物业装修建议

住宅物业的装修，实用、方便是其最重要的因素。在对住宅物业进行装修建议时，要考虑各部分的功能分区。针对各部分的功能对其进行装修建议。如连云港某商住综合项目中住宅物业的装修建议：

(1) 入户：防火防盗门；

(2) 地板：混合木地板；

(3) 墙面、顶棚：乳胶漆，边角作石膏线处理；

(4) 顶棚：设置烟感、温感报警及防火喷淋设备；

(5) 卫生间：品牌洁具（马桶、洗手盆、毛巾钩、更衣镜）及半封闭式淋浴间，电热水器；

(6) 厨房（区域）：管道煤气入口，操作台，橱柜，脱排油烟机，电磁炉；

(7) 灯具：品牌节能灯。

注：卫生间和厨房设备可以请专门的公司进行一体化设计。

2. 商业物业装修建议

商场装修应能体现本项目的档次定位。地面材料一般要易于保洁，并具有耐磨性、防滑性，避免采用木质地板；墙面材料要防潮、防霉，并选用防火材料。商场墙、地面色调与商场风格

一致，地、墙面色调以简明为主，图案一般采用清晰简约的格式图案。灯饰的设置要结合商场的档次、风格、形象等予以考虑。商场的内墙、地面的色调、图案要注重与灯饰、顶棚协调，达到风格统一的视觉效果。下面是柳州某商住综合项目中商业物业的装修建议：

（1）铺内装修标准

1）铺与铺之间用优质防火板材间隔（街铺之间用砖墙间隔）；

2）铺面12cm玻璃和玻璃门；

3）地面选用高级花岗石配华贵抛光砖；

4）顶棚采用铝板吊顶；

5）铺面灯箱统一由开发商制作；

6）预留冷气出风口及多插座电掣、宽带插口；

7）独立电表。

（2）公用设备设施及装修

1）地面：选用高级花岗石配华贵抛光砖；

2）顶棚：采用铝板吊顶；

3）公共卫生间：采用名牌洁具及云石台面；

4）供电供水：商场采用设备自动化系统，确保给排水、供电的正常使用；

5）照明设备：除正常供电自动化系统外还备有充足的后备发电，确保商场的用电正常；

6）通信设备：大厦设置了信息自动化系统，配有充足的程控电话及分机，提供24小时专业保安服务，并连接有关保安机构的自动报警装置；

7）空调设备：商场中装有中央空调自动控制系统及有独立冷气恒温系统；

8）照明：辅以配合商场整体装修风格的照明灯具；

9）保安设备：大厦所有出入口、电梯、公共通道及停车场等均设有闭路电视监控系统，提供24小时专业保安服务，并连接有关保安机构的自动报警装置；

10）消防设备：采用智能化消防警报中心，设有烟感、温感报警装置及喷水水幕和气体防火系统，由中央控制负责24小时监察；

11）停车场管理：闭路电视实施24小时录像确保车辆安全。

3. 写字楼物业装修建议

写字楼的装修应充分考虑其办公的功能，注意各种线路的布置和预留插孔。此外，由于写字楼的公共部位（特别是大堂）能影响在此办公的公司形象，所以也要注意对公共部位的装修。下面是杭州某商住综合项目中写字楼物业的装修建议：

（1）公共卫生间包括大堂卫生间

1）地面：高档防滑地砖；

2）墙面：高档墙面砖；

3）电器：按“四星级”酒店标准；

4）坐便器：进口高档（科勒或TOTO，建议只留一个坐式坐便器，蹲式选用除异味封水性）；

5）洗脸池：进口高档，统一品牌；

6）镜子：标准镜；

7）手纸架：（略）；

8）洗手台设烘干器。

注：卫生间的色彩，用深色为基调，体现高贵、素雅，并便于保洁。

（2）其他公共区域

1）电梯厅：采用进口花岗石地面，墙身为环保型复合材料，吊顶为铝板艺术造型，电梯内部采用大理石铺设地面；

2）公共过道：墙面考虑局部玻璃造型，明亮通透，可为公司提供形象墙；

3）地面：大理石或高级玻化石；

4）消防过道：国产花岗石，并设垃圾收集筒；

5）设计精美楼层指示牌；

6）放置统一规格垃圾箱。

（3）室内部分

1）顶部：暗架矿棉板；

2）地面：国产胶背面仑丝毯（500mm×500mm），地毯色调参照总体装修风格或架空地板；

3）墙面：进口米色乳胶漆；

4）电话：每个办公区域按每20平方米装2门直线电话配备；

5）电视：有线电视插孔预留；

6）宽带：按“超5A类”标准网络线布置；

7）电器：品牌电器；

8）窗帘：统一安装，统一风格；

9）大门：建议安装玻璃大门。

4. 酒店式公寓物业装修建议

酒店式公寓的其中一个特点是“麻雀虽小，五脏俱全”，所以酒店式公寓的装修配备一定要完善。由于酒店式公寓所面向的住户以白领为主，他们对生活要求较高，因此酒店式公寓的装修一定要与他们的生活习惯、爱好等相适应。下面是上海某商住综合项目的酒店式公寓物业装修建议：

（1）中档装修建议

内容	（装修费用1000元/m^2）
门窗	大门选用实心木门，高级门锁及防盗眼；睡房、浴室及厨房均采用优质木门及门锁
内墙及顶棚	“立邦”或“多乐士”颜色乳胶漆
地板	柚木地板
窗户	白色静电喷涂铝合金窗框、中空隔声窗玻璃，主、客卧室采用内开内倒窗式，进口意大利ALUK执手
阳台	地台铺砌合资品牌（罗马、冠军、亚细亚）防滑地砖，及优质落地玻璃移门
电视天线	每户预设公共天线及有限电视接受装备，收音机及电视插座设于客厅及主人房
电线/电话插座	客厅、餐厅及每个睡房均预先装设入墙高级安全电插座及开关灯擎，方便家居摆设。客厅及主人睡房装有电话插座
主人房浴室、浴室及卫生间	装设全套“美标牌”、“科勒”、“和成”，有裙边浴缸、洗手盘及加长型座厕，配以冷热水龙头、花洒、卷纸架、皂盒；抽气扇；地台铺设防滑同质地砖，墙身铺设高级瓷砖连腰线；洗手盆下装设储物柜
厨房	装设精美组合橱柜及全套厨房设备，橱柜工作台面铺上等花岗石连不锈钢洗涤盆及“美标牌”旋转式冷热水龙头，另装设“林内牌”、“樱花”对衡式煤气热水炉，名厂抽气扇及优质四炉头煤气煮食炉，地台铺设防滑地砖，墙身铺砌高级瓷砖连腰线

续表

内容	（装修费用1000元/m^2）
晾衣架	每户设置铝质晾衣架
空调	每户预设室外分体空调机位，方便住户自行装设空调设备
水电煤配套标准	电：四房12kW，三房10kW，两房6kW，一房4kW 水：DN20 煤：6m^3/h 有线电视：每户两个终端 电话：每户两路

（2）高档装修建议

<table>
<tr><th>内容</th><th colspan="2">（装修费用1500～2000元/m^2）</th></tr>
<tr><td>门厅</td><td colspan="2">大理石地坪</td></tr>
<tr><td>分户门</td><td colspan="2">高档木制子母防火防盗门</td></tr>
<tr><td>窗</td><td colspan="2">白色静电喷涂铝合金窗框、中空隔声窗玻璃，主、客卧室采用内开内倒窗式，进口品牌执手</td></tr>
<tr><td>阳台</td><td colspan="2">防滑地砖、钢质扶手、安全玻璃护栏、乳胶漆顶、防水吸顶灯、不锈钢晒衣架</td></tr>
<tr><td>空调</td><td colspan="2">小型家庭中央空调、配远程控制智能终端</td></tr>
<tr><td>客厅、餐厅、卧室</td><td colspan="2">豆科红木启口地板、胡桃木、柚木</td></tr>
<tr><td>开关插座</td><td colspan="2">松下、奇胜</td></tr>
<tr><td>厨房</td><td colspan="2">1. 金属扣板吊顶、高级防水筒灯 2. 名牌墙地砖
3. 分子石材料理台面 4. 高级不锈钢双水斗
5. 高档单柄厨房龙头 6. 进口不锈钢烤箱
7. 进口抽油烟机 8. A. O. SMITH容积式热水器
9. 进口内置式冰箱</td></tr>
<tr><td rowspan="3">卫生间</td><td>主人房卫生间</td><td>1. 金属扣板吊顶、高级防水筒灯
2. TOTO、科勒坐便器、铸铁浴缸、面盆及龙头
3. 大理石洗脸盆台面
4. 进口名牌墙地砖</td></tr>
<tr><td>客人卫生间</td><td>1. 金属扣板吊顶、高级防水筒灯
2. 高级钢化玻璃淋浴房配明墙式花洒
3. 大理石洗脸盆台面
4. 名牌墙地砖</td></tr>
<tr><td>佣人卫生间</td><td>1. TOTO坐便器、面盆及龙头
2. 明墙式花洒
3. 名牌墙地砖</td></tr>
<tr><td>水电煤配套标准</td><td colspan="2">电：四房12kW、三房10kW，两房6kW，一房4kW
水：DN20
煤：6m^3/h
有线电视：每户两个终端
卫星电视：（HBO、CNN、NHK…）
电话：每户两路</td></tr>
</table>

十一、商住综合项目配套建议

对于任何房地产项目来说，配套设施并不是越多越好，商住综合项目也不例外。过多的配套只会造成开发成本上升、经营成本上升，从而导致售价或租金上升。

1. 住宅物业配套建议

为了使住宅物业有归属感，公建配套设施的规划至关重要。对于住宅物业来说，常见的配套有：商业配套、教育配套、娱乐配套、金融配套、文体配套等。策划人员除了可以对住宅物业要有哪些配套进行建议外，还可以对这些配套的布局进行建议。如武汉某商住综合项目的住宅物业配套建议：

本小区规划在高层裙楼内集中布置商业购物设施，结合环境设计将文娱、体育设施与公园绿地复合设置。

(1) 体育康乐设施

本小区规划体育及康乐设施，包括室外网球运动场、位于宅旁绿地内的全民健身运动设施、位于会所内的恒温游泳池、健身房等。

(2) 集中设置商业购物中心

本小区规划将商业服务设施集中设置于地块北面高层裙楼内，其建筑面积达到2000平方米。

(3) 文化教育公建集中于小区中心位置布置

本小区规划将社区文化中心、幼儿园等其他的公建设在小区的中间地带。

(4) 日常生活配套于裙楼内集中布置

本小区内各种日常生活配套如卫生保健中心、超市、银行营业所等集中于裙楼内布置，既极大地方便小区住户，又不影响小区幽静清雅的生活环境。

(5) 危险性、不常用的设施疏远布置

本小区要布置变电站、煤气调压站、垃圾压缩站等危险性、不常用的设施，为了住户的安全，为了不影响小区的环境，我们把这些设施疏远布置，并用双层绿化隔离。

2. 商业物业配套建议

商住综合项目中的商业物业，其配套与住宅物业的配套区别很大，但其中一点很重要的是要适度。过多的配套除了增加开发成本外还会增加经营成本，但过少的配套又不足以支持商场的营运。商业物业在规划配套设备设施时，要遵守以下原则：

(1) 适度性原则

各种类型商用物业对于配套设备设施的要求也不同，设备设施的配套应符合商场档次水平，每一个类型的项目要配套与之相适合的设备设施。

(2) 实用性原则

设备设施的配套要遵循适用、适量原则，避免无谓的浪费。对于专业市场，除了需要考虑人流之外，更多的还是要考虑物流需要的配套。

(3) 超前性原则

要使商场经营能够持续兴旺，并在一段时期内保持市场的竞争水平，设备设施配套必须具有超前意识，开发商应对未来几年商业物业市场的发展趋势作出准确的预测，制定适当的超前策略。

下面是绵阳某商住综合项目中商业物业的配套建议：

市场综合类商业部分的配套如下：

(1) 中间部分摊位配套设有储藏空间；

(2) 排水沟；

(3) 信息屏幕；

(4) 地下通往一楼的自动扶梯或升降电梯，用于运输货物；

(5) 水龙头；

(6) 消防设施；

(7) 10平方米左右的服务站；

(8) 三楼平台部分四周集中绿化；

(9) 摊车坡道；

(10) 二楼设置卫生间等。

3. 写字楼物业配套建议

商住综合项目中的写字楼物业，其功能主要是办公，因此，其在配套各种设备设施时，要注意从企业的角度出发，分析其有哪些办公需要。一般来说，写字楼物业的配套建议可以从硬件和软件这两个角度出发。如北京某商住综合项目中写字楼物业的配套建议：

(1) 写字楼必要的硬件设施

1) 总体结构：采用柱网式结构，以提高楼层使用率。

2) 层面积：1000～1500平方米，这样可以保证较合理的使用率。标准层办公区域净高2.7～2.8米；地下室净高至少3.5米，以便用作高科技公司的R&D中心实验室或安装客户的UPS等。

3) 楼板承载力：某些楼层楼板承载力可以达到或超过4000牛/平方米，以适应高科技企业及研发机构设置服务器、数据中心等的承重要求。

4) 空调：建议四管制FCU或VAV空调系统，新风量不低于50立方米/（人·小时），可以提供24小时服务以满足IT公司加班频繁的要求。

5) 电力：≥100瓦/平方米，多路或至少双路供电，有后备电机/UPS保证24小时不间断供电（高科技企业尤其软件企业的R&D中心对电力供应和不间断供电要求很高）。

6) 电梯：保证高峰时等候时间不超过30秒。

7) 楼面：设架高地台，高度约10～15厘米。某些楼层与楼层间预留可拆卸楼板，便于租用二层或多层客户设置内部楼梯。

8) 通信：楼内铺设光缆进行语音、数据和图像多种信号传输与宽带网连接（IP或ATM），充足数量的DDN（E1，T1）、ISDN、DID（所有分机拥有直线号码）等独立的无线通信、卫星通信设施。

9) 自然采光：楼层进深不超过15米，以避免自然采光不足。

10) 楼面布局：应采用柱网结构，用作孵化器的楼层应易于分割成80～400平方米。

(2) 写字楼必要的智能化系统

1) 楼宇设备监控系统：

a. 供热、通风和空气调节系统；

b. 给排水及中水系统；

c. 照明设备系统；

d. 电梯监控系统。

2）停车场管理系统。

3）广播音响系统（紧急广播疏散）。

4）保安监控系统：

a. 保安监视系统；

b. 巡更系统；

c. 防盗系统。

5）消防自动化系统：

a. 消防报警系统；

b. 喷淋灭火系统；

c. 通风排烟系统。

6）办公自动化系统：

a. 共享信息系统；

b. 办公与文件处理流程自动化管理系统；

c. 物业管理辅助系统；

d. 电子邮件系统；

e. 设备共享系统。

7）信息自动化系统：

a. 网络通信系统；

b. 电视通信系统；

c. 无线通信系统；

d. 程控电话用户交换系统。

4. 酒店式公寓物业配套建议

酒店式公寓可以说是酒店服务与公寓建筑的结合体。因此，在对商住综合项目中的酒店式公寓物业进行配套建议时，既要从酒店的角度去考虑，也要从公寓的角度去考虑。对于单体建筑的商住综合项目来说，一栋建筑物中除了有酒店式公寓外，还可能有商场、写字楼等。这时，对酒店式公寓的配套建议也要考虑这些开发类型对配套的要求。如杭州某商住综合项目中酒店式公寓物业的配套建议：

（1）建议在三到五层合适位置配置

1）大会议室一个200平方米左右，考虑以排式座位为宜。

2）中会议室一个100平方米左右。

3）小会议室一个60平方米左右，考虑增设可操控无线屏蔽系统及远程电视可视系统。

4）健身房一个100平方米左右，将健身房与乒乓球室、理容中心结合在一起，并增设淋浴房、卫生间。考虑将此集合区设置在五楼屋顶花园旁。

5）乒乓球室一个（三桌）300平方米左右。

6）洗衣收集点20平方米左右，与品牌洗衣中心连锁经营。

7）航空售票处20平方米；考虑与商务中心放置一起。

8）24小时便利店100M左右。

9）总台兼商务中心（写字楼大堂区域）。

10）普通员工餐厅600M左右，设两间小包厢，供就餐选择。

11）商务休闲吧200M左右；可提供营养早餐、商务套餐、自助下午茶等，也可举行小型招

待酒会。装修应考虑格调高雅，环境优美。

12）管理用房150M。

13）理容中心100平方米。

14）医疗室：可考虑安排在24小时便利店或物管中心附近，提供常规非处方类药品及常用消毒用品。

15）影音视听休闲吧：影音视听、租售，为公寓客户提供便利；同时为写字楼办公人员午间休息提供高尚娱乐设施。

16）特别要注意为了避免公寓入住者晾晒衣服不便及影响物业整体形象，请与装修商等相关单位论证在本案合适的楼顶位置设置晾衣台，要求：

a. 不影响楼的外观；

b. 不影响晾衣安全；

c. 只供每户少量衣物晾晒即可。

17）恒温泳池：此为衡量物业档次的一个重要标准。建议在基础条件允许情况下增设此项配套。

以上共计使用面积约：2500平方米。

（2）机电设备

1）电梯

建议客梯采用原装进口三菱或OTIS，梯速2.5米/秒以上。另公寓入驻业主较多，建议电梯选用宽桥厢客梯。电梯内部灯光处理同样重要，不宜太暗。根据经验，电梯以大理石装饰地面为宜，便于交付使用后清洁维护。另提请开发商订购电梯时，知会电梯供应商将电梯楼层数字跳过4、13、14、24。

2）空调

写字楼及公用配套使用单户独立计费系统VRV。公寓建议使用单层分户独立计费的VRV系统。建议采用两台主机。由于B楼公共走廊及电梯前室围合于中心筒井，无通风采光条件，建议B楼公共区域增设新风系统或循环抽风系统。

3）弱电

由于弱电系统涉及暖通、给排水、强电等系统的工程界面协调，子系统较多，目前的通常做法是聘请弱电总包管理公司或者委托弱电工程承包商管理。从工程管理角度考虑，聘请管理公司或者工程师进行管理比较有利于整个工程的施工和管理。现在分以下几个子系统介绍：

a. 综合布线系统

（a）总体规划时，语音系统与数据系统分开设计。

（b）公寓、写字楼、商场等区域应统一进行整体规划，根据实际情况分步实施。

（c）语音主干采用3类大对数电缆，数据主干采用光纤，水平布线采用超五类线。

（d）数据系统按照计算机系统局域网要求布线。

（e）宽带接入可以由电信、联通、网通等营运商投资，节约开发商投入，但水平布线建议由开发商建设。

（f）由于计算机局域网通信距离有严格要求，因此在超过距离要求的部分区域应采用光纤连接。

（g）公寓每户应有二根超五类水平线，一根用作数据，一根用作语音。

（h）写字楼系统设计，每5平方米配置一对信息点。

（i）写字楼对于功能不明确的区域应考虑预留信息点。

(j) 每个商铺配置小配线架，今后根据装修情况自行布线。

b. 卫星接收及有线电视系统

(a) 建议在土建施工时预留2个卫星接收天线的基座和至控制机房的管线。

(b) 该卫星接收天线位置，选点应经过测试。

(c) 整体设计应采用850兆邻频传输。

(d) 从双向传输和今后三网合一考虑，传输网络采用物理高发泡铜轴电缆，放大器应符合双向850兆传输要求。

(e) 公寓、写字楼和商场均应设置有线电视信息点。

c. 背景音响系统

(a) 背景音响系统信号是定压传输，应单独布线，线材选型应为阻燃电缆。

(b) 整体设计应严格按消防规范。

(c) 洗手间内设置广播点位。

(d) 大堂、各楼层、会议室等区域配置音量控制器，应有消防强切功能。

(e) 建议采用韩国或香港品牌。

d. 增设无线增益系统，确保通信无盲区。

e. 安全防范系统

安全防范系统由于公寓和写字楼以及商场的功能性质不同，要求的配置也会不同。

(a) 闭路电视监控

控制系统应采用数字硬盘录像机。要求：采用嵌入式工控机，软件要求稳定，应固化在芯片上。

监控点位：广场处，一楼大厅设置快球；酒店式公寓电梯内，配楼层信号叠加；酒店式公寓一楼大厅入口处；写字楼电梯内，配楼层信号叠加；写字楼每层的走道；写字楼大厅入口处；裙房顶部；其余位置等。

经过授权可以通过局域网的任一信息点，进行远程监控。

(b) 可视对讲系统

用于酒店式公寓；包含住户手动报警，住户门磁报警；

预留煤气报警探头、烟感探头等接口；

门口主机内置非接触式感应卡门禁系统；

具有一卡通系统功能；

小区物业管理功能。

(c) 防盗报警系统

防盗报警系统可以规划在闭路电视监控系统内；

商铺一楼出入口安装红外微波双鉴探头和手动报警；

写字楼一楼出入口安装红外微波双鉴探头；

财务室安装红外微波双鉴探头；

财务室安装手动报警；

监控室安装手动报警；

其余重要房间安装红外微波双鉴探头和手动报警。

(d) 巡更系统

建议采用离线式，具体线路点位可与物业管理公司安保部门商讨后确定，目前不影响施工。

(e) 门禁系统

在地下层停车场的电梯入口处、各机房和重要办公室设置。

(f) 安防系统品牌

由于安防应为重点考虑系统，建议按不同系统采用进口和国产高档品牌。

f. 停车场管理系统

(a) 应建立停车场管理系统，包括收费系统。

(b) 建议考虑利用闭路电视监控系统建立车辆进出图像对比系统，最大程度保障车辆的安全。

g. 楼宇自控系统

楼宇自控系统为整个智能化系统的基础，从今后机电设备管理、节能考虑，应设置楼宇自控系统。主要监控中央空调系统、高低压配电、给排水、电梯、公共照明、泛光照明等机电设备。具体的监控点位需要根据机电图纸和开发商的要求而定。

h. 多媒体查询系统

一楼写字楼大堂入口与公寓入口处，设置电子公告牌或多媒体查询系统。电子公告牌可滚动指示公司名称，发布相关物业信息和公司信息，屏幕加以设置，可留出适当部分发布广告，可提升楼宇品质，方便业主相互交流。此电子公告牌必须为高清晰度产品。

i. 物业管理软件

建议参考深圳思源物业管理软件功能。

j. 自动抄表系统

应设置水、电抄表系统，方便今后物业管理和提升楼盘品质。

k. 会议系统

考虑到发展和今后的需求，在专用会议室内设置远程电视会议系统。同时设置无线屏蔽系统，杜绝开会时由于手机等造成的干扰。

说明：

本项目弱电所有智能化子系统在做规划时，应做整体考虑，而在进行具体施工时，可以根据实际情况决定是否需要分步施工。

十二、商住综合项目物业经营管理建议

在对商住综合项目的产品规划设计建议结束后，策划人员可以对商住综合项目日后的经营管理提出建议。在提出经营管理建议时，应从项目的特点出发，同时要考虑业主和非业主使用者的实际需求，为其提供良好的服务。下面是上海某商住综合项目的物业经营管理建议，供读者参考借鉴：

(1) 商务楼的物业管理重点

1) 写字楼对物业管理服务质量要求高，服务项目要求多，对服务人员的综合素质要求也高。所以物业管理企业在选派管理人员时，必须注重员工的综合素质，无论是个人形象，还是内在气质，都要达到一定标准。此外，物业管理企业要加强管理，努力提高物业管理服务质量，以满足写字楼业主、非业主使用人对物业管理高标准的要求。

2) 写字楼物业不同于住宅小区，虽然安全问题很重要，但对服务的要求更加突出，具有外松内紧的特点。所以物业管理企业必须改变一般的物业管理观念，不能一味求严、求稳，一定要在员工服务意识和服务礼节、礼貌的培养方面下一番工夫，使员工的服务水平上升到一个更高层次，从而满足写字楼业主、非业主使用人对物业管理服务的更高要求。

3）针对写字楼物业及管理的特点制定物业管理的措施，抓住写字楼物业管理的重点，提供特色服务。在制定写字楼管理服务方案时，应充分认识到服务质量对写字楼租金水平和市场价值的影响力。承租人非常重视物业管理的品质和所提供服务的有效性，尤其是物业维护的水平。一个窗明几净、井井有条的写字楼环境，对承租人和潜在承租人都会产生极大的影响力。

（2）商务楼物业管理建议

我们建议可以采取较为灵活的物业管理方式，即基本物业服务+菜单式服务。基本物业服务是在缴纳物业管理费用的前提下提供的服务；菜单式服务，是可供住户选择，另外收取费用的服务。

（3）物业管理标准

高档的物业应当有与之相当的物业服务水准。随着上海高档写字楼的日益增多，其物业管理服务标准也日渐提高。要求物业管理公司在提供恒久而稳定的良好服务素质的同时，结合租客对写字楼不断提高的要求，完善服务内容、提高服务品质，从而提高物业本身的品质以及开发商的声誉。

通常，一般管理服务只限于保安及清洁服务，服务范围亦只在公共地方，而写字楼物业管理服务则较为全面而又多样化。除一般物业管理及服务内容之外，更会按照“甲级写字楼管理”的标准提供不同类型及完善办公环境的服务。主要体现在：服务态度之热情，服务设备之完好，服务技能之娴熟，服务项目之齐全，服务方式之灵活，服务程序之规范，服务收费之合理，服务制度之健全，服务效率之快速。

（4）写字楼物业管理及服务具体项目

综合目前上海写字楼的物业管理及顾问经验，建议一套完整及切合实际需要之物业管理方案。

1）收费服务项目如下：

室内清洁服务；商务服务；订报刊服务；室内设施、设备维修，室内绿化养护服务；代缴水、电、煤、电话费等公用事业费用；饮用水送水服务；送餐服务；预订包车服务；泊车服务；洗车服务；搬迁服务；门卫应接服务；留言服务。

a. 室内清洁服务

此项目服务主要出于解决住户日常繁重琐碎的办公室清洁劳动，服务内容可涉及：整理办公用具、清除家具灰尘、清洁地板、清倒生活垃圾、清洁玻璃门窗（1次/周）家具及大理石抛光（1次/月）。

b. 商务服务

建议管理处为租客提供商务服务，应涵盖中英文打印服务、收发传真、复印、代找快递、邮寄及秘书服务等，有关收费标准应有明码标价。

c. 订报服务

租客如需订阅报刊，管理处可在邮局规定日期里为客户承接代订服务。租客通过查阅管理处准备的报刊目录及价目表填妥订单，只要交纳部分手续费，便会由管理处落实此事。

d. 室内设施、设备维修维护服务

租客会对室内硬件设施、设备有维护和维修的需要，管理处可安排一定设备技术人员为租客提供有偿维修维护服务。如果维修维护项目超出管理处服务能力范围，管理处可代为联系推荐服务较好的维修公司供选择。

e. 代缴水、电、煤、电话费等公用事业费

考虑到水、电、煤、话费的抄录、交纳分散且繁杂，管理处可定期对租客单元的水、电、煤、电话等公用事业费进行抄录，发单，为客户代为收缴，可考虑适当收取部分服务费。

2）日常运作服务项目如下：24小时安保服务；设施、设备维修保养服务；园艺保养及节日布置；公共关系处理；处理用户投诉；用户联系。

物业管理是物业价值生命的延续，它的良莠关系到写字楼的品质、开发商的信誉。对于目前市场上尚未完善的物业管理体制，建议可以聘请有市场知名度的专业物业管理公司担当物业管理顾问。

（5）个性化物业管理建议

良好的物业管理可以使得物业得到保值和升值，从物业管理企业角度出发，为业主提供个性化服务，才能使物业得到保值和升值，从开发商角度出发，物业管理只有实现了物业的增值，才可能实现物业的高出租率。

1）隐性管理

“隐性管理”其主旨是充分尊重业主的私密空间；核心内容是在业主需要帮助时出现，业主不需要帮助时不去打扰他们；其做法一是对业主群做深入细致的调查了解，对他们的需求了如指掌，做到有的放矢；二是成立“业主应急反应分队”，一旦业主需要帮助，“业主应急反应分队”及相应岗位人员会及时提供支援；三是一些与业主接触较多的岗位一律穿便装，在业主上下班高峰期，各岗位人员应尽量不出现在业主面前。

2）个性化服务

即从过去的着眼于满足业主的群体需求、一般需求，提高到在满足业主上述需求的基础上，最大可能地满足业主个性需求、特殊需求的高度；尽可能多地为业主提供关怀心灵、关注人性的深层次的服务。因此，物业管理公司在管理各种类型的物业中根据各类业主的不同需求，提供不同层次、不同类型的个性化服务内容。例如：开展搬家服务、商务中心服务、信息咨询服务、生活用品配送服务等等。

3）“7×24”服务模式

即“一年365天无间断服务”的理念，强调服务的连续性，推行“一周七天工作制”和“24小时值班制度”，并把周末的两天作为重点服务时间，形成系统的“7×24”服务模式，物业管理服务的一切工作每时每刻都在进行，所有的职能都处于运行或待命状态，管理处任何时间都有管理人员上班，服务电话全天候向业主开放，业主在任何时间需要物业管理服务，都能得到有效的解决和满足。

4）安全性保障

安全在这里具有多层含义：把灾害与侵犯发生率降到最低，在发生时对人员的伤害降到最低，减少各类污染对人体健康的损害，提高设施的安全运行寿命，为建筑物使用人提供私密的个人空间。严格执行物业安防管理的运作体系，确保物业及业主的安全。

5）实行计算机网络管理

现代化的物业应该实行现代化的物业管理，实行计算机网络管理是提高物业管理水平的关键所在。针对物业管理的特点制定最优的物业管理网络系统，提高小区的物业管理水平。

6）全面导入酒店式商务物业管理

在本案内实行真正的“以业主为中心”的酒店式管理，倡导“以人为本”全方位个性化的业户服务。以下为现代酒店服务的国际标准及相关要求：

a. 酒店式物业管理的行为标准：

(a) Smile（微笑）：每一位员工必须对所有服务对象（业主）保持真诚的微笑。

(b) Excellent（杰出）：要将每一项微小的服务工作都做得完善，做得出色。

(c) Ready（准备）：主动，要求能随时准备好为服务对象（业主）提供专业、规范的服务。

(d) Viewing（看待）：要把每一位服务对象（业主）都看作需要特殊照顾的贵宾。

(e) Inviting & creating（创造）：要精心创造出使服务对象（业主）能感受到的热情气氛和关怀体贴的服务。

(f) Eye（关注）：始终要用热情友好的关注态度对待服务对象（业主），关注业主服务需求，及时提供服务，使之时刻有令人重视的感受。

国际酒店业认为，Service（服务）的概念含义可用上述每一英文的每头一字母所包含的内容来理解，这也是对酒店式商务物业管理服务的行为标准要求。

b. 酒店式物业管理服务满足个性服务需求的标准：

要满足服务对象的个性服务需求，具体要注意下列两点：

(a) 要事前了解服务对象的各种不同的需求：

不同类型的业主具有不同的个性服务需求。一般而言，业主追求的是便利、迅速、安全、舒适、文明的居住活动环境。酒店式物业管理过程中，在满足业主归属需要方面，应特别注重业户对管理项目和服务水平的不同感受，满足其自我实现需要方面的需求。这样，必须事前了解各种类型业主的“个性”，归类集中，拟定服务项目的实施计划。

(b) 按物质性的需求差别与心理性需求差别来分别满足服务对象（业主）的需要：

物质性的需求差别是指服务对象对具体物质产品（物业管理职能实施效果）的不同需求。心理性的需求差别是指其对具体物质产品的需求是相同的，但对产品的形式和表象（即物业管理职能的实施过程）有不同的要求。

在提供服务时，不仅对物业管理职能的实施效果有一致性的要求，特别应注重实施过程中的业主感受的差异，在物业管理范畴中，尽所能满足其差异服务。由此，应凭“以物业管理为依托、以业户服务为中心”的理念，推行充分体现酒店式的“隐性管理”管理模式。

c. 服务工作的指导方针（服务诫条）：

(a) 微笑。真诚、热情的微笑是良好服务的开始。

(b) 沟通。诚恳、亲切的沟通方式是维系良好服务关系的纽带。

(c) 快捷。根据业主的服务要求和投诉问题，及时采取行动，时刻关注业主。

(d) 职业礼貌。保持职业礼貌，主动问候和主动向服务对象咨询服务感受。

(e) 职业仪表。整齐佩带工牌，以自己经过修饰的仪表容貌为骄傲；注意个人卫生；时刻意识到员工就是公司形象的体现者。

(f) 团体合作。互助合作，良好的服务不仅仅是每一位员工的努力行为，而且更应是集体的精神体现。

(g) 工作技能。熟知工作流程、工作标准，始终如一保持专业、规范的工作水准进行物业管理服务。

d. 业户服务感受描述：

(a) 安全方面有职业仪表、工作规范的安全巡视人员、岗位执勤人员，折射“纪律严明、训练有素”的安全防范行为。

(b) 整洁仪表、操作规范的清洁人员，24 小时保持洁净的公共环境之外，如有需要，上门提供酒店标准的细致清洁服务。

(c) 任何时候需要，通过信息网络的传递，随即配送所需要的商务用品；且常备“红十字”应急医药，以备不时之需。

(6) 总结

综上所述，我们通过上海近期商务物业销售市场和租赁市场以及对本案周边地区物业形势的分析与研究，我们将本案定位于商务综合楼，并对规划和设计提出上述建议，另根据本案的特点在实践、空间上制订一系列计划，相信这一切是有理有据的，是可以达到的，力争使公司获得最大的资金回报，以期达到既定的市场目标。

第四章　商住综合项目投资分析

投资分析也叫做可行性研究，它是通过估算项目总投入和总收益来判断商住综合项目是否具有良好赢利空间和较低风险的过程。由于商住综合项目可以由各种开发类型组成，不同的开发类型其比例也可以在一定范围内变化，因此商住综合项目可以有多个开发方案。通过对各个方案进行投资分析，可以清楚了解各个方案的盈利能力和风险状况，这可以为方案的选择提供参考性依据。本章包括八个方面的内容，分别是项目开发周期估算、投资估算、资金筹措计划、收入估算、效益分析、敏感性分析、风险分析和投资分析总结。这八个部分就像链条那样一环扣一环，缺了其中任何一个部分，都有可能导致商住综合项目的投资开发走向失败。

一、商住综合项目开发周期估算

对于规模较大的商住综合项目，一般会分期开发，而房地产开发是一项资金密集的高投入项目，大部分的项目在开发时都需要融资，融资时间越长，融资成本越高。因此，开发周期的长短影响着商住综合项目的开发总成本。所以，在对商住综合项目进行投资分析时，第一步就是要对其开发周期进行估算。下面是泰州某商住综合项目的开发周期估算：

根据分析，为在合理情况下加速回笼资金，本项目可按照如下计划开发：一期于2005年开始开发1#、2#地块，在可能的情况下尽量确保1#、2#地块的商业中心（尤其是地下一层的大卖场）于2008年初能够开始试营业，以提升项目整体形象及集聚人气。同时由于本市市民对高层的接受程度尚待时间培育，因此应当合理控制1#、2#地块的住宅销售进度，先推2幢15层，再推2幢26层。2006年同时开始开发二期的3#、5#、6#地块，但是由于目前3#地块拆迁较慢，可适当推迟开发，同时争取尽量多的时间培育3#地块的酒店式公寓市场。基本思路是2008年初1#、2#地块的商业中心开业时，5#、6#地块能够接近完工，1#、2#地块的周边主干道及环境景观能够得到显著改观，4#地块由于目前作为售楼处，可将其放在最后开发，整个项目将争取于2009年初全线建成。

二、商住综合项目投资估算

商住综合项目的投资估算就是要估算出项目开发建设、销售所需要的总投入。商住综合项目开发销售所要投入的费用有很多种，而且不同的项目，其投入的费用也不相同，因此策划人员应根据项目本身，算清楚项目将投入的每一笔费用，做到不漏不缺。下面是武汉某商住综合项目的投资估算：

本项目住宅总建筑面积为66620平方米，其中小高层建筑面积3920平方米，中高层建筑面积38000平方米，高层建筑面积24700平方米；裙楼总建筑面积为4000平方米，可租商铺面积为2000平方米；车库面积为7725平方米，约308个车位。具体开发成本估算如下：

（1）土地成本（土地使用权出让金、拆迁安置补偿费及前期工程费的五通一平费）。本项目地块大部分已经完成了五通一平，共需投入5423.39万元。

（2）前期工程费：624.48万元，具体前期工程费估算表如下：

序　号	项　　目	计 算 依 据	计价（万元）
1	规划设计费	建安工程费×3%	374.6901
2	可行性研究费	建安工程费×0.05%	62.44835
3	水文、地质、勘探费	建安工程费×0.10%	124.8967
4	筹建开办费	建安工程费×0.5%	62.44835
合计			624.4835

（3）建安工程费：12489.67万元

1）各项物业每平方米建筑面积的建安工程费

a. 小高层住宅建安工程费用组成每平方米建筑面积造价为：500元/平方米。

b. 中、高层住宅建安工程费用组成每平方米建筑面积造价为：1716元/平方米。

c. 高层住宅建安工程费用组成每平方米建筑面积造价为：1516元/平方米。

d. 车库建安工程费用组成每平方米建筑面积造价为：1516元/平方米。

e. 商铺建安工程费用组成每平方米建筑面积造价为：2316元/平方米。

2）各项物业建安工程费：

a. 小高层住宅建安工程费=3920×500=196（万元）

b. 中、高层住宅建安工程费=38000×1716=6520.8（万元）

c. 高层住宅建安工程费=24700×1516=3744.52（万元）

d. 车库建安工程费=7725×1516=1171.11（万元）

e. 商铺建安工程费=2000×2316+（450+80）×2000=563.9（万元）

f. 其他建安工程费=1900×1516=288.04（万元）

注：其中（450+80）为裙楼玻璃幕墙和中央空调的每平方米建筑面积造价。

总建安工程费=①+②+③+④+⑤+⑥=12489.67（万元）

（4）基础设施费（红线内外工程费）：343.34万元，具体基础设施费估算表如下：

序　号	项　　目	计 算 依 据	金额（万元）
1	供电工程	65万元/公顷×1.57	102.05
2	供水工程	15万元/公顷×1.57	23.55
3	电信工程	7万元/公顷×1.57	10.99
4	煤气工程	7万元/公顷×1.57	10.99
5	绿化工程	45万元/公顷×1.57	70.65

续表

序号	项目	计算依据	金额（万元）
6	道路工程	42.13 万元/公顷 ×1.57	66.1441
7	排水工程	37.6 万元/公顷 ×1.57	59.032
合计			343.4061

（5）公建配套设施费：236.53 万元，具体公建配套设施费估算表如下：

序号	项目	建筑面积（m^2）	单价（元/m^2）	金额（万元）
1	幼儿园	1500	850	127.5
2	卫生保健中心	位于裙房内		
3	文化活动中心	位于裙房内		
4	球类场地	800	780	62.4
5	超市	位于裙房内	—	—
6	居委会	位于小高层		
7	邮政所	位于裙房内	—	—
8	电信营业所	位于裙房内	—	—
9	银行营业所	位于裙房内	—	—
10	物业管理中心	位于小高层		
11	额外增加会所	位于裙房内		
12	旱地喷泉	500	700	35
13	体育娱乐场地	200	60	1.2
14	垃圾压缩站	100	300	3
15	变电站	100	500	5
16	煤气调压站	40	600	2.4
合计				236.5

（6）开发期间税费：899.33 万元。

（7）不可预见费：382.35 万元。（取以上（1）～（5）项之和的 2%，注：第一项土地使用权出让金为政府公布数据）

（8）开发成本：20399 万元（以上（1）～（7）项小计之和）。

（9）开发费用估算：2370.7 万元

1）管理费用：取以上（1）～（5）项之和的 2%，为 382.35 万元。

2）销售费用：取以上（1）～（5）项之和的 4%，764.5 万元。

3）财务费用：1223.9 万元。

（10）总成本费用汇总及分摊表

本项目的总成本费用估算汇总表如下：

成本项目	总　额	得房成本（元/m²）					
		小高层	中、高层	高层	商铺	车位	其他
1. 开发成本	203990749.0	2174.11	2691.87	2491.9	3821.9	2491.9	2491.87
（1）土地成本	54233922.5	1600	645.3	645.3	645.3	645.3	645.3
（2）前期工程费	6244786.5	0	84.02	84.02	84.02	84.02	84.02
（3）建安工程费	124896700.0	500	1716	1516	2846	1516	1516
（4）基础设施费	3433390.6	43.88	43.88	43.88	43.88	43.88	43.88
（5）公建配套设施费	2365346.4	30.23	30.23	30.23	30.23	30.23	30.23
（6）开发期间税费	8993325.0	0	121	121	121	121	121
（7）不可预见费	3823278.0	0	51.44	51.44	51.44	51.44	51.44
2. 开发费用	23706670.1	302.98	302.98	302.98	302.98	302.98	302.98
（1）管理费用	3823050.7	48.86	48.86	48.86	48.86	48.86	48.86
（2）销售费用	7644536.5	97.7	97.7	97.7	97.7	97.7	97.7
（3）财务费用	12239082.9	156.42	156.42	156.42	156.42	156.42	156.42
3. 合计	227697419.1	2477.09	2994.85	2794.9	4124.9	2794.9	2794.85

注：投资分摊的原则：

1）总原则：所有的总投资均应分摊到可售（可租）的面积中去。

2）细则：

a. 按计算投资的各项成本来分摊；

b. 各分项中能按各功能使用容量来分摊的按各功能使用容量分摊；

c. 若不能按使用数量或容量来分摊，则按各功能的面积比例来分摊；

d. 各种税费中与工程有关的，按同一分项功能工程成本比例分摊，与工程无关的按功能面积比例分摊；

e. 与工程无关的分项按各功能面积比例分摊。

若商住综合项目的开发类型定位、产品规划设计等有多种方案的，应对每个方案的资金投入进行估算，这是因为不同的方案，其资金投入也不相同，从而使投资分析结果也不相同。如上海某商住综合项目的投资估算：

（1）方案一：项目投资估算表

序号	项　目	计取基数（m²）	单位造价（元/m²）	总造价（万元）	备　注
1	动迁安置费	46274		65000	
2	前期费用	57880	50	289	按50元/m²建筑面积计
3	规划设计勘探	57880	300	1736	按300元/m²建筑面积计
4	市政基础设施	57880	300	1736	包含绿化、道路、变电站、上下水管道、CCTV等
5	旧房维护	10850	1500	1628	保持建筑风貌和结构，局部修缮维护，维持原有使用方式
6	新建建筑造价——商业设施	10367	2000	2073	
7	新建建筑造价——高档住宅	22550	3000	6765	

续表

序号	项　　目	计取基数（m^2）	单位造价（元/m^2）	总造价（万元）	备　　注
8	公共绿化改造	1620	1000	162	保护名树名木，强化庭院绿化和道路两侧绿化，培养爬蔓植物，丰富绿化层次
9	管理费			432	按2~8的3%计
10	财务费			12927	按建造成本的6%计
11	营销推广费			432	按2~8的3%计
12	不可预见费			2395	按1~9的3%计
13	合计			95575	

（2）方案二：项目投资估算表

序号	项　　目	计取基数（m^2）	单位造价（元/m^2）	总造价（万元）	备　　注
1	动迁安置费	46274		65000	
2	前期费用	57880	50	289	按50元/m^2建筑面积计
3	规划设计勘探	57880	300	1736	按300元/m^2建筑面积计
4	市政基础设施	57880	300	1736	包含绿化、道路、变电站、上下水管道、CCTV等
5	旧房维护	10850	1500	1628	保持建筑风貌和结构，局部修缮维护，维持原有使用方式
6	新建建筑造价——商业设施	10367	2000	2073	
7	新建建筑造价——酒店	22550	4000	9020	包含内装修
8	公共绿化改造	1620	1000	162	保护名树名木，强化庭院绿化和道路两侧绿化，培养爬蔓植物，丰富绿化层次
9	管理费			499	按2~8的3%计
10	财务费			50067	按建造成本的6%计
11	营销推广费			499	按2~8的3%计
12	不可预见费			2464	按1~9的3%计
13	合计			135175	

（3）方案三：项目投资估算表

序号	项　　目	计取基数（m^2）	单位造价（元/m^2）	总造价（万元）	备　　注
1	动迁安置费	46274		65000	
2	前期费用	57880	50	289	按50元/m^2建筑面积计

续表

序号	项　　目	计取基数（m^2）	单位造价（元/m^2）	总造价（万元）	备　注
3	规划设计勘探	57880	300	1736	按300元/m^2建筑面积计
4	市政基础设施	57880	300	1736	包含绿化、道路、变电站、上下水管道、CCTV等
5	旧房维护	10850	1500	1628	保持建筑风貌和结构，局部修缮维护，维持原有使用方式
6	新建建筑造价——商业设施	10367	2000	2073	
7	新建建筑造价——酒店	22550	4000	9020	包含内装修
8	公共绿化改造	1620	1000	162	保护名树名木，强化庭院绿化和道路两侧绿化，培养爬蔓植物，丰富绿化层次
9	管理费			499	按2~8的3%计
10	财务费			55489	按建造成本的6%计
11	营销推广费			499	按2~8的3%计
12	不可预见费			2464	按1~9的3%计
13	合计			140597	

三、商住综合项目资金筹措计划

由于商住综合项目开发建设投入的资金很多，一般不可能全用自有资金去开发建设，这就涉及资金筹措的问题。房地产项目的资金筹措主要来源于银行贷款。贷款时间的长短影响着利息的多少，因此分析商住综合项目的资金筹措计划时，要以一定时期为单位，对商住综合项目开发资金流进行分析。下面是武汉某商住综合项目的资金筹措计划：

（1）资金筹措与投资计划

本项目开发投资的资金来源有三个渠道：一是自有资金，二是银行贷款，三是销售收入用于投资部分。本项目投入自有资金5000万元作为启动资金，另需向银行贷款5000万元用于投资，剩余部分7346.3万元由销售收入补充，总投资为22770万元。其中1223.9万元的银行贷款利息从住宅的销售收入中支付。本项目的投资计划与资金筹措表如下：

单位：万元

序号	项　目	合　计	建设经营期				
			第一年	第二年	第三年	第四年	第五年
1	投资总额	22769.67	6708	6654.16	5905.34	3437.67	64.5
1.1	建设投资	21545.67	6708	5904.16	5431.34	3437.67	64.5
1.1.1	土地成本	5323.4	1707.2	3000	616.2		
1.1.2	前期工程费	624.4	312.2	312.2	0	0	0
1.1.3	建安工程费	12489.94	3203.2	1707.26	4287.31	3292.17	
1.1.4	基础设施费	343.3	343.3	0	0	0	0

续表

序号	项目	合计	建设经营期				
			第一年	第二年	第三年	第四年	第五年
1.1.5	公建配套设施费	236.5	47.3	189.2		0	0
1.1.6	开发期间税费	899.3	899.3	0	0	0	0
1.1.7	不可预见费	382.33	50	200	132.33		
1.1.8	管理费	382	95.5	95.5	95.5	95.5	
1.1.9	销售费用	764.45	50	400	300	50	64.5
1.2	贷款利息	1224	0	750	474	0	0
1.3	流动资金	12614.73	792	1707.24	3845.86	4765.93	1503.7
2	资金筹措	35384.4	7500	8361.4	9751.2	8203.6	1568.2
2.1	自有资金	5000	5000	0	0	0	0
2.2	借款	5000	2500	2500	0	0	0
2.3	销售收入再投入	25384.4	0	5861.4	9751.2	8203.6	1568.2

（2）贷款本金的偿还及利息支付

借款按分期滚动方式进行，每期期限一年，从建设经营期第二年开始计算（央行2003年起执行的贷款利率：5.25%）。

四、商住综合项目收入估算

在分析了商住综合项目的开发总投入和资金筹措方式后，接下来就要估算商住综合项目的总收入。将总投入和总收入相比较，就可以发现该项目是否有利润空间。在估算商住综合项目的收入时，影响收入的因素有建筑面积和价格。建筑面积的大小可以从产品规划方案中得知，至于计算价格，一般为项目价格定位时初步确定的价格。若商住综合项目在定位时没有进行价格定位，这时可以参考市场上同类物业的价格来确定一个计算价格，但必须说明确定该价格的依据。如烟台某商住综合项目的收入估算：

（1）方案一：租售收益测算

1）项目裙房各楼层面积指标

a. 副楼（××路以下）

楼层	负5F	负4F	负3F	负2F	负1F
面积（m^2）	4322	4586	4502	4417	4502

b. 主楼（××路以上）

楼层	1F	2F	3～7F	8F	9F	10F
面积（m^2）	3476	3160	3587	3441	3186	2906

c. 备注：

(a) 项目各楼层面积指标均为本层建筑面积。

(b) 后述内容所有的租金均取租赁期内平均值，已考虑租金递增因素。

(c) 在各定位方案条件下，产品及交通组织需要调整的内容将在策划报告中作具体阐述。

(d) 租金及售价定位依据为渝中区其他商业物业租售价格，以及各业态自身租金承受能力。

2) 租售收益测算表

楼层	定　　位	月租金（元/m^2）	售价（元/m^2）	面积（m^2）	销售金额（元）
负5	净菜超市				52360000
负4	净菜超市、车库				35650000
负3	净菜超市、车库				38750000
负2	医药超市	55	8580	4417	37897860
负1	医药超市	55	8580	4502	38627160
1	高档百货	70	10920	3476	37957920
2	高档百货	70	10920	3160.6	34513752
3	高档百货	70	10920	3587	39170040
4	高档百货	70	10920	3587	39170040
5	高档百货	70	10920	3587	39170040
6	高档餐饮、俱乐部	40	6720	3587	24104640
7	高档餐饮、俱乐部	40	6720	3587	24104640
8	高档餐饮、俱乐部	40	6720	3441	23123520
9	办公	45	7560	3186	24086160
10	办公	45	7560	2902	21939120
合计					510620000

3) 定价依据

a. 测算原则

除净菜市场和车位外，其余楼层均为带租约出售产权，因此我们建议以租金为基础，结合投资户能够接受的回报率反算售价。

重庆投资户能够接受的回报率大致为7%~8%，投资回收期按静态计算约为13~15年，因此我们建议，租金在50元/平方米以上的卖场按年租金的13倍定价，租金在50（含50）元/平方米以下的卖场按年租金的14倍定价，前者略高。

b. 净菜超市

净菜超市总面积为8950平方米，如果按实用率50%、商铺和摊位使用面积2.5平方米、可形成商铺和摊位共1790个。

参照对象为龙寰农贸市场，该市场位于一号桥附近，周边常住人口较多，市场商铺与摊位平均售价约为5万元/个，销售情况非常好，在较短时间内实现销售率100%，考虑到本项目的口岸相对较好，平均售价取6万元/个计算，可实现销售收入1.074亿。

c. 车位

负三、负四层共可形成176个车位（参照原负三层划分方案，建筑面积约为4400平方米）。

根据重庆市政府规定，目前中高档写字楼车位年租金约为7300元，按照14年收回投资计算，其合理售价应为11万元/个。共可实现销售1936万元。与车库合计共12676万元。

d. 医药超市

目前重庆专业市场商家能够承受的租金为25~55元/平方米，如建玛特为合景聚融报价为月租金40元/平方米，除渝中区外，其他主城区专业市场租金偏低，如南亚家具现代广场店租金为28元/平方米。

由于本项目地处渝中区，紧邻车道便于货流组织，非常利于专业市场经营，建议其租金取上限，即月租金55元/平方米。

e. 高档百货

根据到重庆考察洽谈的高档百货商家透露，其租金价格上限在月租金70元/平方米左右，这已高于中档百货的租金水平（银太月租金为41元/平方米，成商租赁世贸中心平均月租金约在42元/平方米）。

f. 高档餐饮、俱乐部

对该业态租金定位我们主要参照得意娱乐城（得意世界C区）租金调查，其2~8楼建筑面积平均月租金约为45元/平方米，考虑到其经过长时间市场培育，本项目成熟度目前难以与其相比，建议将月租金定位在40元/平方米。

g. 办公

目前重庆高档写字楼按建筑面积月租金约为50~80元/平方米（万豪商务楼约为60元/平方米，大都会约为90元/平方米），考虑到本项目商务体量不大，缺乏专属的商务配套，在品牌及形象环节也有一定的劣势，建议月租金定位为45元/平方米。

h. 备注

高档餐饮、俱乐部也计划引进一个商家整体经营，这类商家租赁年限往往也不太长，带租约出售条件不十分成熟，有可能成为一个良性资产，其资产价值和表中确定的售价大致相当。

（2）方案二：租售收益测算

1）租售收益测算表

楼层	定　位	月租金（元/m²）	售价（元/m²）	面积（m²）	销售金额（元）
负5	净菜超市				52360000
负4	净菜超市、车库				35650000
负3	净菜超市、车库				38750000
负2	生活家	55	8580	4417	37897860
负1	生活家	55	8580	4502	38627160
1	店中店—香港零关税产品	120	18720	3476	65070720
2	店中店—精品廊旗舰店	90	14040	3160.6	44374824
3	店中店—精品廊旗舰店	70	10920	3587	39170040
4	店中店—精品廊旗舰店	45	7560	3587	27117720
5	店中店—休闲运动	45	7560	3587	27117720

续表

楼层	定位	月租金（元/m^2）	售价（元/m^2）	面积（m^2）	销售金额（元）
6	高档餐饮、俱乐部	40	6720	3587	24104640
7	高档餐饮、俱乐部	40	6720	3587	24104640
8	高档餐饮、俱乐部	40	6720	3441	23123520
9	办公	45	7560	3186	24086160
10	办公	45	7560	2902	21939120
合计					523490000

2）定价依据

a. 生活家

同方案一医药超市。

b. 香港精品坊

香港精品坊在档次、利润和附加值比高档百货略低，但其受众层面更广，所以其对租金的承受能力也大致与高档百货相当，所以租金均价基本等同于方案一。

但按照本方案，在推广过程中将分别招商，因此各楼层应有差价体现。我们设定楼层租金差价比率大致在20%～30%之间（楼层差价大致在30元/平方米左右）。

得意一楼A区租金为190元/平方米，B区一楼租金为110～150元/平方米，但其经过多年培育后，经营条件已非常成熟，因此我们建议以120元/平方米作为一楼基准租金，其余楼层租金再按照比例调整。

c. 其余楼层定价依据同方案一。

(3) 方案三：租售收益测算

1）租售收益测算表

楼层	定位	月租金（元/m^2）	售价（元/m^2）	面积（m^2）	销售金额（元）
负5	净菜超市			4322	106890000
负4				4586	
负3	医药超市	55	8580	4502	38627160
负2	医药超市	55	8580	4417	37897860
负1	生活家	60	9360	4502	42138720
1	生活家	60	9360	3476	32535360
2	生活家	60	9360	3160.6	29583216
3	生活家	60	9360	3587	33574320
4	生活家	60	9360	3587	33574320
5	生活家	60	9360	3587	33574320
6	办公	45	7560	3587	27117720
7	办公	45	7560	3587	27117720
8	办公	45	7560	3441	26013960

续表

楼层	定　位	月租金（元/m²）	售价（元/m²）	面积（m²）	销售金额（元）
9	车库				26730000
10	车库				
合计					495374676

2）定价依据

a. 生活家

生活家主要经营高档家具、家饰用品等，利润高、附加值高，结合本项目对专业市场的高度适应性，我们建议租金突破专业市场上限10%，建筑面积月租金定为60元/平方米。

b. 办公置于6～8层与9、10层租金差异不大，售价相应也不变，但车位置于9、10楼在使用上可能有一定不便，对此我们建议车位售价不变，但销售速度与方案一、二比较可能会略低。

c. 其他楼层等同于方案一、二。

（4）方案四：租售收益测算

1）租售收益测算表

楼层	定　位	月租金（元/m²）	售价（元/m²）	面积（m²）	销售金额（万元）
负5	净菜超市			4322	106890000
负4				4586	
负3	奥特莱斯（含部分车位）	55	8580	4502	38627160
负2	奥特莱斯	55	8580	4417	37897860
负1	奥特莱斯	60	9360	4502	42138720
1	店中店	120	18720	3476	65070720
2	店中店	90	14040	3160.6	44374824
3	店中店	70	10920	3587	39170040
4	高档餐饮或影院等	50	7800	3587	27978600
5	生活家（大众餐饮、娱乐）	50	7800	3587	27978600
6	生活家（大众餐饮、娱乐）	50	7800	3587	27978600
7	SPA（或停车位）	40	6720	3587	24104640
8	SPA（或停车位）	40	6720	3441	23123520
9	商务办公（咖啡、茶座）	45	7560	3186	24086160
10	商务办公（咖啡、茶座）	45	7560	2902	21939120
合计					551358564

2）定价依据

a. 奥特莱斯

该业种档次和附加值高，对项目整体的形象有一定的提升作用，因此在租赁价格环节应该考虑给予一定优惠，此外，从楼层规划上位于副楼，因此租金建议定为55元/平方米。

b. 店中店

该业态应定位与香港精品坊属于同档次业种，因此租金取值与方案二一致。

c. 生活家

该业态位于项目5、6楼，人流和商气会受到一定负面影响，因此建议其租金相对方案三下调10%左右，不突破专业店常规上限，定位为50元/平方米。

d. SPA

该业种与高档餐饮、俱乐部针对的消费层面基本一致，因此建议在租金定位上取同一水平，即40元/平方米。

e. 商务办公

同前三方案。

由于商住综合项目一般是分期开发、分期推向市场的。因此其收入也是有时间分布的。所以，策划人员在估算商住综合项目的收入时，可以从动态的角度出发，分析其各阶段的资金回笼。如合肥某商住综合项目的收入估算：

本案一层的销售面积为500平方米，二至二十七层每层的销售面积为750平方米，共19500平方米，因此本案整体的销售面积为20000平方米。

（1）项目总销售额

1）1层底商

a. 均价：30000元/平方米；

b. 面积：500平方米；

c. 一层总销售额：30000×500＝1500万元。

2）商业2、3层

a. 均价：11500元/平方米；

b. 面积：1500平方米；

c. 二至三层总销售额：11500×1500＝1725万元。

3）办公用房（5～25层）

a. 均价：4400元/平方米；

b. 面积：16500平方米；

c. 4～25层总销售额：4400×16500＝7095万元。

4）餐饮用房（26、27层）

a. 均价：4450元/平方米；

b. 面积：1500平方米；

c. 26、27层总销售额：4450×1500＝667.5万元。

以上四项相加可知，本项目的总销售额为10987.5万元。

（2）项目销售期限

根据合肥市高层项目的销售实践，可以预测出，本项目销售到80%～90%时间平均约为13个月，共分三阶段，第一阶段从开盘至封顶4个月，销售率40%，第二阶段从封顶至落架5个月时间，销售率30%，第三阶段从落架至交付4个月时间，销售率在10%～20%之间。

（3）项目资金回笼情况

本项目在开盘至封顶的13个月中，当销售面积达到总销售面积的80%～90%时，预计回笼资金占总销售额84.30%～89.79%，即9262.5～9866.25万元，剩余10%～20%可销售面积将在尾盘的3~5个月内逐步消化。

1）1层底商

在第一阶段全部回笼，回笼资金1500万元。

2）商业2、3层

a. 第一阶段回笼资金：690万元；

b. 第二阶段回笼资金：517.5万元；

c. 第三阶段回笼资金：172.5~345万元。

3）办公用房（4~25层）

a. 第一阶段回笼资金：2838万元；

b. 第二阶段回笼资金：2128.5万元；

c. 第三阶段回笼资金：709.5~1419万元。

4）餐饮用房（26、27层）

a. 第一阶段回笼资金：267万元；

b. 第二阶段回笼资金：200.25万元；

c. 第三阶段回笼资金：66.75~133.5万元。

综上所述：第一阶段共回笼资金5295万元，第二阶段共回笼资金2846.25万元，第三阶段共回笼资金1121.25~1725万元。共回笼资金9262.5~9866.25万元。

在估算商住综合项目各阶段的资金回笼时，建议采用表格的形式，这样能使资金回笼的动态情况表达更清晰易懂。如泰州某商住综合项目的收入估算：

由于本公司目前正处于扩张时期，为了加速公司资产周转率，本项目拟出售绝大部分，仅保留大卖场部分收租以集聚人气。出租面积合计16000平方米。

本项目1#、2#商业中心一层定价22000元/平方米，二层定价6800元/平方米，3层定价4000元/平方米；1#、2#写字楼定价3300元/平方米；1#、2#住宅定价3400元/平方米；3#、4#、5#、6#底商各层定价如下：1层20000元/平方米，2层6500元/平方米，3层4000元/平方米，4层3000元/平方米；3#、5#、6#住宅由于推出较晚，定价为3600元/平方米；3#酒店式公寓假定包含了600~700元的装修成本（对外报1000元的装修），定价为5000元/平方米（已扣除包租返还）。以上各期售价随年限的向后推移均制定微量的涨幅。租金方面：1#、2#负一层大卖场预计租金为0.8元/（平方米·天）。则本项目2005~2008年收入测算如下：

序号	项　目	估算收入（元）				
		合计	2005年	2006年	2007年	2008年
销售收入		1270613866.10	412285632.00	376689463.60	346683532.00	134955238.50
1	1#、2#商业中心收入	700391279.80	400970636.00	174686902.40	95446083.60	29287657.80
1.1	一层		400970636.00	71402792.40		
	售价（元/m^2）		22000.00	22200.00		
	面积（m^2）		18225.94	3216.34		
1.2	二层			71731262.00	66456904.50	7595074.80
	售价（元/m^2）			6800.00	7000.00	7200.00
	面积（m^2）			10548.72	9493.84	1054.87

续表

序号	项　目	估算收入（元）				
		合计	2005年	2006年	2007年	2008年
1.3	三层			31552848.00	28989179.10	21692583.00
	售价（元/m²）			4000.00	4200.00	4400.00
	面积（m²）			7888.21	6902.19	4930.13
2	1#、2#写字楼收入	80104874.10		31237351.20	28160945.40	20706577.50
	售价（元/m²）			3300.00	3400.00	3500.00
	面积（m²）			9465.86	8282.63	5916.17
3	1#、2#住宅收入	125130544.00	11314996.00	35941752.00	37938516.00	39935280.00
	售价（元/m²）		3400.00	3600.00	3800.00	4000.00
	面积（m²）		3327.94	9983.82	9983.82	9983.82
4	3#、4#、5#、6#底商收入	210492765.00		68656970.00	119542891.00	22292904.00
4.1	一层			52340800.00	75840698.00	12828336.00
	售价（元/m²）			20000.00	20200.00	20400.00
	面积（m²）			2617.04	3754.49	628.84
4.2	二层			16316170.00	26510493.00	4736712.00
	售价（元/m²）			6500.00	6700.00	6900.00
	面积（m²）			2510.18	3956.79	686.48
4.3	三层				15629240.00	2883216.00
	售价（元/m²）				4000.00	4200.00
	面积（m²）				3907.31	686.48
4.4	四层				1562460.00	1844640.00
	售价（元/m²）				3000.00	3200.00
	面积（m²）				520.82	576.45
5	3#、5#、6#住宅收入	98973864.00		66166488.00	32807376.00	
	售价（元/m²）			3600.00	3800.00	
	面积（m²）			18379.58	8633.52	
6	3#酒店式公寓收入	55520539.20			32787720.00	22732819.20
	售价（元/m²）				5000.00	5200.00
	面积（m²）				6557.54	4371.70
租金收入		4672000.00				4672000.00
7	1#、2#负一层大卖场					4672000.00
	年租金（元/m²/年）					292.00
	面积（m²）					16000.00
总收入		1275285866.10	412285632.00	376689463.60	346683532.00	139627238.50

注：屋顶楼梯间面积由于缺乏详细数据，在分摊上存在一定难度，因此本次计算暂不计入可售面积。

五、商住综合项目效益分析

商住综合项目的效益分析是投资分析的核心。商住综合项目的效益分析可以分为经济效益分析和社会效益分析两个部分。经济效益分析是分析项目是否有开发利润，利润率达到多少等问题。社会效益分析是分析项目的开发建设对社会的贡献。

1. 项目经济效益分析

分析商住综合项目的经济效益，也就是分析项目的盈利能力，可以从静态和动态两个角度去分析。从静态的角度去分析商住综合项目的盈利能力，不用考虑资金折现的问题，只要把估算出来的总投资与总收入，就可以知道项目是否具备盈利能力，因此比较简单。从动态的角度去分析商住综合项目的盈利能力，要考虑资金折现的问题，因此相对比较复杂，但得出的结论比较准确。下面提供一份分布从静态和动态的角度去分析商住综合项目盈利能力的案例，供读者参考借鉴：

（1）静态盈利分析

1）住宅部分损益表。

（单位：万元）

序号	项目	合计	建设经营期				
			第一年	第二年	第三年	第四年	第五年
1	销售收入	25384.4	0	5861	9751	8204	1568
2	总成本费用	19254.83	4548	5298	5805	3603	0
3	土地增值税	0	0	0	0	0	0
4	销售税金及附加	1446.9	0	334.1	555.8	467.6	89.4
5	利润总额	4682.67	-4548	229.1	3390	4133	1479
6	所得税	1545.281	-1501	75.62	1119	1364	488
7	税后利润	3137.389	-3047	153.5	2271	2769	990.8
8	盈余公积金	313.7389	-305	15.35	227.1	276.9	99.08
9	可分配利润	2823.65	-2743	138.2	2044	2492	891.7
	投资利润率	14.66%	—	—	—	—	
	投资利税率	24.32%	—	—	—	—	
	资本金利润率	99.42%	—	—	—	—	

评价指标：

a. 住宅部分投资的投资利润率＝（利润总额/总投资额）×100%＝14.66%

b. 投资的资金利润率＝（利润总额/住宅部分自有资金）×100%＝99.42%

c. 本项目以上静态评价指标与房地产行业相应指标比较，可以接受，故项目可行。

2）商铺与车位部分损益表

（单位：万元）

序号	项目名称	合　计	建设期（年）		经营期（年）			
			1	2	3	4	5	6
1	租赁（转售）收入	9178.7	0	0	228	332	359	8260
2	总投资	3516	2160	1356				
3	总成本费用	606.01	0	0	68.3	99.6	108	330.4
4	租赁税金及附加	459.61	0	0	29.6	42.87	46.4	340.7
5	土地增值税	0	0	0	0	0	0	0
6	利润总额	4597.1	-2160	-1356	130	189.5	205	7589
7	所得税	1517	-713	-447	42.8	62.54	67.6	2504
8	税后利润	3080			86.9	127	137	5085
9	盈余公积	308			8.69	12.7	13.7	508.5
10	可分配利润	2772	0	0	78.2	114.3	124	4576
11	年投资利润率	13.15%	—	—	—	—	—	—
12	年投资利税率	21.80%	—	—	—	—	—	—
13	年资本金利润率	12.63%	—	—	—	—	—	—

评价指标：

a. 商铺与车位部分年投资利润率＝（利润总额/总投资额/6）×100%＝13.15%

b. 投资的年资金利润率＝（利润总额/商铺与车位部分自有资金）×100%＝12.63%

c. 从本项目以上静态评价指标与房地产同行业相应指标比较，可以接受，故项目可行。

（2）动态盈利分析

由于本项目为租售并举的项目，所以要运用多个评价指标来进行项目评价，主要评价指标有：财务内部收益率（FIRR）、财务净现值（FNPV）及项目动、静态回收期等指标。评价指标的计算过程详见住宅全部投资现金流量表。

1）住宅部分全部投资现金流量表

（单位：万元）

序号	项　　目	建设经营期					
		1	2	3	4	5	合计
1	现金流入	0	5861.4	9751	8204	1568	25384
1.1	销售收入	0	5861.4	9751	8204	1568	25384
1.2	其他现金流入	0	0	0	0	0	0
2	现金流出	4548.2	5955.4	6394	4772	577.4	22247
2.1	建设投资	4548.2	5298.2	5805	3603	0	19255
2.2	土地增值税	0	0	0	0	0	0
2.3	销售税金及附加	0	334.1	555.8	467.6	89.4	1446.9
2.4	所得税	0	323.12	32.7	701.5	488	1545.3

续表

序号	项　目	建设经营期					
		1	2	3	4	5	合计
3	净现金流	-4548	-93.98	3357	3431	990.8	
4	累计净现金流	-4548	-4642	-1285	2147	3137	
5	折现净现金流	-4548	-88.66	2988	2881	784.8	
6	累计折现净现金流	-4548	-4637	-1649	1232	2017	
7	税前净现金流	-4548	229.14	3390	4133	1479	
8	税前累计净现金流	-4548	-4319	-929	3204	4683	
9	税前折现净现金流	-4548	216.17	3017	3470	1171	
10	税前累计折现净现金流	-4548	-4332	-1315	2155	3327	
11	评价指标	税前	税后				
12	财务净现值（I=6%）	3327	2017				
13	财务内部收益率	30.37%	21.84%				
14	投资回收期（静态）	3.22	3.37				
15	投资回收期（动态）	3.38	3.57				

注：本项目年贷款利率（含筹资费用）综合设为6%，故基准收益率Ic取为8%。

整理上表得以下评价指标：

a. 税后财务净现值FNPV=2017万元，大于零。

b. 税后财务内部收益率FIRR=21.83%，远大于贴现率8%。

c. 税后动态投资回收期为第3.57年。

d. 由上述的指标可以看出，本项目住宅投资可行。

2）商铺与车位租赁现金流量表

（单位：万元）

序号	项 目 名 称	建 设 期		经 营 期			
		1	2	3	4	5	6（转售）
1	现金流入	0	0	227.6	332	359.1	8260
1.1	租赁收入	0	0	227.6	332	359.1	0
1.2	转售收入	0	0				8260
1.3	回收流动资金	0	0	0	0	0	
2	现金流出	2160	1356	97.89	142.5	154.1	2188
2.1	建设投资	2160	1356				
2.2	流动资金	0	0	0	0	0	0
2.3	经营成本	0	0	68.28	99.6	107.7	330.4
2.4	租（售）税金及附加	0	0	29.61	42.87	46.43	340.7
2.5	土地增值税	0	0	0	0	0	0

续表

序号	项目名称	建设期		经营期			
		1	2	3	4	5	6（转售）
2.6	所得税	0	0	0	0	0	1517
3	净现金流	-2160	-1356	129.7	189.5	205	6072
4	累计净现金流	-2160	-3516	-3386	-3197	-2992	3080
5	折现净现金流	-2160	-1279	115.4	159.1	162.4	4537
6	累计折现净现金流	-2160	-3439	-3324	-3165	-3002	1535
7	税前净现金流	-2160	-1356	129.7	189.5	205	7589
8	税前累计净现金流	-2160	-3516	-3386	-3197	-2992	4597
9	税前折现净现金流	-2160	-1279	115.4	159.1	162.4	5671
10	税前累计折现净现金流	-2160	-3439	-3324	-3165	-3002	2669
11	评价指标	税前	税后				
12	财务净现值（I=6%）	2669	1535				
13	财务内部收益率	20.46%	15.16%				
14	投资回收期（静态）（年）	5.39	5.49				
15	投资回收期（动态）（年）	5.53	5.66				

整理上表得以下评价指标：

税后财务净现值1535万元，动态投资回收期为5.66年，均符合项目投资经营的要求；本经营方案的财务内部收益率为15.16%，超过贴现率8%，方案可行。

若商住综合项目有多个开发方案，这时可以分别对每个方案的盈利能力进行分析，从而判断哪个方案更优。在分析商住综合项目的盈利能力时，一般会用到净现金流这一指标。这时，最好同时使用资金流量折线图，这样就更能清楚地反映各阶段资金的进出状况。如上海某商住综合项目的经济效益分析：

(1) 方案一

1) 项目动态现金流量表

a. 对下表内容的解释：

(a) 假设销售收入及开发成本在投资期间内均匀收支。

(b) 动态现金流中折现率取6%。

b. 项目动态现金流量表

单位：万元

序号	项目	2003年	2004年	2005年	2006年	2007年	合计
一	投入合计（现金流出）	66779	9357	8783	1941	1779	88638
1	拆迁安置费	65000				~	65000
2	前期费用		289				289
3	规划设计勘察费		1042	695			1736

续表

序号	项　　目	2003 年	2004 年	2005 年	2006 年	2007 年	合计
4	市政基础设施费		1736				1736
5	旧房维护		1628				1628
6	新建住宅		2706	4059			6765
7	新建商业设施			2073			2073
8	公共绿化改造				162		162
9	项目管理费	86	86	86	86	86	432
10	营销推广费	86	86	86	86	86	432
11	不可预见费	479	479	479	479	479	2395
12	开发税费		177	177			354
13	营业税及附加	1127	1127	1127	1127	1127	5636
二	回收资金（现金流入）			12540	72054	18942	103536
1	原别墅销售收入			12540	12540		25080
2	商业销售收入				31101		31101
3	高档住宅收入				28413	18942	47355
三	净现金流	－66804	－9382	3732	70088	17138	14773
	累计净现金流	－66804	－76186	－72454	－2366	14773	
	净现金流现值	－66804	－8935	3385	60545	14100	
	累计净现金流现值	－66804	－75739	－72354	－11809	2290	

2）资金流量折线图

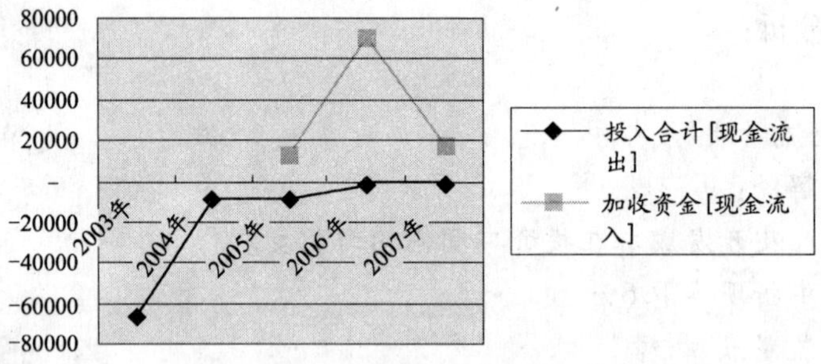

（2）方案二

1）项目动态现金流量表

a. 对下表内容的解释：

（a）假设销售收入及开发成本在投资期间内均匀收支。

（b）动态现金流中折现率取7%。

b. 项目动态现金流量表

单位：万元

序号	项　　目	2003 年	2004 年	2005 年	2006 年	2007 年	2008 年 ~ 2020 年	2021 年	2022 年	2023 年 ~ 2031 年	2032 年	合计
一	投入合计［现金流出］	65469	8994	8871	631	1399	1299	1300	1300	1300	1300	117843
1	折迁安置费	65000				—	—					65000
2	前期费用		289									289
3	规划设计勘察费		1042	695								1736
4	市政基础设施费		1736									1736
5	旧房维护		1628									1628
6	新建酒店		3608	5412								9020
7	新建商业设施			2073								2073
8	公共绿化改造				162							162
9	项目管理费	17	17	17	17	17	17	17	17	17	17	499
10	营销推广费	100	100	100	100	100						499
11	不可预见费	82	82	82	82	82	82	82	82	82	82	2464
12	开发税费		222	222								444
13	营业税及附加	271	271	271	271	271	271	271	271	271	271	8122
14	日常支出					930	930	930	930	930	930	24169
二	回收资金［现金流入］			12540	12540	9296	9296	9296	9296	9296	9296	266765
1	别墅销售收入			12540	12540							25080
2	商业租金收入					2422	2422	2422	2422	2422	2422	62965
3	酒店客房收入					6874	6874	6874	6874	6874	6874	178720
三	净现金流	-65469	-8994	3669	11909	7897	7997	7997	7996	7996	7996	148923
	累计净现金流	-65469	-74464	-70795	-58886	-50990	52965	60961	68957	140926	148923	
	净现金流现值	-65469	-8406	3204	9721	6024	2531	2366	2211	1203	1124	
	累计净现金流现值	-65469	-73875	-70671	-60950	-54926	-3940	-1574	637	15043	16167	

2）资金流量折线图

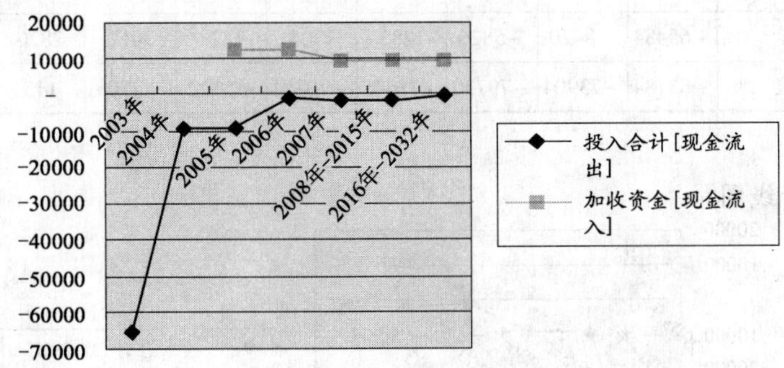

（3）方案三

1）项目动态现金流量表

a. 对下表内容的解释：

（a）假设销售收入及开发成本在投资期间均匀收支。

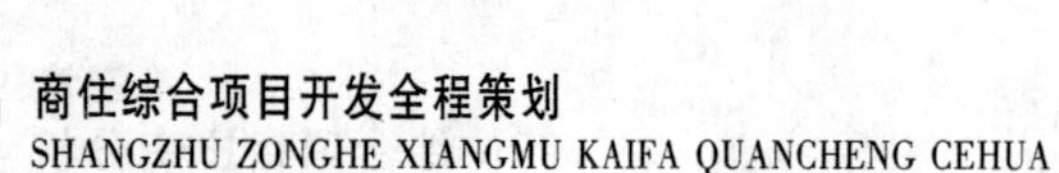

(b) 动态现金流中折现率取7%。

b. 项目动态现金流量表

单位：万元

序号	项　　目	2003 年	2004 年	2005 年	2006 年	2007 年	2008 年 ~ 2020 年	2021 年	2022 年	2023 年 ~ 2031 年	2032 年	合计
一	投入合计［现金流出］	65484	9009	9132	892	1660	1560	1560	1560	1560	1560	125179
1	拆迁安置费	65000										65000
2	前期费用		289									289
3	规划设计勘察费		1042	695								1736
4	市政基础设施费		1736									1736
5	旧房维护		1628									1628
6	新建酒店		3608	5412								9020
7	新建商业设施			2073								2073
8	公共绿化改造				162							162
9	项目管理费	17	17	17	17	17	17	17	17	17	17	499
10	营销推广费	100	100	100	100	100						499
11	不可预见费	82	82	82	82	82	82	82	82	82	82	2464
12	开发税费		222	222								444
13	营业税及附加	285	285	285	285	285	285	285	285	285	285	8564
14	日常支出			246	246	1176	1176	1176	1176	1176	1176	31063
二	回收资金［现金流入］			2832	2462	12127	12127	12127	12127	12127	12127	320975
1	原别墅租金收入			2832	2832	2832	2832	2832	2832	2832	2832	79289
2	商业租金收入					2422	2422	2422	2422	2422	2422	62965
3	酒店客房收入					6874	6874	6874	6874	6874	6874	178720
三	净现金流	-65484	-9009	-6670	1570	10521	10521	10521	10521	10521	10521	194486
	累计净现金流	-65484	-74493	-81163	-79593	-69495	63078	73276	83474	183965	194482	
	净现金流现值	-65484	-8420	-5826	1282	7704	3228	3017	2820	1582	1479	
	累计净现金流现值	-65484	-73904	-79730	-78448	-70744	-5722	-2705	115	22090	23569	

2) 资金流量折线图

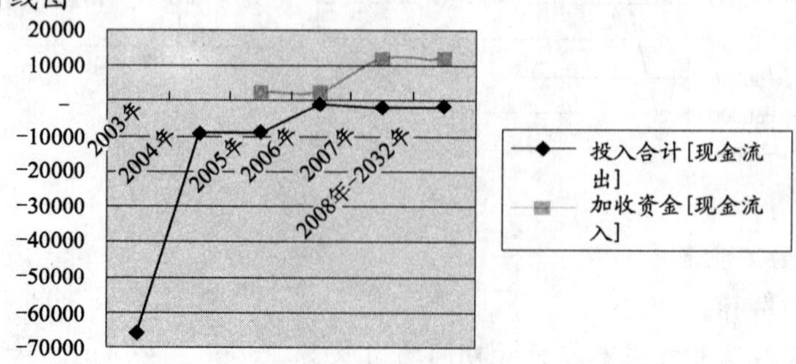

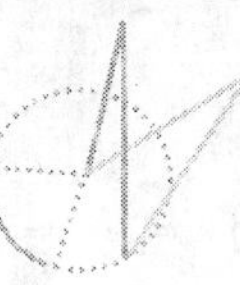

虽然在前面已对商住综合项目的资金筹措进行了计划，但那只是确定了每年向银行贷款多少钱，整个项目一共贷款多少钱等问题。由于向银行贷款都要定期（一般为一年）向银行支付利息的，若开发商资金紧张，不能按时按量支付利息，必将影响到下笔贷款的到账。因此，就算商住综合项目盈利能力很好，但若资金链断裂，也有可能导致开发商亏损。所以，在分析商住综合项目的盈利能力后，可以对项目的每个阶段的资金盈余状况进行分析，从而保证项目的资金链不断裂。如广州某商住综合项目的资金链分析：

（1）住宅部分资金来源与运用表

（单位：万元）

序号	项目名称	建设经营期					
		1	2	3	4	5	合计
1	资金来源	5340	8361	9751	8204	1568	33224
1.1	销售收入	0	5861	9751	8204	1568	25384
1.2	自有资金	2840	0	0	0	0	2840
1.3	银行借贷	2500	2500	0	0	0	5000
1.4	其他收入	0	0	0	0	0	0
2	资金运用	4548	8455	9170	7747	577	27247
2.1	建设投资	4548	4548	5331	3604	0	18031
2.2	借款还本付息	0	3250	2974	0	0	6224
2.3	销售税金及附加	0	334	556	468	89	1447
2.4	土地增值税	0	0	0	0	0	0
2.5	所得税	0	323.1	32.7	701	488	1545.3
3	盈余资金	791.8	-93.9	581.2	457	991.2	—
4	累计盈余资金	791.8	698	1279	1736	2727	—

（2）商铺与车库租赁部分资金来源与运用表

（单位：万元）

序号	项目名称	建设期				经营期	
		1	2	3	4	5	6
1	资金来源	2160	1500	228	332	359	8260
1.1	自有资金	2160					
1.2	银行借款	0	0	0	0	0	
1.3	租赁收入	0	0	228	332	359	
1.4	转售收入						8260
1.5	流动资产回收		1500				
2	资金运用	2160	1356	97.9	142.5	154	2188
2.1	建设投资	2160	1356				

续表

序号	项目名称	建设期				经营期	
		1	2	3	4	5	6
2.2	流动资金						
2.3	经营成本			68.3	99.6	108	330.4
2.4	租（售）税金及附加			29.6	42.87	46.4	340.7
2.5	土地增值税	0	0	0	0	0	0
2.6	所得税	0	0	0	0	0	1517
3	盈余资金	0	144	130	189.5	205	6072
4	累计盈余资金	0	144	274	463.2	668	6740

本项目的资金来源与运用如住宅销售部分资金来源与运用表和商铺与车位租赁部分资金来源与运用表所示。从两个表中可以看出，本项目住宅销售和商铺与车位租赁每年都有盈余的资金，也就是说，每年的资金流入都大于资金流出，本项目具有较强的贷款偿还能力和自身平衡能力。故本项目两方案可行。

盈亏平衡点分析也是商住综合项目经济效益分析的一个重要内容。盈亏平衡点是指利润为零的销售套数、销售面积、销售比例等情况，也叫做保本点。盈利能力分析是分析项目的投资开发是否存在着利润空间、利润空间有多大等；盈亏平衡点分析是分析项目的投资风险有多高。它们两者构成了商住综合项目的经济效益分析。由于商住综合项目有多种开发类型，每种开发类型的盈亏平衡点又不相同，所以有必要分别对每种开发类型的盈亏平衡点进行分析。如武汉某商住综合项目的盈亏平衡点分析：

（1）住宅销售部分盈亏平衡分析

假定本项目总投资不变，且售价与收款进度如基准方案所设，则由计算可得，当住宅销售率为81.6%时，住宅全部投资利润率为零，也即投资刚能保本。一般认为，当盈亏平衡点的销售率≤70%时，项目风险较低。本项目盈亏平衡点的销售率为81.6%，可见其风险程度较高。

（2）商铺与车位租赁部分盈亏平衡分析

假定本项目总投资不变，且租赁价及转售价与收款进度如基准方案所设，则由计算可得，当商铺与车位租（售）率为30%时，商铺与车位租赁部分全部投资利润率为零，也即投资刚能保本。一般认为，当盈亏平衡点的出租率≤70%时，项目风险较低。本项目盈亏平衡点的租售率为30%，可见其风险程度较低。

（3）结论与分析

本项目住宅销售部分的风险较大，而商铺与车位租赁部分的风险明显偏小。其主要原因是商铺与车位的经营期期限长于住宅经营期，而住宅销售回收资金的速度较快，回收资金马上又投入到项目的投资中去，减少了商铺与车位的资金投入量。而且贷款利息将用住宅销售收入来支付；同时，在项目建设成本分摊上，由于商铺与车位的成本价相对较低，这也使得本项目商铺与车位租赁风险程度降低。

2. 社会效益分析

社会效益分析就是要分析商住综合项目的开发建设对当地所作出的贡献。若商住综合项目开发建设有利于当地经济的发展、环境的改善，必定能得到当地政府的支持，从而促使项目的

开发迈向成功。下面是武汉某商住综合项目的社会效益分析：

(1) 项目对社会发展的适应性

1) 与武汉市经济发展政策的适应性

目前，国家大力提倡康居工程，并把住宅建设作为新经济增长点。武汉市作为内陆中心城市，其住宅建设发展迅速。武汉市经济在发展，人们的生活水平在提高。但随着人口的密集，使得居住环境变得恶劣，因此，武汉市急需对城市中心区域进行改造，市区环境的改善必将有效提升其中心城市地位。本项目位于老城区，所处地段是武汉市发展两江四岸战略的核心，在这里进行房地产开发，将极大地配合地方政府对城市建设的规划，使这里的基础配套设施得到补充，也必将得到他们的有力支持。同时，本项目的兴建，将使本地段的环境得到改善，地区面貌将变得更美。

2) 与文化和技术的适应性

本项目的建成，将吸引大批的财智时代成功人士前来购房，这将有助于整个地段文化层次的提升，同时还会将现代智能化的住宅和建筑特色带进来，有利于该地区城市面貌的提升，以配合武汉市城市建设的发展。

3) 项目存在的社会风险和风险程度

本项目已获武汉市规划局的规划许可。虽然该地块现在有部分的办公用房和民用住宅还在运作，随着城市拆迁法规的健全，一般不会出现妨碍本项目开发的情况。但是，对于本地块，与附近居住区相隔较近，可能会出现一些施工扰民的事件，可能会引起一些矛盾。

4) 受损群众的补偿

本项目大部分已经完成了拆迁和“五通”。对现存的拆迁范围，本项目已经依法考虑了有关补偿。

5) 项目承担机构能力的适应性

本项目的建筑、监理、销售和物业管理机构由社会公开招标确定，在确定上述机构时，应以其一贯的经营管理质量和社会声誉为标准，尽量做到公开、公正、公平。绝不可以价低者得，因为这样有可能影响住宅的建筑质量。

6) 项目可持续性

本项目的建成，将会对本地段的环境和景观起到重要的改善作用。本项目所处地段，不会对本地的山水资源造成影响，相反，由于小区大量的绿化等设施的建设，将会使该地区的环境得到更好的改善和保护。同时，近百亩“民生大院”的旧宿舍区，为本项目的延续提供了发展的空间。

(2) 目前对人和社会的影响

1) 对社会环境的影响

本项目所处地段，目前的环境不容乐观，由于靠近城市道路，空气浑浊，噪声大，要改变这种状况，只有减少污染源，提高当地的绿化率。本小区的建造，正是应这种需要，改善环境，给人一个更好的居住空间。

2) 对自然和生态环境的影响

本地段绿化率较低，空气和噪声污染较严重。本小区的特点是绿化率较高，接近 x%，而且完全测算绿地率则更高（如住宅架空层做绿化休闲带、空中花园等），所以本项目对本地段的自然和生态环境均有很好的调节作用。

3) 对自然资源的影响

本项目地块紧邻沿江大道，地势平整，所以整个项目不用动土，也不用砍树，而是大面积造绿，返归自然。

4）对社会经济发展的影响

本项目的建设，将先进的施工技术、高效率的施工组织和新型的材料引进到本地段，这将促进本地域的建筑业更快地走向现代化，更利于当地经济的发展。同时，本项目的建成，将对社会经济作出极大的贡献，具体表现在：a. 本项目的人均居住面积35平方米，这将有利于提升地方的人均居住面积水平；b. 本项目的建设，将会为社会提供几百上千个就业岗位，将为缓和社会失业率作出重大的贡献；c. 本项目将为国家上缴5619万元的税金和899万元的建设配套费用，为地方政府提供了有效的财政收入；d. 本项目的建成，为当地形成一个配套完善的成熟居区作出了贡献，不仅为当地居民增加了生活设施，而且促进了当地服务业的发展，加速了当地经济的繁荣。

综上所述，本项目的开发，将为社会展现出一个具有超前性和导向性的住居新模式，从而由点到面，推动本地段及周围地区住宅建设的发展。因此，本项目的开发将会产生较大的社会效益。

（3）项目环境效益评价

拟开发地块紧邻城市干道，受到严重的空气和噪声污染，通过本项目开发建设，将种植大面积的绿化来改善各种污染情况，同时在建设过程中，大量的运用环保建材，推动本地段环保工作的开展。其崭新的现代建筑物，有效地美化了市容，更重要的是改善了人们的居住水平，创造出一个良好的生活环境。

为达到上述的目标，在该项目的规划中应本着以人为本、注重生态的原则，合理组织绿化和交通体系，完善公建及住宅的布局，力争创造一个宁静、亲切、安全的居住环境和开阔、方便的公共活动环境以及自然优美的生活环境。可见，该项目建成后将具有良好的环境效益。

六、商住综合项目敏感性分析

影响商住综合项目开发利润的因素主要有投入成本和项目价格两个方面。敏感性分析就要分析这些因素，增加或减少一定比例时，对项目投资回报率造成的影响。通过对商住综合项目的敏感性分析，可以为项目多个方案的选择提供参考性依据。如北京某商住综合项目的敏感性分析：

一般来说，在项目开发销售中对项目经济评价指标影响较大的因素是投资成本和销售策略，本案中我们假设项目规划设计费、营销推广费、商业售价、高档住宅售价上下5%浮动，作如下敏感性分析。

（1）方案一：敏感性分析估算表

单位：万元

序号	项　目	规划设计费		营销推广费		商业用房销售收入		高档住宅销售收入		最乐观情况	最悲观情况
1	变化幅度（%）	5%	-5%	5%	-5%	5%	-5%	5%	-5%	成本因素-5%，价格因素+5%	成本因素+5%，价格因素-5%
2	销售收入	103536	103536	103536	103536	105091	101981	105904	101168	107459	99613
3	开发成本	95653	95479	95587	95544	95566	95566	95566	95566	95457	95674
4	销售利润	7874	8048	7940	7983	9516	6406	10329	5593	11992	3930
5	投资回报率	8.23%	8.43%	8.31%	8.35%	9.96%	6.70%	10.81%	5.85%	12.6%	4.11%

由上表可看出，该两项销售价格因素对利润影响较大，而营销推广费的变化对利润的影响相对较小，建议该方案下，开发商应增强营销力度，尽量的增加销售收入，尽快回收资金。

（2）方案二：敏感性分析估算表

单位：万元

序号	项　目	规划设计费		营销推广费		商业用房租金收入		最乐观情况	最悲观情况
1	变化幅度（%）	5%	-5%	5%	-5%	5%	-5%	成本因素 -5%，价格因素 +5%	成本因素 +5%，价格因素 -5%
2	销售收入	145952	145952	145952	145952	147527	144378	147527	144378
3	开发成本	132287	132113	132225	132175	132200	132200	132088	132312
4	销售利润	13665	13839	13727	13777	15327	12178	15439	12066
5	投资回报率	10.33%	10.48%	10.38%	10.42%	11.59%	9.21%	11.69%	9.12%

根据敏感性分析可以看出，该项目最不利情况（即成本上升5%，售价下降5%），投资回报率也能达到9.12%，因此可以说本方案风险较小，该方案是可行的。

（3）方案三：敏感性分析估算表

单位：万元

序号	项　目	规划设计费		营销推广费		别墅租金收入		商业租金收入		最乐观情况	最悲观情况
1	变化幅度（%）	5%	-5%	5%	-5%	5%	-5%	5%	-5%	成本因素 -5%，价格因素 +5%	成本因素 +5%，价格因素 -5%
2	销售收入	158836	158836	158836	158836	160734	156937	160410	157261	162308	155363
3	开发成本	140684	140510	140622	140572	140597	140597	140597	140597	140709	140709
4	销售利润	18152	18325	18213	18263	20137	16340	19813	16664	21599	14654
5	投资回报率	12.90%	13.04%	12.95%	12.99%	14.32%	11.62%	14.09%	11.85%	15.35%	10.41%

根据敏感性分析可以看出，成本因素上升5%，租金因素下降5%，投资回报率也能达到10.41%，因此可以说本方案风险较小，该方案是可行的。

总结：

由以上对三种方案的分析测算可以看出，这三种较简单的经营组合的各项财务指标均达到获利水平，且三种方案中最低的成本利润率也能达到8.3%，证明该项目是可行的。而重要的是方案的选择：方案一虽然投资回收期较短，开发商可以在三年内收回投资，但其净现值远低于另两种方案；方案二、三虽然投资回收期较长，但其利润额较大，能够较好地体现该项目的价值。由于我们在测算中未考虑租金在收益期的波动，而随着上海经济势头的持续向好，租金的上涨是必然的，因此，我们建议选用方案三（即全租方案）。

七、商住综合项目风险分析

商住综合项目的风险分析是分析项目在开发建设和销售过程中可能存在的风险。通过这些分析，可以事先针对每种可能发生的风险制定相应的防范措施，从而使这些风险发生的几率降到最低。下面是深圳某商住综合项目的风险分析：

（1）风险类型

1）成本风险

从现实的社会物价情况看，今年全国物价变动转正，但是，物价大幅度上升的可能性不大。虽然，本项目可能会因为决策和管理等人为错误而导致成本上升，换句话说，就是会有较大的公司风险。因此在重要决策上要避免一个人说了算，避免主观错误和各种舞弊现象的出现。同时，必须与施工承包商签订总价或固定单价承包合同，让承包商分担部分风险。

2）市场风险

本项目的市场风险主要体现在销售价格和销售率不能达到预期目标上。为了更好地促进项目的销售，可以先由代理公司垫付一部分销售费用，日后则按销售业绩支付代理费和代理公司垫付的销售费用；同时和代理公司约定，在一定期限内要完成一定的销售业绩，否则，取消其代理权。这样一来，既可以让代理公司分担一部分市场风险，又可以督促和鞭策他们，使其尽最大努力来完成销售任务。

3）其他风险

其他风险包括政治风险、自然风险、信用风险、经营风险等，但以目前情况看本市房地产市场中的此类风险对本公司不会造成大的影响。

（2）风险控制

1）工期

首先要用科学方法来编制工程进度计划，要充分考虑到武汉市正常的雨季和其他恶劣的天气情况，使工期尽量不受正常的天气环境影响。其次，要在管理上下工夫，要严格按照工程计划进行施工，并聘请具有良好业绩的监理公司对项目进行监理。

2）投资决策

上层决策机构的决策对本项目的发展起着关键的作用，因此要在项目前期阶段的市场调查和更多的市场信息的基础上作出决策。专业部门必须密切跟踪市场动态，做好各个阶段的市场预测，及时调整策略，避免项目决策的滞后，从而降低投资风险，减少不必要的损失。

八、商住综合项目投资分析总结

在经过了上述的估算与分析后，策划人员已对商住综合项目的盈利能力和风险高低比较了解，接下来就要对商住综合项目的投资分析进行总结，并提出相关的建议。如泰州某商住综合项目的投资分析总结：

本项目采用租售方式内部收益率为12%，税前利润为24201624元；采用全部出售方式内部收益率为133%，税前利润为216461094元。而本项目总投资为965353861元，全部出售方式税后投资收益率为15.02%，对于综合性项目来说，其经济回报较低。相反的，由于本项目规模较大，建设周期和销售周期以及后期经营管理将要承受较大风险，必须要求较高的风险回报。

另一方面，从本项目目前的规划情况来看，停车主要依靠地下一层。机动车停在地下车库没有问题，但非机动车停在地下车库非常不方便，而目前泰州市主要交通工具就是非机动车，因此，要求本项目必须解决地上停车问题。尤其是如果本项目地下一层作为大卖场后，将要求更大面积的停车区。

综上所述，本项目的操作财务效益一般，而风险较大，须谨慎对待其运营风险。最好聘请知名的专业商业物业顾问机构负责本项目的策划和统一招商管理工作。

又如深圳某商住综合项目的投资分析总结：

(1) 评估结论

通过对该项目经济、社会和环境效益的分析可知，本项目的社会效益与市场前景是很好的。项目所处地点的交通、市政及配套设施较为完善。从项目的经济效益评价指标显示可知，其内部收益率明显高于行业基准收益率。从敏感性分析看出，本项目住宅销售部分的抗风险能力在合理水平内。但是，本项目自然条件不太乐观，需要通过科学、适宜的规划设计，提高居住环境质量。从盈亏平衡分析中得知，本项目住宅销售部分盈亏平衡点的销售率在81.6%左右（大于70%），说明住宅销售风险程度较高，此环节的控制是该项目风险防范之关键。

(2) 有关说明与建议

本案的结论是秉承谨慎与客观的态度，在现有资料基础上进行调查、估算、分析及预测后得出的。鉴于目前房地产市场的客观条件和项目的实际情况，有必要对方案的有关问题进一步作出说明，并提出如下建议：

1) 由于市场调研深度有限，本项目各种费用估算及效益评价均是初步的，投资决策前应组织进一步论证。

2) 本案只是投资方案中的一个，并不一定是最优方案，如条件允许（如市场调研进一步加深），应进行多方案的比较，选择最优方案。

3) 本案中的有关测算是在多方考虑本项目所处地段房地产市场的基础上确定其销售和租赁价格的，这在很大程度上依赖于目前该地段房地产市场的供求关系和未来几年本市的经济发展。鉴于本项目所处地段，目前乃至今后一段时间内市场的变化，售价将是最敏感的因素之一。我们除了密切注意市场动态，选择合适的市场策略外，还应组织一支高素质、高水平的开发管理队伍，从设计、施工、营销到物业管理均应达到本市领先的水平，以抓住机会减少风险，达到项目的盈利目标。

4) 建筑工程中不可预见的因素很多，工期、原材料供应等都会影响到项目总体目标的实现。因此在工程实施过程中，要加强施工管理，实行工程监理制。还应推行竞投招标、工程包干等一系列措施，落实资金供应计划，以确保项目经营目标的顺利实现。

第五章　商住综合项目整合推广策划

简单来说，整合推广就是指整合所有能利用的资源对本项目进行推广。对商住综合项目进行整合推广策划，也就是根据项目投资环境分析和项目自身情况分析，针对目标客户群的需求，制定商住综合项目的品牌策略、广告策略、媒介策略、包装策略、活动策略和推广策略，为商住综合项目的总体营销或招商做好准备。本章分成七个部分，分别介绍了商住综合项目的总体营销策划、品牌策划、广告策划、媒介策划、包装策划、活动策划和推广策划。其中品牌、广告、媒介、包装、活动等策划都是为商住综合项目的推广服务的，其目的是对商住综合项目进行宣传推广。

一、商住综合项目总体营销策划

营销策划除了包括整合推广策划外，还包括销售策划，因此，商住综合项目的营销策划指导着其整个推广策划和销售策划，起到总领的作用。对商住综合项目的营销进行总体策划，最主要是制定项目的营销总策略。商住综合项目的营销总策略应当涉及品牌、广告、媒介、活动、推广和销售等方面的内容。如武汉某商住综合项目的总体营销策划：

(1) 以“一流生活方式，公平化价格”推出市场，从而吸引更多的购买者，汇集人气。

(2) 树立品牌形象。在首期展销会的前十日，在各媒体上做大量的广告宣传，并开始接受内部认购，到十天后才正式公开发售，给市场造成悬念，形成开发商惜售的市场形象。

(3) 在展销会开展期间，邀请一些社会名流、明星在现场进行表演，为楼盘的销售助兴，并举行免费上网活动，以此吸引更多的参观者。

(4) 制造旺销抢购氛围。(这里涉及一些销控的手法)

1) 接电话时间长一些或者尽量延长到场客户的谈话时间，保持销售现场人气。

2) 在接待中心不断地播放广告录像；请合同公证处、保险机构、银行按揭处有关人员来现场办公，使现场气氛变得更热闹。

(5) 样板房的设置舒适别致，给人以回到家的感觉。室内设计体现“智能化、潮流化”。

(6) 在促销的过程中，给出一些噱头来吸引消费者，例如“内部期间认购九八折”，“前三十名买家，免收三年管理费”等促销优惠政策。

在表达形式上，策划人员可以先写出总体营销策划思路，然后再写出营销策略。如柳州某商住综合项目的总体营销策划：

根据市场研究部对五星商业圈近6个月的市场跟踪，对于现时柳州市房地产及城市中心区商业楼市的状况与变化，建议本项目在营销推广时制定以下的总体营销方案：

(1) 总体策划思路

1) 在项目的原始积累阶段，成立商业管理公司，采取“招商提前进入”的策略，为本项目的顺利销售做好铺垫工作，并在此时重新包装项目现场，以提高项目的认知度。

2) 在项目的引导销售阶段，举办财富论坛暨项目推介会，并进行内部登记，进入储客期，蓄势待发。

3) 在项目前期，利用政府部门对项目周边市政规划前景公布及进行炒作，提升项目区域形象，迅速成为市场焦点，此期间开始对项目进行形象铺垫宣传。

4) 在项目的强势推广阶段，加强项目各方面及销售信息的宣传攻势，进行（排队轮号）首次公开发售，采用“连租约销售”的策略，将销售的热烈氛围推向高潮。

5) 在销售持续阶段，提出“利润分成”计划，制造新的新闻炒作热点，迅速扩大商铺的销售。

6) 在销售末期，提出“购铺易”计划，迅速扫清尾货，帮助开发商迅速回笼资金。

(2) 营销策略

1) 总体营销思路

思路一：创柳州五星首个“都市 Mall”；

思路二：创柳州市首个大型“双首层街铺”广场；

思路三：创柳州市首个运动“名店城”；

思路四：成立商业管理公司，同时制定招商政策；

思路五：招商提前介入，招商工作先期进行，销售与招商安排不同公司的人员跟进；

思路六：举办财富论坛暨项目推介会；

思路七：引入主力商户进驻，迅速提高知名度；

思路八：采用“连租约销售”策略，将销售推向高潮；

思路九：实施“利润分成”计划，“经营投资”两不误；

思路十：实施“购铺易”计划，卖铺送好礼。

2) 总体策划思路分析

a. 思路一：创柳州五星首个“都市 Mall”

在市场竞争日趋激烈的今天，商用物业项目除了发展自身特色、提高服务质量外，还必须顺应以规模领先、以效益制胜的世界零售业大趋势。Mall 有别于其他的商业业态，充分体现了以人为本的理念，营造和引导新的消费方式，引进一种新的文化理念和生活理念。Mall 的消费模式符合当前的消费时尚，将对城市的经济尤其是旅游经济带来巨大影响，Mall 本身也是城市里的一道景观。

在美国 Mall 目前已经占有 50% 以上的零售销售额，2000 年的营业额已达 1 万亿美元，一家 Mall 的有效商圈是数百公里。而在我国以省会城市为中心的 200 公里范围内的人口数以千万计，商业前景十分诱人。柳州是广西的交通枢纽城市，五星对于柳州是一个标志性街区，在这里建立一个高标准、高起点、又极具发展潜力的 Mall，可谓前景无限。

b. 思路二：创柳州市首个大型“双首层街铺”广场

提出“双首层街铺”的最初构想，是在于解决项目地块东西高差最大达 4 米、南北高差最大达 2.6 米的问题。

首创的“两次人流、双重价值”的“双首层商铺”的建筑设计兼顾了视觉效果和使用需要，全面照顾人流、物流。首、二层临街商铺打破传统商业广场布局的设计构想，使从来没有街铺的商业广场有了街铺。俗话说“一个街铺顶十个商铺”，本项目的“双首层街铺”不仅完美地整合了购物中心的优势，更拥有了街铺的天然优势，将会受到买家及商家的强烈关注。

c. 思路三：创柳州市首个“运动名店城”

为体现时尚商城的独特魅力，本项目特设“运动名店城”，将汇集中外名牌体育用品、服装，以及当今最前卫的休闲运动器械，用以填补柳州缺乏大型体育用品卖场的空白。

d. 思路四：成立商业管理公司，同时制定招商政策

在售楼部设专职负责招商工作的招租部，由商业管理公司配备专职人员，进行分工并明确招商工作范围。销售部仍然负责商铺销售工作，而招租部则负责商铺的出租工作，双方彼此互相协调，及时反馈各方客户的意见，最终目标都是为尽快使商家大量入场经营，以此全面刺激买家带动销售。并针对普通承租商家和有一定影响力的品牌商制定相应的招商政策。

e. 思路五：招商提前介入，招商工作先期进行，销售与招商安排不同公司的人员跟进

提前介入制定招商政策可大大缩短商场的开业时间，让投资者感觉到即买即收租的有利局面，因而提议招商工作先期进行。而销售与招商安排不同公司人员跟进，是出于“专才专用，有利于提高工作效率”的一种思路。

f. 思路六：引导销售阶段举办“财富论坛暨××广场推介会”

作为开盘前的促销活动，首次将项目的推介会以“论坛”的形式举行，可使整个活动充满地产界少有的学术氛围，对商用物业市场能造成强有力的冲击波，可以提升项目的知名度，对项目的正式开盘有极大的促进作用。

g. 思路七：引入主力商户进驻，迅速提高知名度

一个商场日后经营的成功与否，前期的招商经营推广起到决定性的作用，建议项目在前期引入主力商户进驻，一方面可以在市场上、区域上迅速提高知名度，进行新闻炒作式的营销推广；另一方面由于主力商户的进驻，会增强其他准买家、小商户的信心，造成“羊群效应”。

h. 思路八：采用“连租约销售”策略，将销售推向高潮

承租商家不一定就是购买者，招租部先将商铺出租，然后再找投资者，买家购买后开发商将所收的租金连同对租客的权利及义务一并转让给投资者，所谓“连租约销售”就是这种形式。“连租约销售”的买家一般都是投资者，因为有了现成的租金回报，投资者很容易接受，有租约的商铺成交率极高，同时市场承受面宽广。

i. 思路九：实施“利润分成”计划，“经营投资”两不误

现在柳州市手头上拥有一定闲资的投资者为数不少，而他们所追求的是获得更大的投资回报，而一般投资商铺的回报要比其他投资高。为了消除投资者的担心，确保他们在一定年期里的租金回报，故建议本项目采用“利润分成”的促销手段，向投资者付给一定年期的租金，回收其铺位的经营权，租给真正需要经营的商户，便于商场的统一管理，做到“经营投资”两不误。

j. 思路十：实施“购铺易”计划，买铺送好礼

购铺的首期款是成交价的40%～50%，较高的首期款制约了投资者的购买热情，为了刺激目标客户的购买冲动，可实施减免首期款策略。投资者在购买商铺时，只需支付成交价的20%～30%作首期，然后办理5～6成按揭贷款，余款由开发商提供免息贷款，买家可在一定期限（2～5年内）分期返还给开发商。购铺易计划令置业门槛有效地降低了。

下面提供一个优秀的总体营销策划案例，供读者参考。该案例提出了政策营销，体验营销、高强度营销、多元化营销和服务营销。这些营销策略普遍适用性很强，非常值得参考借

鉴。案例原文如下：

五个坚持：

A：坚持宣传高品质的楼盘形象，创建知名品牌。

B：坚持倡导体现“大型一站式购物”的新型商业文化模式和“自然、时尚、健康、休闲”的生活方式。

C：坚持连续诉求项目高起点的建筑文化体系。

D：坚持制造“热点、焦点、轰动”的效应，创建“明星楼盘”。

E：坚持建立全方位、多渠道的营销保障体系。

（1）政策营销——以政策的影响力推动项目的销售

措施：

1）因项目是县政府招商引资的重点项目，可邀请政府部门领导参加项目奠基、开盘仪式，剪彩、题词等。

2）相关部门领导接受当地电视、报纸媒体专访，阐述项目对于平果经济建设的重要性，扩大项目的影响力。

3）利用政策引进众多当地商家进驻经营。

（2）体验营销——让客户感受到项目的高品质

措施：

1）售楼中心要气派、豪华，沙盘模型要美观、大方，迅速打动客户，开盘前完成售楼中心周边环境。

2）在售楼县城设立高档次、高品位的接待方式，如为客户提供茶、咖啡、饮料等，让客户每一次看楼都有尊贵感受。

3）树立良好的工地形象。

（3）高强度营销——在短时间内引起客户高度关注，营造全城瞩目的焦点

措施：在营销的重点阶段，要集中资源，通过各种渠道，发动全面猛烈的营销宣传攻势。具体为：开盘日前1~2周，采取集中式策略，以“垄断性”的媒体攻击结合大型营销活动攻势，成为市场注目的热点。

（4）多元化营销——丰富营销渠道，多点开花

措施：鉴于项目产品的特殊性，不能局限于单一的主流媒体推广渠道，应采取多元化的营销方式，拓宽、丰富营销渠道。充分利用户外广告、电视、报纸、宣传单等，同时可开展多项主题营销活动；宣传区域不能局限于平果本地，应拓展到百色乃至南宁等地。

（5）服务营销——提升服务水准，提高综合优势

措施：

1）建立营销保障系统，做好招商工作，增强买家信心。

2）引入高水平经营管理公司，为本项目提供专业的统一经营管理。

二、商住综合项目品牌策划

品牌推广在房地产项目的推广手段中采用得越来越多，这是由于品牌的建立使项目或开发商拥有了核心竞争力。利用品牌对商住综合项目进行推广，可以有别于其他项目的推广方式，从而形成自己的特殊优势。那如何建立商住综合项目的品牌呢？这就是一个品牌战略导入的问题，要求策划人员要清楚了解项目品牌的形成过程，然后根据每个阶段的特点，一步一步地建

立起项目的品牌。如上海某商住综合项目的品牌策划：

(1) 项目品牌战略导入

根据对本项目开发商的整体战略思想及项目操作的理解，再结合本项目的实际情况，认为本项目应该启用现阶段比较先进的传播模式——“品牌营销模式”，主要基于以下三个重要因素确定：

1) 在目前并非传统商办区域内开发大规模主题商业和办公物业，非常需要抗风险能力强的营销模式。

2) 开发商为实现可持续发展的需要，必须通过本项目品牌的创立逐渐建立起较强大的企业品牌。

3) 目前上海市场竞争日渐激烈，产品对差异性传播的需要。

通过树立项目品牌的社会公信力，逐步形成开发商的企业品牌积累，为开发商后期其他项目开发打下坚实的基础，将开发商塑造成为上海乃至全国最有竞争力的开发商之一。

(2) 品牌成长的四个阶段

品牌成长一般分为以下四个阶段：

建立品牌差异性——被认知、熟悉阶段——被尊重阶段——形成忠诚购买阶段

1) 建立品牌的差异性

品牌不仅仅是单个产品的符号或纯粹的艺术图案和装饰，而是建立在长期运作的基础上，坚持不懈地创造差异。从当今的房地产市场来看，把品牌仅仅当作“一种在同质化严重的市场下区别产品的手段”的认识是远远不够的。因为在当今市场，任何一种技术革新或者其他新的东西出现而带来的品牌创新很快就会出现竞争者的仿效，任何进步都很快成为消费者所习惯的标准。在短期内，创新的品牌当然会取得垄断的地位，但是要永远保持这种领先地位，成为竞争对手永远的模仿对象，这是一件很艰巨的任务，除非革新获得专利。处于竞争中的品牌要想不落后于市场期望，就必然要去适应这一标准。

本项目目前也面临这种情况，产品和概念的创新最终将促成一种新的生活、办公方式的形成。本项目（LOFT）是营造一种国际化的艺术和生活相融合的工作、生活模式，其不仅仅是很多国外人所追求的理想生活方式，同时也将是很多中国人今后所向往的生活模式，将国外的“LOFT”进行本土化传播，在上海这个国际大都市必将具有很强的差异性、竞争力。

一个品牌代表着不断创新，代表着对其产品不断地更新换代，创新使得品牌得以延续下来，并保护着公司的创新，使其成功地领导着竞争。这种坚持不懈的创新行为赋予品牌以意义、内容和特征，同时积累并显示了品牌长期的时时刻刻的差异性。树立“LOFT”在社会上的地位，建立项目在上海房地产市场，甚至在全国房地产市场的差异性，继而形成品牌优势。

2) 被认知、熟悉阶段

LOFT是起源于美国的概念，这种崭新的工作和生活方式的形成主要是依附于美国的文化土壤，而如何将美国的文化建筑移植到中国的土壤中来，将是比较艰难而核心的环节。我们深入分析了LOFT的工作和生活方式的核心，将其归纳为以下五点：

a. LOFT是一种工作及生活方式的代名词；

b. LOFT是以艺术类人士为主导的全新办公居住模式；

c. LOFT倡导一种自由、想象、前卫的办公文化；

d. LOFT是美国办公文化的重要组成部分；

e. 对建筑物空间造型的独特要求是LOFT的基础。

针对以上分析，要想吸引目标消费客户群对本项目的兴趣，就必须将LOFT本土化，具体应从以下五方面去结合和转化：

a. 对市场导入的概念，必须达到完整的诠释；

b. 对目标客户群的需求理解及发展有全面的把握；

c. 提供其高标准、完善的，更重要的是为目标客户群量身定做的配套；

d. 中西文化的充分分析和对接，是本项目在我国可以得到市场的掌声；

e. 建筑上的大胆、超前设计、突破。

根据以上分析，LOFT本土化以后，接下来的工作就是如何传播的问题了。品牌的传播应该主要是通过媒体和活动来传播的。LOFT的品牌传播，首先通过系列的事件、媒体传播（或者传播活动）树立项目的差异性，区别于一般的竞争对手，给予市场深刻的印象；其次就是通过媒体传播（配合传播活动）让目标客户去认识和熟悉项目，通过以上两项主要的方法，初步树立项目的知名度。

3）被尊重阶段

当LOFT品牌被认知、熟悉以后，LOFT品牌已经具有一定的市场知名度了。根据品牌营销的一般规律，这时候目标客户对品牌会产生一种模糊的概念，因此这时候是品牌面临重大挑战的关键时刻，只要在这时候能够抓住目标客户，让其对LOFT品牌形成尊重，那么LOFT就已经真正建立起来了。

因为要想发挥品牌营销的最大作用——“达到品牌的忠诚度购买阶段”，那么首先必须要赢得客户的肯定和尊重。这将成为本项目初期传播的主要任务。

4）形成忠诚购买阶段

当LOFT品牌在社会上受到广泛的“尊重”，那么本项目下一阶段的工作重心就进入品牌营销的最后一个阶段——“社会达成广泛认可，拥有一批忠诚的品牌追随者，形成忠诚购买”，这具有很强的排他性。这时候LOFT的品牌效应已经在社会上真正建立起来了，这时候的传播手段主要是以顾客关系管理为主，进行客户经营。

（3）品牌对于开发商发展战略的意义

作为一家具有强大资金实力和发展战略的上市地产公司，开发商在启动地产开发的市场运作中，必须面临着国内众多品牌开发商的挑战。如万科、中海、复地、合生创展等，目前启动品牌战略已是非常有必要的。而作为整个开发商品牌——新文化地产下的子品牌，本项目必须承担起上实文化品牌战略的先行者这一重要角色。而在整个开发商品牌战略中来看，本项目的文化定位和产品的差异性将成为最核心、最精彩的环节。作为新文化地产的倡导者，开发商竭力打造上海乃至全国文化地产品牌，而本案项目品牌的建立正可以担当重任，为开发商的文化地产品牌打好第一炮。

（4）新文化地产和本项目的结合

1）项目定位基本原理

品牌定位定义为：我们准备让我们的目标消费群体怎样看待品牌和感受品牌；品牌通过定位使消费者感受品牌不同于竞争对手的一种方式。由此可见，定位并不是要你对产品做什么事情，定位是把产品定位在你未来潜在顾客心中的形象，可以看成是对现有产品进行的一种创造性试验。

根据本项目的实际情况，最后选定以差异化定位作为本项目定位的理论依据。该定位直接以本项目最具市场竞争力的利益诉求点LOFT文化、创意办公作为诉求对象，体现一种新文化的趋势，突出代表一种国际性的文化理念。

“差异化定位有利于增强项目的市场竞争力!”

2）项目品牌思想内涵

作为新文化地产品牌旗下的子品牌，本项目要体现的文化具有以下内涵：

a. 国际化特征；

b. 鲜明的文化烙印；

c. 上海新文化地产的倡导者。

由于商住综合项目可以开发成多种类型的物业，如何将各种类型物业的形象进行综合，形成整个项目的品牌，这是商住综合项目品牌策划的一大核心问题。下面是深圳某商住综合项目的品牌策划：

“××城”整合品牌的导入。“城，所以盛民也”“城为保民之地”。城市是富庶、繁华，享受舒适生活的代名词。城市化是新世纪人居文化发展的趋势。现代建筑学提出的新城市主义提出了“居住小城”的模式，解决城市发展中的空心化，无序化状态。在改造旧城区再造自然生态的同时，提倡修建具有城市情调系列的公共空间体系及商业公建系统的复合式居住小城。与城市固有结构市场相配合，形成在繁华之都享受自然的新城市生活意境。

取××大厦，××山庄字头，借枕山，围合之势，立现代都市生态开发理念，“扬金帆，开财源，享受繁华，沉浸自然”，“××城”，一个概念的复合地产项目。

（1）主副品牌定位

1）××城——新世纪城区国际时尚商住复合社区。

2）××大厦——信息时代，高效率商务平台。

3）××商业广场——区域性商贸副中心，休闲购物街。

4）××山庄——城区山地自然生态社区，山地造氧运动。

（2）××城品牌概念的物质层面支持

1）××山地生态花园——山地生态概念的形象表现

在保持太古山及原始生态的同时，修建山体景观，虎踞形象石雕群和大厦前市民休闲广场，以小区内中心花园、楼园景观绿地，裙楼楼顶花园，楼外立面造型等整合，修造以阳光、树林、运动为主题的生态花园。

2）重新审视××山庄各幢楼体外立面及户型设计，以体现阳光、空气、宁静、便捷的个性特征。

3）三维绿化：山体绿化、通道绿化、空中立体绿化。

三、商住综合项目广告策划

广告是广告主有计划地通过一定的媒体将商品和服务信息传递给大众，而起到促进作用的一种非人员推销的信念传递方式。而广告策划就是对广告的整体战略与策略的运筹规划，是对于提出广告策划、实施广告策划、检验广告决策全过程作预先的考虑与设想。广告策划具有以下两个特征：一是事前的行为，二是行为本身具有全局性。

1. 项目广告目的制定

广告策划的第一步，就是要明确商住综合项目打广告的目的。只有事先明确广告目的，才能使接下来的广告策划过程向着该目标迈进。下面是北京某商住综合项目的广告目的制定：

（1）扩大该项目的知名度，提高主要目标市场的客群对本项目的认可度。

（2）树立该项目良好的物业形象，提升其美誉度。

（3）提高目标市场的客群对该项目的认知率。

（4）配合销售工作的开展，完成预定销售指标，为整个项目的销售工作全面开展奠定坚实的基础。

（5）树立开发商良好的企业形象，为企业在本行业的可持续发展打下良好的基础。

2. 项目卖点分析

商住综合项目的卖点来自于项目的优势，但并非所有的优势都可以作为项目的主要卖点。只有那些本项目有，其他大部分的竞争项目都没有的优势，才可以作为本项目的主要卖点。提炼商住综合项目的卖点，其目的是为广告语的制作作准备。下面是贵阳某商住综合项目的卖点分析：

（1）政策优势明显。本项目有政府的支持，由实力企业鼎力打造。

（2）未来优势彰显。项目位于城市中心，魅力聚焦，城市荣耀。

（3）规模大而完善。占地6万多平方米，集高尚住宅、购物、娱乐、休闲为一体。

（4）区域配套完善。商城、步行街、幼儿园、××广场、银行、电话亭等，生活便利，举步可得。

（5）建筑形式优美。现代气派的建筑风格，简洁明快，融合当地气候环境，大凸窗、双阳台，形成一道亮丽的城市风景线。

（6）创新生活空间。建设街区骑楼，8米高铺，创新户型和商铺，智能化管理，人车分流，以人为本，充满了浓郁的生活气息和艺术感受。

（7）人文气息浓厚。文化广场、行政中心、步行街，极具根文化，提升了城市南门的区域品味。

（8）得天独厚的环境，社区与山林融会贯通。项目高达30%的绿化率，与山林环境一脉相通，紧密相连，依山而居，闲情逸致。

（9）新文化商业圈。随着农贸市场的迁入，商业中心转移，完善的交通，配合××广场、步行街及大商城，集成一个新的商圈，升值潜力无限，财富无限。

（10）首推人性化服务管理。避免审查式管理，服务优先，倾情享受居住、购物、休闲、娱乐的生活，充满了自豪感和尊贵感。

若商住综合项目的卖点不多，不足以为项目的快速去化提供保障，这时，可以人为地营造卖点。例如可以赋予项目一种文化作为项目的卖点，通过对项目的产品规划设计增加项目的卖点等等。如深圳某商住综合项目的卖点分析：

（1）卖概念

国际化、个性化、城市化、数字化、时尚化商务公寓。

（2）卖文化

1）原创性的SOMO文化——城市新生代文化。

2）给市场以轰动性的冲击，更能吸引目标客户的眼球。

（3）卖区位

1）都市动力带，城市核心点。

2）明确的城市中心区地段，未来的发展方向。

3）会展为邻，共创繁荣。

4）以会展中心建成与启用为契机，推动项目入市，同时入驻公司与会展共繁荣。

（4）卖配套

1）南北逢缘，东成西就。

2）外部配套优势将随着中心区市民中心、会展中心等工程的建成启用等系列利好充分体现出来。内部五星级酒店配套更是锦上添花。

（5）卖景观

1）中心绿肺，生态商务。

2）项目北望中心区绿化景观带，置身花园城市的绿肺中，领先的生态商务功能优势明显。

（6）卖交通

1）都市枢纽，快感生活。

2）项目地处××路和××路交汇处，出行方便，加上2004年投入试运营的地铁，快感生活将由此开始。

（7）卖地标

1）城南坐标，南方高度。

2）本项目自身拥有48层高的酒店，是本片区及周边区域唯一的超高建筑物。地标性的建筑外形，提高项目识别性，便于被目标客户接受。

3）“城南”意指城市中心区南侧、城市的南部。“南方高度”既是自然高度又寓意中心区南方高度、深圳南方高度、中国南方高度、××开发公司的新高度，在提升项目品牌的同时提升公司品牌。

（8）卖户型

1）创业全新起点，商务自由空间。

2）中小型户型格局，为成长型企业提供了较低的置业门槛，任意组合的空间为企业不断成长提供场所。

（9）卖功能

1）全能配套，专情商务。

2）本项目中办公、商务服务，商务休闲娱乐被高度整合管理；为创业型企业发展提供土壤。

（10）卖增值

1）高增值服务，高投资回报。

2）项目以高增值服务促进企业成长，同时依托CEPA深港一体化经济发展，升值潜力无限，投资回报优厚。

商住综合项目的卖点或许有很多，但并不是每个卖点的重要性都一样的。策划人员可以根据卖点支撑销售的力度去把它们分成几个等级，这样有利于针对不同等级的卖点使用在不同的媒介上。如北京某商住综合项目的卖点分析：

本项目（西直门交通枢纽综合改造工程）现已进入招商阶段，我司针对产品特质，对此项目进行卖点提炼，并根据其支撑销售的力度考量，将其分为A、B、C三级：

1）A级为最有力卖点，可加以放大说明，甚至是促成落定的主要因素；

2）B级为中等卖点，可在楼书、客户通信等资料中加以说明；

3）C级为一般卖点，有可能是所有写字楼房地产项目都具备的常规卖点，可在报版或在印刷品常规文案中出现。

其中，交通、地段、项目建筑设计为最有力的A级卖点，为项目所独有的绝对优势，具体阐述如下：

（1）交通（A级）

地段与交通，写字楼与商业项目最重要的两大卖点，“西直门交通枢纽地位”将本项目的物业价值、升值潜力体现得淋漓尽致。此点为项目最强势卖点。“零换乘”交通概念是本案最重要的卖点之一，除去东直门交通枢纽“东华广场”能与之抗衡外，“零换乘”将成为我们向市场进发的开阵大旗。本案是在交通枢纽的基础上建设而成的，故此，建议“零换乘”的概念不可不提，还应该大力发挥。

（2）地段（A级）

房地产，第一是地段，第二是地段，第三还是地段，尤其针对写字楼与商业物业，领先的地段已成为决定项目档次与品质的首要因素。优越的地理位置代言的必然是便捷的交通、鼎盛的人气以及大量的物流、资金流的聚集和诞生。本项目扼守中关村科技园中心区南大门，辐射金融街；承享西直门、动物园商圈的繁华；与西部与东部中央商务区遥相呼应，与东直门交通枢纽融会贯通为汇集财富的金角地带。

（3）建筑设计（设计公司、建筑形式、风格等）（A级）

目前市场上的项目都讲究设计，设计建筑就是设计生活。本项目将中西方文化水乳交融，力图以更深的内涵来诠释产品，表达产品。我司认为聘请大师为产品进行设计并非想炒作这一话题，而是希望用设计师的国际性设计经验为市场创造出好的产品，以一种沉稳的态度做好一个产品。

3. 项目广告语设计

广告语设计是商住综合项目广告策划中较为重要的一步。广告语分为两种，一种是主题广告语；另一种是非主题广告语。其中，主题广告语在商住综合项目的整个推广过程中是不变的。

（1）项目主题广告语设计

商住综合项目的主题广告语设计，要尽量做到言简意赅、易记忆，读起来朗朗上口。此外，由于商住综合项目包含了多种开发类型，因此其主题广告语的设计要涵盖所有的开发类型。如合肥某商住综合项目的主题广告语设计：

主题广告语：科技巅峰，巨人舞台！

针对本案的案名特性，在结合项目的产品特征、区域市场环境、目标消费人群结构的基础上，我们将项目的主题广告语归纳为：科技巅峰，巨人舞台。前一句为项目商业及办公宣传重点语，而后面一句为项目住宅宣传语，两者也可有机结合，形成一对仗句，加强宣传气势。本主题广告语形象、具体的阐述了项目的核心卖点和优势，能有效地提升项目形象，引导和刺激购房者欲望。

由于主题广告语大多言简意赅，因此策划人员在设计了商住综合项目的主题广告语后，应对其进行解释。如贵阳某商住综合项目的主题广告语设计：

1）主题广告语：都会精华生活圈。

2）主题广告语释义

a. 精华生活圈：指项目所处地段、交通及周边配套所形成的居住环境和生活氛围；

b. 精英：直接阐明本案的客源是社会精英，是中高端客源层，素质较高；

c. 生活岛：将本案居住环境比喻为理想生活的小岛，业主就是小岛的主人，小岛就是业主的生活领地。

(2) 项目非主题广告语设计

非主题广告语一般有多个，它们贯穿于商住综合项目的整个推广过程。在设计非主题广告语前，要先明确非主题广告语所要体现的内容，避免设计出来的非主题广告语与商住综合项目原来要体现的诉求点有偏差。策划人员可以根据每个诉求点，都设计一系列的非主题广告语。如贵阳某商住综合项目的非主题广告语设计：

1) 地段系列

a. 城市正中心，巅峰领地。

b. 巅峰，勾勒稀世名宅。

c. 繁华，不落幕的居家风景。

d. 地利，皇者尽得先机。

e. 稀世经典232席。

2) 精华生活圈系列

a. 都市精华生活圈，尽拥城市中心生活。

b. 大隐隐于市，在都市的中心，生活的精华和心灵的安宁仅隔一层空气！

c. 5分钟回家，5分钟去智诚名店，5分钟去香格里拉，5分钟去喷水池，只是花5分钟的代价，挥霍1个人的时间。

d. 真正完善的生活，就要用无限的升值潜力来证明。

e. 精华生活圈之地段精华圈：杰座的每一步，都引领都市中心发展的脚步！

f. 精华生活圈之休闲精华圈：早上8点，别人忙着涌入汹涌的车流，而你却忙着去柏顿酒店饮茶。

g. 精华生活圈之商务精华圈：香格里拉酒店，我的私家会客房。

h. 精华生活圈之教育精华圈：全贵阳1/2的名校都为我1个人准备。

商住综合项目一般有两种或以上的开发类型，策划人员可以根据不同的开发类型，对各种物业进行非主题广告语设计：

1) ××商业广场（本县地王级超大型商业中心）：

a. 商业巨擘，财富天下。

b. 本县商业航母，将财富重新排名。

c. 本县新中心，财富大矿脉。

d. 购物天堂，时尚特区，娱乐天地。

e. 我的商铺，我的金库。

f. 钻石恒久远，一铺长流传。

2) ××现代城（本县首席高档精品园林社区）：

a. 居住与时代同步。

b. 一年四季的精彩生活。

c. 尊贵领地，锦绣人生。

d. 自然、时尚、健康、休闲。

e. 与重点中学为邻，给孩子一个高起点。

f. 公园就在家门口。

4. 项目各阶段广告策略制定

在明确了商住综合项目的广告语后，接下来策划人员应该针对商住综合项目的各个推广阶

段制定广告策略。一般来说，商住综合项目各个阶段的广告策略应该包括广告目标、广告卖点、广告诉求和广告主题等内容。如贵州某商住综合项目的各阶段广告策略制定：

（1）阶段性广告策略制定前提

根据房地产销售的阶段性和广告活动自身的特点，同时基于项目的工程进度及项目特征，我们考虑可按导入期、行销期（成熟期）、持续期、促销期四个阶段展开全程广告的推广工作。广告策略的制定就是要解决在四个阶段中，在不同的销售进度情况下，广告活动如何配合销售开展的问题。

（2）阶段性广告策略安排

1）第一阶段：导入期（市场启动期）

a. 时间：2003 年 9 月 ~10 月。

b. 阶段特征：一个竞争趋于白热化的地产市场，一个新项目的介入，市场的反应必然是非常谨慎的。在“以我为主”的前提下，对市场可能发生的变化也绝不可等闲视之，从某种意义上讲，导入期的推广工作是带有一些试探性质的，也可以说，广告推广策略到传播手法在此阶段中对市场反馈的敏感程度和应变能力是决定以后整个推广计划成功与否的关键。

c. 广告目标：推出物业形象，刺激引发关注，营造热卖气氛，达到市场的预热，引发市场良性启动。

d. 广告主题：新城·新生活——全力打造贵州县级小康住宅样板工程。南门·万商汇——倾情体验都市购物休闲娱乐时尚生活。

e. 诉求卖点：正安新都市新生活的阐释，小康样板工程的体现，农贸市场的商业集贸中心和商机。

工作内容：

（a）以“365 天的新城新生活”为主题，在前期地区级报纸投放软性文章，以新闻炒作同步。这也是做好“三老”（老头子、老板、老百姓）工作的体现。

（b）临近开盘投放硬性广告——热烈祝贺 × × 盛大开盘，做到媒体互动。

（c）出示政府《关于农贸市场搬迁至 × × 的通告》，预兆商业文化城将形成，正形成新的商机。

（d）做好现场工地围墙包装工作，售楼处包装工作，营造浓厚的热销气氛。

（e）完成地盘售楼处形象包装，户外广告等设计部分的工作。在现场道路交汇处及通向楼盘的主干道设立广告牌，确立形象通路。

（f）完成售楼书、户型平面图、价格表、认购合同、宣传单、模型、展板等销售配套工作。

2）第二阶段：行销期（销售强化期）

成功导入新文化商业城概念，以概念引导第二阶段的广告运动。

a. 引导阶段（公开发售期）

（a）时间：2003 年 10 月 ~12 月。

（b）阶段特征：经过前期的宣导工作，项目的市场定位已“呼之欲出”。部分消费者正式形成购买。

（c）广告目标：进一步提升项目鲜明的个性形象，激发消费者的购买欲望，从销售上完成从良好的市场预期到销售实效的转化，实现首期预定销售目标。

（d）广告主题：南门·万商汇——× × 新天地，创富新时代。

配合销售进度和营销推广计划，分阶段诉求百分百铺王、百分百淘金梦、百分百大学梦。

(e) 诉求卖点：以农贸市场为龙头，诉求城南的发展趋势+新城创富时代，项目具有无限升值潜力。

(f) 工作内容：

下乡投放项目的形象广告牌、下乡发放宣传单张、下乡接送入城免费看楼及电视形象广告。

投放赋予创新创富的卖点广告。

对广告效果进行追踪评估，及时调整策略。

(g) 工作建议：

希望开发商能及时准确报告工程进度，便于把握推广节奏，尽快进入成熟期，迅速进入旺销。

希望及时准确地反馈销售状况及销售现场气氛，有利于及时调整推广策略，达到最为理想的广告效果。

积极筹备开展相应的PR公关活动（如举行开盘庆典），邀请政府部门县领导、市领导参与剪彩，约请三流明星（费用经济，效果出奇）助阵。

b. 强化阶段

(a) 阶段特征：有了良好的市场形象，有了卖点的充分渲染，成熟期的到来已是“弓成满月，引而待发”了。若干极具诱惑力的强势促销手段出台，一层薄薄的面纱正在撩起。

(b) 广告目标：依据物业进入市场的时间阶段强化销售主张，扩大物业知名度，进一步培养物业良好的市场形象，激发购买，以提高销售率为目的。

(c) 广告主题：新城新生活。

(d) 诉求重点：看××广场+看户型。

(e) 工作内容：

大量纯销售性广告的集中投放。

对主要卖点继续穿插推出广告单张，强化在观众中的印象。

利用有偿新闻、优惠广告诱发受众的趋同心理，引导其做出购买行为。

间歇性投放电视广告。

对推广过程做全程跟踪。

(f) 工作建议：

利用公关活动等事件行销方式，适度炒作销售现场的气氛。

考虑大量举办“新城文化周”上山下乡宣传推广活动，再配合广告单张宣传。

3) 第三阶段：持续期

a. 时间：2004年1~6月。

b. 阶段特征：在销售推广过程中出现销售矛盾，即时进行修正调整。

c. 广告目标：提升销售率，修正营销主张，完善物业形象形成物业美誉度。

d. 广告主题：以案例举证为主要表现方式，结合实例分阶段诉求主题，为孩子的未来投资一位铺、为将来养老投资一位铺、为后来领先富裕投资一位铺。

层层递进地强调“要想富，必买铺！”、“想更富，来买铺！”、“富上富，还买铺！”

e. 诉求重点：

证言阶段：业主的心声、工程进度、开发商实力。

f. 工作内容：

(a) 以证言式、催促式为广告形式投放促销广告，利用节假日，展开公关活动，周末演出、

节假日嘉年华活动配合广告宣传，派发广告单张，送纪念礼物等，抛起一波未平，一波又起的销售浪潮，提升销售率。

（b）应用DM小册子或电话单针对性极强的广告宣传形式作为补充。

g. 工作建议：

（a）协助开发商、代理方进行策略调整。

（b）协助开发商、代理方制定公关活动方案。

4）第四阶段：促销期

a. 时间：2004年6月至年底

b. 阶段特征：销售目标基本完成，市场反应趋于疲软，各项工作进入平台调整期。

c. 广告目标：消化存量，成功完成销售。

d. 诉求重点：优惠方式、工程进度完成，可以入伙入住、鸣谢、催促。

5. 项目宣传物料制作建议

常见的宣传物料包括楼书、招商手册、DM单、折页、光盘、户型图等等，这些宣传物料一般是由物料制作公司来制作的，但策划人员可以根据目标客户群的特征和商住综合项目的广告策略，对宣传物料的制作提出建议。如北京某商住综合项目的宣传物料制作建议：

（1）楼书

说明：楼书在宣传推广中是至关重要、必不可少的，但目前本项目还没有整体介绍项目的楼书，建议本案楼书设计分为形象楼书与产品楼书。整售阶段主要运用形象楼书，目标受众为大型投资者和自用企业。因此，在楼书的结构和内容上，与原《折页》有较大调整，将从大户招商的角度阐述物业不同要素特征。其中，写字楼突出“品质”、商场则突出“投资”；另外，配合项目的销售进度以及项目大型设备设施、智能化系统的确定，本年度下半年还将分别制作写字楼、商场产品楼书。

（2）VCD、光盘（项目演示电子楼书）

说明：建议制作项目宣传片和电子楼书，将单调的平面宣传资料立体化，运用动画效果将项目介绍串联起来，同时配上音乐和说明讲解，便于销售人员无论是坐盘销售还是直销，都能方便、灵活、高效、详尽的与客户宣讲。同时，楼书电子化也能让客户在办公室、家里继续加深对项目的了解，相当于24小时的销售人员贴身服务。

（3）折页

说明：折页主要是在有限的篇幅内，简明扼要地介绍本项目，并着重突出项目优势，是楼书的浓缩精华版，具有低成本、投放范围广泛、携带轻便的特点，是除楼书外的重要宣传工具。在本项目整售阶段，便于广泛宣传，以达到树立项目形象的目的。从体量、尺寸和成本上考虑，原招商折页不太适宜宣传的广泛性，需要另行制作低成本、便于大量投放以及邮寄直投的折页。

（4）宣传单页（DM）

说明：DM是小型宣传品，为楼书之精炼，也是直邮广告和直销的最佳宣传品，在较小的篇幅内尽可能诠释项目各方面之优势，设计上保持与楼书相同之风格。在挖掘目标大客户的招商过程中，DM单能充分发挥针对性强、宣传成本低的优势，因此我司建议整售阶段应大量制作及投放。

（5）网站建设

说明：网络作为当前最新的传媒渠道，已日益受到大众的关注。其丰富的表现手段可令客户从多个角度，较为及时、全面地了解项目各方面的情况，且推广成本较低，本项目的网站建设应以楼书作为基本素材来源，并根据项目各方面情况变化及时调整。

（6）客户通信

说明：通过“客户通信”可更好地加强与客户间的互动关系，及时将项目各方面的进展情况通报客户，通过不间断的、较有亲和力的手段将项目各项优势潜移默化地灌输给客户。建议结合本年度客户的积累、销售进度以及工程进度，于今年下半年以季刊的发布频率与客户沟通。

（7）平面广告

说明：平面广告具体方案由专案策划小组配合广告公司共同制作，以便今年的报纸广告投放。

6. 项目广告效果评估

经过分析、思考、取舍、确认的广告计划和策略不应一成不变地加以墨守成规，而必须根据市场变化，竞争环境的改变，销售反应以及对实施结果的检视等加以修正，使广告计划“活”在现实的环境中。

（1）实施效果测评的主要指标

对广告效果进行测评，有助于营销工作的顺利开展；通过测评，及时地发现不足和漏洞，才有可能作出有效的修正工作。测评的主要指标有：销售收入、企业利润、市场占有率及品牌形象和企业形象。

（2）广告效果测评

广告效果测定是调查广告目标经过广告活动之后实现的程度。它主要表现在经济效益、社会效益和心理效益等几方面。

广告效果测定手段：反馈信息的收集和分阶段抽样调查对广告效果进行评价。具体形式为调查表，包括有广告效果测定问卷调查表、广告效果测定社会调查表、广告效果测定阶段性调查表。

广告效果测定内容：注目率、有效率和行动率；广告诉求是否明确；广告是否存在吸引力；广告是否有说服力。

四、商住综合项目媒体策划

对于商住综合项目来说，其媒体策划主要解决的问题就是选择哪些媒体，在各个阶段如何通过对这些媒体的组合，从而使商住综合项目能以最低的成本，最便捷的途径对其进行宣传推广。

1. 项目媒体选择前分析

选择媒体前的分析工作主要包括两个方面，一个方面是分析目标客户群平常的信息来源；另一个方面是对各种主流媒体的各方面特征进行分析。

对目标客户群的信息来源进行分析，主要采用调查问卷的形式。如杭州某商住综合项目的媒体选择调查问卷：

（1）您一般是从哪里得知楼盘销售的有关信息的？（可多选）：

A、报纸广告　B、电视广告　C、广播电台广告　D、公共场所派送宣传资料

E、中介机构　F、亲戚朋友介绍　G、INTERNET（因特网）

H、媒体新闻报道　L、路过顺便上门看房　M、房展会

选项	A	B	C	D	E	F	G	H	L	M
数量	140	61	33	34	19	26	54	37	7	77
百分比（%）	70	30.5	16.5	17	9.5	13	27	18.5	3.5	38.5

(2) 您平常看得最多的报纸或者您认为最喜欢阅读的报纸是（限选一）：
A、杭州日报　B、都市快报　C、钱江晚报　D、青年时报　E、每日商报

选项	A	B	C	D	E
数量	42	110	80	18	13
百分比（%）	21	55	40	9	6.5

分析媒体时，应先对各类型媒体进行分析，分析其优劣势，从而确定本商住综合项目选择哪种类型的媒体为主。如合肥某商住综合项目的媒体选择前分析：

	TV（电视）	NP（报纸）	OUTDOOR（户外）	INTER（网络）	DM（直邮广告）
优势	时段多，频率高。受众广泛，影响面广。集视、听觉于一身，效果好，记忆度高，千人成本低	发行周期短，频次高，时效性强。受众广泛，具有较高的到达率，千人成本低。传播的信息量大	色彩丰富，平面感觉好，具有视觉冲击力。目标集中，区域性强，单人受众频次高，到达率高	受众基数大，可接受网民的无限点击和访问。广告形式新颖，互动性强。若设立网站，可信度较高	色彩好，针对性强，到达率高，灵活性强，费用低
劣势	制作费用高，投放费用昂贵，制作周期长	印刷质量较差，有效期短，传阅率低，广告篇幅受版面限制	介绍性、说明性不强，传播的信息量小。易受干扰，受众有限	区域性差，目标群体具有不确定性。受上网条件限制，费用贵	受众有限，传阅率低
选择	结合本案的特点，重点推荐移动电视和都市房产报道	最为本案第一媒体，并重点选择合肥晚报和新安晚报	销售中心门头广告和项目路牌	重点选择新地产交易网和合肥家园网	在项目后期可多次对目标市场使用

在确定了商住综合项目主要采用的媒体类型后，接下来就要进一步确定具体选择哪几种媒体。这时，就要分别对这些媒体进行分析，分析的内容主要包括：发行量、收视率、目标读者/观众，最受欢迎栏目、传阅率、每天收听/观看/阅读时间、个人成本等等。如上海某商住综合项目的媒体选择前分析：

项目/内容/媒体	新闻晨报	解放日报	新民晚报	21世纪经济报道	国际金融报	申江服务导报	中国经营报
发行量（万份）	40	66	140～160	40	11	23万/周	35万/周
目标读者	20～40岁的男性，大多接受了大学教育；对国家大事、国际时事感兴趣；大多为公司白领，拥有较强的购买力	企事业单位管理层，文化程度及收入相对较高者	上海和周边地区的市民阶层大众化	企业主、投资商、政府管理人员、企业经理人、商务人士、专业人士、研究机构人士等	经济、金融界专业人士	家庭、个人购买，社会各阶层，中高等教育程度读者比例较高	约3/4的读者为企业界人士，其中企业负责人或中层管理人员占报纸读者总数的近一半
平均每人阅读时间	30min	18～20min	30min	（略）	（略）	35.2min	（略）
受欢迎栏目	（略）	综合性栏目	国际新闻版、体育版、夜光杯	（略）	（略）	（略）	（略）
购买形式	家庭订阅为主	单位订阅为主	60%左右为订阅	（略）	（略）	99%自费	（略）
无提示知道率	（略）	57.28%	98%	（略）	（略）	（略）	（略）
传阅率（人次）	（略）	2.75	3.6	（略）	（略）	8.6	（略）
阅读率（经常）	（略）	29.9%	71.3%	（略）	（略）	（略）	（略）
千人成本（元）	（略）	12.6	6.8	（略）	（略）	6.9	（略）

2. 项目媒体选择

在分析了目标客户群的主要信息来源和各媒体的特征后，接下来就要选择适合本项目的媒体。在选择媒体时，一定要先明确本项目媒体选择的原则和标准。如合肥某商住综合项目的媒体选择原则与标准：

（1）选择总原则

1）合肥本地媒体以报纸广告为主，报纸广告以合肥晚报为主；

2）以媒体的受众与本楼盘的客户群相匹配为原则；

3）在效用相等或相似的前提下，使推广成本最低的经济原则。

（2）媒体选择标准

1）具有较高的目标受众比例；

2）具有较高的品牌知名度，形成品牌互补；

3）广告表现可承载性；

4）广告效果的可监控性；

5）合理的媒体采购价格。

（3）媒体选择范围

1）知名媒体及具有广大潜在客户群的媒体；

2）合肥本地区域性覆盖媒体。

在写出被选的媒体时，可以简单地说明一下被选媒体的特点。如杭州某商住综合项目的媒体选择：

我们根据媒体调查，建议选择以下媒体：

（1）报纸

1）都市快报：商务人员，目标消费客户较为关注。

2）杭州日报：专业性最强的媒体，树立品质及同行业口碑影响力度较大。

3）钱江晚报：受市民关注程度最大，有利于树立项目公众形象。

4）青年时报：目标客户阅读量逐步提升，费用较低。

（2）电台

在播放时段上作相应选择。着重考虑目标客户较为集中收听的时段。

（3）杂志

1）航空杂志（今日民航）。

2）西博会杂志。

（4）网络

设立“××”网站，开设售后代理服务。

在选择媒体时，策划人员可以把媒体分成主推媒体和辅助媒体，这样在广告投放时就有侧重点。如上海某商住综合项目的媒体选择：

（1）长效媒体

1）户外看板。

2）路牌灯箱。

（2）报纸媒体

1）主推报纸：解放日报、新闻晨报、新民晚报。

2）辅助报纸、温州日报、温州晚报、杭州日报、台州日报、中国经营报、国际金融报、21世纪经济报道。

（3）电视媒体：（略）。

（4）户外媒体

1）户外一

位置：吴淞路。

目标受众：由于上班或购物经过吴淞路到外滩、南京路、淮海路、人民广场的高收入人群。

2）户外二

位置：延安西路高架。

目标受众：虹桥国际机场的旅客；居住在西郊高级居住区的人群。

3）户外三

位置：浦东迎宾大道。

目标受众：浦东国际机场的旅客。

此外，还可以把媒体分成常规媒体和非常规媒体两种。如深圳某商住综合项目的媒体选择：

（1）常规媒体广告

1）报纸杂志

深圳特区报、深圳商报、南方都市报为主，辅以证券时报、置业通、经理人杂志、汽车导报等。

2）电视

a. 深圳电视台、深圳有线电视台；

b. 拍摄SOMO主题电视片、广告片。

3）电台

深圳广播电台。

（2）非常规媒体

1）DM

针对小型企业、小面积商务型写字楼、科技园片区等进行有效的直邮传播。

2）网络

建立SOMO网站。针对本项目年轻、时尚、新潮、网络生活等特性，建立南方SOMO网站，炒作SOMO概念、SOMO文化、开辟SOMO论坛，引起目标消费群体的强烈关注。

3）杂志：南方SOMO

"SOMO"杂志栏目设置：

a. 南方写真——公司业绩、动态、领导智慧、运筹方略、人物对话等。

b. SOMO城市——品牌风范、区位特点、绿色景观、配套生活等。

c. SOMO领地——社区品貌、园林格局、时尚家园、人文情怀等。

d. SOMO沙龙——浪漫空间、悠闲品位、把酒鼓琴、人生妙味等。

e. SOMO视窗——精英眼界、白领话语、放歌城市、都市苦旅等。

f. SOMO印象——业主评说、公众指点、互动信箱、九州飞鸿等。

（连续出版后，栏目可根据需要作适当增删、调整）

4）短信群发

通过手机短信群发的形式提前通知目标客户活动信息及优惠信息。

3. 项目媒体组合策略制定

对于所选择的媒体，并不是全都以同等的力度来投放广告的，而是有所侧重的。同时，不同的推广时期，其侧重的媒体也不相同。明确整个推广时期和各个推广阶段的媒体侧重点，这就是项目的媒体组合策略。下面是深圳某商住综合项目的媒体组合策略：

（1）不过分依赖报纸广告；报纸广告不过分依赖《深圳特区报》，可适度考虑《南方都市报》、《晚报》或《晶报》。

（2）注重路牌广告，特别是重要路段和重要路口。

（3）重视车体广告，特别是从重要路段、繁华路段途经项目的公交车。

（4）重视网络营销。

在表述各个推广时期的媒体组合策略时，建议采用表格的形式，这样表达得更清晰。如广西某商住综合项目的媒体组合策略：

（1）媒体总策略

本项目采用的媒体主要以户外广告、地方电视广告为主，报纸广告、宣传单张为辅，主要通过具有震撼力的视觉效果强化大众对项目的关注程度，并通过公众参与性较强的公共活动，巩固项目的市场空间和市场认知度。

（2）媒体组合策略

本项目的宣传主要面向平果中心城区，根据销售情况向百色渗透。前期以举办营销活动为主，辅以户外广告和电视广告，是推广造势期；中期以户外和车身广告为主，辅以一定量的宣传单张，加强形象推广；后期以促销手段兼功能性诉求为主。

据调查，平果等县城一类的地区，宣传渠道有其特定特征，因此，在广告媒体的选择上面，

为避免盲目的推广投入，尽量多选择有效媒体，如户外广告、地方有线电视台、宣传单张。

媒介组合表

媒体 阶段	户外广告	车身广告	现场展销	公关活动	礼品广告	单张	电视	报纸
推广造势期	√			√			√	
内部认购及试销期	√	√	√	√	√	√	√	√
销售扩张期	√		√	√	√	√	√	
强势销售期	√	√			√			
清盘巩固期	√					√		

4. 项目媒体投放策略制定

媒体投放策略，一般包括媒体投放原则、媒体投放区域和媒体投放计划三个部分。策划人员在制定商住综合项目的媒体投放策略时，首先要确定的是项目媒体投放的基本原则。使项目在媒体投放中有原则可依。下面是合肥某商住综合项目的媒体投放原则：

（1）各阶段媒体投放基本原则

1）引导期间——户外开花，形象引导；

2）开盘期间——集中兵力，急攻快打30~60天；

3）强销期间——保证频率，根据市场情况，变化进攻节奏。

（2）注意点

1）媒体投放要顺应房地产市场销售淡旺季的规律

五一、十一之前是购房旺季，加大媒体的投放量；春节后的2~3月份、天气炎热的7~9份是购房的淡季，减少媒体的投放量。

2）媒体投放应配合重大的营销活动。

开盘前后的时期、房展会、重大SP、PR活动的前后时期，适当加大媒体投放量。

在确定了项目的媒体投放原则后，接下来就要确定各媒体的主要投放区域。如泰州某商住综合项目的媒体投放区域：

电视广告：泰州、南京、扬州、苏州、无锡、常州、南通等地。

印刷品广告：泰州、江苏。

在制定媒体投放计划时，应该根据各个推广阶段的媒体组合，明确运用这些媒体所要推广的内容。如上海某商住综合项目的媒体投放计划：

销售节点	媒体选择	推广要点
准备期（时间1个月）	1. 户外 2. 现场围板	1. 强调本案即将上市，预告性通知业内人士和关心本案的人群 2. 一定程度上提高产品形象和品牌知名度 3. 强调区域可能的升值空间 4. 户外选择的地点需要探讨，一般选定在目标客户集中的区域
引导期（时间1个月）	平面广告，以报纸为主（包括新民晚报、新闻晨报等）	1. 现场已经完全包装好，需要在大众媒体上告知本案可以接受预定，并于何时开盘 2. 展现区域价值，展现本案未来前景

续表

销售节点	媒体选择	推广要点
公开期（时间1个月）	1. 普通平面媒体 2. 专业礼品等杂志 3. 新闻媒体炒作（SP活动）	1. 公开开盘，需要广告告知客户，广告量增加 2. 需要新闻媒体的配合，从官方的角度阐述区域的发展前景 3. 最终至少在房产业内和小商品业内都要对本案有一定的认识
强销期（时间3个月）	平面报纸 DM 其他（杂志、电视等） SP活动	1. 根据现状及时修正推广路线，完善下一步推广计划 2. 深入卖点，打动投资客，广告投放量有所加强 3. 有效的SP活动的筹备和举办可以积极挖掘客源
持续期（时间3个月）	平面 其他	1. 推广频率更要看中前期推广效果再及时调整 2. SP活动可有效延续销售气氛
盘尾期（时间1个月）	平面或其他	1. 保持销售节奏，为后期工程准备 2. 保证客户积累，也是为后期开发做准备 3. 签约客户继续跟进，一定的广告投入可以促进销售进程

五、商住综合项目包装策划

在竞争日益激烈的房地产市场中，想要使商住综合项目能在众多的竞争对手中突围而出，就要从项目的各个方面入手，通过对商住综合项目进行包装，可以全方位展示开发商的实力，项目定位、理念与优势，同时为商住综合项目的租售工作营造良好的洽谈环境。

在对商住综合项目进行包装策划时，首先要明确项目进行包装的目的、原则、思路和内容，如贵州某商住综合项目的包装目的、原则和思路。

（1）包装目的

紧扣物业特征，寻求个盘独特魅力，找出与周边竞争楼盘之间的差异化优势，通过差异化的传播与表现途径，区别于竞争楼盘，更有利于消费者识别与加深印象及好感。在产品同质化的房地产市场中，差异化传播与表现形式则是赢得市场的法宝。

（2）包装原则

1）包装信息能迅速到达目标消费群体；

2）包装形式能有效拦截、引导竞争楼盘客户；

3）包装风格能充分体现物业形象，利于提升物业档次。

（3）包装思路

项目包装分区域包装、工地形象包装、售楼处包装以及楼盘户外展示包装等几大部分。

1）区域包装：以树立项目品牌形象，传播物业信息、导示物业为主要目的，并通过合理的区域布局，达到拦截目标客户，压制竞争对手的目的。

2）工地形象包装：主要通过现场围板、项目看板等形式，合理分隔工地现场与工地周边地块，达到提升物业形象，展示物业位置的作用。

3）售楼处包装：以营造良好卖场气氛为主要目的，力求通过售楼处的精巧包装，全面展示物业竞争优势，塑造符合项目定位的卖场形象。

4）楼盘户外展示包装主要针对项目的系列对外公关活动，因此，其应在保持一贯风格和形象的基础上，亦能够有所创新。

又如柳州某商业综合项目的包装原则和内容：

在影响商用物业销售的诸多因素中，楼盘现场销售人员的口才、广告包装、现场布置、销

售气氛是居前四位的因素，由此可见销售现场布置的重要性。

销售现场包装的目标就是要通过对售楼部形象、环境设施等方面进行修饰，从而弱化买家与销售人员的对立心理，让买家能以平常心态与销售人员沟通。

商用物业项目销售现场的包装包括：销售环境的整体设计、售楼部的设计与布置、经营空间示范三个方面的内容。

(1) 销售环境的整体包装设计

销售环境的整体包装设计，是针对工地现场进行销售延伸的提升，能顺利从外（销售中心）到内（工地现场）引导买家参观项目，增进对项目的好感与信心。每个商用项目都与其所处周边环境关系密切，结合项目的实际特点、市场定位来包装项目现场，可以向受众展示其新的创意，从而不断强化项目印象。

(2) 现场包装原则

1) 能展现项目的定位及鲜明特点；

2) 能够营造良好的现场氛围；

3) 能够给受众强烈的视觉冲击；

4) 能够掩饰项目缺点。

(3) 销售现场包装内容

1) 施工现场的包装：工地周围、建筑物外墙及工地附属物的包装等；

2) 周边环境的营造：售楼部外部、道路两旁、样板铺周围；

3) 周边道路的包装：大型广告牌、横幅、立柱、指示牌、导向牌、禁止牌、旗帜、围墙绘画或喷画等。

1. 项目 VI 系统设计

VI（Visual Identity）系统又叫视觉识别系统，它是房地产项目包装的基础。VI 系统的设计对整个营销策划能否准确表达开发主题、营销理念有着举足轻重的影响。因此，建议商住综合项目在正式营销推广前，就要开始着手项目的 VI 系统设计。商住综合项目的 VI 系统设计，其内容主要包括以下两个大的方面：

(1) 楼盘形象基本要素

1) 楼盘标志（LOGO）；

2) 楼盘标志最小使用尺寸限定，最小预留空间限定及标志方格制图法；

3) 楼盘标志辅助色及标志搭配使用规范；

4) 楼盘辅助色带与楼盘标志之组合；

5) 标志及楼盘名称中英文组合；

6) 楼盘名称标准字体及其方格制图法；

7) 指定印刷字体；

8) 辅助图形。

(2) 应用要素

1) 办公系统

名片；信封（国内、国际标准信封）；员工识别牌（工作牌、贵宾牌、记者牌）；徽章；信笺；便笺；传真纸；笔记本；员工手册封面；文件夹；文件袋（横式、竖式）；桌签；签到簿；请柬/贺卡；纸杯；考勤卡；钥匙扣；公文包；意见簿；笔筒；笔架；书写工具；烟灰缸；看房车；示范单位标牌。

2）分区环境系统

a. 售楼处

欢迎牌；展板；吊旗；竖幅；展厅导示牌；台面标牌（洽谈处、收款处、签约处）；警示牌（请勿触摸、请勿拍照、请勿吸烟）；功能标示牌（总经理室、资料室、财务室、洗手间）；区内住户楼导向牌（楼号、座号、门号）；走廊导示牌；火警 119；请勿吸烟；配电房；安全通道；有电危险；闭路电视监控室；电标；水标；管气标；电梯标牌。

b. 现场部分

工地广告牌；路牌标识；路灯；彩旗/三角旗；气球；POP 挂旗；楼体条幅；停车标识；施工管理导视；管理处；保安部；询问处。

3）广告系统

宣传册封面；海报规范格式；POP 规范格式；VIP 卡；礼品（伞、钥匙扣）；礼品包装纸；灯箱；路牌广告；车身广告；手提袋；锦旗；绶带。

4）服饰系统

管理人员服饰；销售人员服饰；清洁人员服饰；保安人员服饰。

2. 项目租售中心包装

项目租售中心是客户直接了解项目的场所，客户对其包装设计的直观感觉如何将直接影响其对项目的认识和评价。因此租售中心的包装尤为重要。商住综合项目的租售中心包装应当与项目的档次定位、开发主题定位相统一、相呼应。如贵州某商住综合项目的租售中心包装：

围绕主题，以“尊贵、大气、现代”的宗旨包装：

（1）地面：铺设防滑大瓷砖（50 公分 ×50 公分或 60 公分 ×60 公分）；

（2）接待台背景：制作 LOGO 模型镶于背景墙壁上；

（3）灯饰：以白色灯光为主；

（4）室内：制作文件展板，突出展示；

（5）背景音乐必不可少；

（6）建议从售楼处门口至马路边铺设红地毯；

（7）点缀花草，营造良好环境；

（8）售楼处顶上，架设“城南新天”霓虹灯字；

（9）现场外悬挂 POP 挂旗，形成热销气氛；

（10）售楼处内挂金色布幔，尊贵、气派，营造充足气氛。

在很多情况下，策划人员往往只重视租售中心内部的包装，而忽略了租售中心外部的包装，但它们两者实际上都是一个统一的整体，都是展现项目特点和优势的窗口，都不应忽视。如广西某商住综合项目的租售中心包装：

（1）租售中心的外部包装：具有现代建筑明快的色调、流畅的线条，现代、大气、时尚，并注重周围景观环境的营造，以经典的造型、情景相融的氛围，先声夺人地树立起良好的口碑。

（2）租售中心的内部包装：着力打造平果最好的售楼部。包装上气派、豪华，从坐椅围台、展板、喷绘墙、沙盘模型、大屏幕彩电到接待台资料摆放处，处处体现专业地产开发商的精品意识和品牌形象。租售中心的主要组成部分有：

1）功能分区：接待区、洽谈区、休息区等。

2）形象墙：这是租售中心的形象标志，主要突出项目的名称、标志。形象墙前面是接待台和资料台，是销售人员主要接待客户、派送资料的场所。

3）展板及场地布置：展板的编排可系统的介绍项目的基本情况及销售情况，详细地展示项目优点。设计统一的艺术形式加以布置，使个性形象突出，内容丰富、简明，缩短买家了解项目的时间，甚至可以使其作出迅速的购买决定。展板的内容有：产品透视图及平面图、主要交通和建筑照片，地理规划图，项目优势介绍，销控表，客户须知等。

4）项目沙盘模型：项目沙盘与户型模型能增加买家对本项目的立体综观认识，令买家置身其中，领略各楼层的朝向，清楚明了选购单位所在位置，给人以真实的感觉，使买家信心倍增。鉴于本项目的特殊性，沙盘模型做得精美、大气，以显示精品意识。

5）大屏幕彩电：主要播放项目形象片、项目基本情况等，以音画结合的形式使买家对项目有更深入的了解和认识。同时也增加租售中心的热闹气氛，加快销售人员的讲解速度。

6）销售物料：楼书、单张、户型平面图、价目表、认购须知、按揭指南等。

对租售中心进行包装时，除了考虑如何装修才能为客户营造一个轻松、愉快的洽谈环境外，还要考虑租售中心内部的功能分区，使客户在与销售人员洽谈时不受干扰。如南京某商住综合项目的租售中心包装：

售楼中心的包装关键是格调与功能及其有机组合，鉴于本案售楼中心面积大，净高高的特点，我们作如下建议：

（1）中心以北沿街全用落地玻璃，中间开设四扇开大门，体现畅通明亮的现代感。

（2）大门进入处中央设置小区沙盘模型。

（3）模型后设集中演示区，包括多媒体屏幕演示系统、图片悬挂演示、建材及设备演示系统。

（4）以沙盘及演示区为中轴，左右分别设置写字楼、商铺销售洽谈区与住宅销售洽谈区，形成功能性分区。

（5）中心内侧局部做二层，将办公性功能放置于二层，并在二层设置贵宾接待室及小型游戏活动室。

（6）售楼中心沿路上方墙体上建议制作超大型户外广告牌，体现小区形象。

这样的设计，主要是体现集中演示、分区洽谈的原则，既可使买主感受到小区的整体内涵，也可让其根据自己的需要分别洽谈，互不干扰。局部二层上设办公室，使办公与洽谈互不干扰；二层设贵宾接待区，使大买家有备受尊重之感，也使谈判安静有序不受干扰，二层还有活动室，也可在轻松活跃的氛围中完成交易。

对于一些规模较大或者是针对外地客户的项目，除了在项目内设置租售中心外，还会在一些人流较多的地方或者是异地设置展销点。这时，策划人员除了对租售中心进行包装策划外，还要对这些展销点进行包装策划。如广州某商住综合项目的租售中心包装：

（1）现场销售中心的包装

一个功能比较完善的现场销售中心，一般由几个功能区组成，包括接待区、洽谈区、展示区、签约区、休息区等。

1）接待区：销售人员迎接客户的区域，应建立醒目、明显的指示系统。

2）展示区：展示“样板铺”及项目的整体规划模型、平面图、效果图等。装修设计配合项目的定位，体现一种时尚、潮流、先进、专业的经营理念，条件允许时配置大屏幕电视及多媒体展示系统，直观生动地展示项目全方位优势。

3）洽谈区：供销售人员与到场客户介绍洽谈及交流的区域，通过简约、整洁的装修设计，营造随和但不失庄重的交谈氛围。

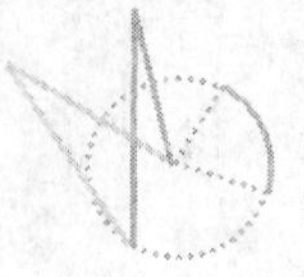

4）签约区：供认购人士签约或进一步洽谈，营造一定私密性的洽谈空间，给在洽谈合约的客户一种安全感和冷静感。

5）休息区：主要是供客户休息、等待使用，可以设置自助式资料阅读区，以悠闲的音乐作为背景，营造休闲空间。休息区应配备客户专用茶水、茶具。

（2）开辟“第二售楼部”

商用物业项目作为投资性很强的房地产产品，买家对项目的地域要求并不严格。因此，建议开发商在推广商铺的时候，根据项目定位和特点，同时在多个地方布置展销点设立“第二售楼部”，以扩大潜在客户的层面，例如在酒店、大型商场等人流量大的场所设立固定或流动展销点等，甚至远赴异地进行分销或开展巡回展销活动。

“第二售楼部”的包装设计关键是能够展现项目的特点、优势和开发商的实力，以增强异地客户对项目前景的信心。要做到这两点，现场的布置必须有项目的微缩模型和项目特点的具体介绍，现场的销售人员还必须具备系统的专业知识，能够通过有效的沟通技巧激发潜在买家的购买欲望。

3. 项目工地包装

商住综合项目的工地包装主要是对建筑物外墙、工地围墙、入口和四周道路进行包装，通过这些包装，可以塑造项目文明施工、专业管理的形象，有助于让参观者感受到项目所追求的高质量、高品质的开发理念，有利于为项目和开发商树立良好的形象。由于商住综合项目多为分期开发，这样就要考虑如何运用包装使已建成交付的区域与在建的区域既区分开来，又相互链接。下面是南京某商住综合项目的工地包装：

（1）围墙包装

1）沿××路围墙

围墙制作成南京市第一本“墙体楼书”，既是美化墙体，更主要是作为新闻炒作题材。

围墙尺寸：砌净高为2.2米，带墙檐高2.3米。墙柱高2.5米，柱顶带一根管式细短铁棍，上面可插旗杆。柱宽40厘米，柱与柱之间的墙宽3米。

包装方式：以楼书内容制作上墙，墙体下部做上开发商名称字样，墙柱体上饰以“××城”名称及标志，每个墙柱顶端上插上公司旗帜。

2）沿××巷及××路围墙

①围墙主题：公司及小区形象展示。

②围墙尺寸：同××路围墙。

③包装方式：以“×太城”标准色作底色，将墙体及围墙柱全部涂满，在每两柱间的墙体中饰以与标准色形成反差的项目组合标志，其他同××路围墙。

（2）入口包装

需要包装的入口有两处：

1）××路入口

此为施工主入口，由于沿××路有重大宣传意义，建议搭建大型牌楼和灯光铁架拱门。入口处顶部悬挂一条横幅，门两侧悬挂彩旗，三角吊旗，门两侧竖警示牌和公告牌。（如提前把××城门头建好，更可使项目形象吸引顾客）

2）××巷入口

此为施工入口，也是未来住宅小区的车辆主入口处，在施工期间由于在××巷内，宣传意义不及××路的入口，建议前期以施工方便为第一原则，施工期间，整体用半跨式拱形彩虹门，

待后期条件成熟后设计成现代实用的小区大门，设计时仍使用灯光亮化效果。

(3) 各施工区域包装

1) A地块一期（××大厦施工现场）

此区域需要包装的主要是围墙，及北侧工地入口，包装内容略。

2) B地块（一期××山庄a、b楼）

由于此处为地块最内侧腹地，且××路无小区出入口，距两个施工入口最远，因而包装需要小，但又由于此区域作为A幢住宅楼地块，且最先动工也最先竣工，将来被看房者参观的概率最大，因此此地块主要是对到达该地块的沿途道路进行包装，主要方式是通过绿化、彩旗、灯光，条幅、充气拱门等方式进行。在现场样板房开放阶段，在××路修建简朴精致的便门，以利看房人员进出。并可作为A、B幢先期出入临时通道。

3) C、D地块

此两块主要是按拆迁顺序进行，对施工入口、道路系统按上述两种方式进行包装。

(4) 已建成交付区域与在建区域的区分与链接

鉴于本小区开发是“由内而外”序列，建议以工地围挡方式将施工区与建成交付区相区隔，以道路双侧绿化、彩化、亮化相互衔接过渡。

4. 项目样板间包装

这里的样板间既包括具有居住功能的样板房，也包括具有商业功能的样板房。在商业物业市场竞争趋于白热化的压力作用下，“样板铺”作为展示未来经营空间的概念“应市”而出，通过它向目标客户直观地展现商铺经营环境、经营空间和经营氛围，可增强客户的购买欲望。

(1) 展示未来经营空间的作用

1) 便于销售人员进行现场解说；

2) 方便客户现场切身体验；

3) 便于有针对性地解决客户的疑难问题，消除心理顾虑；

4) 利于客户对比其他物业的特点，产生深刻体会，从而达成对项目的深刻认识；

5) 可以最大限度地促成物业现场销售的达成。

(2) 未来经营空间的设计要求

1) 样板铺要能够如实的向客户展示商场的布局和内部结构关系，从而协助销售工作的完成；

2) 样板铺必须是具备特色的典型商铺的真实表现；

3) 样板铺的布置、摆设应能够力求做到精雕细琢，并应尽量表现真实的状况；

4) 销售中心现场氛围应与样板铺塑造相融合；

5) 在难以建造样板铺的情况下，可分别制作项目大型立体模型，以微缩技术将项目商铺的店铺间隔、装修风格、商业气氛、柜台一一布置出来，能让人们有身临其境的感觉。

下面是某商住综合项目的样板房包装：

样板房的作用在于向每一个顾客展示一个未来的“梦中家园”，装修到位的样板房对客户有极大的暗示和诱导作用，因此能最大地刺激客户的购买欲望，从而大大提高成交率，所以在设计样板房时，应注意给客户一个真正家的感觉，让客户在考察参观时不知不觉融入居家角色，对户型产生认同。

建议住宅项目设置样板房，选择二房二厅、三房二厅两种户型，做2套。设计原则为人性化、舒适性。建议做在现楼里，到一定阶段后销售。

5. 项目展销会包装

若商住综合项目参加展销会，这时就要对自己的摊位进行布置和包装，布置时要注意功能分区，使各功能区之间不会互相干扰。下面是武汉某商住综合项目的展销会包装：

展销会场内的布置主色调应以顺眼、舒服为前提，摆放较多的植物。由于展销场地较大，所以应进行功能分区，分开展示区、洽谈区，目的是维持场地的秩序，更好地安排参观人群和购买人群。展示区内有小区各类型的模型，小区的介绍，大屏幕电视播放宣传片，销售人员介绍示范单位的情况；洽谈区内设多张桌椅，每桌大概四个座位，桌上还有精致的小摆设，洽谈区与展示区之间由热带植物作为不明显的分隔，避免将展示区人们的热闹带到销售区，影响购买者的深思熟虑，务求令买家感觉到舒适。

六、商住综合项目公关活动策划

房地产公关活动是一种由开发商投资组织的，在适当的时间和适当的地点举办的面向公众所开展的一系列活动，其旨在改进开发商及其所开发的项目与社会公众（特别是目标客户群和已购房业主）的关系，提升开发商及其所开发项目的知名度和美誉度，最终达到促进楼盘顺利销售的目的。下面分别介绍商住综合项目各类活动的策划要点。

1. 项目研讨类活动策划

研讨类活动主要是围绕着一个与本项目有关的新事物，例如一个新的开发理念，一个新的服务模式等等进行研究与讨论，从而使大众（特别是目标客户群）在了解这个新事物的基础上关注本项目，从而接受甚至是向往本项目。下面是深圳某商住综合项目的研讨类活动策划：

建议可以举办如下活动，向社会展示出中本项目城区价值和文化地产的居住模式，并通过媒体报道以及客户人际传播的形式有效地对外传递本项目的相关信息。活动策划思路为：打论坛及研讨牌，即围绕中心区即将全面建成、会展经济等主题，从多个角度来传播本项目的定位及其酒店复合地产形态；同时对外传播本项目“豪宅式小户型”的形象定位。本手段意图在项目运作早期，先行抢占市场制高点，形成市场热度，以期项目正式推出时，能够迅速“引爆市场”。

(1) 举办CBD、会展经济发展论坛

在项目正式启动前，邀请国内外著名的经济学家、社会学家、城市规划专家、建筑界、文化界人士，结合本项目的一体化五星级酒店配套，举办高规格的“CBD、会展经济发展论坛”，展示本项目作为豪宅式小户型的市场形象，为本项目提供一个较高的市场态势。

(2) 服务式公寓与都市新文化研讨会

在项目推广进程中，选择适当的时机，举行一系列关于“服务式公寓与都市新文化”的开放式的系列讨论。通过新闻传播、广告发布、事件营销等多种手段的整合，形成关于本项目未来发展的社会关注热度，向外进一步传播与强化本项目的“豪宅化服务式公寓”的市场定位。

除了对一个新事物进行研讨外，还可以对一些发展趋势进行讨论。不管讨论的内容如何，都必须与本项目有着密切的联系。如深圳某商住综合项目的研讨类活动策划：

2月中旬开盘，预计在3月上旬出现第一次高潮。具体表现为，2月下旬预热市场，塑造品牌形象，3月初召开一次有著名专家、学者参加的研讨会，会议安排如下：

主题：WTO后的CBD与N～CBD写字楼

参加人员：全市主流媒体，北京、上海、深圳操作CBD楼盘专家及经济学者，媒体记者，本市有影响力的业内知名人士，重要的建筑规划单位代表等。

参与人数：150人。

主讲：5人。

之后接连半个月开始陆续在深圳主流媒体上刊登有关文章与软性宣传，从研讨会的规格及其重要意义——对写字楼市场的影响与促进作用，塑造项目品牌与质素，让消费者从地域上接受项目的功能与内涵。

2. 项目展会类活动策划

在很多城市，都会定期地举办一些有关房地产方面的展销会，例如房交会、房展会等。若商住综合项目的推广期间刚好遇到这些展会的开展，可要抓住这个大好机会，通过参展来扩大项目的知名度。下面是武汉某商住综合项目的展会类活动策划：

项目首先在现场设立一个有气势的现场售楼部；其次，在大型展销会期间，在汉口及其周边地区一些人流量较大的场所，如武展广场、江汉路步行街等场所设立外场展销会，并开通多条看楼专车，从而方便了全市各区的目标客户来看楼，这样可加深人们对本项目的印象。并且拍摄一段10~20分钟的高质量的录像带在展销会场内播放，除了介绍项目本身的发展外，还要使投资者对本项目有更深入的认识。这样做也会增加现场的热闹气氛，加快销售人员讲解过程。

一般来说，展销会都会持续一段时间，策划人员可以针对展销会策划一系列的活动，使项目在展销会期间天天举办活动，从而形成热闹的气氛。如深圳某商住综合项目的展会类活动策划：

（1）春交会系列活动

为配合参展春交会，掀起申购高潮，在会展期间组织一系列活动有助于聚集人气，形成热闹气氛。

活动建议："SOMO文化节"活动

1）现场举办"深圳SOMO论坛"

建议在现场举办"深圳SOMO论坛"节目，邀请著名经济频道解说人及知名经济学家前来现场阐述CBD的发展及商务圈层对公寓式写字楼物业的升值潜力的影响，以体现物业价值。

2）发行"SOMO"杂志，引领深圳城市守望者时尚。

3）春交会期间举办现场SOMO音乐节活动

春交会期间，在展会现场派发纪念礼品并安排音乐表演吸引客户前往现场实地参观，活跃现场气氛，促进销售。

4）春交会期间现场举办SOMO音响展

满足"SOMO"一族对时尚音响的狂热喜爱，吸引"SOMO"或"准SOMO"参加现场活动。

5）春交会上推出销售中心、展会互动活动——网络情缘大考验活动

与深圳电视台娱乐频道、搜狐网联合在春交会当天安排一次网络情缘大考验活动，让一对男女通过网络以及跨越预先设置的障碍，最终能找到一起的活动，在春交会及销售中心现场进行电视直播和网络直播。

（2）秋交会促销活动

秋交会期间也是本项目的一个销售高潮期，活动的举办主要以促销为目的，同时也为项目

的下一期销售做形象展示，做好铺垫。

活动建议：秋交会的活动安排与春交会类似，主要为一些常规性的促销活动，具体安排可以根据春交会活动的安排，组织一些不同形式的活动。

3. 项目节点类活动策划

商住综合项目从开发建设一直到投入使用、经营的过程中，所经过的节点一般包括：开工奠基、内部认购、开盘、结构封顶、工程竣工、入住、开业经营等等。节点类活动策划是指策划人员在这些时间节点上策划一些活动，既可告知大众本项目的开发进度，也可以借机对项目进行宣传。在这些时间节点中，使用最多的是开盘，因为开盘意味着项目公开销售，这个时间节点所策划的活动对项目的租售影响最大。下面是上海某商住综合项目的开盘活动策划：

项目可借助某个庆典仪式向外界宣布楼盘正式推出市场的信息。可借助大规模庆典仪式来吸引大量电台、电视台、报纸等众多传播媒介的记者，还可邀请一些政府部门人士和社会知名人士参加，从而给观（听）众或读者留下深刻的印象，获得良好的宣传效果。

项目的正式推出仪式要举办得隆重、轰动，给目标客户留下深刻印象，并在仪式后配以更实际、更大范围的广告，大型展销会等促销活动。

针对项目开盘所策划的活动，不一定仅在商住综合项目开盘当天举办，策划人员可以策划一系列针对开盘的活动，从开盘前几天开始举行，一直持续到开盘后几天，这样有利于积累人气，掀起销售高潮。如深圳某商住综合项目的开盘活动策划：

公开发售是项目进入销售的一个标志性阶段，此期间促销活动的组织要以聚人气、促销为目的，以影响力、吸引力均较强的社会活动为主，力求在活动的有力促进下，掀起正式开盘时销售的高潮。

活动建议：

（1）解筹期间推出“小空间，大世界”活动

在解筹前通过网络媒体进行宣传，由年轻人设计自己的小型工作、生活空间，可以以FLASH等多种表现形式，宣扬“SOMO”一族独特的生活理念和引流潮流的原动力。

（2）解筹期间推出楼盘形象代言人活动（名人访谈电视转播）

项目解筹当天推出楼盘代言人活动，邀请张朝阳（或许戈辉、吴小莉）出席现场活动，并推出明星面对面活动，激发“SOMO”一族专情商务概念。

（3）正式开盘前三天举办免费音乐品酒会

在正式开盘前三天（含开盘日）举办免费的音乐品酒会，形成一种高雅的现场氛围，体现项目的高档次，高文化品位，并持续开盘热火局面，力争创高开盘销售率。

（4）正式开盘当天举办大型开盘庆祝文艺演出会（嘉年华）

项目正式开盘当天，在楼盘现场举办大型的庆祝盛会，以歌舞表演吸引人气，观众参与活动不限，调动现场气氛，壮大声势，以高姿态进入市场，引起市场关注。

（5）开盘期间开展网络游戏大赛

与搜狐网联合申办2004年中国网络游戏大赛广东赛区比赛，通过赞助比赛并提供比赛场地让更多的人了解南方“SOMO”公寓。

4. 项目节日类活动策划

节日类活动是指在一些节日。例如青年节、劳动节、儿童节、教师节、国庆节、中秋节、元旦、春节等举办的活动。这些节日类活动举办的目的不仅仅是为了促销，还可以拉近开发商

与业主（或目标客户群）的距离。如深圳某商住综合项目的节日类活动策划：

中秋节晚举办业主大联欢活动，邀请业主及客户共同欢庆中秋佳节，此次活动为非商业性活动，主要目的是通过活动的举办，达到宣传目的，同时向人们展示，销售的不仅是产品，还有无微不至，极其周到的高档次服务。

5. 项目文化主题类活动策划

针对商住综合项目举办一些文化主题活动，对于提高物业的档次，形成物业的格调有着相当重要的作用。下面是深圳某商住综合项目的文化主题类活动策划：

将促销活动与社区文化活动结合在一起，可以有效地节省资金，直接促进了销售。本项目可以考虑如下主题文化活动：

（1）风情音乐周

音乐艺术有着广泛的群众基础，音乐在大家的文化生活中占有重要位置。具有浓厚文化意味的“风情音乐周”内容有世界著名音乐巡礼、音乐剧园地等，同时强调客户的参与与互动。可以根据市场反馈，采用不同的音乐主题多次举办。

（2）街区艺术展

举办多样的街区/社区艺术展，具体有古董展、画展、雕塑艺术展、摄影展、街区行为艺术展，并可以结合当前活动主体举办相关的摄影、美术、旅游等主题沙龙。

（3）金融投资赢家沙龙

邀请金融、投资界资深人士，定期举办金融投资沙龙，不同时段可以选择股票、期货、外汇、衍生金融工具等不同的主题，吸引客户参与。

（4）主题风情文化节

1）法国风情平安夜；

2）化装舞会；

3）酒会。

策划人员在策划商住综合项目的公关活动时，要注意保证活动的连贯性，保证整个推广时期都有活动举行。此外，由于商住综合项目有多种开发类型，每种开发类型物业推向市场的时间又不一样，这时，就要针对不同的时间段，不同的物业类型，策划不同的公关活动。如上海某商住综合项目的公关活动策划：

（1）整体项目与住宅引导期（2005 年 10 月上旬 ~2006 年 3 月）

为保证本案开盘达到理想效果和预定量，必须在开盘前有引导期。所谓引导期，即所有销售软硬条件成熟，加上进行了有效的 SP 活动，大量的广告配合，积累足够的人气之后才可以开盘。引导期非常重要，它可以保证开盘的成功。引导期的策略为：PR 及 SP 活动 + 新闻炒作 + 十一房展 + 媒体广告 + 售楼处客户积累。

1）开盘前必须有 SP 活动和相应媒体炒作的引导，其关系为

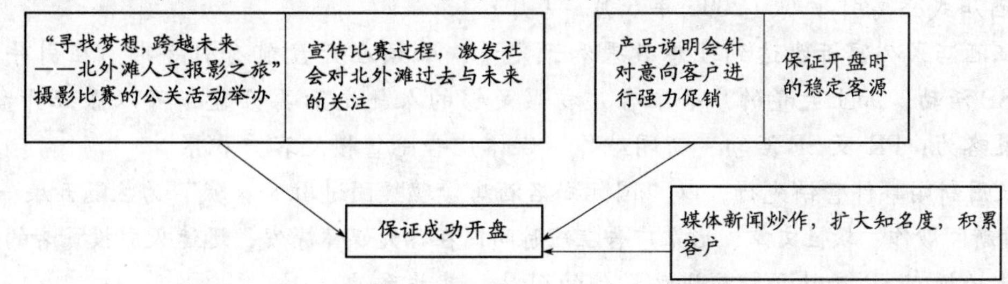

2）引导期的PR及SP活动安排

活　动	时　间	组织形式	营销目标
十一假日房展会	2005年10月2日~7日	利用这一全市瞩目的楼市盛会实现本案的盛大亮相	开盘前预告项目基本信息并积累客户资源，为本案的火爆开盘奠定客户基础
“寻找梦想，跨越未来——北外滩人文摄影之旅”摄影比赛	2006年10月15日~12月	与媒体单位、摄影家协会联合举办，号召摄影家与广大市民参与，通过热烈的颁奖仪式吸引市民眼球。获奖作品可发行成册，用于楼盘销售	通过对比赛过程的宣传，激发社会对北外滩过去与未来的关注，同时扩大项目的知名度
本项目开幕新闻发布会暨产品说明会	2006年2月	邀请政府官员、规划专家、业内人士参与研讨，邀约新闻媒体进行软新闻报道、炒作，邀请意向客户现场感受	在项目与客户间形成沟通渠道，并树立项目在市场上的高位形象

（2）住宅开盘强销期（2006年3月~2006年6月）

第一强销期：经过引导期的精心策划，市场的胃口已经充分吊起，此时强势开盘，以开盘典礼等公关活动形式、报纸、影视媒体继续集中轰炸，在较短时间内冲击销售（预定）率。

第二强销期：再经过五一房展会的推动，引起第二次高潮，促进住宅销售的全部去化。

住宅开盘强销期的策略为：PR及SP活动＋媒体广告＋五一房展＋现场直销。

强销期的PR及SP活动安排

活　动	时　间	组织形式	营销目标
本项目开盘典礼	2006年3月开盘当天	开盘当天安排集中签约，邀约所有光临过现场的客户前来领取礼品；于开盘典礼及当天晚上的邀约宴会约请老客户及新客户	以现场的签约成交气氛打动有望成交的潜在客户；以CS策略性服务为后期的业主直销打下基础
本项目嘉年华会	2006年4月	邀约成交业主进行事件营销活动，烧烤、酒会、露天音乐均可选择，结合公关力量，邀请社会名人、新闻、媒体部门进行事件报道，推出业主直销的具体方案与活动现场的促销活动	形成现场人气，发布公开销售信息，以期带动销售
五一假日房展会	2005年5月2日~7日	利用这一全市瞩目的楼市盛会，将开盘的销售气势继续，掀起第二次销售高潮	营造第二次强销势头，价格适当提升，迅速去化第二批购买意向客户，完成全部住宅的销售

（3）酒店式公寓引导期（2006年6月~7月）

为保证酒店式公寓开盘达到理想效果和预定量，必须在开盘前有引导期。在引导期期间进行有效的SP活动，加上大量的广告配合，积累足够的人气之后再开盘，可以保证开盘的成功。这时期的策略为：PR及SP活动＋新闻炒作＋媒体广告＋售楼处客户积累

同样采用新闻事件营销先行，以“国际知名酒店管理集团进驻××城”为主题开展一系列公关活动，同时新闻炒作、软性文章、形象广告在短时间内在各大媒体爆发，迅速吸引投资者的眼球。

开盘前必须有SP活动和相应媒体炒作的引导，其关系为

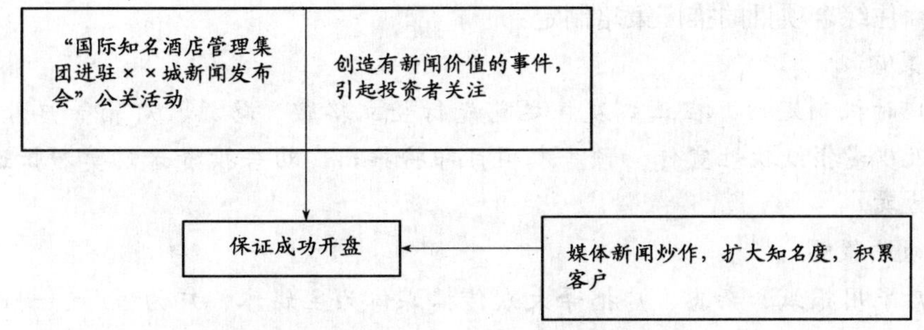

(4) 酒店式公寓开盘强销期及持续期（2006年7月~10月）

10月1日房展会酒店式公寓公开亮相，广告投入密集而准确。以开盘酒会等公关活动形式，报章、影视媒体继续集中轰炸，在较短时间内冲击销售（预定）率。这时期的策略为：PR及SP活动+媒体广告+十一房展+现场直销。

强销期及持续期的PR及SP活动安排

活　动	时　间	组织形式	营销目标
酒店式公寓开盘酒会	2006年10月	在委托管理的酒店管理集团旗下的高级酒店内举行开盘酒会，约请新、老客户以及媒体曝光	以现场的签约成交气氛打动有望成交的潜在客户；以CS策略性服务为后期的业主直销打下基础
业主圣诞联欢会	2006年12月	邀约成交业主进行事件营销活动，结合公关力量邀请社会名人、新闻媒体部门进行事件报道，推出业主直销的具体方案与活动现场的促销活动	形成现场人气，发布公开销售信息，以期带动销售

七、商住综合项目推广策划

本书中的商住综合项目推广策划是指利用品牌、广告、媒介、包装和活动等方法与手段，对商住综合项目进行推广，增加商住综合项目的知名度和美誉度，最终达到促进项目去化的目的。商住综合项目的推广策划要有前瞻性。同时，商住综合项目的推广策划并不是一成不变的，而是应随着工程进展的深入而作出有针对性的调整。

1. 项目推广目标的制定

有目标才有动力，才能指导推广工作的开展。商住综合项目推广策划的第一步，就是要制定项目的推广目标。如绵州某商住综合项目的推广目标制定：

就目前的项目实际情况，我们认为项目的总体推广应分为3个主力目标：

第一目标：在针对商铺投资者和住房购买者的推广阶段，加强开发商与购买者的互动，以实现商铺和住宅的销售；商铺和住宅销售两条线同时铺开。

第二目标：在针对经营者的推广阶段，加强开发商与经营者的互动，以实现商铺招商的顺利完成。

第三目标：在针对绵阳市及周边县市汽修厂的推广阶段，加强本项目与汽车修理厂的互动，扩大本项目在各修理厂家心中的知名度和美誉度。

2. 项目推广策略制定

所谓推广策略，就是解决"在哪里说"、"怎样说"和"说什么"的问题。策划人员在制定商住综合项目的推广策略时，可以先制定项目的推广策略，高度概括并指导商住综合项目的推

广。如北京某商住综合项目的推广策略制定：

(1) 阻隔策略

在开盘推广时机确定后，在正式发售之前先行竖立路牌、路旗、灯箱等户外媒体；同时，开始进行广播及少量报纸软性宣传，预告本项目即将推出，劝告投资者切莫匆忙选择，以等待更完美的置业方案。

(2) 全面攻击策略

正式开盘后采用报纸、杂志、广播等大众传播媒体为主媒体，广为宣传，制造声势，塑造物业形象。

(3) 强化攻击策略

采取派发宣传单页的形式，针对本市东部地区各写字楼派送精美、具有说服力的印刷品，使商品信息确实到达目标对象；同时激发其好奇心和购买欲望，以吸引其拨打售楼电话并到现场参观。

(4) 短兵相接策略

现场售楼处布置具有亲切感的接待中心、精美的图表、气派的户外广告，以吸引路过的目标对象，并使得参观者受到强烈的感染，并使其留下深刻的印象。同时特别挑选能力强、经验丰富、熟悉市场的业务员作为接待人员留守现场，进行销售，并加强追踪访问作业，形成高效率的销售网。

(5) 促销性策略

为使消费者对本案有特别深刻印象，并促使消费者能立刻抵达现场参观，须在适当时机进行促销活动，吸引大量人潮，以期创造销售高峰（特别是针对商铺部分）；同时，当项目推广工作达到一定阶段时，为促使犹豫不决之客户早下决心，或期望通过已成交客户带来新客户时，亦应举办适当的促销活动。

又如贵州某商住综合项目的推广策略制定：

推广策略：点面结合。

(1) 点

1) 一点，现场感染：在开盘当天，在现场、××广场等地悬挂气球、大气球条幅、招示布，营造浓烈的销售气氛，形成强烈的商业氛围。作为县级样板示范工程、也是全城最大的生活栖身地——××广场，千余平方米大型广场，是正安人民居住、购物、娱乐、休闲的宜人胜地。

2) 二点，户外强迫——户外广告牌。

3) 三点，文本情感：广告语、楼书手册、海报文案渲染。

4) 四点，媒介立体：报纸，作为形象展示，也是做好“三老”工作的表现；广播围绕新城、新生活，造就一片新天地。

5) 五点，事件轰动：项目奠基活动——农贸市场搬迁通告，未来的新商业城必将建在南门，就在城南新天。

6) 六点，活动造势：集中在年前10月、11月、12月每月一次的上山下乡演出活动。

(2) 面：

以社区占地面为面，在现场外围干道悬挂路杆旗，现有楼体墙面挂条幅，在来往人气集中的四大主干道的文化路、民主路、解放路的交汇处设广告牌。

由于商住综合项目有多种开发类型的物业，策划人员在制定商住综合项目的推广策略时，可以分别针对每一种开发类型的物业制定推广策略。如绵阳某商住综合项目的推广策略制定：

（1）专业市场部分推广策略

1）中心主题："绵阳出了个'红牌楼'"与"川西北最大的汽配市场"，特别是"绵阳出了个'红牌楼'"这一巧妙响亮的广告诉求使本项目与成都红牌楼商圈两者形成概念相通的联想，显示本项目的行业地位。

2）三个目标：商铺销售、市场招商、市场培育。

3）推广思路：围绕中心主题和三个目标，分阶段制订阶段性主题，以适应不同的目标受众的心理需求，达到三个预期效果。

a. 第一阶段（5月中旬～开盘前3个月，导入期、升温期）

（a）目标受众：以"九院"为代表的企、事业单位高收入者，中等规模私企老板，有投资置业的愿望和实力。

（b）阶段主题及表现：围绕中心主题，强调本项目投资安全——5年内进退自由、增值前景——举红牌楼汽配市场租售价格增幅为例、回报稳定——7.5%税后回报。政府重视——税收优惠等等。

（c）媒介选配：以绵阳市主流报纸和电视台为主，成都市主流报纸为辅，结合前述入市时机各项安排进行。

本项目××大道两侧及本项目沿线发布灯杆广告；海马4S店旁户外广告牌，图文重新设计；印刷品等。

（d）所求效果：目标受众对本项目充分了解，内部认购开始。

b. 第二阶段（开盘～开盘后三个月，引爆期）

（a）目标受众：商铺投资者以及成绵两地主要汽配商家，重心向成都倾斜。

（b）阶段主题及表现：承接第一阶段主题，增加实力商家加盟，"川北汽车服务同业公会"成立，造势商铺销售踊跃、价格微涨、好铺不多的信息——"头羊效应"和"饥饿销售法"。

（c）媒介选配：成绵两地主流媒体（软文和广告）。结合入市时机各项工作安排进行，强度加大。

（d）所求效果：目标受众对本项目充分认知，销售和招商达到高潮。

c. 第三阶段（开盘后三个月～项目达到使用条件后八个月，保温期）

（a）目标受众：成绵两地汽配、饰品、油品、辅料商家，绵阳和周边县市汽配商家，汽车修理厂。

（b）阶段主题及表现：承接第二阶段的主题及表现。

（c）媒介选配：成绵两地主流媒体，以公关活动软文为主，广告为辅。

（d）所求效果：招商持续，销售清盘；使本项目与汽修厂互动，扩大本项目在各修理厂家心目中的知名度和美誉度。

（2）住宅部分推广策略

1）中心主题：根据竞争环境和项目自身所具的综合条件，项目定位于"经济适用房"，其卖点就是"经济"，楼盘经济而不低劣则在卖点之外锦上添花，因此我们将本项目推广主题确定为"买得起的好房子""精打细算，还是选择'××民居'"——亲民、平和、诚恳、直接。

2）推广思路：围绕中心主题，不提"经济适用房"而着重强调楼盘的性价比，强调本区域内可预期的城市规划（比如：区委区政府北迁）和交通便利等，以适应本项目受众的心理需求。

3）目标受众：普通政府工作人员，企、事业单位职工，小规模私营老板，在绵阳生活、工作的外地人员；重点在绵阳北面，如长虹分厂职工。

4）媒介选配：绵阳本地主流报纸媒体，结合入市时机各项安排进行。

除了针对不同的物业类型制定不同的推广策略外，还可以针对不同的目标客户群体，制定不同的推广策略。如上海某商住综合项目的推广策略制定：

（1）针对经销商及厂家的推广策略

1）推广方式：直接推广（点对点模式）——与经销商及厂家直接对话。

2）推广诉求：项目的品牌优势、规模优势以及专业化优势提供了有效占据市场空间的平台。

3）推广渠道：

a. DM 发函——完成目标客户的告之并为后续推广做铺垫。

b. SP 活动——开盘 SP；礼品行业集散地的 SP 路演；主题 SP（招商会、联合商业推广、商会活动等）；意向客户的 SP 登门。

c. 社交推动——利用上层社会网络资源做推广活动，配合 SP 展开。

d. 商业展会——参加一些小商品、礼品行业展销会等。

4）备案工作：

a. 重要客户资料收集；

b. 商业展会资料收集；

c. 商会、行业协会及相关商业团体的前期接触；

d. DM、信函、户外等 SP 道具准备；

e. 政府及媒体部门的公关；

f. 招商政策的制定；加盟合作模式，构建项目核心空间（联合推广、合作案<投入及收益>、政策优惠等）；

g. 推广团队组织。

（2）针对自营及投资者的推广策略

1）推广方式：间接推广为主（点对面模式）——通过媒体及耳语效应做推广。

2）推广诉求：

a. 自营业主——商业经营利润；

b. 投资客户——投资回报率（行业收益、商铺租金及价格升值空间）；

c. 自营+投资——“一铺富三代，无租一身轻”的小富心态。

3）推广渠道：

a. 媒体推介——我们可提供相关媒体资料；

b. 记者会；

c. 中介会；

d. 外围包装——引导客户及形象展示；

e. 现场接待——我们可提供现场销售团队及相关备案；

f. SP 活动——以已购买的客户资源为核心，推动耳语的传播并直接与客户对话；

g. 扫铺——在服装行业的集中商业区做针对性的登门推广；

h. 专题促销——可结合不同客户的需求特点做促销推广。

4）备案工作：

a. 细化的阶段推广计划制定；

b. 推广计划的监控方案、销售道具制作；

c. 销售价格及控制方案制定；

d. 现场布置、外围包装的选址及设计制作；

e. 其他。

3. 项目各阶段推广计划制定

策划人员在制定了商住综合项目的推广策略后，接下来就可以根据推广策略制定商住综合项目各阶段的推广计划。商住综合项目的推广计划应当包括各阶段的时间范围、推广目的和推广手段等内容。如深圳某商住综合项目的各阶段推广计划的制定：

（1）试销期（内部认购期）

1）时间

2002 年 5 月。

2）推广目的

a. 试探市场反应，主要检验客户来源、价格定位、客户对物业建议三个方面；

b. 为正式发售储备客户、聚集人气；

c. 低价入市，达成一定的成交量。

3）推广手段

准备预售条件，从高中低楼层及不同朝向选出少量单位，约占总套数的 10%，其中以低层为主，约占 3/5，中高楼层各占 1/5，用低于正式入市价格水平 300～500 元/m^2 的价格推出，优惠价限量推出。

4）宣传方法

a. 现场包装——条幅（以工程形象为主）、广告牌、围墙。

b. 户外广告——重要路段的大型广告牌、新一佳展销。

c. DM 直邮——针对本项目的区域客户集中区域进行邮递。

d. 报纸软文炒作——采用地产快讯、报道及专题的形式。

（2）开盘热销期

1）时间

2002 年 6、7 月。

2）销售目标

完成总销售任务的 30%。

3）推广目的

a. 使物业形象得到整体、全面的宣传演绎，迅速扩大知名度。

b. 实现良好的销售业绩，占领市场份额。

c. 形成良好的物业形象，形成较好的口碑。

4）推广手段

通过前期造势，项目在市场上已有了初步的影响力，此时推出一期单位，并推出正常价格表，价格操作方面形成开盘当月每周提价的热销效应，首推剩余单位不再推售，利用开盘、重大节日举行促销活动。

5）宣传方法

a. 现场包装——楼体正式发售条幅、围墙、布路灯旗、售楼处前的气球气拱门、工地彩旗等。

b. 报纸广告——开盘平面广告、免费软性宣传（在深圳特区报及香港某地产杂志持续投放广告，保持广告力度）。

c. 展销会——在盐田港区、中英街、和新一佳举办展销会。

d. 促销活动——开盘促销、活动促销（以礼品、折扣、家电家私或奖品形式）。

e. DM 直邮——主要针对目标客户群进行邮递。

（3）强销期

1）时间

2002 年 8、9 月。

2）销售目标

完成销售任务 55% ~60%。

3）推广目的

a. 在开盘期楼盘达到一定的市场认知度后，继续加大广告力度，再接再厉，争取在开盘后几个月内一气呵成完成总销售任务的 60%；

b. 制造不断的活动和优惠，吸引有意向而尚未落订者的注意力，强化购买；

c. 随着物业的整体形象的逐步显露，以促进买家对物业的进一步认可；

d. 获得较为稳定和满意的销售业绩。

4）推广策略：

根据开盘期销售的具体情况对价格、销售方式、广告推广等进行研究并作弹性改进。利用开发物业进驻时机，通过开发商的实力与信誉给市场一个明确的信心保证。

5）推广方法：

a. 展销会——在人流量大的商业旺区如中英街内举办展销会，周末在大小梅沙等地方举办小型展销会。

b. 举办促销活动——周末举行歌舞表演，带动人气，并利用国庆节推出少量特惠单位。

c. DM 直邮——同上。

d. 房屋银行——同上。

（4）持销期

1）时间：2002 年 10 ~12 月。

2）销售目标：完成销售任务的 80% ~85%。

3）推广目的：

消化剩余的难销单位，圆满完成销售任务，顺利实现资金回笼。

4）推广策略：

有步骤地以星期为单位放出余留单位作特价处理，并带动人气，同时消化剩余高价单位；以价格、完整工程形象为主要诉求点，吸引更多买家，于适当时机推广滞销单位，以更优惠的价格或视具体情况配以赠送装修、家电等手段带动滞销点的销售；

5）推广手段：

a. 客户网络——本项目老业主网及我司房屋银行和香港地产网。

b. 促销优惠——对剩余的少量难销单位，以送部分首期款或其他直接或间接的价格优惠来吸引客户。

c. DM 直邮——同上。

d. 房屋银行——同上。

（5）尾盘期

1）时间：2003 年 1 ~4 月。

2）销售目标：完成销售任务的95%～100%。

由于商住综合项目可以开发多种类型的物业，不同类型的物业其推广阶段不一定一样，因此其推广计划也不一样。这时，策划人员就要考虑不同类型物业其推广计划的衔接。如上海某商住综合项目各阶段推广计划的制订：

（1）整体项目与住宅引导期推广计划

1）主定位：北外滩整体开发热力启动。

2）主口号：北外滩，新动力时代即将开启。

3）实施计划：

首先以宣传整个项目形象为主，十一房展会后，“寻找梦想，跨越未来——北外滩人文摄影之旅”摄影比赛活动开始展开，在“新民晚报”和“新闻晨报”不断有新闻报道跟踪，直到12月份颁奖仪式的召开，达到一个高潮，在这两个月期间，充分吸引市民眼球，引起社会关注。

2006年初，为住宅开盘作准备，软广告炒作逐步展开，主题为北外滩的历史、人文、未来规划前景，并在公开前一个月左右，开始进行硬广告投放，每周各以两到三次整版硬广告冲击市场，内容以系列广告稿方式主推楼盘整体形象，同时配以软性新闻的炒作，渐渐撩开本案神秘的面纱，孕育热销期。广告力度在开盘前大量和大面积释放，同时以研讨会、产品说明会等公关活动形式对开盘产生推波助澜的作用，邀约新闻媒体部门、社会名人、商政名流，在市场上形成良好口碑，积聚市场买气，为预售以及开盘营造热销场面造势。另外，高炮广告，大型展板广告，招风旗等户外媒体宣传频频面市，让人感觉一时间整个市场都充斥着本案广告，叫人不得不将视觉聚焦于此。同时针对一些目标客户群，在“高尔夫”等杂志进行广告宣传。在对外发售方面，开始面向客户刊物上做详细楼盘介绍，在各地高档聚集区进行派发，在香港及全国范围内的上层人士中树立初步品牌形象和知名度。

房展会期间主要积累客户资源，并进行电话跟踪确定意向，告知开盘信息，同时在现场采取一些促销策略，聚集展位人气，加强新闻炒作。房展会后通知客户开始接受预定，有强烈意向的客户交由案场经理处理（只定单位或楼层）。

4）新闻与软广告主题举例：

a.“寻找梦想，跨越未来——北外滩人文摄影之旅”开启北外滩的珍贵记忆；

b. 北外滩——历史与人文的盛宴；

c. 北外滩整体开发热力启动；

d. 北外滩的未来规划前景；

e. 北外滩乃至上海罕见的国际复合式街区形态；

f. 北外滩区位优势；

g. 住宅开发与北外滩景观资源的合理利用。

5）形象硬广告：

以略带神秘色彩的标题及内容，大气、醒目的版面设计，激起消费者的好奇心，引起业内外人士的广泛关注，吸引来电询问，为开盘累积旺盛的人气和大量的客源。

主标题：北外滩，新动力时代即将开启，敬请期待。

（2）住宅开盘强销期推广计划

1）主定位：北外滩新动力时代稀有景观豪宅。

2）主口号：北外滩稀世景观豪宅光芒呈献。

3）实施计划：

在引导期充分造势和蓄积人气的前提下，利用正式公开的契机，以多角度、全方位的媒体宣传，配合盛大的开盘典礼和现场S.P活动，营造开盘热烈气氛，吸引目标及潜在客户至现场，在引发市场关注的同时引爆销售热潮。

从2006年3月开盘起至整个强销期，媒体宣传以系列性的报纸广告为主，辅以相应的杂志和电视广告，在强化整体形象的同时，以分主题的系列广告诉求，塑造出鲜明独特的产品形象，以灿烂的前景、绝佳的地段、丰富的产品内涵打动人心。

现场以售楼部为接待中心，配合媒体广告宣传，营造良好的接待环境和现场氛围。

配合开盘典礼，在主要媒体辅以大篇幅新闻报道，报道本项目开盘盛况，提升开发商和产品的知名度及影响力。

在开盘后的适当时机举办"××城嘉年华会"，以事件营销的形式，邀请成交业主进行互动活动，结合公关力量邀请社会名人，新闻媒体部门配合进行相关报道，聚集人气，建立良好口碑，同时发布公开销售信息，达到进一步带动销售的目的。

4）系列硬广告主题：

a. 开盘广告

在广告中直接点出开盘信息，以尊贵大气的风格正式亮相，给人气势非凡的整体感觉，同时着重强调产品的地段和稀缺价值，让人产生强烈的向往，从而吸引购房者询问及至现场。

主标题：北外滩稀世景观豪宅光芒呈献。

b. 强销期广告

主题一：以北外滩人文历史景观为背景，展现新颖超前的住宅建筑造型特色，让人眼前一亮。

主标题：眩丽流动，在城市的记忆中舞蹈。

主题二：以独特的房型设计和景观优势为重点，描绘未来美好的生活画面，让消费者悠然神往。

主标题：与新外滩共醉千年。

(3) 酒店式公寓引导期推广计划

1）主定位：北外滩中央商务区的形成，必将带动酒店式公寓的投资力度。

2）主口号：北外滩精英时代，即将来临。

3）新闻与软广告主题举例：

a. 市场呼唤真正的酒店式公寓；

b. 国际知名酒店管理集团进驻本项目；

c. 新型公寓式酒店即将现身市场；

d. 公寓式酒店与北外滩开发互相呼应；

e. 应如何正确选择和投资酒店式公寓；

f. 绿地21城一期住宅热销，二期酒店式公寓即将推出。

4）引导期销售资料配合

a. 酒店式公寓楼书设计（包含房型）；

b. 酒店式公寓折页设计。

(4) 酒店式公寓开盘强销期及持续期推广计划

1）主定位：将产品的投资优势通过广告逐步展现，让投资者坚定信心。

2）主口号：绿地21城酒店式公寓，北外滩的骄傲！

3）系列硬广告主题：

a. 开盘广告

主标题：北外滩时尚公寓式酒店，今天，惊艳上海！

b. 强销期及持续期广告

主题一：针对目标客户，赋予产品身份象征和时代精神。

主标题：北外滩，时代精英召集令。

主题二：北外滩的区位及产品优势、投资价值分析。

主标题：轻松收获金色未来。

主题三：产品及服务特色。

主标题：用度假的心情，享受工作。

在表述形式上，策划人员可以用表格的形式来表述商住综合项目的各阶段推广计划。如上海某商住综合项目的各阶段推广计划制定：

推广节点	推广目的	筹备工作
准备期（时间1个月）	造势	1. 建筑设计定稿 2. 景观规划定案 3. 售楼处样板房发包 4. POP 制作 5. 媒体制作及发包 6. 外围包装（户外看板、围墙、彩旗等）
引导期（时间1个月）	1. 散发、扩大知名度 2. 告知各界媒体造成耳语活动 3. 酝酿业内客户下定保留 4. 拦截其他个案客源 5. 塑造产品形象	1. 预收保留金配合公开日至现场补足，促成公开当日购买热潮 2. 对现场来客散播耳语 3. DM 散发 4. 销售人员组织、培训以及其他准备工作完成 5. 销售道具、户外包装等工作完成
公开销售期（时间1个月）	1. 前期客户现场公开热卖 2. 造成产品热卖氛围	1. 现场演练练习 2. 公开销售前本案广告量到顶峰 3. 通知收保留金客户补足定金，造成现场销售热况 4. 热烈公开销售（包括广告稿）
强销期（时间3个月）	1. 加强客户沟通 2. SP 活动吸引新客户 3. 发展远景之塑造	1. 根据现状及时修正推广路线，完善下一步推广计划 2. 媒体广告版面与制作 3. SP 活动筹备和举办
持续期（时间3个月）	1. 挖掘新的客户 2. 保持销售平稳	1. 提高做单成功率 2. 回笼资金（按揭款）
盘尾期（时间1个月）	1. 地区加强派报 2. 加大客户追踪 3. 尽快使已定客户补足	1. 延续销售气氛 2. 媒体重点运作 3. 过滤客户资料追踪客户 4. 补足签约

4. 项目推广费用估算

一般来说，房地产项目的推广费用占项目总销售额的 1.5% ~3%。策划人员可以根据商住综合项目的特点，选择适合自己的百分比，然后与估算出来的本项目的总销售额相乘，估算出本项目的总推广费用。按业界常规，租售中心的建造和装修费用不纳入商住综合项目的推广费用，因为这是项目租售的必备硬件，就算不对项目进行推广，租售中心的建筑和简单装修也是必要的，因此这是属于营销执行费用中的一部分。在估算出商住综合项目的总推广费用后，接着要对这些费用的使用用途进行分配。如上海某商住综合项目的推广费用估算：

（1）总体预算

假设本项目的总销售金额为人民币 10 亿元左右，按照 1.3% 的费用比例计算，总的推广费用约为人民币 1300 万元左右。

（2）预算分布

项　　目	金额（万元）	比例（%）
报纸	396	30
杂志	66	5
其他媒体	52.8	4
售楼处	105.6	8
房展会	27.7	2.1
外地推广	80.5	5.6
户外灯箱	52.8	4
户外广告牌	300	22.7
样板房折旧	39.6	3
路旗	7.9	0.6
楼书	7.9	0.6
DM	2.6	0.2
SP 活动、PR 活动	81.8	6.2
其他费用	105.6	8
总计	1300	100

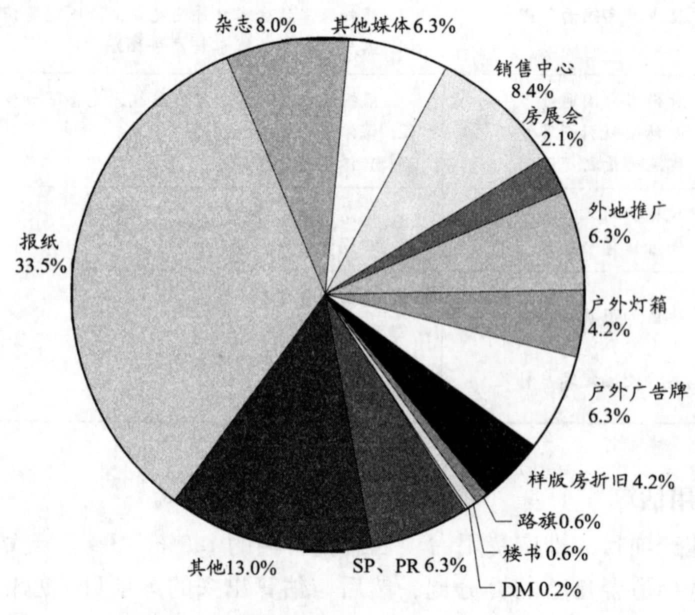

不同的推广时期，商住综合项目投入的推广费用并不是相等的，一般来说，到了推广的后期，其推广费用投入就会大大减少。策划人员在估算了项目的总体推广费用后，应明确各个阶段所投入的推广费用，并明确这些推广费用主要用在哪些方面。如合肥某商住综合项目的推广费用估算：

本项目总体推广成本概预算

总销金额：11000 万元；

推广费用比例：1.5%；

推广费用：11000 万元×1.5% =165 万元。

阶段明细

	引导期	公开期	强销期	持续清盘期	总额（元）
概预算（元）	600600	334000	559000	147000	1640600
比例（%）	36.61	20.36	34.07	8.96	100.00

（1）引导期（2006.8～2006.12）

1）主要任务：为开盘做前期准备，并做一些楼盘预告的相关信息和形象引导。

2）预算成本比例：36.61%，具体如下：

项目	内容	单价	数量	标准	预算（元）
现场布置	售楼处顶部看板		1 块		120000
	模型及户型		1 个		20000
	室内展板	400	4 个		1600
	LOGO 墙		1 个		3000
	引导旗	500	20 对		10000
设计部分	楼书	15	2000 本		30000
	销海/销平	4	4000 份		16000
	名片手袋等 VI	5	1000 份		5000
媒体组合	合肥晚报	26000	4 次	整版彩色	104000
	新安晚报	23000	2 次	整版彩色	46000
	电视广告（移动电视）			2 个月套餐	100000
	网络	15000		3 个月	15000
	开盘 SP				60000
	SP		1 次		40000
备用					30000
小计					600600

（2）公开期（2006.12～2007.2）

1）主要任务：聚集人气，为销售造势。

2）预算成本比例：20.36%，具体如下：

项　目	内　容	单价（元/次）	数　量	标　准	预算（元）
媒体组合	合肥晚报	26000	5次	整版彩色	130000
		13000	2次	半版彩色	26000
	新安晚报	23000	3次	半版彩色	69000
		11500	2次	半版彩色	23000
	SP		2次		80000
	DM派发	3	2000份		6000
小　计					334000

（3）强销期（2007.2～2007.5）

1）主要任务：延续公开期的气势，为销售高潮服务。

2）预算成本比例：34.07%，具体如下：

项　目	内　容	单价（元/次）	数　量	标　准	预算（元）
媒体组合	合肥晚报	26000	10次	整版彩色	260000
		13000	4次	半版彩色	52000
	新安晚报	23000	5次	整版彩色	115000
		11500	4次	半版彩色	46000
	SP		2次		80000
	DM派发	3	2000份		6000
小　计					559000

（4）持续清盘期（2007.6～2007.10）

1）主要任务：维持形象，巩固销售，去化余房。

2）预算成本比例：8.96%，具体如下：

项　目	内　容	单价（元）	数　量	标　准	预算（元）
媒体组合	合肥晚报	26000	4次	整版彩色	104000
	DM派发	3	1000份		3000
	SP活动		1次		40000
小　计					147000

除了按照用途和推广阶段来分配推广费用外，对于商住综合项目来说，还可以按照商住综合项目所开发的物业类型来分配推广费用。如武汉某商住综合项目的推广费用估算：

（1）推广费用分析

根据本项目几类物业的面积与均价设定的关系分析，可以初步得出如下成本构成内容。

物业类型	可售面积（m^2）	均价（元/m^2）	总销售额（万元）	推广费用百分点（%）	推广费用（万元）
写字楼	13000	5600	7288	1.5	109.2
住宅	36000	4600	16560	2	331.2
商铺	A. 2000	6000	1200	1	34.5
	B. 2500	4000	1000		
	C. 2500	5000	1250		
总　计					474.9

1）酒店与停车场无需推广费用，故未列入本表之中。

2）上表总计的约475万元营销推广费用，除不含销售中心的租金及装修费用外，其余营销推广费用均含在其中。

（2）推广费用分解

1）不同物业类型分解

a. 写字楼：110万元；

b. 住宅：330万元；

c. 商铺：35万元。

2）不同营销推广阶段分解：

a. 品牌导入期（2001-10～2001-11）：约40万；

b. 内部认购期（2001-12-1～2001-12-31）：约60万；

上述两个时期费用主要用于售楼中心、销售资料、工地形象、户外广告及部分大众媒体广告等。

c. 一期公开发售（2002-1～2002-8）：约180万；

（a）第一阶段：（2002-1～2001-4）：约100万；

（b）第二阶段：（2002-5～2002-8）：约80万；

d. 二期内部认购：（2002-9-1～2003-9-30）：约30万；

e. 二期公开发售：（2002-10～2003-6）：约120万；

f. 尾盘期：（2003年7月以后）：约45万。

3）不同用途分解

a. 大众传媒宣传广告费用：约占总额的65%，即308.75元；

（a）报纸：约占60%，185.25万元；

（b）电视：约占15%，46.31万元；

（c）广播：约占5%，15.44万元；

（d）车载：约占5%，15.44万元；

（e）户外：约占15%，46.31万元；

b. 公关与促销活动：约占总额的17%，即80.75万元；

c. 工地与售楼中心包装：约占总额的80%，即38万元；

d. 销售资料与工具准备：印刷、车辆等；约占总额的8%，即38万元；

e. 其他：约占总额的2%，9.5万元。

第六章　商住综合项目租售执行策划

在前面一章讲到的商住综合项目整合推广策划，主要是对各种营销策略的制定，在制定完各种营销策略后，接下来就要去执行这些策略。本章包括的内容有：商住综合项目租售模式确定、租售人员培训、租售价格制定、销售执行策划和招商执行策划。

一、商住综合项目租售模式确定

对于商住综合项目来说，其所开发的物业类型中，有些是全部销售的（如住宅），而有些是租售结合的（如商场、写字楼）。究竟是全部用于销售，还是全部用于出租，又或者是一部分用于销售、一部分用于出租，这就是租售模式的选择问题。在选择租售模式时，策划人员应对每种租售模式进行分析，分析其优缺点，并指出该租售模式是否适合本项目。如上海某商住综合项目租售模式分析：

(1) 整体出售

整体出售一般分为两种形式，即整个商场完全整售和按一定经营形态部分整售。它是将商场售给一个买家，购买对象可能是大型的风险投资机构，也有可能是大型的经营商户。

1) 风险投资机构

一般开发商要先选定专业的商场策划公司，对整个商场进行整体策划，确定商场的功能布局和整体规划，并寻找专业的管理公司，然后编制一份详细的《商业投资计划书》或《可行性研究报告》，以吸引风险投资机构对商铺进行整体购买。如果风险投资机构介入较早，开发商也可与其协商进行商场的前期策划和管理公司的选定工作，整售成功后，投资机构一般会委托专业的管理公司进行经营管理，开发商则不再参与后期的经营和管理工作。

2) 大型经营商户

这种商户一般为大型集团企业或百货公司，其购买商铺为自己经营，对商铺的硬件有较严格的要求，因此开发商寻找此类型的客户要在项目规划前期进行；同时，开发公司也可与大型集团商户进行商场合作开发；经营商户一般有自身的经营管理机构，按照自己的意愿进行商场的运作，开发商一般不需要选定管理公司，也不参与商场的招商工作。

3) 优点分析

a. 对于开发商来说是收回投资最为快捷的形式。

b. 为开发商省去了繁琐的销售、招商和后期管理工作及成本，是项目在运作前期最适合的经营模式。

c. 商业项目的整体形象较好，便于后期管理。

4）缺点分析

a. 寻找买家非常困难，尤其是对于大面积物业，因标的物巨大，寻找整体买家的现实可能性尚需市场验证。

b. 为了整体出售，开发商不得不压低销售价格，不利于获取最大利润。

5）整售案例

a. 香江集团开发项目：数码大厦下面的商铺由山西华宇集团以13000元/平方米收购。

b. 仟村百货由北京一家房地产公司以3亿元购买后以转租给北京华联商厦经营，以赚取长期租金进行利益回收。

c. 重庆浪高凯悦项目商业部分由马来西亚金狮集团旗下百盛百货公司先整租，两年之后整体购买。

（2）整租

由开发商将商场整体租赁给大型商业集团，所有商铺均以出租形式经营，不可出售或转租第三者；商业集团委托专业管理公司对整个商场进行统一管理，由管理公司完成商场招商工作；所有权仍属于开发商，并从大型商业集团获取收益。

1）优点分析

a. 由经营管理公司统一管理，可保持商场的整体形象；

b. 通过管理手段可监控商场之行业及商户组合，确保符合本商场的整体风格和定位，并可按市场发展情况，不断更新商场的经营业态；

c. 对开发商来说，可实现商场的可持续性租金回报。

2）缺点分析

a. 整体租赁的大型商业集团客户一般较少。

b. 整体租赁一般签约周期都在二十年以上，租金水平很低，不利于开发商回笼资金，且商业公司的经营能力也是决定未来商业成功的主要问题，对开发商来说并没有化解商业项目的开发风险。

3）整租案例

北京市信通联合商贸公司开发项目："信通大厦"裙楼2.4万平方米商业面积由内蒙古金沙集团整体租赁，金沙集团自行招商，负责商场经营，并向开发商支付商场整租租金。

4）总结分析

从上述两种模式的分析中可以看出，整体销售可能难以实现，整租虽容易实现，但对于开发商而言，其回收资金较慢。因此，结合本案而言，整售应作为项目前期争取的营销方案，整租则因其回收资金较慢，不是最优选择。

（3）开发商自营或参与自营，获取商业收益

自营或参与自营是由开发商与商业公司合作成立经营主体或以开发商自身成立商业发展公司为经营主体（聘请商业管理公司），负责商场内统一布局和招商工作，自行管理商场内部事务。商场一部分所有权属于开发商，也可以做部分销售。开发商从商场的经营中提取相应利润，参与自营一般有两种形式。

1）成立合资商业公司

由开发商与专业商业管理公司成立合资商业公司，共同经营管理商场，并由合资公司统一管理商场内布局和招商工作，共同承担经营风险，最终按照比例分配利润。

2）开发商自营，聘请商业公司协助管理

开发商聘请商业管理公司对整个商场进行统一经营、专业管理，所有权属于开发商，也可

以将部分面积进行销售。开发商向商业管理公司支付顾问费，由商业管理公司统一管理，保持商场的整体形象，提升开发商的市场知名度；通过管理手段可监控商场之行业及商户组合，并按市场发展情况，不断更新商场的经营业态；开发商通过经营管理公司进行商场经营而取得长期利润回报。

3）优点分析

a. 统一布局，统一招商，便于商场的统一规划和商场经营模式完整。可以直接反映开发商的经营目的，保证开发项目形象完整；

b. 对商业物业的发展有直接的掌控，及时了解商场动态，并可根据市场发展情况，改变相关经营方式；

c. 最终由开发商自己培养的管理人员接管商业经营，增加开发商在新领域取得商业利润，并实现跨行业拓展经营。

4）缺点分析

a. 以合资公司或自主经营为主的商场经营，必须了解商业市场的运作模式，自行管理商场，对于专业房地产开发公司来说，商场运作和对商业了解相对复杂，难度也较大。

b. 与整租相似，开发商承担的风险也较大，后期经营管理不善，或整体经济不佳，都容易造成商铺空置。

c. 开发商在投入前期项目开发建设资金外，还需再注入资金进行商业项目的运作，随着资金投入的增加，风险也随之增加。

5）总结分析

本项目由于开发面积较大，后期经营相对复杂，如果单一凭借开发商自行成立商业管理部门或聘请商业管理公司进行项目招商及管理，所承担的风险极大。商场管理如果出现问题，对整个商业部分的市场价值有较大影响。因此，我司认为本案整体自营难度较大，可考虑对于部分经营业态进行部分自营。

除了对各种租售模式进行分析外，策划人员还可以对一些可比项目进行分析，分析其租售模式，从而供本项目参考借鉴。但必须注意的是，可比项目的租售模式不一定适合本项目，策划人员只可以对其作为参考。在选择租售模式时，必须要从项目实际出发。下面是北京某商住综合项目的可比项目租售模式分析：

为能更清晰的对目前商业项目租售模式进行分析，我们对北京三个在售项目进行了全面的市场调研，并对这三个项目所采用的新的营销方案进行了深入分析，供本案参考。

商业项目名称	租售模式	销售面积（万 m^2）	商业总面积（万 m^2）	地理位置
鼎好电子商城	租售结合	2	8	中关村西区、海龙大厦西北侧
三里屯新天地	租售结合	地下一、二层只租不售。地上三、四、五层分割销售	3	朝阳区三里屯酒吧街核心地段
碧溪家居广场	先租后散售、售后回租	2	16	西南三环丽泽桥

(1) 中关村鼎好电子商城：租售结合

中关村鼎好电子商城位于中关村西区、海龙大厦西北侧，东北角毗邻14条公交线路，商场地下二层与城市轻轨、地铁四号线出口相连，430个车位。鼎好电子城已于2002年9月18日封顶，10月11日鼎好电子商场正式开盘，2003年6月商城计划开业。

其经营模式为：开发商委托丽威国际（香港）有限公司进行商铺的经营管理，按照前期的功能定位，管理公司负责商铺的招商和销售工作，商铺第三层为分割销售，售后业主可委托经营管理公司进行招商，也可按商场定位自行招商；其他楼层为只租不售，由经营管理公司负责经营管理。

(2) 三里屯新天地：租售结合

三里屯新天地位于北京市面积最大、人口最多、商业经济最发达的朝阳区三里屯酒吧街核心地段，总建筑面积达30000平方米，地下3层，地上5层，地下二层、三层为大型停车场，是三里屯酒吧街规模最大、业态最全、档次最高的集休闲、购物、娱乐为一体的综合休闲商业典范。

其经营模式为：开发商委托高力国际物业管理公司进行商场经营管理，并按照前期功能定位由开发商自行招商和销售，其中地下一层、地上一层和地上二层只租不售，地上三层、四层、五层为分割销售，其分割最小商铺为6平方米，业主购买商铺后与物业管理公司签订物业管理合同，并按照指定的经营业态自行招商。

(3) 北京碧溪家居广场：先租后散售、售后回租

2000年9月，碧溪开发商由自己成立招商部和直属物业管理公司对所有商铺进行统一招商和经营管理。2001年11月试营业，目前入住率高达90%以上。2002年下半年，碧溪公司委托北京腾飞物业投资有限公司向社会公开转让碧溪家居广场4~5层共2万平方米的房屋产权。

其经营模式为：开发商将商业用房进行店铺分割，并面向社会公开出售，购买碧溪家居广场的房屋产权后，碧溪公司以产权委托经营：业主与碧溪公司共同委托北京腾飞物业投资有限公司对其所购商铺进行统一经营管理，业主按季度收取租金，在此过程中不需要再缴纳任何管理费用。碧溪家居产权自由转让：业主在取得产权后如需转让，在同等条件下，公司将以不低于业主先期买入的价格回购房屋。

(4) 总结分析

从以上分析中可以看出，这三个项目都存在着一个共同的特点，即：均属于以“相对专业的主题商业模式”操作，投资业主同时也是商业的经营者，同时商业整体经营与综合管理的必要性并不明显。这样就产生了与本项目的本质性区别，本项目是一个大型综合商业空间，未来经营中将包括超市、百货、专卖店、餐饮娱乐等多种商业业态，应由统一的经营管理公司进行运行实施；另外在销售时机的把控上也有着根本的区别，“主题商业”可以在商场开业前即进行销售，而本项目“综合商业”必须要在商业的经营方面达到一定的影响力，所有商业单位先有租赁商户进行经营后，才会吸引投资者的实际关注。

在经过了上述的分析后，策划人员应决定本商住综合项目的租售模式。若策划人员选择租售结合，这时就要决定租售面积的比例和具体哪里出售，哪里出租。如广州某商住综合项目的租售模式确定：

(1) 租售面积的确定

出于尽快回笼资金的考虑，本项目以销售优先，但二层、三层如果全部出售可能难度较大，

而且如果全部出售，对后续经营管理不利，容易造成经营混乱，不利于整个项目形象。同时，即使全部销售也会有部分物业不能够销售，如尾房、车库、停车场、物业管理用房等。

一般来说，大型主力商店是商业物业吸纳客流的锚固点，是商业物业的核心商店，这些商店占用的商铺不能卖，它们在商业物业里所占面积比例一般达30%～50%；商业物业各个经营主题中的重点商户在经营主题里处于主导地位，对消费人流发挥重要的引导作用，所以各经营主题规划的重点商户的铺位也不能卖，这些重点商户在各经营主题中所占用的铺位面积比例约为30%。根据以上要求，商业物业可销售铺位面积比例宜控制在30%以内。

综上所述，本项目租售原则如下：

1）地下一层出租给大型超市或大卖场；

2）地上一层以出售为主，对于部分主力店可以选择出租，但要求以较长的租约为条件。

3）地上二层以出售为主，主力店可以选择出租，但要求以较长的租约为条件。

4）地上三层以出租为主，也可以出售。

5）住宅底商以出售为主，严格控制出租比例。

（2）租售面积比例

1）一层：20%招商，80%销售，目标为大户或品牌户，不针对散户招商；

2）二层以上：50%招商，50%销售，目标以散户为主；

3）中城：90%招商，10%销售，目标以大户整体租赁为主。

二、商住综合项目租售人员培训

任何房地产项目公开销售和招商之前，都应对租售人员和招商人员进行集中的统一培训。租售人员的培训要制度化、规范化、灵活化，重点是帮助他们树立正确的职业态度，通过培训熟悉销售流程，教导他们怎样解决现场的疑难问题，培养租售人员发现问题和解决问题的能力，提高他们的销售技巧和业务熟练程度，评估他们的工作表现和培训效果。

（1）租售人员应掌握的专业知识

1）租售人员应掌握的地产知识

租售人员应掌握的地产知识包括：物业产权登记的相关规定、物业按揭或抵押方面规定、总建筑面积、公用面积的分摊方法、建筑面积及其计算方法、使用面积及其计算方法、规划设计、建筑结构等。

2）租售人员应掌握的商用物业产品知识

租售人员应掌握的商用物业知识包括：项目配套设施、经营功能规划、商场布局、销售价格或租赁价格、物业管理与商业管理、各楼层高度、商铺使用率、商铺的门面与纵深及其比例、商铺人流导向等。

（2）租售人员专业培训

租售人员应集中进行整个培训过程，完成整个培训过程预计需要两个星期，在每一个阶段结束前，应对受训人员进行测验，对未能掌握的培训内容及时补课，在完成全部课程后进行综合考核和评估，考核成绩作为租售人员评定职级、评定工资标准的重要依据。详细的培训课程如下表：

<table>
<tr><th>阶段</th><th>单　元</th><th>培 训 内 容</th><th>培训教材</th><th>用时计划</th></tr>
<tr><td rowspan="5">第一阶段：销售基础培训</td><td>1. 销售流程</td><td>介绍整个销售过程各个步骤的各项工作原理</td><td rowspan="5">销售管理手册</td><td rowspan="5">3个工作日</td></tr>
<tr><td>2. 租售人员素质</td><td>租售人员的工作守则、职业道德、礼仪、销售现场注意事项、心理素质和正确的工作态度等</td></tr>
<tr><td>3. 销售技巧</td><td>销售工作的注意事项、观察技巧、倾听技巧、推介技巧、洽谈技巧、应变技巧、客户分析等</td></tr>
<tr><td>4. 销售控制</td><td>销售气氛营造、现场气氛控制、成交控制、成交程序等</td></tr>
<tr><td>5. 客户跟踪</td><td>客户沟通方法、售前跟踪方法、售后跟踪方法、客户跟踪方法</td></tr>
<tr><td rowspan="6">第二阶段：项目情况培训</td><td>6. 公司介绍</td><td>公司架构、管理制度、开发理念、开发业绩</td><td rowspan="6">项目统一说辞</td><td rowspan="6">3个工作日</td></tr>
<tr><td>7. 项目介绍</td><td>项目特色、规划、间隔、建筑、配套、功能、管理</td></tr>
<tr><td>8. 项目卖点</td><td>项目各方面优势</td></tr>
<tr><td>9. 统一说辞</td><td>租售人员向客户解说的统一口径</td></tr>
<tr><td>10. 市场分析</td><td>本地区商用物业市场状况、市场发展趋势、项目的竞争优势等</td></tr>
<tr><td>11. 对手分析</td><td>竞争对手的优劣情况分析、成功项目的经营情况</td></tr>
<tr><td rowspan="4">第三阶段：销售实战演练</td><td>12. 模型介绍</td><td>现场演练模型介绍的要点和方法</td><td rowspan="4">销售管理标准表格</td><td rowspan="4">5个工作日</td></tr>
<tr><td>13. 现场看房路线</td><td>看房路线的行进方向和沿线的介绍要点</td></tr>
<tr><td>14. 洽谈练习</td><td>同事之间一对一的解说、推介、洽谈练习</td></tr>
<tr><td>15. 成交练习</td><td>签认购书、收定金、销售控制、签约、交首期、办理按揭等成交过程各个程序的工作练习</td></tr>
</table>

三、商住综合项目租售价格制定

在前面已对商住综合项目进行了价格定位，但价格定位只是确定了项目的均价和价格范围，而到了租售执行阶段，就要制定项目的价格表，明确每个单元的价格。

1. 项目价格表制定

通过制定商住综合项目的价格表，可以明确项目中各个单元的价格。在制定价格表前，应先明确造成单元与单元间价差的因素，然后根据这些因素制定项目的价格表。如郑州某商住综合项目的价格表制定：

（1）价格表制定的考虑因素

价格表是根据已确定的核心均价为基础，通过各项调差而制定的各单位价格明细表。

1）栋间差价的确定

考虑对比的因素主要有：

a. 朝向　b. 高度　c. 景观　d. 密度　e. 结构　f. 噪声或污染

一般情况下，栋间差不宜大于核心均价的5%。

2）户型差价的确定

考虑对比的因素主要有：

a. 朝向　b. 景观　c. 实用性　d. 结构　e. 面积　f. 噪声或污染

在北方，一般情况下，户型差不宜大于核心均价的10%。

3）楼层差确定

一般情况下，楼层差视结构为小高层或高层以及栋间遮挡情况而定。小高层住宅楼层差为核心均价的5%，高层住宅楼层差为3%。

（2）价格表制定

以一梯四户的小高层，均价2800元/平方米，定价标准是朝向差（10%）与层差（5%）分别计算，层差之间又将高层（5～12）层差与低层（1～4）层差分开计算，得出每房价格，同时以八层为标准定价，其价格表如下：

单位：元/m²

朝向	房号	一层	二层	三层	四层	五层	六层	七层	八层	九层	十层	十一层	十二层	总价	均价
东南	A	2710	2740	2770	2835	2865	2900	2950	3008	3068	3125	3185	3245	35401	2950
西南	B	2690	2720	2750	2815	2845	2880	2930	2985	3045	3100	3160	3220	35160	2930
西北	C	2420	2440	2470	2530	2555	2585	2630	2685	2735	2790	2840	2900	31575	2631
东北	D	2470	2500	2525	2585	2615	2645	2690	2745	2820	2850	2905	2955	32305	2692

整栋楼共有48套住宅，通过以上计算，每平方米单位均价为2800元。

由于商住综合项目有两种或以上的开发类型，因此，策划人员就应针对每种开发类型分别制定价格表。如商住综合项目采用租售相结合的模式时，策划人员除了要制定售价价格表外，还要制定租金价格表。如绵州某商住综合项目的价格表制定：

（1）遵循原则

1）商铺价格以口岸经营优势和人群注意力程度为原则。口岸适合经营则价高，反之则低，能轻易吸引消费人群注意则价高，反之则低；同时需充分考虑投资者和经营者的特殊考虑。

2）住宅以各户型的层差、朝向、景观视线、噪声程度、清洁度、安全性的不同定制价格表。

（2）价格表制定

1）住宅底层商铺（销售）

以每幢楼为一个大单位，按客户可能需求分割成5个小单位；设定不同小单位价格级差为50元，以总均价为准上下浮动，各小单位之间最大价差不超过550元。

详细价格如下表：

单位：元/m²

	a	b	c	d	e
1#	4900	4900	4900	4800	4800
2#	4950	4950	5150	5100	5050
3#	4700	4700	4700	4600	4600
4#	4900	4900	4950	4950	4950
5#	4600	4600	4600	4600	4600
6#	4900	4900	4900	4700	4600

2）住宅（销售）：略。

3）商铺（租赁）：略。

2. 项目付款方式确定

商住综合项目的付款方式一般与优惠折扣相关联。总的来说，越有利于开发商快速回笼资金，折扣越多。多种付款方式的运用有利于促使消费者下定购买决心，与分阶段销售配合可以有效说服观望的消费者下定。此外，多种付款方式有利于降低购买门槛，无形中扩大了消费层面。下面是柳州某商住综合项目的付款方式确定：

建议适当增加付款方式的种类，以满足不同客户的付款需求，以达成促进客户成交的目的。同时通过各种付款方式在折扣上的变化，控制买家对各种付款方式的选择。具体付款方式建议如下：

<table>
<tr><th colspan="2">付款方式</th><th>一次性付款</th><th>按揭付款</th><th>付款王</th><th>免息建筑分期</th></tr>
<tr><td colspan="2">折扣</td><td>九四折</td><td>九六折</td><td>九八折</td><td>原价</td></tr>
<tr><td colspan="2">定金</td><td colspan="4">30000 元</td></tr>
<tr><td colspan="2">签署买卖合同时付（扣除定金）</td><td>50%</td><td>40%，同时办理六成十年银行按揭</td><td>20%，同时办理六成十年银行按揭</td><td>20%</td></tr>
<tr><td rowspan="5">签署买卖合同后</td><td>一个月内</td><td>25%</td><td rowspan="5"></td><td rowspan="5">20%分 5 个月，签约后第一个月起每月交付 4%</td><td>10%</td></tr>
<tr><td>三个月内</td><td>25%</td><td>20%</td></tr>
<tr><td>五个月内</td><td>—</td><td>20%</td></tr>
<tr><td>七个月内</td><td>—</td><td>20%</td></tr>
<tr><td>九个月内</td><td>—</td><td>10%</td></tr>
</table>

在确定了商住综合项目付款方式时，要考虑到首期付多少的问题。策划人员可以通过降低首期款来对项目进行促销。如深圳某商住综合项目的付款方式确定：

（1）首期款问题

首期款收多少合适？当然最简单的办法是按照银行按揭所规定的贷款比例照单办理，首期三成。如果按照消费者构成情况看，三成首期款约需 10 万～20 万之间，应该有这个支付能力。然而从消费者调查我们可以看出，大部分消费者希望门槛能再低一点。解决的办法是，有选择在朝向不好单位中推出首期一成的优惠付款方式，另两成在二年内免息一次付清，同时把定价适当抬高与朝向好的单位相同。

优点：

1）在宣传上推出“首期一成”促销方案，吸引大量消费者关注；

2）有效消化朝向、景观、楼层造成的销售障碍；

3）抬高售价将其分解在按揭与延期付款中，分解开发商与消费者双方的压力；

4）以 80 平方米写字楼单位为例，平均售价为 8300 元/平方米，总价 664000 元，则三成首期为 199200 元。若享受首期一成优惠，则只需付一成 66400 元，压力自然较轻；

5）更重要的是，本来不好卖的房子卖掉了。

(2) 付款方式建议

采用三种常用方式，不同付款方式给予不同折扣。

1）一次性付款

签署认购书时付 2 万元定金；签署认购书后 10 天内付总楼款的 30%，并签署《深圳市房地产买卖合同》。签署《深圳市房地产买卖合同》后一个月内付清全部楼款。

2）银行按揭A

签署认购书时付2万元定金；签署认购书后10天内付总楼款的30%，并签署《深圳市房地产买卖合同》，同时办理70%楼款银行按揭手续。

3）银行按揭B

签署认购书时付2万元定金；签署认购书后10天内付总楼款的10%，并签署《深圳市房地产买卖合同》，同时办理70%楼款银行按揭手续。余款20%之楼款在大厦入住一年内付清。

四、商住综合项目销售执行策划

商住综合项目的销售执行策划是指策划人员为了实现项目的销售目标，对项目的销售渠道、入市时机、销售策略、优惠措施等一系列工作进行有效整合，使项目的销售能预期或提前达到销售目标的一种创意活动。商住综合项目能否按时按量地销售出去，决定着开发商的资金回笼，因此策划人员应十分重视商住综合项目的销售执行策划。

1. 项目销售前准备工作安排

当商住综合项目进入销售执行阶段时，首先就要制定销售前各项准备工作的时间安排，只有把每一样准备工作都落实好，才会使商住综合项目的销售顺利开展。如深圳某商住综合项目的销售前准备工作安排如下：

本项目工程施工进度已达九层，按一般的售楼形象要求，在工程形象达到十五至二十层的时候即可开盘（前提条件是交清地款，取得预售证），所以在大约三个月后楼盘形象有了开盘的可能，但就目前的销售前期的准备工作而言，各方面都尚未展开，为了尽快进入销售期以达到早日回笼资金的目的，并充分利用6月到年底期的黄金季节，保证在本年度较好地完成销售业绩，所以建议贵司从现在开始紧锣密鼓地进行销售前期的准备工作。销售前期工作的内容和时间安排建议如下表：

	序号	内　　容	日　期
开发商方面	1	确定销售代理公司	3月20日
	2	广告公司和装修公司的确定及介入	4月5日
	3	配合代理公司进行售楼培训（提供相关培训资料）	4月2~10日
	4	审定售楼处装修设计方案	4月10
	5	售楼处施工	4月12日~4月18日
	6	围墙制作	4月11~16日
	7	广告计划方案的审定（代理公司提供全程方案及监控实施）	4月15~20日
	8	审定样板房装修设计方案	4月20日
	9	样板房家私定做	4月15日~5月20日
	10	售楼处修建装饰及现场办公用品的采购	4月30日~5月13日
	11	前期广告发布计划、方案及预算的确认	5月6日
	12	工艺饰品的采购	5月6~13日
	13	售楼书设计方案审核及制作完成	5月10日

续表

	序号	内　　容	日　　期
开发商方面	14	销售处、样板房的保安、清洁工的人员配置	5月13日
	15	银行按揭的申请	5月30日
	16	样板房及创意房装修完工	6月初
	17	开盘前现场包装	6月1~14日
销售代理公司方面	1	协助开发商确定广告公司和装修公司	4月5日前
	2	提出售楼处基本布置方案和现场卖场及围墙包装建议	4月6日
	3	参与审核广告推广议案和广告计划	4月15日
	4	参与审核售楼处设计方案	4月8日
	5	协助修订及完善装修设计方案	4月10日
	6	样板房设计方案的审议	4月20日
	7	开展前期售楼专业知识培训工作	4月10日~5月10日
	a	楼盘百问百答设计及相关资料准备	4月10~16日
	b	售楼人员上岗综合技能培训	4月18日~5月8日
	c	售楼人员考核	5月9~10日
	8	协助样板房家私定做	4月15日~5月20日
	9	协助工艺饰品的采购	5月6~13日
	10	协助售楼处办公用具的采购及现场布展	5月11日
	11	销售人员进场	5月15日
	12	提交正式开盘实施方案	5月25~30日
	13	监控先期软硬广告的联动实施	5月30日~6月30日
	14	开盘前现场包装	6月1~14日
广告公司、装修公司、展板制作商方面	1	负责制定整体广告策略推广议案	4月5~10日
	2	负责制定媒介发布执行计划	4月5~15日
	3	楼盘标志、围墙设计及制作	4月5~10日
	4	提交售楼处设计方案	4月10日
	5	售楼书最终设计方案的确定及制作	4月12日~5月12日
	6	展板设计及制作	4月18日~5月5日
	7	阶段性广告计划方案	4月18日~5月5日
	8	提交样板房设计的修改方案	4月20日
	9	其他售楼资料的设计（价格表、付款方式、认购书、认购须知等）	5月5~10日
	10	其他一些相关广告产品的制作（宣传单张等）	5月15~25日
	11	楼体条幅的制作	5月15~20日
	12	开盘期相关系列广告报版的制作	5月18~31日
	13	开盘前现场包装	6月1~14日
	14	开盘前广告定版	6月5日

2. 项目销售渠道确定

销售渠道选择正确与否，影响着商住综合项目的去化速度。一般来说，销售渠道越多元化，越有利于项目的销售，但销售渠道多元化的同时，也会增加项目的销售成本。因此，策划人员在确定商住综合项目销售渠道的同时，也要考虑销售成本和去化速度的关系。下面是柳州某商住综合项目销售渠道的确定：

（1）直销是销售人员直接与目标客户联络，与目标客户实行面对面一对一的推销方法，在项目的目标客户极其鲜明的情况下，采用直销是最直接、最有效，也是推广成本最低的行销方法。

（2）巡回展销会

巡回展销会实质就是开辟流动的第二售楼部。如果只开设分销点，由于销售人员仍是被动地等候客户，外地的投资者对项目了解不深，难以激发投资的热情与冲动。以巡回展销会形式，在各地逐一展开全方位的丰富多彩的推广活动，让外地的目标客户更详尽了解项目优势，将有利于吸引更多的目标客户。

（3）网络联销

随着电脑宽频网络技术的普及，营销方式增加一条新的路向，就是网络联销。将项目的各种信息发布在网上，通过互联网让更多潜在买家了解项目资讯，使潜在买家能够在一个自由的时间、自由的空间中随时挑选理想的物业。

（4）跨行业联合直销

跨行业联合直销是一种利用其他行业的销售渠道来进行直销的方法，通过对一些行会或目标客户相对集中的组织，比如某些商会、行业协会，对这些机构的成员进行有针对性的推广直销，此时，这些机构也就成为我们收集目标客户的中介机构。这种行销手法的优点是选择目标准确、推广成本低、效率高。

3. 项目销售目标确定

制定商住综合项目的销售目标，有利于在销售执行时向着该目标迈进。由于商住综合项目各种开发类型物业多为不同时期推出市场，因此策划人员应制定各个时期、各种物业类型的销售目标。如武汉某商住综合项目的销售目标确定：

（1）第一期销售：共8个月。

1）开盘后的前4个月，即2002.1～2002.4，实现销售率：

a. 住宅：40%；

b. 写字楼：50%（整层保留层除外）；

c. 商铺：55%。

2）开盘后的后4个月．即2002.5～2002.8，实现销售率：

a. 住宅：85%；

b. 写字楼：80%（整层保留层除外）；

c. 商铺：80%。

（2）第二期销售：共9个月。

1）开盘后的前4个月．即2002.10～2003.1（写字楼及B幢住宅竣工），实现销售率：

a. 一期物业：基本清盘；

b. 二期物业；

c. 住宅：40%；

d. 写字楼：保留单位实现30%销售率；

e. 商住楼：45%；

f. 商铺：40%。

2）开盘后的后5个月．即2003.2～2003.6，实现销售率：

a. 住宅：90%；

b. 写字楼：85%；

c. 商住楼：95%；

d. 商铺：85%。

少量余盘在其后的几个月内自然消化。

在制定各阶段的销售目标时，要注意各阶段的工程进度，避免出现销售目标的比率比工程进度中建好的比率还要大的情况，从而保证销售目标的可达性。下面是深圳某商住综合项目的销售目标制定：

序号	销售阶段	销售率	写字楼销售均价（元/m^2）	公寓销售均价（元/m^2）	工程进度预测	推售单位
1	项目预热阶段 2007年12月	5%	8100	8200	5F	所有公寓单位
2	公开发售阶段 2008年3～4月	30%	8200	8300	塔楼15F	所有公寓、 写字楼12～20F
3	项目持销阶段 2008年4～6月	30%	8300	8300	塔楼封顶	所有公寓、 写字楼12～22F
4	二度旺销阶段 2008年6～8月	20%	8350	8300	内外装修	剩余单位及 保留单位
5	尾盘销售阶段 2008年7～11月	10%	8300	8300	内外装修	商场招租
6	合计	95%				

此外，在制定商住综合项目各阶段的销售目标时，可以顺便估算各阶段回笼的销售金额，从而可以看出商住综合项目资金回笼的速度。如深圳某商住综合项目的销售目标制定：

销售目标进度表（每平方米按5200元/平方米计，可销售面积暂按27000平方米计）

销售期	时间	销售率（%）	销售资金（万元）
认购期	5月	7	982
开盘期	6月	10	1404
	7月	13	1825
热销期	8月	14	1966
	9月	13	1825

续表

销售期	时间	销售率（%）	销售资金（万元）
强销期	10月	10	1404
	11月	8	1123
	12月	8	1123
尾盘期	2003年1月	5	702
	2003年2月	2	281
	2003年3月	2	281
	2003年4月	3	421
总计		95	13338

4. 项目入市时机选择

在选择商住综合项目的入市时机时，先要明确项目入市时要达到什么条件，然后再根据这些条件达到的时间决定项目的入市时机，并说明为什么选择该时机入市。如深圳某商住综合项目入市时机的选择：

（1）销售前提条件

1）销售资料的准备（VI系统、售楼书、户型单张、宣传单张、认购须知、模型、展板）。

2）落实销售手续（预售证、银行按揭）。

3）施工图准备、价格表制定、付款方式制定。

4）现场销售队伍组织、岗前培训及实习。

5）销售后勤服务人员配备（财务、合同、文员、手续、清洁卫生、保安）。

6）施工进度及现场的卖场准备（达到一定的工程形象，售楼处设计及装修，办公用品购买、样板房设计及装修、样板房家具及装饰品的订制或购买）。

7）开盘准备（现场包装、开盘仪式、软性宣传）。

8）宣传推广（宣传计划、报纸平面、电视片）。

（2）入市时机的选择

1）入市原则

入市时机把握得好，才能产生好的销售开局。而“良好的开始是成功的一半”，故何时入市，怎样入市值得慎重思考，并应遵循以下原则：

a. 准备充分后入市

在施工进度形象佳、销售物料准备充分、销售人员培训完毕、销售卖场包装到位，并且在客户储备达到较为理想的时候方可入市，切忌盲目入市。

b. 先造势再入市

在前期准备工作充分的同时，要非常重视宣传造势，即在前期要让受众感觉到楼盘的良好知名度，形成楼盘热卖的口碑。

c. 销售旺季入市

与市场热销期相吻合，通过销售旺季火热的销售气氛来实现本项目“一炮打响”，迅速在市

场上扩大知名度和影响力，将有力促进后续销售。

d. 有控制地入市

根据“低走高开”的价格策略和“分期分批”的推广策略，前期控制有限的房号入市，提供优惠的价格和付款方式，争取实现抢购的气氛。

2）入市时机建议

根据以上原则，并考虑到本项目的工程进度及开发商的资金回笼要求，建议选择在2002年6月正式入市。理由如下：

a. 据工程进度，6月工程进度可达到20余层，工程形象佳。

b. 现距6月份尚有三个月时间，给予前期物料准备一个较为合理的时间段。

c. 春节后的2~3个月将进入房地产销售的旺季。此后一直到年底都将是一个非常完整的销售周期，房地产营销最讲究销售过程的连贯性，主张在一个相对集中的时间段内制造一个销售高潮，追求“短、平、快”的销售效果。

这时所确定的入市时机并不是不变的，当遇到突发事件时，可以对入市时间进行调整。因此，策划人员在选择入市时机时，可以说明当遇到什么情况时，可以另选时间入市。如深圳某商住综合项目的入市时机选择：

（1）内部认购入市时机和时间建议

根据对项目销售期间的规划，建议本项目在2003年年底开始形象导入，2004年春节过后开始内部认购（认筹）；具体时间建议在2004年2月15日（周日）。

（2）开盘时间建议

建议开盘时间与解筹时间相隔不宜太长，主要视项目前期导入效果带来的客户认筹情况而定，如认筹情况良好，则在解筹后一周举行开盘仪式，如解筹销售不尽理想，则另行安排时间开盘（如在春交会后）。

1）解筹时间：2004年4月10日（周六）。

2）开盘时间：2004年4月18日（周日）。

5. 项目推案策略

推案策略是指通过分批量地推出不同的房源，从而使好、中、差的房源都能按可接受的速度去化，不会出现尾盘期剩下大量较差的房源销售不出去的情况。由于商住综合项目有两种或以上的开发类型，因此其还要考虑不同类型物业的推案顺序。如上海某商住综合项目的推案策略：

（1）销售顺序

商业——办公——住宅

（2）各阶段销售安排

类别 / 阶段	主要销售产品	时间周期
第一阶段	商铺	2004.6~2004.12
第二阶段	办公	2005.1~2005.5
第三阶段	住宅	2005.6~2005.12

在明确了商住综合项目各种物业类型的推案顺序后，接着就要对分批推出房源进行策划，其目的是让各种档次的房源能比较平衡地去化。下面是深圳某商住综合项目的推案策略：

（1）先认筹后认购

根据本项目1566套房的上市量，必须有一个提前预热、部分消化的过程。我们建议本项目采用先认筹后认购的方式。即推出市场时以临时定金形式吸纳筹码，一方面可以聚集人气；另一方面可以根据认筹的速度调整推案策略。

（2）根据认筹情况，分批上市

根据项目的认筹情况调整项目公寓的整体上市量，如认筹情况良好，则可以打开房号销售，以价格表上预留房号或调整单价进行销售控制；如认筹情况不理想，则通过调整推案策略或价格策略分批上市。

（3）房号单位分批上市

1）方案一：先推B、D栋，再推A、C栋。

原因：B、D栋为靠近酒店的两栋，考虑项目进入市场时酒店建设对其的影响，故建议先行消化这两栋单位。

2）方案二；先推C、D栋，再推A、B栋。

原因：C、D栋为靠近滨河路的单位，噪声污染将给销售进度带来一定的影响，先行销售可避免整体上市后，房号消化的不平衡。

又如广州某商住综合项目的推案策略：

为保证销售速度、销售利润的要求以及达到提前消灭“尾盘”的目的，我们将采取分期推案的策略，可以分三期来推出房源，每期大约70~80套，推出的房号按楼层的高、中、低三个档次进行搭配。具体销售控制方法：

（1）销售中原则上以推出的房号为准，若客户强烈要求买其他的房号，可以推出此房号，但要严格依照“低开高走”的价格策略相应加价，这样做一方面迫使客户购买当期推出单位，按照分期推案的思路走，另一方面给客户树立物业升值的形象；

（2）严格管理现场的销控工作，尤其做好现场关于分期推案、逐期加价的统一口径、统一说词；

（3）一期销售到70%~80%的时候开始加推出下一期的单位，以保证不流失客户。

除了利用分批推出房源来对各个档次的房源的去化进行控制外，还可以利用价格变化来对项目进行销售控制。如深圳某商住综合项目的销售控制策略：

（1）销售控制原则

销售控制一般采取以下三种形式：

第一种：各销售阶段价格表基本不变，在销售各阶段调整付款折扣控制价格。

第二种：各销售阶段付款折扣基本不变，在销售各阶段调整价格表控制价格。

第三种：各销售阶段根据销售情况，对销售折扣及价格表进行调整。

根据本项目户型较小，总价不高（相对于大户型）的特点，我们建议在销售控制上以价格表为主要依据，根据销售节点推出不同的折扣方式，总体达到销售均价。原因如下：

1）便于控制价格及走势，避免价格失控。

2）通过调整付款折扣即可调整价格，价格策略更加机动灵活，有利于促进销售；

3）前期购房客户可享受较多折扣，可增加其成交积极性。

（2）销售控制策略

通过调整付款折扣方式控制价格，使整体价格达到实收均价并且有效地控制销售节奏。各销售阶段价格折扣分别为：

价格表上表现均价（表面均价）为8500元/平方米，考虑销售进度控制，以及各阶段促销优惠方式，按一次性付款客户占30%，按揭付款客户占70%，综合折扣94折为计算依据，实收均价定为8000元/平方米。

6. 项目优惠措施

很多人都有贪小便宜的心理，若策划人员能抓住目标客户群的这种心态，推出一些优惠措施，必定能促使观望的目标客户群下定购买。下面是广西某商住综合项目的优惠措施：

（1）商铺批发优惠

在调查过程当中发现，相当一部分的客户的消息来源是通过亲友之中的信息交流而来的，而购买商铺客户之中也有不少是相互认识，并且还相约要购买连在一起的门面来进行经营，由此可引发一个新的营销策略——发动散客的积极性，形成"集团批发优惠"。一次性认购三间以上商铺的，可以给予较大折扣优惠，促使已有购买意向的客户自发鼓动更多的亲友加入买家行列。

（2）以旧带新优惠策略

充分发挥在营销过程中"口碑"的作用，给予介绍新客户的业主一定的回扣优惠。因为亲友的成功经验是买家愿意作出购买决定的最重要原因，善待旧业主，引来新业主，是本项目成功的一条重要因素。

五、商住综合项目招商执行策划

招商执行策划是针对商住综合项目中的商业物业来说的，招商的成功有利于促进商业物业的销售，特别是对于带租约销售的商业物业来说，即买即收租对于买家来说吸引力非常大。因此，策划人员应对商住综合项目中的商业物业的招商进行精心策划，使其招商得到完满成功。

1. 项目招商要点

（1）要点一：提前介入制定招商政策

1）招商政策在销售期介入制定是开发商和投资者两方面的要求

a. 开发商对商铺销售的要求

商业物业销售要求开发商必须给投资者一个投资信心，关键的工作就是把商场未来的经营运作、经营特色、经营品种、经营手法、经营规模、经济效益传递给投资者，让投资者对项目有更详尽的认知，帮助投资者建立获利的信心，从而令销售速度加快。

b. 投资者对商铺投资的要求

提前介入制定招商政策可大大缩短商场的开业时间，让投资者感觉到即买即收租的有利局面。

2）具体建议

a. 招商工作在销售工作开展前介入

建议最好在规划设计和建设阶段，招商工作就已经开始介入，并做好招商准备工作，然后在销售期间与销售同步展开工作，预先制定招商政策和招商措施。

b. 销售与招商安排不同公司的人员跟进

（a）从资源优化的角度来看，专才专用，有利于提高工作效率；

（b）从面对的客户群来看，商家与投资者属于不同类型的客户，有不同的需求；

（c）从人员素质上看：

招商工作需要强调招商人员的经验和谈判技巧，双向性、互动性较强。

对于销售工作来讲，更强调销售人员的个人销售技巧和同事的配合，属于单向性较强的工作。

（2）要点二：有意识选择商户

商场经营是否成功，很大程度取决于商户的构成，但不是所有想来的商家都允许他来，不同规模、不同定位的商场有不同的商户结构，进不进不是由市场、也不是由商户自主决定的，而是由开发商和策划公司预先"策划"决定的，想来的不一定让他来，没想过要来却与商场定位相符的商户，我们要千方百计请他进来。

1）商户选择两大原则

a. 经营商品或服务要合理搭配，让进驻商户有足够经营空间

商品或服务合理搭配可以有效营造商场的"购物气氛"，如果过于重叠，商户在经营上会造成竞争的激烈化，无谓的竞争只会促使在同一个有限空间内的商家们只求生存、难有发展，最终导致商场难以为继。

b. 商户的选择要保证有稳定的租金收入，让投资者能快速回收资金

长期稳定和有实力的商户往往需要较大面积的商铺，但付出的租金相对较低，与业主快速回收资金的愿望相抵触；而对于一些小商户虽然可以支付较高的租金，却缺乏长期而稳定的保障。因此，商户的选择必须处理好长期收益与短期收益的问题，保证租金收入持续和稳定。

2）商户进驻三大要求

a. 知名或连锁商户

知名品牌商户的进驻能有效提升商场的品位，吸引消费人流和提供稳定的租金收入，越多品牌商户进驻，商场形象越佳。知名商户的进驻，一方面对消费的核心——消费者形成强大的吸引力；另一方面，知名商户的形象也能使商场的形象更加深化，在主力商家的进驻中得到充分体现。

b. 个性鲜明的特色商户

不同的商户会带来不同的消费群，某些商户个性鲜明形象突出，容易给消费者留下深刻印象，丰富了商场整体的经营特色。例如，广州天河城当年引进"吉之岛"，吉之岛内设一站式购物超市——未来街市，每天吸引无数消费客流，使吉之岛已俨然成为天河城广场的代名词。特色商户的带动作用可见一斑。

c. 能吸引人流量的商户

有一些商户不一定是知名品牌，不一定付得起很高的租金，却能吸引大规模的人流量，带动商场购物增长，对这些商户要重点引进，如娱乐场所、美食广场等，对商场吸引人流量有重大贡献。

（3）要点三：经营商品类别与商场定位一致

经营商品类别与商场定位一致对于大型商厦、购物中心来说，是比较复杂的招商问题，既要与商场定位保持一致，又要避免雷同，使商户之间能进行差异化经营。

实施经营商品与商场定位一致的策略，从制定整体的招商策略、租赁策略、经营品种策略及商户入场资格入手，严格控制商户的种类、数量、质量，有助于整个商场的经营结构和功能分区维持有序的格局，保证场内的质量和品质，避免商家随便转换经营品种、改变销售策略、

改变铺位设计而偏离整个商场经营理念。

2. 项目招商对象确定

商住综合项目招商执行策划的第一步，就是要明确招商对象。只有事先明确本项目的招商对象，才可以根据他们的特征制定相应的招商策略。下面是泰州某商住综合项目招商对象的确定：

(1) 本地集团与企业。

(2) 国际性及全国性连锁店。

(3) 品牌店、专卖店、主题店。

3. 项目招商策略制定

在明确了商住综合项目的招商对象后，接着就要制定招商策略。招商策略的制定应从项目自身情况和外部因素出发，切忌不合实际。下面是深圳某商住综合项目的招商策略制定：

开发商以包租形成取得商场整体的使用权，再进行统一招商工作，根据功能定位，采用下列招商宣传策略

(1) 主要有针对性引进大中型商家或经营公司（如友谊城）。

(2) 以现场包装、报纸、电视媒体向外界发布招商信息。

(3) 在网上发布招商信息。

4. 项目招商流程确定

商住综合项目招商流程的确定，有利于招商人员按照招商流程办事，从而使招商工作有条不紊地开展。下面是连云港某商住综合项目招商流程的确定：

(1) 目标商户群的确定；

(2) 对商铺铺位进行规划，制定合理的分割方案；

(3) 针对目标商户群进行项目推广，扩大项目知名度，提升影响力；

(4) 双方洽谈，达成租赁意向；

(5) 商户到实地选择商铺位置，并签订租赁协议；

(6) 商户按规定交纳租金和服务费；

(7) 对已经签订租赁协议的商铺进行销售；

(8) 开发商对商场进行最后的装修和设施配套，为商户的进场创造良好的商业硬环境；

(9) 在招商过程已经基本结束时，选择合适的开业时间，欢迎商户进场经营。

5. 项目招商手册制定

招商手册文案是广告文案的一种，是任何商业物业在招商中的一种重要宣传物料。招商手册是有意向进驻本项目的商家了解本项目的重要工具之一，对商家是否进驻起着较大的影响作用。因此，策划人员和广告公司应对招商手册文案的撰写和页面的设计多花点心思。下面是上海某商住综合项目的招商手册文案，供读者鉴赏：

(1) 总概念部分

都会经典地标，都市文脉领地。

流金岁月，百年承载。

外滩，一扇对接历史与未来的大门，承载了百年传奇。

（配外滩万国建筑群、大自鸣钟、和平饭店、外白渡桥等图）

财富汇聚之城　商文繁华之源

临候奇境　谁与争锋

外滩中信城位于上海外滩源头，黄浦江与苏州河的交汇点，外滩CBD与北外滩CBD前沿，是活力、动力、商机、发展、繁荣的聚焦点。

（配上海鸟瞰图，标注：本项目和“北外滩CBD”的位置）

（2）总体规划部分

复合式街区，都市空间传奇。

外滩中信城基地面积5.8公顷，规划总建筑面积25万平方米，集五星级酒店、水岸观景高档住宅、国际标准商务楼、大型购物中心、商业休闲广场等于一体。

1）外滩好望角：五星级酒店

江景、河景交映，优美水岸风景一览无遗。酒店公寓43层，内部采用大面积分割格局，挑空中庭气势撼人，包括SOHU大堂、多厅影院、4个SOHU共享空间、落水中庭、斜向中庭、沿街挑空中庭等，享受生态，享受顶级服务。

2）名都Shopping Mall：超级购物中心

超级购物中心，国际知名品牌的聚集地，现代时尚的展示中心。

3）缤纷世界：休闲广场

活力之源、动感之都、精彩缤纷的休闲广场，上海时尚生活、文化、餐饮、娱乐、购物的新焦点，营造时尚化、个性化的休闲生活理念。

4）塞纳河之畔：水岸观景高档住宅

水岸观景高档住宅，“塞纳河之畔”，享受真正水文化情调。

5）名都中心：商务楼

开启外滩新商务时代。

（配本项目全景鸟瞰效果图）

（3）酒店部分

江景顶级公寓，名流满庭生辉。

尊贵气度，恒久显赫。

外滩好望角酒店，高177.7米，建筑面积4万平方米。内部采用大面积分割格局，挑空中庭气势撼人。包括SOHU大堂、多厅影院、4个SOHU共享空间、落水中庭、斜向中庭、沿街挑空中庭，享受顶级服务。

（配外滩好望角酒店全景及局部效果图等相关照片）

挑高阳光中庭，超宽空间视野。

现代艺术，独特创心。

43层的酒店挑空中庭通透，使内部空间更加丰富。酒店内部装修豪华而不张扬，细致而有品位。国际化的配套设施，品质超然，专为精英人士度身定做。

（配酒店内部挑空中庭及局部效果图等）

（4）会所部分

华贵时尚生活，名流尊贵人生。

群星璀璨，豪门风范。

位于酒店42层的空中会所，是沪上豪华顶级会所，会所集健身、社交、娱乐于一体，多项VIP设施。

透过开阔的落地玻璃窗，浦江两岸的繁华胜景一览无余，“会当凌绝顶，一览众山小”。纵情逍遥中尽享细微的心灵呵护。

（配酒店42层的空中会所图）

（5）超级购物中心部分

时尚魅力前沿，国际名品走廊。

名牌荟萃，引领时尚。

名都Shopping Mall超级购物中心建筑面积6万平方米，高39.3米，地上7层，地下2层。来自世界各地的国际名牌荟萃于此，各种品牌专卖店应有尽有，新产品概念展示店、旗舰店林立，繁华涌动，时尚翻腾，为追求品位和时尚的人士提供了最佳的购物场所。

（配超级购物中心图等相关照片）

（6）商务楼部分

睿智商务空间，现代精英专座。

国际视野，精英环境。

国际名都中心地处北外滩CBD的中轴之地，浦江两岸的繁华胜景一览无余，现代商务元素一应俱全，商务环境卓然出众。

成熟的高雅生活社区，幽静、典雅的会所，与写意浪漫的工作空间浑然一体。

（配商务平台、精英汇聚的图片）

（7）水岸观景住宅部分

独享塞纳风情，成就视觉畅享。

江河交汇，胜景交映。

东方塞纳河之畔汇集黄浦江与苏州河的灵秀，地缘开阔，视野开阔，景观绝佳，水脉、文脉、人脉三者有机结合，塑造出风情浓郁的水岸文化住宅。

（配水岸观景高档住宅的创意性图片）

诠释阳光水意，延伸生态自然。

浑然天成，原创美景。

国际品质的观景豪宅构成建筑形态与自然生态浑然天成、交相呼应的景观轴线，无论从房间的哪一个角度，都能欣赏到从日出到日落的万千光照和水岸的美景，完美实现了国际都市“融入自然、享受阳光”的空间主题。

（配窗外恒久美景的创意图片）

（8）休闲广场部分

穿越时空界限，徜徉异度空间。

动感之源，活力之都。

缤纷世界休闲广场汇聚了情趣各异的咖啡馆、音乐琴吧、艺术馆、酒吧等，既有巴西雨林的狂野奔放，也有欧洲风范的优雅精致，流光溢彩，灯红酒绿，异国情调与中国氛围糅合在一起，愈夜愈精彩。

（配缤纷世界休闲广场等相关照片）

尊敬的读者：

感谢您选购我社图书！建工版图书按图书销售分类在卖场上架，共设22个一级分类及43个二级分类，根据图书销售分类选购建筑类图书会节省您的大量时间。现将建工版图书销售分类及与我社联系方式介绍给您，欢迎随时与我们联系。

★建工版图书销售分类表（详见下表）。

★欢迎登陆中国建筑工业出版社网站www.cabp.com.cn，本网站为您提供建工版图书信息查询，网上留言、购书服务，并邀请您加入网上读者俱乐部。

★中国建筑工业出版社总编室

电　话：010—58337016

传　真：010—68321361

★中国建筑工业出版社发行部

电　话：010—58337346

传　真：010—68325420

E-mail：hbw@cabp.com.cn

建工版图书销售分类表

一级分类名称（代码）	二级分类名称（代码）	一级分类名称（代码）	二级分类名称（代码）
建筑学（A）	建筑历史与理论（A10）	园林景观（G）	园林史与园林景观理论（G10）
	建筑设计（A20）		园林景观规划与设计（G20）
	建筑技术（A30）		环境艺术设计（G30）
	建筑表现·建筑制图（A40）		园林景观施工（G40）
	建筑艺术（A50）		园林植物与应用（G50）
建筑设备·建筑材料（F）	暖通空调（F10）	城乡建设·市政工程·环境工程（B）	城镇与乡（村）建设（B10）
	建筑给水排水（F20）		道路桥梁工程（B20）
	建筑电气与建筑智能化技术（F30）		市政给水排水工程（B30）
	建筑节能·建筑防火（F40）		市政供热、供燃气工程（B40）
	建筑材料（F50）		环境工程（B50）
城市规划·城市设计（P）	城市史与城市规划理论（P10）	建筑结构与岩土工程（S）	建筑结构（S10）
	城市规划与城市设计（P20）		岩土工程（S20）
室内设计·装饰装修（D）	室内设计与表现（D10）	建筑施工·设备安装技术（C）	施工技术（C10）
	家具与装饰（D20）		设备安装技术（C20）
	装修材料与施工（D30）		工程质量与安全（C30）
建筑工程经济与管理（M）	施工管理（M10）	房地产开发管理（E）	房地产开发与经营（E10）
	工程管理（M20）		物业管理（E20）
	工程监理（M30）	辞典·连续出版物（Z）	辞典（Z10）
	工程经济与造价（M40）		连续出版物（Z20）
艺术·设计（K）	艺术（K10）	旅游·其他（Q）	旅游（Q10）
	工业设计（K20）		其他（Q20）
	平面设计（K30）	土木建筑计算机应用系列（J）	
执业资格考试用书（R）		法律法规与标准规范单行本（T）	
高校教材（V）		法律法规与标准规范汇编/大全（U）	
高职高专教材（X）		培训教材（Y）	
中职中专教材（W）		电子出版物（H）	

注：建工版图书销售分类已标注于图书封底。